涉外民商事专属管辖权研究：
以欧洲法院判例为视角

刘阳　著

华中科技大学出版社
http://press.hust.edu.cn
中国·武汉

图书在版编目（CIP）数据

涉外民商事专属管辖权研究：以欧洲法院判例为视角/刘阳著. —武汉：华中科技大学出版社，2025.5

ISBN 978-7-5772-0572-4

Ⅰ. ① 涉…　Ⅱ. ① 刘…　Ⅲ. ① 涉外案件-国际商事仲裁-管辖权-研究-欧洲　Ⅳ. ① D997.3

中国国家版本馆 CIP 数据核字（2024）第 050026 号

涉外民商事专属管辖权研究：以欧洲法院判例为视角　　　　刘　阳　著

Shewai Minshangshi Zhuanshu Guanxiaquan Yanjiu：Yi Ouzhou Fayuan Panli Wei Shijiao

策划编辑：郭善珊

责任编辑：张　丛

封面设计：沈仙卫

责任校对：张会军

责任监印：朱　玢

出版发行：华中科技大学出版社（中国·武汉）　　电话：(027) 81321913

　　　　　武汉市东湖新技术开发区华工科技园　　邮编：430223

录　　排：华中科技大学出版社美编室

印　　刷：武汉科源印刷设计有限公司

开　　本：710mm×1000mm　1/16

印　　张：22.75

字　　数：383 千字

版　　次：2025 年 5 月第 1 版第 1 次印刷

定　　价：89.00 元

目 录

导　论

　　涉外专属管辖权,是指一国对特定涉外民商事案件具有独占或排他管辖权,拒绝承认任何其他国家法院的受理权及其作出的外国判决。①

　　在直接管辖权领域,涉外专属管辖权是涉外民商事纠纷的一项基础性管辖权依据,②在各国立法中占据重要位置,是不可或缺的内容。③ 涉外专属管辖权规则的适用无须考虑被告的住所,而且效力优先于涉外保险事项、涉外消费者合同和涉外雇佣合同的国际民事特别管辖权规则,同时当事人不得通过法院选择协议背离涉外专属管辖权规则。另外,涉外专属管辖权不仅攸关长臂管辖权情形下法院地国利益和公共政策的保护,而且构成首先受理法院原则④、涉外协议管辖⑤和不方便法院原则⑥的正当限制条件,具有强大的反射效力(reflex effect)。

　　在间接管辖权领域,涉外专属管辖权在外国判决承认与执行阶段也发挥着重要作用。例如,虽然欧盟禁止被请求国以判决来源国法院缺乏管辖权为由拒绝承认与执行外国判决,但专属管辖权构成欧盟拒绝承认与执行

---

　　① 李先波:《论确立国际民事管辖权的基本原则》,载《湖南师范大学社会科学学报》1996年第2期,第60页。

　　② 刘仁山:《国际私法》(第6版),中国法制出版社2019年版,第451页。

　　③ 蔡彦敏:《论国际民事诉讼的管辖权》,载《现代法学》1998年第5期,第120页。

　　④ 2021年《海牙管辖权项目解释报告》指出,在后受诉法院行使涉外民商事专属管辖权情形下,法官不得适用首先受理法院原则抑或第一时间规则(first-in-time rule)。见 Permanent Bureau, *Report on the Jurisdiction Project*, 2021, p. 15, https://assets. hcch. net/docs/5fbec58b-d14f-49c6-8719-b1fb68fd6d5b. pdf,2022年5月1日访问。

　　⑤ 王吉文:《我国涉外协议管辖制度限制条件的正当性探讨》,载《武大国际法评论》2011年第2期,第61页。

　　⑥ 参见2022年修正的《最高人民法院关于适用〈中华人民共和国民事诉讼法〉的解释》(以下简称2022年《民事诉讼法司法解释》)第530条第3款的规定。

外国判决的理由。① 涉外专属管辖权属于 2000 年欧盟理事会《关于民商事案件管辖权及判决承认与执行的第 44/2001 号（欧共体）条例》（以下简称《布鲁塞尔条例Ⅰ》）第 35 条禁止间接管辖权审查的例外。②

关于间接管辖权和直接管辖权的逻辑关系,存在三种不同的解释。第一,间接管辖权和直接管辖权是全同关系,二者互为镜像,直接管辖权与间接管辖权不过是从不同方向来看待同一问题。③ 第二,间接管辖权和直接管辖权是全异关系,不得混为一谈。④ 这也被称为"间接管辖权单独说"⑤或"非派生说"⑥。直接管辖权是法院地国对自身管辖权的合理合法性进行判断,间接管辖权是对他国管辖权的合理合法性予以评估,⑦因此从防止跛脚法律关系的立场出发,间接管辖权比直接管辖权的判断基准更为和缓、宽松。⑧ 然而,一些国家对间接管辖权的审查比直接管辖权严格。⑨ 第三,间接管辖权和直接管辖权是包含关系（真包含关系和真包含于关系均有可能）,间接管辖权标准相对于直接管辖权标准而言,既可能过宽,亦可能过窄。⑩

直接管辖权和间接管辖权的区分,在一些国家的法律中是明示的,在另一

---

① Andrew Dickinson, Eva Lein, *The Brussels Ⅰ Regulation Recast*, Oxford University Press, 2015, p. 532.

② Vesna Lazić, Steven Stuij eds., *Brussels Ibis Regulation Changes and Challenges of the Renewed Procedural Scheme*, T. M. C. Asser Press, 2017, p. 67.

③ 〔日〕本间靖规、中野俊一郎、酒井一:《国际民事诉讼法》(第 2 版),柴裕红译,商务印书馆 2020 年版,第 139 页。

④ 〔加纳〕理查德·弗林蓬·奥蓬:《英联邦非洲国际私法》,朱伟东译,社会科学文献出版社 2020 年版,第 315 页;霍政欣:《国际私法》,中国政法大学出版社 2017 年版,第 274 页;乔雄兵、王怡文:《"一带一路"倡议下外国判决承认与执行中的间接管辖权问题研究》,载《武大国际法评论》2017 年第 5 期,第 135 页;濮云涛:《中外双边司法协助协定间接管辖权条款的模式和规则》,载《华东政法大学学报》2020 年第 1 期,第 176 页;柴裕红、瞿子超:《海牙国际私法会议"直接管辖权"项目的发展与未来》,载《武大国际法评论》2021 年第 5 期,第 48 页。

⑤ 〔日〕本间靖规、中野俊一郎、酒井一:《国际民事诉讼法》(第 2 版),柴裕红译,商务印书馆 2020 年版,第 140 页。

⑥ 何其生:《间接管辖权制度的新发展及中国的模式选择》,载《法律科学》(西北政法大学学报) 2020 年第 5 期,第 190 页。

⑦ 宋渝玲:《涉外民事诉讼法律实务》,厦门大学出版社 2017 年版,第 326 页。

⑧ 〔日〕本间靖规、中野俊一郎、酒井一:《国际民事诉讼法》(第 2 版),柴裕红译,商务印书馆 2020 年版,第 140 页。

⑨ 刘懿彤:《国际民事诉讼管辖权与和谐国际社会构建》,中国人民公安大学出版社 2017 年版,第 14 页。

⑩ 杜新丽:《国际私法》(第 2 版),中国人民大学出版社 2015 年版,第 61 页。

些国家的法律中则是默示的,还有的国家甚至未作这种区分。① 为厘清二者的关系,2020 年《海牙判决公约》解释报告指出,虽然该公约不涉及直接管辖权问题,第 5 条列举的管辖权依据是被请求国法院在外国判决承认与执行问题上将适用的管辖权过滤器,但是若判决来源国具有类似于第 5 条的直接管辖权规则,则其作出的判决将更有可能根据该公约进行自由流动。

2019 年海牙《承认与执行外国民商事判决公约》(以下简称《海牙判决公约》)第 2 条第 1 款将涉外公司诉讼、涉外公共登记事项和国际知识产权等涉外专属管辖权事项排除出公约的适用范围,仅统一规定涉外不动产专属管辖权规则。剩余涉外专属管辖权事项在各缔约国的协调问题留待海牙管辖权项目上解决,成为海牙管辖权项目的重要争议焦点之一。② 对于涉外专属管辖权问题,海牙管辖权项目不仅存在涉外公司诉讼专属管辖权分歧,出现国际知识产权传统纠纷专属管辖权和国际数据权专属管辖权之争,而且外国判决执行事项专属管辖权呈现“赘余说”和“维持说”两种立场。

2000 年,《中华人民共和国国际私法示范法》(以下简称《国际私法示范法》)第 46 条提议以下五类纠纷应适用涉外民商事专属管辖权规则:涉外不动产纠纷、涉外港口作业纠纷、涉外公司诉讼、涉外知识产权有效性纠纷和中外合资经营企业合同、中外合作经营企业合同、中外合作勘探开发自然资源合同纠纷。2021 年修正的《中华人民共和国民事诉讼法》(以下简称 2021 年我国《民事诉讼法》)第四编和 2022 年修正的《最高人民法院关于适用〈中华人民共和国民事诉讼法〉的解释》(以下简称 2022 年我国《民事诉讼法司法解释》)第二十二章涉外民事诉讼程序编涉外民商事专属管辖权规则暂付阙如。长期以来,我国对涉外民商事专属管辖权问题主要准用国内民商事专属管辖权规则。2023 年修正的《中华人民共和国民事诉讼法》(以下简称 2023 年我国《民事诉讼法》)第 279 条彻底打破了准用机制,对我国涉外民商事专属管辖权进行了全面修订。如何划定涉外专属管辖权范围以及如何解决涉外专属管辖权冲突是我国亟待解决的两项难题。

---

① 章尚锦、杜焕芳:《国际私法》(第 6 版),中国人民大学出版社 2019 年版,第 299 页。
② 何其生:《海牙管辖权项目的困境与转变》,载《武大国际法评论》2022 年第 2 期,第 43 页。

一、研究意义

(一)理论意义

第一,涉外专属管辖权问题攸关法院地国家利益的保护。国际民商事诉讼管辖权承载以下三种不同的利益:国家利益、社会利益和私人利益。涉外专属管辖权以保护国家利益为宗旨。[①] 国际民商事管辖权涉及不同主权国家审理民商事案件的权力界限问题,本质上构成不同政府权力的划分。[②] 涉外专属管辖权保护法院地国司法管辖权在复杂的涉外民商事法律关系中免遭外国法院的外来侵害和不当干涉。

第二,涉外专属管辖权问题攸关当代国际民商事管辖权公正价值理念的实现。涉外专属管辖权除旨在保护国家利益外,其另一目的是实现国际民商事管辖权之公正理念。[③] 公正理念是当代国际民商事管辖权的基本价值理念,要求各国在确立管辖权时平衡各方利益,以实现诉讼便利和诉讼公正的价值目标。[④] 在某些特殊情况下,鉴于纠纷与一国存在密切联系,此国法院属于审理案件的最适当法院,因而其被授予审理案件的专属管辖权。[⑤] 涉外专属管辖权以一国法院与本国和公民的根本利益具有密切联系为基础,[⑥]符合密切联系原则和适当法院原则的要求。

第三,涉外专属管辖权问题攸关涉外协议管辖、不方便法院原则、国际未决诉讼规则等其他管辖权规则的适用。涉外专属管辖权的专属性表现为,在涉外专属管辖权情形下任何明示或默示的法院选择协议自动无效,拒绝承认与其他涉外管辖权的任何竞争。涉外专属管辖权规则阻碍其他国际民商事管辖权规则的适用,被称为涉外专属管辖权的反射效力。具体而言:首先,涉外专属管辖权是涉外协议管辖规则的正当限制条件。[⑦] 涉外协议管辖规则只能改变国际民商事一般管辖权规则和国际民商事特别管辖权规则,但不得违反

---

① 吴一鸣:《国际民事诉讼中的拒绝管辖问题研究》,法律出版社 2010 年版,第 89 页。
② 甘勇:《论国际民事管辖权的法理基础》,载《武大国际法评论》2015 年第 2 期,第 121 页。
③ 〔比〕海尔特·范·卡尔斯特:《欧洲国际私法》,许凯译,法律出版社 2016 年版,第 59 页。
④ 杜新丽:《国际私法》(第 2 版),中国人民大学出版社 2015 年版,第 62-64 页。
⑤ 向在胜:《欧盟国际民事诉讼法判例研究》,中国政法大学出版社 2013 年版,第 132 页。
⑥ 肖永平:《国际私法原理》(第 2 版),法律出版社 2007 年版,第 345 页。
⑦ 王吉文:《我国涉外协议管辖制度限制条件的正当性探讨》,载《武大国际法评论》2011 年第 2 期,第 61 页。

涉外专属管辖权规则。① 若当事人达成变更某国法院专属管辖权的协议,则法院选择协议无效。② 例如,2022 年我国《民事诉讼法司法解释》第 529 条第 2款规定,在涉外专属管辖权情形下,当事人不得协议选择管辖法院。其次,涉外专属管辖权是不方便法院原则的正当限制条件。③ 例如,2023 年我国《民事诉讼法》第 282 条第 3 款和 2022 年我国《民事诉讼法司法解释》第 530 条第 3款皆规定,若涉外民商事纠纷由我国法院行使专属管辖权,则禁止适用不方便法院原则。最后,涉外专属管辖权是国际未决诉讼规则的正当限制条件。若后受诉法院具有专属管辖权,则侵犯专属管辖权的首先受理法院应当主动拒绝管辖。例如,2021 年《海牙管辖权项目解释报告》中指出,在国际民商事专属管辖权情形下,法官不得适用第一时间规则抑或首先受理法院原则。在Irmengard Weber *v.* Mechthilde Weber 案④中,耶斯基宁(Jääskinen)法官指出,如果后受诉法院具有涉外专属管辖权,那么在首先受理法院就其管辖权作出决定之前,后受诉法院不应中止未决诉讼。此虽原则上损害了首先受理法院的管辖优先权,但若要求具有涉外专属管辖权的后受诉法院中止诉讼程序,则不符合适当司法的要求。首先受理法院违反专属管辖权规则作出的判决将不会在其他成员国得到承认或执行。尽管涉外专属管辖权规则的效力优先于涉外协议管辖规则、不方便法院原则、国际未决诉讼规则,⑤但此种效力上的优先性不意味着对涉外专属管辖权范围作扩大解释,否则将使上述国际民商事管辖权规则失去实质意义,因此有必要合理划定涉外专属管辖权范围。⑥

---

① 刘仁山:《国际私法》(第 6 版),中国法制出版社 2019 年版,第 456 页。

② 佟小郭:《论国际民事诉讼中的协议管辖权》,载《现代法学》1984 年第 4 期,第 57 页。

③ 黄志慧:《人民法院适用不方便法院原则现状反思——从"六条件说"到"两阶段说"》,载《法商研究》2017 年第 6 期,第 162 页。然而,学者 Candice I. Polsky 对专属管辖权规则的效力优先于不方便法院原则提出了质疑。不方便法院原则有时可用于驳回联邦具有专属管辖权的案件。例如,在 Howe v. Goldcorp Investments,Ltd. 案中,美国第一巡回上诉法院认为,即使法院拥有联邦专属管辖权,联邦法院也可以援引不方便法院原则驳回申诉。见 Candice I. Polsky, *Dailey v. National Hockey League: The Impact of ERISA's Exclusive Federal Jurisdiction on the Applicability of the Princess Lida Doctrine in an International Sports Context*,1 Villanova Sports & Entertainment Law Forum 91,104 (1994).

④ Opinion of Advocate General Jääskinen, Delivered on 30 January 2014, Case C-438/12 Irmengard Weber *v.* Mechthilde Weber [2014] ECR,paras. 36-42.

⑤ Milana Karayanidi, *Adjudicative Jurisdiction in Civil and Commercial Matters in Russia: Analysis and Commentary*,64 (4) American Journal of Comparative Law 981,1005 (2016).

⑥ 向在胜:《欧盟国际民事诉讼法判例研究》,中国政法大学出版社 2013 年版,第 132 页。

第四，涉外专属管辖权问题攸关长臂管辖的解决。各国国际民商事管辖权斗争激烈，为输出管辖权政策对域外的影响，一些国家拥有扩大本国管辖权的欲望，[①]美国在最低联系理论基础上形成的长臂管辖权规则即为典型代表。[②] 美国长臂管辖权有损他国司法主权，影响国家关系正常发展，而且可能对外国人造成不公平和不便利的后果。[③] 涉外专属管辖权规则有利于保护法院地国管辖权免遭美国长臂管辖的不当干涉，是应对长臂管辖的重要举措。[④]

第五，涉外专属管辖权问题攸关国际民商事管辖权冲突的解决和当事人挑选法院现象的规制。一方面，从国家层面看，合理划定涉外专属管辖权范围是避免和消除国际民商事管辖权冲突的有效方法。[⑤] 涉外专属管辖权与国际民商事管辖权冲突存在紧密联系，倘若各国竞相扩大涉外专属管辖权范围，那么此将滋生国际民商事管辖权的积极冲突。为减少国际平行诉讼的发生，各国有必要合理确定涉外专属管辖权范围。[⑥] 另一方面，从当事人层面看，合理划定涉外专属管辖权范围是遏制当事人恶意挑选法院的有效方法。管辖权的非专属性意味着当事人可以选择不同国家法院起诉，这将打开当事人挑选法院的大门。与之相反，涉外专属管辖权使当事人恶意挑选法院的行为归于无效，有利于遏制当事人择地行诉和恶意挑选法院，减轻被告承担在不方便法院应诉的不利负担。

第六，涉外专属管辖权问题攸关判决的跨国承认与执行。外国判决不得违反被请求国专属管辖权规则，是国际社会公认的外国判决承认与执行的消极条件。例如，判决来源国法院侵犯俄罗斯法院专属管辖权是俄罗斯拒绝承认和执行外国判决的强制性理由。[⑦] 如果塞尔维亚法院具有专属管辖权，那么其将拒绝承认外国判决。波兰法院考量是否承认与执行外国判决时，不仅

---

① 刘懿彤：《国际民事诉讼管辖权与和谐国际社会构建》，中国人民公安大学出版社 2017 年版，第 76 页。

② 李双元、欧福永、金彭年、张茂：《中国国际私法通论》，法律出版社 2007 年版，第 514 页；李广辉：《国际私法》，武汉大学出版社 2010 年版，第 478-479 页；孙平、方杰：《国际私法学》，法律出版社 2017 年版，第 266 页。

③ 刘仁山：《国际私法》（第 6 版），中国法制出版社 2019 年版，第 447 页。

④ 杜新丽：《国际民事诉讼与商事仲裁》，中国政法大学出版社 2009 年版，第 63 页。

⑤ 刘仁山：《国际私法》（第 6 版），中国法制出版社 2019 年版，第 450 页。

⑥ 蔡彦敏：《论国际民事诉讼的管辖权》，载《现代法学》1998 年第 5 期，第 120 页。

⑦ Milana Karayanidi, *Adjudicative Jurisdiction in Civil and Commercial Matters in Russia: Analysis and Commentary*, 64 (4) American Journal of Comparative Law 981, 1009 (2016).

审查外国判决是否违反波兰专属管辖权规则,而且审查其是否侵犯第三国专属管辖权范围。① 仅 1999 年《斯洛文尼亚共和国关于国际私法与国际诉讼的法律》第 97 条第 2 款和 2007 年《马其顿共和国关于国际私法的法律》第 104 条第 2 款偏离传统范式,二者规定被请求国法院的专属管辖权不构成拒绝承认外国离婚判决的障碍。② 另外,涉外专属管辖权范围影响外国判决承认与执行领域间接管辖权的解释和认定。例如,只要判决来源地国法院没有侵犯法国专属管辖权,那么判决来源国法院将被视为具有管辖权。根据巴西判例法,如果外国判决所涉事项不在巴西法院专属管辖权范围内,那么判决来源国法院被视为具有管辖权。欧盟虽然基于判决跨国自由流动原则和充分信任原则刻意省略了间接管辖权审查,但将涉外专属管辖权案件作为欧盟"禁止间接管辖权审查"规则的例外适用情形,并将侵犯被请求国法院专属管辖权作为拒绝承认与执行外国判决的理由。③ 正如在 Irmengard Weber $v.$ Mechthilde Weber 案④中欧洲法院所指出的,如果判决来源国法院未遵守《布鲁塞尔条例 I 》第 22 条专属管辖权规则,那么被请求国法院将根据条例第 35 条第 1 款对判决来源国法院的管辖权进行审查,并将判决来源国法院违反专属管辖权规则作为拒绝承认与执行外国判决的理由。Meletis Apostolides $v.$ David Charles Orams and Linda Elizabeth Orams 案⑤争议的焦点在于,塞浦路斯法院判决是否违反《布鲁塞尔条例 I 》第 22 条专属管辖权规则,如违反,英国法院能否据此拒绝承认与执行此判决? 柯科特(Kokott)法官指出,《布鲁塞尔条例 I 》第 35 条规定被请求国不得审查判决来源国法院的管辖权,但条例第 22 条涉外民商事专属管辖权案件例外。虽然塞浦路斯法院对此案无法行使专属管辖权,但该法院可适用条例一般管辖权规则,因此英国法院不得拒绝承认与执行塞浦路斯法院针对该国政府未有效控制的土地作出的判决。总之,各国有必要合理划定专属管辖权范围,确保以专属管辖权理由作出的判决能够跨国自由流动。

---

① Maciej Tomaszewski, *Polish Court Judgements in International Civil Law Cases*, 11 Polish Yearbook of International Law 219,220 (1981).

② 邹国勇译注:《外国国际私法立法选译》,武汉大学出版社 2017 年版,第 209、284 页。

③ 刘阳:《欧盟"禁止间接管辖权审查"规则的适用》,载《大连海事大学学报(社会科学版)》2021 年第 2 期,第 47 页。

④ Case C-438/12 Irmengard Weber $v.$ Mechthilde Weber〔2014〕ECR,paras. 48-60.

⑤ Opinion of Advocate General Kokott, Delivered on 18 December 2008, Case C-420/07 Meletis Apostolides $v.$ David Charles Orams and Linda Elizabeth Orams〔2009〕ECR I-03571,paras. 78-89.

综上所述，涉外专属管辖权问题不仅攸关法院地国家利益的保护和国际民商事管辖权公正价值的实现，而且攸关涉外协议管辖、国际未决诉讼规则和不方便法院等其他管辖权规则预期功能的发挥，亦影响判决的跨国承认与执行。

(二)实践意义

2000 年《国际私法示范法》第 46 条提议，涉外不动产诉讼、涉外港口作业纠纷、涉外公司诉讼、涉外知识产权有效性事项以及中外合资经营企业合同、中外合作经营企业合同、中外合作勘探开发自然资源合同纠纷，适用涉外民商事专属管辖权规则。相较于《国际私法示范法》第 46 条，2023 年修正的我国《民事诉讼法》第 279 条涉外民商事专属管辖权范围与之略有不同。然而，我国涉外民商事专属管辖权规则仍不完备，尚存诸多难题有待解决。

第一，我国涉外继承专属管辖权性质有必要予以澄清。2000 年《国际私法示范法》第 45 条①和 2021 年《民事诉讼法》第 34 条第 3 款②对继承事项管辖权连结点的规定基本一致。前者仅新增被继承人惯常居所地管辖权连结点，但二者对继承诉讼管辖权性质的立场截然不同。《国际私法示范法》将涉外继承事项作为特别管辖权事项，但 2021 年《民事诉讼法》第 34 条第 3 款对继承纠纷仍保留专属管辖权性质。涉外继承事项主要涉及私人权利，与国家重大政治、经济利益和公共秩序联系较弱。③ 我国已允许家事财产争议适用协议管辖权规则，涉外继承诉讼同样涉及家庭财产的处理与分割，我国对涉外继承诉讼的专属管辖权性质予以突破并无不可。2023 年修正的我国《民事诉讼法》第 279 条已彻底将涉外继承事项排除出涉外民商事专属管辖权范围。本书第二章第二节将对涉外继承专属管辖权的确立与废除问题展开论述。

第二，我国涉外不动产专属管辖权范围仍然存在争议，有必要予以澄清。涉外不动产纠纷由不动产所在地国法院行使专属管辖权是冲突法中物之所在

---

① 《国际私法示范法》第 45 条规定："对因遗产继承纠纷提起的诉讼，如被继承人死亡时的住所地、惯常居所地或者主要遗产所在地位于中华人民共和国境内，中华人民共和国法院具有管辖权。"

② 2021 年我国《民事诉讼法》第 34 条第 3 款规定："下列案件，由本条规定的人民法院专属管辖：……(三)因继承遗产纠纷提起的诉讼，由被继承人死亡时住所地或者主要遗产所在地人民法院管辖。"

③ 李晶：《涉外民事管辖权立法完善研究》，载《政治与法律》2013 年第 8 期，第 142 页。

地原则向国际民事管辖权领域的延伸。[①] 虽然不动产所在地国法院对涉外不动产纠纷行使专属管辖权具有合理性，[②]但并非所有涉外不动产纠纷均可纳入专属管辖权范围。[③] 例如，2020 年《海牙判决公约解释报告》指出，《海牙判决公约》第 6 条仅适用于以对物权为客体的判决，而且涉外不动产物权必须是外国判决的主要对象。在 George Lawrence Webb v. Lawrence Desmond Webb 案[④]中，欧洲法院指出，诉讼涉及涉外不动产物权，或诉讼与涉外不动产有联系，不足以援引 1968 年《布鲁塞尔关于民商事案件管辖权及判决执行的公约》(以下简称《布鲁塞尔公约》)第 16 条第 1 款涉外专属管辖权规则。为适用此条，诉讼必须以对物权为基础，而非基于"对人权"，但涉外不动产租赁除外。与 2000 年《国际私法示范法》第 46 条第 1 款的提议相比，我国现有规定对不动产专属管辖权实行分割制。我国涉外不动产专属管辖权范围存在内部和外部的双重不对称性。内部不对称性表现为，我国国际民商事司法协助条约对涉外不动产专属管辖权范围的规定不完全一致。外部不对称性表现为，我国国际民商事司法协助条约和 2022 年《民事诉讼法司法解释》第 28 条对不动产专属管辖权范围的规定不对称，2020 年《中华人民共和国民法典》(以下简称《民法典》)和 2022 年《民事诉讼法司法解释》对不动产物权的解释标准不完全对称。[⑤] 2023 年修正的我国《民事诉讼法》第 279 条涉外不动产专属管辖权规则暂付阙如。本书第三章将对涉外不动产专属管辖权问题予以具体论述。

第三，我国涉外公司诉讼专属管辖权仍然存在疑虑，有必要予以澄清。首先，基于当代国际投资自由化趋势，我国是否有必要舍弃中外合资、合作经营企业"合同类"诉讼的专属管辖权性质？[⑥] 其次，中外合资、合作经营企业"公司类"诉讼是否具有专属管辖权性质？我国法院在实践中将中外合资和合作

[①] Opinion of Advocate General Mancini, Delivered on 19 April 1988, Case C-158/87 R. O. E. Scherrens v. Maria G. Maenhout and Others [1988] ECR 03791, para. 2.

[②] 刘懿彤：《国际民事诉讼管辖权与和谐国际社会构建》，中国人民公安大学出版社 2017 年版，第 46 页。

[③] Michele Angelo Lupoi, A Report of Recent ECJ Cases on Regulation (EU) No. 44/2001, 4 (2) International Journal of Procedural Law 289, 321 (2014).

[④] Case C-294/92 George Lawrence Webb v. Lawrence Desmond Webb [1994] ECR I-01717, para. 14.

[⑤] 刘阳：《涉外不动产专属管辖研究：以欧洲法院判例为视角》，载《南海法学》2022 年第 2 期，第 75-76 页。

[⑥] 宋建立：《国际民商事诉讼管辖权冲突的协调与解决》，法律出版社 2009 年版，第 246-247 页。

经营企业的股权转让纠纷①、股东知情权纠纷②、股东资格确认纠纷③、股东出资纠纷④、公司解散纠纷⑤、公司清算纠纷⑥和利润分配纠纷⑦等作为《中华人民共和国涉外民事关系法律适用法》(以下简称《涉外民事关系法律适用法》)第4条"直接适用的法"的适用对象。"直接适用的法"追求的目的通常具有公共秩序属性。⑧ 涉外民事专属管辖权的根本目的旨在保护公共利益⑨和确保强制性规则的适用⑩。那么,中外合资和合作经营企业"公司类"诉讼是否纳入涉外民商事专属管辖权范围?虽然2023年修正的我国《民事诉讼法》第279条第1款正式确立涉外公司诉讼专属管辖权性质,但该条没有充分考虑2023年修正的《中华人民共和国公司法》(以下简称2023年《公司法》)与国际私法的联系,亦忽略涉外公司强制性规则的影响。不仅如此,公司设立地管辖权连结点无法充分体现与公司之间的真实联系,⑪故该条将公司设立地作为涉外公司诉讼专属管辖权连结点欠妥。本书第四章将对涉外公司诉讼专属管辖权展开论述。

第四,其他事项的专属管辖权性质存在疑虑,有必要予以澄清。2023年修正的我国《民事诉讼法》第279条第2款已新增国际知识产权有效性事项专属管辖权条款,涉及国家主权的国际数据权专属管辖权在我国暂付阙如。基

---

① 例如,李明仁、李明哲与胡铠丞、溧阳天目湖乡村俱乐部有限公司等确认合同无效纠纷案,参见江苏省高级人民法院(2019)苏民终559号民事判决书。

② 例如,海融博信国际融资租赁有限公司与富巴投资有限公司股东知情权纠纷案,参见北京市高级人民法院(2019)京民终323号民事判决书。

③ 例如,北京承乾房地产开发有限责任公司与历山投资有限公司股东资格确认纠纷案,参见北京市高级人民法院(2017)京民初117号民事判决书。

④ 例如,张锦洪、广州玺珑珠宝首饰有限公司股东出资纠纷案,参见广东省广州市中级人民法院(2018)粤01民终194号民事判决书。

⑤ 例如,北京海曼水产养殖有限公司与北京龙漫生物科技有限公司公司解散纠纷案,参见北京市第四中级人民法院(2019)京04民初325号民事判决书。

⑥ 例如,李伟、何锦荣合同纠纷案,参见辽宁省大连市中级人民法院(2019)辽02民终1825号民事判决书。

⑦ 例如,东显有限公司与诸城六和东方食品有限公司公司盈余分配纠纷案,参见山东省高级人民法院(2016)鲁民终740号民事判决书。

⑧ 刘仁山:《国际私法》(第6版),中国法制出版社2019年版,第167页。

⑨ 徐卉:《民事诉讼法学的新发展》,中国社会科学出版社2015年版,第97页。

⑩ Opinion of Advocate General Mancini, Delivered on 19 April 1988, Case C-158/87 R. O. E. Scherrens v. Maria G. Maenhout and Others [1988] ECR 03791, para. 9; Case C-307/19 Obala i lučice d. o. o. v. NLB Leasing d. o. o. [2021] ECR, para. 78.

⑪ 邢钢:《公司法律问题的比较法与国际私法评判》,中国法制出版社2018年版,第66页。

于利益分析和公共政策目的解释,我国是否有必要淡化涉外港口作业纠纷专属管辖权性质?[①] 我国是否有必要借鉴域外经验,将外国判决执行事项等增补至涉外专属管辖权范围?本书第五章和第六章将分别对国际知识产权专属管辖权和外国判决执行事项专属管辖权进行具体论述。

第五,我国涉外专属管辖权冲突的解决方法存在疑虑,有必要予以澄清。首先,方法的选取问题,即我国选取何种方法解决涉外专属管辖权冲突?虽然国际未决诉讼规则和不方便法院原则具有解决涉外民商事管辖权冲突之功能,但我国国际未决诉讼规则(2023年《民事诉讼法》第281条第1款)和我国不方便法院原则(2023年《民事诉讼法》第282条第3款)皆无益于解决涉外专属管辖权冲突。虽然国际民商事司法协助条约也具有消除涉外管辖权冲突之功能,但我国国际民商事司法协助条约对涉外专属管辖权的规定具有非强制性(大多数条约补充规定其不影响缔约双方的国内专属管辖权规则),而且上述条约的主体适用范围有限,故上述条约亦无益于解决涉外专属管辖权冲突。总之,2023年我国《民事诉讼法》涉外专属管辖权冲突的解决方法缺失,有待修补。其次,方法的运用问题,即我国如何具体修正和运用国际未决诉讼规则解决涉外真实专属管辖权冲突?国际未决诉讼规则通过时间顺序测试解决涉外真实专属管辖权冲突,有利于管辖权分配的中立性、确定性和可预见性,但国际未决诉讼规则的适用条件存在疑虑。本书第七章将详细阐述涉外专属管辖权冲突的解决问题。

总之,我国涉外专属管辖权问题仍然存在较大的分歧。我国有必要对涉外专属管辖权范围的划定问题和涉外专属管辖权冲突的解决问题予以澄清,以完善我国涉外民商事专属管辖权规则。

二、国内外研究现状

(一)国内研究现状

为合理划定我国涉外专属管辖权范围,我国学者从方法和规则两个层面进行了阐述。

[①]　秦建荣:《论我国涉外案件专属管辖范围之合理确定——以比较研究为视角》,载《重庆工商大学学报(社会科学版)》2009年第1期,第112页。

1. 涉外专属管辖权范围的确定方法

第一，采取联系说。例如，佟小鄂教授在《论国际民事诉讼中的协议管辖权》一文中指出，各国法律将与本国社会制度、经济制度、法律制度、公共利益和当事人利益存在密切联系的争端纳入本国涉外专属管辖权范围。[①] 王吉文副教授在《我国涉外协议管辖制度限制条件的正当性探讨》一文中质疑了将纯国内专属管辖权规则移植到我国涉外专属管辖权规则之中的做法，认为涉外专属管辖权取决于国际民商事案件与法院地国根本利益的联系程度。[②] 肖永平教授在《国际私法原理》一书中提出了同样的观点。[③]

第二，采取利益分析说。例如，李先波教授在论文《论确立国际民事管辖权的基本原则》以及李刚教授在论文《论国际民事诉讼中的诉讼竞合》中均指出，法院地国通常在国家利益大于当事人私人利益的案件中适用涉外专属管辖权规则。[④] 蔡彦敏教授在论文《论国际民事诉讼的管辖权》中指出，涉外专属管辖权界限的划定取决于法院地国重大利益和避免管辖权冲突目标的反复权衡。[⑤] 李浩教授在《民事诉讼专属管辖制度研究》一文中指出，专属管辖权旨在实现公益目的，我国应扩大专属管辖权范围。[⑥] 吴一鸣副教授在《国际民事诉讼中的拒绝管辖问题研究》一书中指出，纳入涉外专属管辖权范围的一定是攸关法院地国家利益的案件，否则将构成对国家利益的滥用。[⑦] 沈红雨法官在《我国法的域外适用法律体系构建与涉外民商事诉讼管辖权制度的改革——兼论不方便法院原则和禁诉令机制的构建》一文中指出，我国未来应适当调整涉外专属管辖权规则，将自然人法律地位和行为能力等不宜适用涉外协议管辖权规则的事项以及我国具有核心保护利益的事项纳入涉外专属管辖权范围。[⑧]

[①] 佟小鄂：《论国际民事诉讼中的协议管辖权》，载《现代法学》1984 年第 4 期，第 57 页。

[②] 王吉文：《我国涉外协议管辖制度限制条件的正当性探讨》，载《武大国际法评论》2011 年第 2 期，第 61-62 页。

[③] 肖永平：《国际私法原理》（第 2 版），法律出版社 2007 年版，第 345 页。

[④] 李先波：《论确立国际民事管辖权的基本原则》，载《湖南师范大学社会科学学报》1996 年第 2 期，第 60 页；李刚：《论国际民事诉讼中的诉讼竞合》，载《法律科学（西北政法大学学报）》1997 年第 6 期，第 75 页。

[⑤] 蔡彦敏：《论国际民事诉讼的管辖权》，载《现代法学》1998 年第 5 期，第 120 页。

[⑥] 李浩：《民事诉讼专属管辖制度研究》，载《法商研究》2009 年第 2 期，第 94 页。

[⑦] 吴一鸣：《国际民事诉讼中的拒绝管辖问题研究》，法律出版社 2010 年版，第 90 页。

[⑧] 沈红雨：《我国法的域外适用法律体系构建与涉外民商事诉讼管辖权制度的改革——兼论不方便法院原则和禁诉令机制的构建》，载《中国应用法学》2020 年第 5 期，第 125 页。

第三，兼采联系说和利益分析说之综合方法。例如，丁伟教授在《我国涉外民商事诉讼管辖权制度的完善》一文中指出，涉外专属管辖权范围的确定主要以国家主权、国家利益以及诉讼标的与管辖法院的联系作为根据。[①]

第四，采取必要说和国际协调说。例如，秦建荣副教授在论文《论我国涉外案件专属管辖范围之合理确定——以比较研究为视角》中指出，必要性原则和国际协调原则是合理确定涉外专属管辖权范围应坚持的两项基本原则。[②]

第五，采取其他方法。例如，向在胜教授在《中国涉外民事专属管辖权的法理检视与规则重构》一文中指出，涉外民商事专属管辖权范围的划定应同时考察公法性法理基础和私法性法理基础。[③]

本书认为，利益分析说需要法院将待受理的国际民商事诉讼的不同利益进行比较、称重，利益衡量涉及案件实质，在确定管辖权阶段难以对实体利益进行准确地称重和衡量。必要性原则较为空泛和灵活，国际协调原则存在将国外路径强加于我国之嫌，不一定有利于保护我国利益和实现国际民商事管辖权的公正价值。

2. 涉外专属管辖权范围的确定规则

在具体规则的设置层面，我国学者对涉外专属管辖权范围存在争议。

（1）涉外不动产专属管辖权范围之争

涉外不动产专属管辖权范围存在整体制和分割制两种模式，究竟采取哪一模式，我国国际私法学界暂未达成一致。

第一，整体制模式，是指所有涉及不动产的涉外纠纷均应适用涉外专属管辖权规则。例如，李先波教授在《论确立国际民事管辖权的基本原则》一文中指出，世界各国均规定涉外不动产纠纷由不动产所在地国法院行使专属管辖权。[④] 李旺教授在《国际民事诉讼法》一书中指出，涉外不动产专属管辖权具有合理性。理由在于，一方面，不动产是人们的基本生产和生活资料，涉及社

---

① 丁伟：《我国涉外民商事诉讼管辖权制度的完善》，载《政法论坛》2006 年第 6 期，第 161 页。

② 秦建荣：《论我国涉外案件专属管辖范围之合理确定——以比较研究为视角》，载《重庆工商大学学报（社会科学版）》2009 年第 1 期，第 109 页。

③ 向在胜：《中国涉外民事专属管辖权的法理检视与规则重构》，载《法商研究》2023 年第 1 期，第 55 页。

④ 李先波：《论确立国际民事管辖权的基本原则》，载《湖南师范大学社会科学学报》1996 年第 2 期，第 60 页。

会公共利益，理应由不动产所在地国法院管辖。另一方面，不动产所在地国法院行使专属管辖权便于判决的跨国承认与执行。① 朱志晟博士在论文《国际民事诉讼中的管辖权审查》中指出，虽然其他事项能否适用涉外专属管辖权规则尚存分歧，但涉外不动产专属管辖权性质已被各国和国际公约普遍接受。② 李广辉教授在《〈民商事管辖权及外国判决公约〉研究》一书中指出，涉外不动产专属管辖权已成为共识，不动产所在地国法院与涉外不动产纠纷存在最为稳固、最为密切的联系，由之行使专属管辖权不仅符合诉讼便利原则，而且能够确保判决的有效执行。③ 向在胜教授在《中国国际民事管辖权的立法体例研究》一文中指出，我国涉外不动产专属管辖权问题类推适用纯国内不动产专属管辖权规则。④

第二，分割制模式，是指涉外不动产物权纠纷由不动产所在地国行使专属管辖权，但涉外不动产租赁等其他纠纷不宜适用涉外专属管辖权规则。例如，赵相林教授在《国际民商事争议解决的理论与实践》一书中指出，并无必要将所有涉外不动产纠纷均纳入涉外专属管辖权范围，否则可能对债权人行使权利造成不便。⑤ 秦建荣副教授在《论我国涉外案件专属管辖范围之合理确定——以比较研究为视角》一文中指出，涉外不动产案件不宜一律被作为涉外专属管辖权对象，尤其涉外不动产债权诉讼并不侵犯法院地国领土主权。⑥ 秦伟教授在《论不动产纠纷专属管辖》一文中指出，不动产物权和不动产债权纠纷应分别适用不同的管辖权规则。⑦ 陈太清博士在《论不动产合同纠纷管辖——以诉讼请求权的性质为中心》一文中指出，不动产物权纠纷适用专属管辖权规则，不动产合同纠纷适用一般合同管辖权规则。⑧ 李晶副教授在《涉外民事管辖权立法完善研究》一文中指出，我国应对涉外专属管辖权领域不动产纠纷作目的性限缩解释，涉外不动产合同纠纷则应被排除出涉外专属管辖权

---

① 李旺：《国际民事诉讼法》，清华大学出版社 2003 年版，第 38 页。
② 朱志晟、张淑钿：《国际民事诉讼中的管辖权审查》，载《政治与法律》2003 年第 2 期，第 63 页。
③ 李广辉：《〈民商事管辖权及外国判决公约〉研究》，中国法制出版社 2008 年版，第 71 页。
④ 向在胜：《中国国际民事管辖权的立法体例研究》，载《法律科学（西北政法大学学报）》2019 年第 4 期，第 187 页。
⑤ 赵相林：《国际民商事争议解决的理论与实践》，中国政法大学出版社 2009 年版，第 98 页。
⑥ 秦建荣：《论我国涉外案件专属管辖范围之合理确定——以比较研究为视角》，载《重庆工商大学学报（社会科学版）》2009 年第 1 期，第 111-112 页。
⑦ 秦伟、李娜：《论不动产纠纷专属管辖》，载《学习论坛》2010 年第 11 期，第 72 页。
⑧ 陈太清：《论不动产合同纠纷管辖——以诉讼请求权的性质为中心》，载《海南大学学报（人文社会科学版）》2011 年第 1 期，第 60 页。

范围。^① 宋渝玲教授在《涉外民事诉讼法律实务》一书中建议,根据纠纷的性质决定能否适用涉外不动产专属管辖权规则,房屋中介纠纷、购房款纠纷等与不动产仅有牵连关系的纠纷不应一概由不动产所在地国法院行使管辖权。^② 刘懿彤副教授在《国际民事诉讼管辖权与和谐国际社会构建》一书中指出,在完善我国涉外不动产专属管辖权时,应当将我国涉外不动产纠纷划分为涉外不动产物权纠纷和涉外不动产债权纠纷。涉外不动产债权纠纷在性质上仍属于涉外合同纠纷,应允许当事人协议选择管辖法院。^③ 杜涛教授在《国际私法原理》一书中指出,涉外不动产专属管辖权应进行类化处理。如果涉及的是涉外不动产权属纠纷,那么不动产所在地国法院具有专属管辖权。如果涉及的是涉外不动产合同纠纷或其他涉外不动产纠纷,那么不动产所在地国法院并无必要行使专属管辖权。^④ 何其生教授在《统一化与分割化:〈海牙判决公约〉下的不动产问题》一文中指出,我国宜借鉴《海牙判决公约》的经验,对涉外不动产专属管辖权采取分割化模式。涉外不动产物权适用涉外专属管辖权规则,但涉外不动产合同和涉外不动产侵权之诉除外。^⑤

（2）涉外继承事项专属管辖权的存废之争

关于是否有必要将涉外继承事项纳入涉外专属管辖权对象,我国学者存在以下三种不同立场。

第一,秉持保留态度。之所以有必要保留涉外继承事项专属管辖权性质,我国学者主要提出以下理由。首先,基于权利保护层面的理由。例如,赵相林教授在《国际民商事争议解决的理论与实践》一书中指出,涉外遗产继承纠纷复杂,由被继承人住所地国法院或主要遗产所在地国法院行使专属管辖权才能最大程度保障当事人利益。^⑥ 其次,基于诉讼便利层面的理由。例如,宋渝玲教授在《涉外民事诉讼法律实务》一书中指出,涉外遗产继承纠纷由被继承人住所地国法院行使专属管辖权便于法院查明案件事实。^⑦

---

① 李晶:《涉外民事管辖权立法完善研究》,载《政治与法律》2013年第8期,第143页。

② 宋渝玲:《涉外民事诉讼法律实务》,厦门大学出版社2017年版,第213-214页。

③ 刘懿彤:《国际民事诉讼管辖权与和谐国际社会构建》,中国人民公安大学出版社2017年版,第47页。

④ 杜涛:《国际私法原理》(第2版),复旦大学出版社2018年版,第72页。

⑤ 何其生:《统一化与分割化:〈海牙判决公约〉下的不动产问题》,载《国际法学刊》2020年第1期,第33、51页。

⑥ 赵相林:《国际民商事争议解决的理论与实践》,中国政法大学出版社2009年版,第98页。

⑦ 宋渝玲:《涉外民事诉讼法律实务》,厦门大学出版社2017年版,第214-215页。

　　第二,秉持废除态度。之所以有必要废除涉外继承事项专属管辖权性质,我国学者主要提出以下理由。其一,基于文义解释层面的理由。例如,丁伟教授在《我国涉外民商事诉讼管辖权制度的完善》一文中指出,我国旧《民事诉讼法》虽然将继承案件纳入专属管辖权范围,但实际上规定了选择性管辖权依据,不符合专属管辖权具有的排他性、独占性的特征。[1] 肖永平教授和朱磊博士在《批准〈选择法院协议公约〉之考量》一书中指出,关于继承遗产纠纷,我国旧《民事诉讼法》规定了选择性管辖权连结点,已经不具有专属性的特征。[2] 何其生教授在《海牙管辖权项目的困境与转变》一文中对此秉持同样的立场。[3] 其二,基于利益解释层面的理由。例如,秦建荣副教授在论文《论我国涉外案件专属管辖范围之合理确定——以比较研究为视角》以及刘懿彤副教授在《国际民事诉讼管辖权与和谐国际社会构建》一书中均指出,涉外遗产继承纠纷仅与继承法律关系当事人的私权利密切相关,与国家政治、经济、法律秩序等重大利益联系较弱,因此将其纳入涉外专属管辖权对象实属不必。[4] 李晶副教授在《涉外民事管辖权立法完善研究》一文中指出,遗产继承不涉及国家公共利益,不应适用涉外专属管辖权规则。[5] 向在胜教授在《中国国际民事管辖权的立法体例研究》一文中指出,专属管辖权在国内民商事管辖权和国际民商事管辖权中的价值定位不完全相同,国内继承专属管辖权规则不宜准用于涉外继承案件。[6] 其三,基于判决承认与执行层面的理由。例如,张仲伯教授在《国际私法学》一书中指出,涉外继承遗产纠纷适用涉外专属管辖权规则值得商榷,尤其当遗产位于国外,而被继承人死亡时住所地位于我国时,若由我国法院行使专属管辖权,则此做法可能阻碍继承判决的跨国承认与执行。[7] 杜焕芳教授、刘力教授分别在论文《中国法院涉外管辖权实证研究》和

① 丁伟:《我国涉外民商事诉讼管辖权制度的完善》,载《政法论坛》2006年第6期,第161页。
② 肖永平、朱磊:《批准〈选择法院协议公约〉之考量》,法律出版社2017年版,第97页。
③ 何其生:《海牙管辖权项目的困境与转变》,载《武大国际法评论》2022年第2期,第54页。
④ 秦建荣:《论我国涉外案件专属管辖范围之合理确定——以比较研究为视角》,载《重庆工商大学学报(社会科学版)》2009年第1期,第112页;刘懿彤:《国际民事诉讼管辖权与和谐国际社会构建》,中国人民公安大学出版社2017年版,第47-48页。
⑤ 李晶:《涉外民事管辖权立法完善研究》,载《政治与法律》2013年第8期,第142页。
⑥ 向在胜:《中国国际民事管辖权的立法体例研究》,载《法律科学(西北政法大学学报)》2019年第4期,第187、189页。
⑦ 张仲伯:《国际私法学》,中国政法大学出版社2007年版,第560页。

《涉外继承案件专属管辖考》中提出了同样的观点。① 刘仁山教授、赵相林教授在各自主编的《国际私法》教材中指出,涉外继承专属管辖权不利于继承判决的跨国承认与执行,因此应拒绝对涉外继承事项适用涉外专属管辖权规则。② 王祥修教授在《国际私法学》一书中对废除涉外继承专属管辖权性质提出了同样的建议。③ 其四,基于管辖权结果层面的理由。例如,邓杰教授在《国际私法分论》一书中指出,涉外不动产继承专属管辖权可能导致涉外不动产专属管辖权和涉外继承事项专属管辖权的冲突。④ 郭玉军教授在《〈跨国民事诉讼规则〉管辖权规定之研究》一文中也指出,涉外继承纠纷没有必要适用涉外专属管辖权规则,由何国法院行使管辖权不会影响案件的实体结果。⑤ 其五,基于国际协调层面的理由。例如,丁伟教授在《我国涉外民商事诉讼管辖权制度的完善》一文中指出,涉外继承事项专属管辖权不符合国际趋势,鲜有国家将涉外继承纠纷纳入涉外专属管辖权范围。⑥ 刘力教授在《涉外继承案件专属管辖考》一文中指出,涉外继承事项专属管辖权实属罕见,违反国际协调原则,并可能扩大涉外专属管辖权范围。⑦ 杜涛教授在《国际私法原理》一书中提到,国内继承专属管辖权规则乃几十年前的旧例,不符合现实情况,涉外继承纠纷没有必要适用涉外专属管辖权规则。⑧ 至于涉外继承事项舍弃适用涉外专属管辖权规则之后。应将何者作为涉外继承事项管辖权依据,我国学者提出了以下两种做法。首先,对涉外继承纠纷适用涉外协议管辖规则,充分尊重当事人意思自治。⑨ 其次,对涉外继承纠纷适用涉外特殊地域管辖权规则。例如,李晶副教授在《涉外民事管辖权立法完善研究》一文中指出,涉外遗产继承不应被纳入专属管辖权范围,只是一种特殊的地域管辖权规则的

---

① 杜焕芳:《中国法院涉外管辖权实证研究》,载《法学家》2007年第2期,第155页;刘力:《涉外继承案件专属管辖考》,载《现代法学》2009年第2期,第138-139页。

② 刘仁山:《国际私法》(第6版),中国法制出版社2019年版,第455页;赵相林:《国际私法》,中国政法大学出版社2007年版,第365页。

③ 王祥修、裴予峰:《国际私法学》(第2版),中国政法大学出版社2016年版,第280页。

④ 邓杰:《国际私法分论》,知识产权出版社2005年版,第406-407页。

⑤ 郭玉军、张飞凤:《〈跨国民事诉讼规则〉管辖权规定之研究》,载《武大国际法评论》2007年第1期,第46页。

⑥ 丁伟:《我国涉外民商事诉讼管辖权制度的完善》,载《政法论坛》2006年第6期,第161页。

⑦ 刘力:《涉外继承案件专属管辖考》,载《现代法学》2009年第2期,第138-139页。

⑧ 杜涛:《国际私法原理》(第2版),复旦大学出版社2018年版,第72页。

⑨ 许光耀、孙建:《国际私法》,对外经济贸易大学出版社2013年版,第227页。

调整事项。①

第三,秉持第三条路径,即根据涉外继承标的的不同,分别适用不同的管辖权规则。具体而言,涉外不动产遗产继承继续适用涉外专属管辖权规则,例如,李广辉教授在《〈民商事管辖权及外国判决公约〉研究》一书中建议,虽然涉外继承纠纷应被排除出专属管辖权范围,但不动产遗产继承应根据涉外不动产专属管辖权规则由不动产所在地国法院行使专属管辖权。② 而涉外动产遗产继承禁止适用涉外专属管辖权规则,例如,肖永平教授和朱磊博士在《批准〈选择法院协议公约〉之考量》一书中指出,虽然涉外不动产继承仍由不动产所在地国法院行使专属管辖权,他国不得行使管辖权,但其余涉外遗产继承纠纷应适用选择性管辖权连结点。③

(3)国际知识产权专属管辖权范围之争

2021 年我国《民事诉讼法》未将知识产权纳入国内和涉外专属管辖权对象,④国际知识产权专属管辖权存在绝对性与相对性之争。⑤ 具体阐述如下。

部分学者认为,国际知识产权具有绝对的或完全的专属管辖权性质,即所有国际知识产权纠纷均适用涉外专属管辖权规则。例如,刘振江教授在《国际民事管辖权冲突及其解决》一文中指出,一般而言,注册登记国法院对涉外商标和专利诉讼具有专属管辖权。⑥ 杜焕芳教授在《中国法院涉外管辖权实证研究》一文中指出,我国应扩充对国际知识产权纠纷的专属管辖权。⑦ 钟丽副教授在专著《国际知识产权争议解决机制研究》中指出,各国普遍认同国际知识产权有效性问题由权利注册地国法院行使专属管辖权,国际知识产权侵权由侵权行为发生地国法院行使管辖权,后者乃事实上的涉外专属管辖权规则。⑧ 向在胜教授在《中国国际民事管辖权的立法体例研究》一文中指出,关

① 李晶:《涉外民事管辖权立法完善研究》,载《政治与法律》2013 年第 8 期,第 142 页。
② 李广辉:《〈民商事管辖权及外国判决公约〉研究》,中国法制出版社 2008 年版,第 73 页。
③ 肖永平、朱磊:《批准〈选择法院协议公约〉之考量》,法律出版社 2017 年版,第 97 页。
④ 张鹏:《跨境知识产权侵权纠纷的民事诉讼管辖规则研究》,载《知识产权》2022 年第 1 期,第 15 页。
⑤ 阮开欣:《海牙判决项目中知识产权条款探析——兼与王迁教授商榷》,载《中国国际私法与比较法年刊》(第 22 卷),法律出版社 2019 年版,第 32 页。
⑥ 刘振江:《国际民事管辖权冲突及其解决》,载《法律科学(西北政法大学学报)》1999 年第 2 期,第 49 页。
⑦ 杜焕芳:《中国法院涉外管辖权实证研究》,载《法学家》2007 年第 2 期,第 160 页。
⑧ 钟丽:《国际知识产权争议解决机制研究》,中国政法大学出版社 2011 年版,第 54、57 页。

于涉外专利权和商标权确权争议,我国有必要增补相应的涉外专属管辖权规则。①

　　权利注册地国法院应对国际知识产权具有完全专属管辖权,我国学者提出了以下三个理由。首先,国际知识产权完全专属管辖权源于此权利具有明显的地域性。例如,谢石松教授在论文《论国际民事案件中的管辖权问题》中指出,鉴于涉外专利权、商标权和著作权具有较强的地域性限制,因此我国有必要将国际知识产权纠纷纳入涉外专属管辖权范围。② 冯兆蕙教授等在《"跨国"侵犯知识产权案件的审判管辖与法律适用》一文中指出,国际知识产权专属管辖权的兴起乃因知识产权的地域性限制。③ 其次,国际知识产权完全专属管辖权源于此权利牵涉国家根本利益。例如,蔡彦敏教授在《论国际民事诉讼的管辖权》一文中指出,国际知识产权的保护问题往往牵涉国家根本利益,我国理应将其划归专属管辖权范围。④ 最后,国际知识产权完全专属管辖权源于此权利需要履行注册或登记手续。例如,丁伟教授在《我国涉外民商事诉讼管辖权制度的完善》一文中和宋建立博士在《国际民商事诉讼管辖权冲突的协调与解决》一书中均指出,因在我国境内需要履行登记手续的知识产权有效性纠纷而提起的诉讼,应增补至我国涉外专属管辖权范围。⑤

　　也有部分学者认为,国际知识产权具有相对的或有限的专属管辖权性质,即仅特定范围的国际知识产权纠纷适用涉外专属管辖权规则,尤其国际知识产权转让合同纠纷禁止适用涉外专属管辖权规则。⑥ 例如,李先波教授在《论涉外知识产权诉讼管辖权之协调》一文中指出,涉外知识产权侵权主要由被告住所地国法院或侵权行为地国法院行使管辖权。⑦ 何艳教授在《知识产权国

---

　　① 向在胜:《中国国际民事管辖权的立法体例研究》,载《法律科学(西北政法大学学报)》2019 年第 4 期,第 189 页。

　　② 谢石松:《论国际民事案件中的管辖权问题》,载《中山大学学报(社会科学版)》1996 年第 3 期,第 169-170 页。

　　③ 冯兆蕙、冯文生:《"跨国"侵犯知识产权案件的审判管辖与法律适用》,载《河北法学》1996 年第 6 期,第 6 页。

　　④ 蔡彦敏:《论国际民事诉讼的管辖权》,载《现代法学》1998 年第 5 期,第 122 页。

　　⑤ 丁伟:《我国涉外民商事诉讼管辖权制度的完善》,载《政法论坛》2006 年第 6 期,第 161 页;宋建立:《国际民商事诉讼管辖权冲突的协调与解决》,法律出版社 2009 年版,第 246 页。

　　⑥ 卢泰岳:《韩国的涉外诉讼管辖及与中国管辖制度比较》,载《中国国际私法与比较法年刊》(第 16 卷),法律出版社 2015 年版,第 397-398 页。

　　⑦ 李先波、刘林森:《论涉外知识产权诉讼管辖权之协调》,载《湖南社会科学》2004 年第 1 期,第 81 页。

际私法保护规则的新发展——〈知识产权：跨国纠纷管辖权、法律选择和判决原则〉述评及启示》一文中指出，知识产权的注册属于国家行为，因此国际知识产权的注册和有效性适用涉外专属管辖权规则，但国际知识产权侵权专属管辖权将阻碍各国司法管辖权的合作。[①] 孙尚鸿教授在《试析欧盟〈布鲁塞尔民商事管辖权规则〉有关涉网知识产权案件管辖权问题的实践》一文中指出，涉外网络知识产权管辖权问题仍应回归适用传统管辖权规则。[②] 朱伟东教授在《马普所〈知识产权冲突法原则〉简述——欧洲跨境知识产权诉讼的最新发展》一文中指出，国际社会普遍规定国际知识产权有效性之诉由登记地国法院行使专属管辖权，但国际知识产权有效性纠纷不属于诉讼主要问题或在反诉中提出的除外。[③] 樊婧博士在《论海牙〈判决公约（草案）〉中知识产权的间接管辖权问题》一文中指出，国际知识产权专属管辖权范围应限定于注册知识产权有效性纠纷。[④] 阮开欣博士在《知识产权侵权专属管辖之驳论》和《论侵犯境外知识产权的管辖权》两篇论文中指出，我国应破除国际知识产权侵权专属管辖权性质，[⑤]但是若国际知识产权有效性问题在国际知识产权侵权之诉中属于主要问题，则我国应适用涉外专属管辖权规则。[⑥] 王煜博士在《中国涉外知识产权侵权协议管辖制度之完善》一文中指出，国际知识产权侵权不属于涉外专属管辖权范围。[⑦]

（4）三类外资合同纠纷专属管辖的调整

中外合资、合作经营企业合同和中外合作勘探开发自然资源合同纠纷是否适用涉外专属管辖权规则，学理分歧如下。

第一，上述三种合同不具有涉外专属管辖权性质。例如，宋建立博士在

---

① 何艳：《知识产权国际私法保护规则的新发展——〈知识产权：跨国纠纷管辖权、法律选择和判决原则〉述评及启示》，载《法商研究》2009 年第 1 期，第 112、115 页。

② 孙尚鸿：《试析欧盟〈布鲁塞尔民商事管辖权规则〉有关涉网知识产权案件管辖权问题的实践》，载《比较法研究》2009 年第 5 期，第 100 页。

③ 朱伟东：《马普所〈知识产权冲突法原则〉简述——欧洲跨境知识产权诉讼的最新发展》，载《国际经济法学刊》2013 年第 3 期，第 156 页。

④ 樊婧：《论海牙〈判决公约（草案）〉中知识产权的间接管辖权问题》，载《中国国际私法与比较法年刊》（第 23 卷），法律出版社 2019 年版，第 323 页。

⑤ 阮开欣：《知识产权侵权专属管辖之驳论》，载《华中科技大学学报（社会科学版）》2018 年第 6 期，第 94 页。

⑥ 阮开欣：《论侵犯境外知识产权的管辖权》，载《云南师范大学学报（哲学社会科学版）》2020 年第 1 期，第 65 页。

⑦ 王煜：《中国涉外知识产权侵权协议管辖制度之完善》，载《出版发行研究》2017 年第 11 期，第 74 页。

《国际民商事诉讼管辖权冲突的协调与解决》一书中指出,虽然三类利用外资的合同纠纷与我国存在密切联系,由我国法院行使专属管辖权便于诉讼的审理和判决的跨国承认与执行,但是专属管辖权可能对外国投资者形成心理压力,构成事实上的投资壁垒,与当代国际投资自由化的趋势不相协调。① 郭玉军教授在《〈跨国民事诉讼规则〉管辖权规定之研究》一文中指出,随着我国经济与国际经济的日益相融,中外合作经营企业合同的特殊性日益减弱。中外合作经营企业合同专属管辖权规则难免有特殊保护中方当事人之嫌,没有必要适用涉外专属管辖权规则。② 秦建荣副教授在论文《论我国涉外案件专属管辖范围之合理确定——以比较研究为视角》中指出,中外合资、合作经营企业合同与一般涉外合同并无实质区别,与国家重大经济利益无必然联系,所以我国将此类合同纳入涉外专属管辖权范围不符合必要性原则。③ 丁伟教授在《我国涉外民商事诉讼管辖权制度的完善》一文中指出,中外合作勘探开发自然资源合同纠纷可直接援引涉外不动产专属管辖权规则,无须对之单独制定专属管辖权规则。中外合资、合作经营企业合同纠纷可列入涉外协议管辖规则的调整范围。④

　　第二,上述三种合同保留涉外专属管辖权性质。例如,杜焕芳教授在《中国法院涉外管辖权实证研究》一文中指出,中外合资、合作经营企业合同涉及国家主权,与国计民生存在重大关联,因此有必要适用涉外专属管辖权规则。⑤ 李晶副教授在《涉外民事管辖权立法完善研究》一文中指出,我国有必要保留中外合资、合作经营企业合同的专属管辖权性质,一方面源于《涉外民事关系法律适用法》"直接适用的法"的影响,另一方面源于这些合同需要我国相关部门的审批,涉及我国公共利益。⑥ 肖永平教授和朱磊博士在《批准〈选择法院协议公约〉之考量》一书中指出,基于诉讼便利和诉讼成本的考虑,中外合资经营企业合同应适用涉外专属管辖权规则。⑦

　　① 宋建立:《国际民商事诉讼管辖权冲突的协调与解决》,法律出版社 2009 年版,第 246-247 页。
　　② 郭玉军、张飞凤:《〈跨国民事诉讼规则〉管辖权规定之研究》,载《武大国际法评论》2007 年第 1 期,第 46-47 页。
　　③ 秦建荣:《论我国涉外案件专属管辖范围之合理确定——以比较研究为视角》,载《重庆工商大学学报(社会科学版)》2009 年第 1 期,第 112 页。
　　④ 丁伟:《我国涉外民商事诉讼管辖权制度的完善》,载《政法论坛》2006 年第 6 期,第 162 页。
　　⑤ 杜焕芳:《中国法院涉外管辖权实证研究》,载《法学家》2007 年第 2 期,第 156 页。
　　⑥ 李晶:《涉外民事管辖权立法完善研究》,载《政治与法律》2013 年第 8 期,第 144 页。
　　⑦ 肖永平、朱磊:《批准〈选择法院协议公约〉之考量》,法律出版社 2017 年版,第 97 页。

（5）涉外港口作业纠纷专属管辖权的存废

第一，涉外专属管辖权范围应囊括涉外港口作业纠纷。例如，杜焕芳教授在《中国法院涉外管辖权实证研究》一文中指出，涉外港口作业纠纷由港口所在地法院行使专属管辖权是出于诉讼方便的考虑，而且港口作业问题需要就地解决。[①] 郭玉军教授在《〈跨国民事诉讼规则〉管辖权规定之研究》一文中指出，港口的固定性决定了涉外港口作业纠纷由港口所在地法院行使专属管辖权最为合理和便利。[②]

第二，涉外专属管辖权范围应排除涉外港口作业纠纷。例如，秦建荣副教授在论文《论我国涉外案件专属管辖范围之合理确定——以比较研究为视角》中指出，涉外港口作业纠纷不影响国家重大政治、经济利益和公共秩序，因此该类纠纷不具有涉外专属管辖权性质。[③] 王吉文副教授在《我国涉外协议管辖制度限制条件的正当性探讨》一文中指出，涉外港口作业纠纷与国家根本利益并无实质联系，因此我国不宜将其纳入涉外专属管辖权范围。[④]

（6）其他涉外专属管辖权事项的增补

第一，增补涉外公共登记事项专属管辖权。例如，谢石松教授在《论国际民事案件中的管辖权问题》一文中指出，我国有必要规定涉外公共登记事项在我国具有涉外专属管辖权性质。[⑤] 向在胜教授在《中国涉外民事专属管辖权的法理检视与规则重构》一文中提出了类似的观点。[⑥] 李先波教授在《论确立国际民事管辖权的基本原则》一文中指出，大陆法系国家通常将涉外公共登记事项纳入涉外专属管辖权范围。[⑦]

第二，增补涉外公司诉讼专属管辖权。例如，向在胜教授在《中国国际民

---

① 杜焕芳：《中国法院涉外管辖权实证研究》，载《法学家》2007 年第 2 期，第 155 页。

② 郭玉军、张飞凤：《〈跨国民事诉讼规则〉管辖权规定之研究》，载《武大国际法评论》2007 年第 1 期，第 46 页。

③ 秦建荣：《论我国涉外案件专属管辖范围之合理确定——以比较研究为视角》，载《重庆工商大学学报（社会科学版）》2009 年第 1 期，第 112 页。

④ 王吉文：《我国涉外协议管辖制度限制条件的正当性探讨》，载《武大国际法评论》2011 年第 2 期，第 62-63 页。

⑤ 谢石松：《论国际民事案件中的管辖权问题》，载《中山大学学报（社会科学版）》1996 年第 3 期，第 170 页。

⑥ 向在胜：《中国涉外民事专属管辖权的法理检视与规则重构》，载《法商研究》2023 年第 1 期，第 60 页。

⑦ 李先波：《论确立国际民事管辖权的基本原则》，载《湖南师范大学社会科学学报》1996 年第 2 期，第 60 页。

事管辖权的立法体例研究》和《中国涉外民事专属管辖权的法理检视与规则重构》中指出,我国应增补涉外公司内部事务专属管辖权规则。[①] 肖永平教授和朱磊博士在《批准〈选择法院协议公约〉之考量》一书中指出,对于法人的有效、无效或解散等问题,若法人在我国设立并登记,则该问题理应由我国法院行使专属管辖权。[②] 之所以我国应增补涉外公司诉讼专属管辖权规则,其理由具有多重性。例如,杜焕芳教授在《中国法院涉外管辖权实证研究》一文中指出,随着跨国公司纠纷与日俱增,为保护国家利益和促进社会稳定,我国可通过司法解释补充涉外公司专属管辖权规则。[③] 秦建荣副教授在《论我国涉外案件专属管辖范围之合理确定——以比较研究为视角》一文中指出,涉外公司诉讼与一国政治、经济利益和法律秩序存在密切联系,我国涉外专属管辖权范围遗漏了该诉讼,我国可参考域外经验增补涉外公司专属管辖权规则。[④] 邢钢教授在《公司法律问题的比较法与国际私法评判》一书中指出,涉外公司诉讼由公司所在地国法院行使专属管辖权对防止国际矛盾判决大有裨益,而且公司所在地国法院便于收集公司信息。[⑤] 与域外规定相比,我国理论界和实务中对涉外公司诉讼专属管辖权的立场具有以下特征。首先,我国对涉外公司专属管辖权规则的主体作扩大解释。涉外公司诉讼专属管辖权规则的适用主体有严格要求,没有法人资格的未注册公司和协会通常不在涉外专属管辖权条款的调整范围之内。但我国学者赞同将非法人组织纳入涉外公司专属管辖权规则调整的主体范围。例如,丁伟教授在《我国涉外民商事诉讼管辖权制度的完善》一文中指出,我国涉外民商事专属管辖权范围过于狭窄,应参照国际通行做法和我国《国际私法示范法》第三节的规定,完善法人或其他非法人组织成立的有效性、解散或其他内部事项之专属管辖权规则。[⑥] 宋建立博士在《国际民商事诉讼管辖权冲突的协调与解决》一书中也提出了同样的建议。[⑦] 其

[①] 向在胜:《中国国际民事管辖权的立法体例研究》,载《法律科学(西北政法大学学报)》2019 年第 4 期,第 189 页;向在胜:《中国涉外民事专属管辖权的法理检视与规则重构》,载《法商研究》2023 年第 1 期,第 61 页。

[②] 肖永平、朱磊:《批准〈选择法院协议公约〉之考量》,法律出版社 2017 年版,第 97 页。

[③] 杜焕芳:《中国法院涉外管辖权实证研究》,载《法学家》2007 年第 2 期,第 156 页。

[④] 秦建荣:《论我国涉外案件专属管辖范围之合理确定——以比较研究为视角》,载《重庆工商大学学报(社会科学版)》2009 年第 1 期,第 112-113 页。

[⑤] 邢钢:《公司法律问题的比较法与国际私法评判》,中国法制出版社 2018 年版,第 86 页。

[⑥] 丁伟:《我国涉外民商事诉讼管辖权制度的完善》,载《政法论坛》2006 年第 6 期,第 161 页。

[⑦] 宋建立:《国际民商事诉讼管辖权冲突的协调与解决》,法律出版社 2009 年版,第 246 页。

次，我国对涉外公司专属管辖权规则的客体作扩大解释。欧盟规定公司所在地国法院对以公司及其他法人的设立、解散或其机构决议的有效性为标的的诉讼具有专属管辖权，但涉外股东权利义务纠纷不适用涉外公司专属管辖权规则。① 然而，2023 年我国《民事诉讼法》第 27 条和 2022 年我国《民事诉讼法司法解释》第 22 条除允许特定公司事项由公司住所地法院行使管辖权外，亦将股东资格确认、股东知情权等股东权利义务纠纷纳入公司组织诉讼的范畴，由公司住所地法院行使管辖权。②

第三，增补涉外家事诉讼和居民身份纠纷专属管辖权。例如，刘振江教授在论文《国际民事管辖权冲突及其解决》中提到，不仅涉外继承事项适用涉外专属管辖权规则，而且大多数国家法律规定涉外婚姻家庭事项亦具有涉外专属管辖权性质。③ 刘懿彤副教授在《国际民事诉讼管辖权与和谐国际社会构建》一书中指出，一些国家将涉外离婚纳入本国专属管辖权范围。④ 李先波教授在《论确立国际民事管辖权的基本原则》一文中指出，大陆法系国家通常规定，涉外民事身份案件适用涉外专属管辖权规则。⑤ 沈红雨法官在《我国法的域外适用法律体系构建与涉外民商事诉讼管辖权制度的改革——兼论不方便法院原则和禁诉令机制的构建》一文中指出，我国应将涉外专属管辖权范围延伸至涉外自然人法律地位和法律行为能力之诉。⑥ 然而，吴一鸣副教授在《国际民事诉讼中的拒绝管辖问题研究》一书中指出，虽然一些东欧国家曾将本国居民身份案件纳入专属管辖权范围，但此属滥用维护国家利益原则，此种规定现已逐渐消失。⑦

第四，增补外国判决执行事项专属管辖权。例如，向在胜教授在《中国涉外民事专属管辖权的法理检视与规则重构》一文中指出，我国宜对外国民事判决在我国执行的审查与批准问题制定涉外专属管辖权规则。⑧

---

① 〔比〕海尔特·范·卡尔斯特：《欧洲国际私法》，许凯译，法律出版社 2016 年版，第 63-64 页。

② 参见 2021 年我国《民事诉讼法》第 27 条和 2022 年《民事诉讼法司法解释》第 22 条的规定。

③ 刘振江：《国际民事管辖权冲突及其解决》，载《法律科学（西北政法大学学报）》1999 年第 2 期，第 49-50 页。

④ 刘懿彤：《国际民事诉讼管辖权与和谐国际社会构建》，中国人民公安大学出版社 2017 年版，第 226 页。

⑤ 李先波：《论确立国际民事管辖权的基本原则》，载《湖南师范大学社会科学学报》1996 年第 2 期，第 60 页。

⑥ 沈红雨：《我国法的域外适用法律体系构建与涉外民商事诉讼管辖权制度的改革——兼论不方便法院原则和禁诉令机制的构建》，载《中国应用法学》2020 年第 5 期，第 125 页。

⑦ 吴一鸣：《国际民事诉讼中的拒绝管辖问题研究》，法律出版社 2010 年版，第 90 页。

⑧ 向在胜：《中国涉外民事专属管辖权的法理检视与规则重构》，载《法商研究》2023 年第 1 期，第 61 页。

(二)国外研究现状

1. 涉外家事诉讼专属管辖权的研究现状

第一,涉外离婚诉讼适用涉外专属管辖权规则。例如,学者马切伊·托马谢夫斯基(Maciej Tomaszewski)在《波兰法院对国际民法案件的判决》(Polish Court Judgements in International Civil Law Cases)一文中指出,如果配偶双方的住所均位于波兰,那么波兰法院对跨国婚姻案件具有专属管辖权。[①] 学者迈克尔·阿克赫斯特(Michael Akehurst)在《国际法中的管辖权》(Jurisdiction in International Law)一文中指出,如果其中一方当事人是匈牙利人,那么匈牙利法院将在跨国离婚案件中行使专属管辖权。[②] 学者米拉娜·卡拉亚尼迪(Milana Karayanidi)在《俄罗斯民商事案件的审判管辖权:分析与评论》(Adjudicative Jurisdiction in Civil and Commercial Matters in Russia:Analysis and Commentary)一文中指出,如果配偶双方住所地皆位于俄罗斯,那么俄罗斯和外国居民之间的跨国离婚诉讼属于俄罗斯法院专属管辖权范围。[③]

第二,涉外继承诉讼适用涉外专属管辖权规则。例如,学者特纳·拉特科维奇(Tena Ratković)在《国际私法继承方面——克罗地亚的经验》(Private International Law Aspects of Succession—The Croatian Experience)一文中指出,无论死者乃本国人或外国人,对于克罗地亚境内的不动产遗产,克罗地亚法院具有专属管辖权。[④] 学者斯拉夫科·乔尔杰维奇(Slavko Dorđević)在《关于预防和解决克罗地亚(成员国)和塞尔维亚法院在跨境继承案件中的积极管辖权冲突的几点评论——从克罗地亚(欧盟)和塞尔维亚的角度》[Some Remarks on Prevention and Resolution of Positive Jurisdiction Conflicts between Croatian (Member State) and Serbian Courts in Cross-border

---

① Maciej Tomaszewski, *Polish Court Judgements in International Civil Law Cases*, 11 Polish Yearbook of International Law 219,230 (1981).

② Michael Akehurst, *Jurisdiction in International Law*,46 British Year Book of International Law 145,238 (1972).

③ Milana Karayanidi, *Adjudicative Jurisdiction in Civil and Commercial Matters in Russia: Analysis and Commentary*,64 (4) American Journal of Comparative Law 981,1012 (2016).

④ Tena Ratković,*Private International Law Aspects of Succession—The Croatian Experience*,13 Annals of the Faculty of Law of the University of Zenica 8,15 (2014).

Succession Cases—From Croatian (EU) and Serbian Point of View]一文中指出,塞尔维亚法院对涉外不动产继承纠纷适用涉外专属管辖权规则,而且在涉外不动产继承专属管辖权情形下不得适用塞尔维亚国际未决诉讼规则。① 学者迈克尔·阿克赫斯特在《国际法中的管辖权》一文中指出,在涉外继承案件中,南斯拉夫对本国境内的不动产和本国居民遗留在国外的动产具有专属管辖权。② 学者米拉娜·卡拉亚尼迪在《俄罗斯民商事案件的审判管辖权:分析与评论》一文中指出,遗产所在地国法院对继承事项具有专属管辖权。③ 学者安德烈亚-洛雷娜·科德雷亚努(Andreea-Lorena Codreanu)在《罗马尼亚法院的国内和国际管辖权》(National and International Jurisdiction of Romanian Courts)一文中也指出,在涉外继承问题上,死者最后居所地国法院具有专属管辖权限。④

第三,跨国父母责任事项适用涉外专属管辖权规则。例如,学者维里蒂·温希普(Verity Winship)在《州法院专属管辖权的博弈》(Bargaining for Exclusive State Court Jurisdiction)一文中指出,专属管辖权构成父母权利、监护权和收养统一法案中管辖权规则的一部分。⑤

第四,国际诱拐儿童事项适用涉外专属管辖权规则。例如,学者玛丽·凯斯(Mary Keyes)在《国际家庭诉讼的管辖权:批判性分析》(Jurisdiction in International Family Litigation:A Critical Analysis)一文中指出,在国际诱拐儿童案件中,儿童被诱拐或非法滞留之前的惯常居所地国法院具有专属管辖权。⑥ 然而,学者梅尔·H. 韦纳(Merle H. Weiner)在《限缩法官席:美国联邦法院是否应拥有专属或任意管辖权裁决国际诱拐儿童救济法案件》

① Slavko Dorđević, *Some Remarks on Prevention and Resolution of Positive Jurisdiction Conflicts between Croatian (Member State) and Serbian Courts in Cross-border Succession Cases—From Croatian (EU) and Serbian Point of View*, 36 (2) Pravni Vjesnik 25, 27, 39 (2020).

② Michael Akehurst, *Jurisdiction in International Law*, 46 British Year Book of International Law 145, 238 (1972).

③ Milana Karayanidi, *Adjudicative Jurisdiction in Civil and Commercial Matters in Russia: Analysis and Commentary*, 64 (4) American Journal of Comparative Law 981, 1012 (2016).

④ Andreea-Lorena Codreanu, *National and International Jurisdiction of Romanian Courts*, 2016 Law Annals from Titu Maiorescu University 55, 57 (2016).

⑤ Verity Winship, *Bargaining for Exclusive State Court Jurisdiction*, 1 (1) Stanford Journal of Complex Litigation 51, 65 (2012).

⑥ Mary Keyes, *Jurisdiction in International Family Litigation: A Critical Analysis*, 27 (1) University of New South Wales Law Journal 42, 62 (2004).

(Shrinking the Bench：Should United States Federal Courts Have Exclusive or Any Jurisdiction to Adjudicate Icara Cases)一文中质疑美国联邦法院对国际诱拐儿童案件的专属管辖权。①

2. 涉外不动产专属管辖权的研究现状

第一，涉外不动产专属管辖权的立场存在分歧。首先，部分学者秉持肯定态度。例如，学者阿卢伊西奥·贡萨尔维斯·德·卡斯特罗·门德斯（Aluisio Gonçalves de Castro Mendes）和卡门·蒂布尔西奥（Carmen Tiburcio）在《巴西法律对涉外侵权行为的管辖权》（Jurisdiction over Torts with Foreign Elements according to Brazilian Law）一文中指出，巴西司法当局对位于巴西的不动产争端具有专属管辖权，而且涉外不动产专属管辖权没有区分对物诉讼和对人诉讼。② 学者拉塞尔·J. 温特劳布（Russell J. Weintraub）在《走出对人管辖权迷宫的地图》（A Map out of the Personal Jurisdiction Labyrinth）一文中指出，《布鲁塞尔公约》第 16 条第 1 款规定，不动产所在地国法院对以涉外不动产物权或涉外不动产租赁为客体的诉讼具有专属管辖权。③ 学者威斯纳·拉齐奇（Vesna Lazić）在《欧盟监管制度下跨境诉讼中弱势方的程序正义》（Procedural Justice for Weaker Parties in Cross-border Litigation under the EU Regulatory Scheme）一文中指出，欧盟涉外专属管辖权规则的适用无须考虑被告住所，而且涉外专属管辖权的效力优先于涉外保险事项、涉外消费者合同和涉外雇佣合同特别管辖权。④ 学者玛丽瑟·克雷莫纳（Marise Cremona）和汉斯-W. 米克利兹（Hans-W. Micklitz）在《欧盟对外关系中的私法》（Private Law in the External Relations of the EU）一书中指出，《布鲁塞尔公约》和《布鲁塞尔条例Ⅰ》第二章在被告住所地以外的法院确立了对涉外不动产物权的专属管辖权。⑤ 学者朱斯特·布鲁姆（Joost Blom）在《〈法院管辖权

---

① Merle H. Weiner, *Shrinking the Bench：Should United States Federal Courts Have Exclusive or Any Jurisdiction to Adjudicate Icara Cases*, 9（1）Journal of Comparative Law 192, 251（2014）.

② Aluisio Gonçalvesde Castro Mendes, Carmen Tiburcio, *Jurisdiction over Torts with Foreign Elements according to Brazilian Law*, 3（2）International Journal of Procedural Law 223, 229（2013）.

③ Russell J. Weintraub, *A Map out of the Personal Jurisdiction Labyrinth*, 28（3）U.C. Davis Law Review 531, 553（1995）.

④ Vesna Lazić, *Procedural Justice for Weaker Parties in Cross-border Litigation under the EU Regulatory Scheme*, 10（4）Utrecht Law Review 100, 102（2014）.

⑤ Marise Cremona, Hans-W. Micklitz, *Private Law in the External Relations of the EU*, Oxford University Press, 2016, p. 135.

和诉讼程序转移法〉以及海牙判决项目和海牙管辖权项目》(The Court
Jurisdiction and Proceedings Transfer Act and the Hague Conference's Judgments
and Jurisdiction Projects)一文中指出,不动产所在地国法院对涉外不动产物
权具有专属管辖权,而且涉外不动产担保权益相当于涉外不动产物权。① 学
者杰克·沃斯(Jack Wass)在《法院对涉外土地案件的对人管辖权》(The
Court's in Personam Jurisdiction in Cases Involving Foreign Land)一文中指
出,1933 年英国《外国判决(相互执行)法》第 4 条第 3 款(a)项规定,如果诉讼
标的是判决来源国地域范围外的不动产,那么判决来源国法院应被视为缺乏
管辖权。② 学者阿卜杜勒-莫妮姆·扎姆赞姆(Abdel-Moneem Zamzam)在《破
产管辖权和外国破产判决在埃及的执行》(Bankruptcy Jurisdiction and
Enforcement of Foreign Bankruptcy Judgments in Egypt)一文中指出,埃及执
行外国判决的前提条件是争端不属于埃及法院的专属管辖权范围,埃及法院
对位于埃及的不动产物权争端、临时措施和强制执行争端等具有专属管辖
权。③ 学者斯拉夫科·乔尔杰维奇在《关于预防和解决克罗地亚(成员国)和
塞尔维亚法院在跨境继承案件中的积极管辖权冲突的几点评论——从克罗地
亚(欧盟)和塞尔维亚的角度》一文中指出,塞尔维亚法院对位于塞尔维亚的不
动产具有专属管辖权,判决来源国法院侵犯专属管辖权是被请求国拒绝承认
外国判决的理由。另外,塞尔维亚法院对位于本国的不动产继承具有专属管
辖权。④ 学者阿尔贝托·M. 阿罗诺维茨(Alberto M. Aronovitz)在《私人索
赔可以通过欧洲人权法院提出吗?——以一起国际诱拐儿童案件为例的跨境
诉讼法研究》(May Private Claims Be Advanced through the European Court
of Human Rights? — A Study of Cross-border Procedural Law Based on a
Case of International Child Abduction)一文中指出,一些国家规定,本国境内

---

① Joost Blom, *The Court Jurisdiction and Proceedings Transfer Act and the Hague Conference's Judgments and Jurisdiction Projects*, 55 (1) Osgoode Hall Law Journal 257, 278 (2018).

② Jack Wass, *The Court's in Personam Jurisdiction in Cases Involving Foreign Land*, 63 (1) International and Comparative Law Quarterly 103, 128 (2014).

③ Abdel-Moneem Zamzam, *Bankruptcy Jurisdiction and Enforcement of Foreign Bankruptcy Judgments in Egypt*, 6 (3) Journal of Private International Law 623, 631 (2010).

④ Slavko Đorđević, *Some Remarks on Prevention and Resolution of Positive Jurisdiction Conflicts between Croatian (Member State) and Serbian Courts in Cross-border Succession Cases—From Croatian (EU) and Serbian Point of View*, 36 (2) Pravni Vjesnik 25, 27, 43 (2020).

的不动产物权适用专属管辖权规则,而且当事人不得背离专属管辖权规则。[①]
学者道垣内正人(Masato Dogauchi)在《从 2001 年 6 月〈海牙民商事管辖权与
外国判决公约草案〉看日本视角下的外国侵权管辖权》(Jurisdiction over
Foreign Infringement from a Japanese Perspective in Consideration of the
Hague Draft Convention on Jurisdiction and Foreign Judgments in Civil and
Commercial Matters as of June 2001)一文中指出,2001 年海牙《国际民商事管
辖权和外国判决公约草案》第 12 条规定,在以涉外不动产物权或涉外不动产
租赁为标的的诉讼中,除某些例外情况外,财产所在缔约国法院具有专属管辖
权。[②] 学者米拉娜·卡拉亚迪尼在《俄罗斯民商事案件的审判管辖权:分析与
评论》一文中指出,俄罗斯同意世界各地公认的涉外不动产专属管辖权传统,
而且俄罗斯法院常常基于政治理由行使专属管辖权。俄罗斯法院对位于本国
的不动产诉讼具有专属或强制管辖权,当事人不得通过协议管辖予以更改。
欧盟《布鲁塞尔条例Ⅰ》和巴西法律均载有涉外不动产专属管辖权条款,但日
本认为涉外不动产管辖权的性质具有非专属性。[③] 其次,也有部分学者秉持否
定态度。例如,学者道垣内正人在《日本国际管辖权新规则:一般观察》(New
Japanese Rules on International Jurisdiction: General Observation)一文中指出,日
本新国际民事管辖权规则并未规定日本法院对涉外不动产纠纷具有专属管辖
权,而且由于不动产判决的既判力仅限于当事人之间,因此没有必要将涉外不
动产诉讼置于涉外专属管辖权之下。[④] 学者穆斯塔法·埃尔坎(Mustafa
Erkan)在《禁忌:不动产专属管辖权》(A Taboo: Exclusive Jurisdiction over
Immovable Property)一文中指出,土耳其和大多数国家认为涉外不动产事项
具有涉外专属管辖权性质,土耳其法院对位于土耳其的不动产具有专属管辖
权,并拒绝承认与执行外国法院对此作出的不动产判决,但对涉外不动产绝对

---

① Alberto M. Aronovitz, *May Private Claims Be Advanced through the European Court of Human Rights? — A Study of Cross-border Procedural Law Based on a Case of International Child Abduction*, 37 Israel Yearbook on Human Rights 165,171 (2007).

② Masato Dogauchi, *Jurisdiction over Foreign Infringement from a Japanese Perspective in Consideration of the Hague Draft Convention on Jurisdiction and Foreign Judgments in Civil and Commercial Matters as of June 2001*, 44 Japanese Annual of International Law 35,45 (2001).

③ Milana Karayanidi, *Adjudicative Jurisdiction in Civil and Commercial Matters in Russia: Analysis and Commentary*, 64 (4) American Journal of Comparative Law 981,985,1006 (2016).

④ Masato Dogauchi, *New Japanese Rules on International Jurisdiction: General Observation*, 54 Japanese Yearbook of International Law 260,272 (2011).

行使专属管辖权欠妥。①

　　第二，涉外不动产专属管辖权的法理具有多元性。例如，学者加勒特·哈里斯（Garrett Harris）在《外国主权豁免——不动产例外——1976 年〈外国主权豁免法〉中的不动产例外仅适用于直接涉及不动产权利或利益的诉讼，原告团体诉墨西哥合众国案》（Foreign Sovereign Immunity—Immovable Property Exception—Immovable Property Exception of Foreign Sovereign Immunities Act of 1976 Applies Only to Suits Directly Involving Rights or Interests in Real Property, Asociacion de Reclamantes v. United Mexican States）一文中指出，对本国境内的不动产行使专属管辖权是一个国家治理其领土权力的核心。② 学者弗兰克·A. 奥斯瓦尔德（Frank A. Oswald）在《主权豁免——1976 年〈外国主权豁免法〉的不动产例外——原告团体诉墨西哥合众国案》（Sovereign Immunity—Immovable Property Exception of the Foreign Sovereign Immunities Act of 1976—Asociacion de Reclamantes v. United Mexican States）一文中指出，领土主权的首要利益在于解决其领土内的所有不动产争端。③ 学者保罗·费尔南多·坎帕纳·菲略（Paulo Fernando Campana Filho）在《巴西跨境破产的法律框架》（The Legal Framework for Cross-border Insolvency in Brazil）一文中指出，各国对本国领土内的资产具有专属管辖权，这也被称为"攫取规则"（the grab rule），意味着本国法院掌控其所能触及的资产。④ 学者劳尔·拉文特·桑切斯（Raúl Lafuente Sánchez）在《跨境遗嘱信托与法律冲突》（Cross Border Testamentary Trusts and the Conflict of Laws）一文中指出，涉外不动产物权专属管辖权的合理性在于，涉外不动产物权诉讼往往需要进行现场检查、调查和专家评估。涉外不动产信托诉讼不构成《布鲁塞尔公约》第 16 条第 1 款所指的对物诉讼，不适用涉外专

---

　　①　Mustafa Erkan, *A Taboo: Exclusive Jurisdiction over Immovable Property*, 20 (1) Universitesi Hukuk Fakultesi Dergisi 11, 11-12 (2012).

　　②　Garrett Harris, *Foreign Sovereign Immunity—Immovable Property Exception—Immovable Property Exception of Foreign Sovereign Immunities Act of 1976 Applies Only to Suits Directly Involving Rights or Interests in Real Property, Asociacion de Reclamantes v. United Mexican States*, 9 (1) Suffolk Transnational Law Journal 115, 120 (1985).

　　③　Frank A. Oswald, *Sovereign Immunity—Immovable Property Exception of the Foreign Sovereign Immunities Act of 1976—Asociacion de Reclamantes v. United Mexican States*, 7 (1) New York Law School Journal of International and Comparative Law 251, 260 (1986).

　　④　Paulo Fernando Campana Filho, *The Legal Framework for Cross-border Insolvency in Brazil*, 32 (1) Journal of International Law 97, 103 (2009).

属管辖权规则。①

　　第三,涉外不动产专属管辖权范围具有有限性。例如,学者史蒂芬·李
(Stephen Lee)在《外国土地管辖权:重新评估》(Jurisdiction over Foreign
Land:A Reappraisal)一文中指出,欧盟《布鲁塞尔公约》和1988年《关于民商
事案件管辖权及判决执行的卢加诺公约》(以下简称《卢加诺公约》)第16条第
1款均规定,涉外不动产物权和涉外不动产租赁由不动产所在地国法院行使
专属管辖权,但第16条第1款仅适用于欧盟成员国,而且欧洲法院将第16条
第1款解释为仅适用于基于对物权的诉讼,即针对不确定人的权利而提起的
诉讼。即便诉讼内容涉及涉外不动产物权,但若诉讼类型属于仅针对特定人
的权利而提起的对人诉讼,则禁止适用涉外专属管辖权规则。第16条第1款
在一定程度上反映了传统的普通法所有权规则。② 学者史蒂芬·李在《跨国
金钱债权中的外国不动产所有权》(Title to Foreign Real Property in
Transnational Money Claims)一文中指出,尽管《布鲁塞尔公约》第16条第1
款规定不动产所在地国法院对以涉外不动产物权为标的诉讼具有专属管辖
权,但此规定不适用于基于违约而提出的涉外不动产金钱诉讼。虽然第16条
第1款将涉外不动产租赁诉讼亦交由不动产所在地国法院专属管辖,但此条
不适用于间接使用涉外租赁财产的争议。③ 学者伊安·基尔贝(Ian Kilbey)在
《网络合同的管辖权与法律选择条款—第二部分—分割合同》(Jurisdiction
and Choice of Law Clauses in Internet Contracts—Part Two—Split Contract)
中指出,欧盟《布鲁塞尔条例Ⅰ》第22条对涉外不动产租赁专属管辖权规定了
一种例外情形,即租赁期限不超过六个月的供私人使用的房屋租赁合同不适
用专属管辖权规则。④ 学者米歇尔·安吉洛·卢波伊(Michele Angelo Lupoi)
在《一份关于第44/2001号(欧盟)条例之最近欧洲法院判例的报告》(A
Report of Recent ECJ Cases on Regulation (EU) No. 44/2001)一文中指出,
欧盟《布鲁塞尔公约》第16条和《布鲁塞尔条例Ⅰ》第22条第1款涉外不动产

---

　　①　Raúl Lafuente Sánchez, *Cross Border Testamentary Trusts and the Conflict of Laws*, 8 (1) Cuadernos de Derecho Transnacional 184,192 (2016).

　　②　Stephen Lee, *Jurisdiction over Foreign Land: A Reappraisal*, 26 (3) Anglo-American Law Review 273,303 (1997).

　　③　Stephen Lee, *Title to Foreign Real Property in Transnational Money Claims*, 32 (3) Columbia Journal of Transnational Law 607,635-636 (1995).

　　④　Ian Kilbey, *Jurisdiction and Choice of Law Clauses in Internet Contracts—Part Two—Split Contract*, 2003 (1) International Travel Law Journal 18,21 (2003).

物权专属管辖权规则无法调整所有涉外不动产物权诉讼,仅适用于该公约或该条例范畴下涉外不动产所有权、涉外不动产占有权、涉外不动产的其他物权以及保护所有权人权益的诉讼。[①] 学者马蒂亚斯·韦勒(Matthias Weller)在《欧洲跨境艺术品贷款中的第三方债权：〈布鲁塞尔条例Ⅰ〉—反诉法规—人权》(Third-party Claims on the Occasion of Cross-border Art Loans in Europe：Brussels Ⅰ—Regulation—Anti Seizure-Statutes-Human Rights)一文中指出,虽然《布鲁塞尔条例Ⅰ》第 22 条第 1 款对涉外不动产物权规定了专属管辖权依据,但动产所在地国法院对动产物权和占有权具有非专属性管辖权。[②]

3.涉外公司诉讼专属管辖权的研究现状

第一,涉外公司设立、解散和决议有效性之诉适用涉外专属管辖权规则。例如,学者米拉娜·卡拉亚迪尼在《俄罗斯民商事案件的审判管辖权：分析与评论》一文中指出,俄罗斯法院具有审理俄罗斯联邦境内法律实体的设立、解散和实体内部决议效力之诉的专属管辖权限。之所以将涉外公司诉讼纳入涉外专属管辖权对象,是因为公司信息通常位于公司主要业务活动所在地国。[③] 学者彼得·斯通(Peter Stone)在《欧盟国际私法》(EU Private International Law)一书中指出,《布鲁塞尔条例Ⅰ》第 22 条第 2 款规定涉外公司纠纷适用涉外专属管辖权规则,而且涉外公司专属管辖权领域公司所在地必须根据法院地国国际私法进行确定。私法进行确定。[④] 学者乌尔里希·马格努斯(Ulrich Magnus)和彼得·曼科沃斯基(Peter Mankowski)在《欧洲国际私法评注：〈布鲁塞尔条例Ⅰ〉》(European Commentaries on Private International Law：Brussels Ⅰ Regulation)一书中指出,涉外公司专属管辖权的目的是避免对法人的存在及其机构决定的有效性作出相互矛盾的判决,而且公司在其所在地国完成法人的公示手续,同时在大多数情况下法人内部事务适用公司

① Michele Angelo Lupoi,*A Report of Recent ECJ Cases on Regulation（EU）No. 44/2001*,4（2）International Journal of Procedural Law 289,321（2014）.

② Matthias Weller,*Third-party Claims on the Occasion of Cross-border Art Loans in Europe：Brussels Ⅰ-Regulation—Anti Seizure-Statutes—Human Rights*,14（4）Art Antiquity and Law 303,308-309（2009）.

③ Milana Karayanidi,*Adjudicative Jurisdiction in Civil and Commercial Matters in Russia：Analysis and Commentary*,64（4）American Journal of Comparative Law 981,1009（2016）.

④ Peter Stone,*EU Private International Law（Second Edition）*,Edward Elgar Publishing Limited,2010,pp.73-74.

所在地国法,因而有必要由公司所在地国法院行使专属管辖权以确保法人内部事务强制性规则的适用。① 然而,学者彼得·斯通和尤瑟夫·法拉(Youseph Farah)在《欧盟国际私法研究手册》(Research Handbook on EU Private International Law)一书中指出,《布鲁塞尔条例Ⅰ》第 22 条第 2 款是关于公司的重要管辖权规则,部分公司问题适用涉外专属管辖权规则体现了国际私法与《公司法》的关联性,但该专属管辖权与公司设立自由原则相冲突。② 学者莉迪亚·伦德施泰特(Lydia Lundstedt)在《〈通用数据保护条例〉下跨境私人执行诉讼的国际管辖权》(International Jurisdiction over Cross-border Private Enforcement Actions under the GDPR)一文中指出,如果公司董事会的决定涉及非法处理个人数据,而且非法处理影响决定的有效性,那么公司所在地国法院将根据 2012 年欧洲议会和欧盟理事会《关于民商事案件管辖权及判决承认与执行的第 1215/2012 号(欧盟)条例》[以下简称《布鲁塞尔条例Ⅰ(修订版)》]第 24 条第 2 款对个人数据保护诉讼行使专属管辖权。③

　　第二,涉外公司破产之诉不适用涉外专属管辖权规则。例如,学者安德鲁·迪金森(Andrew Dickinson)和伊娃·列英(Eva Lein)在《布鲁塞尔条例Ⅰ的修订》(The Brussels Ⅰ Regulation Recast)一书中指出,《布鲁塞尔条例Ⅰ(修订版)》第 24 条第 2 款规定,涉外公司诉讼由公司所在地国法院行使专属管辖权。此条款与美国法律中的内政原则(the internal affairs doctrine)类似,基本目的是为此类争端提供一个单一法院,避免就公司的存在或其机构决策的有效性作出相互冲突的判决。涉外公司专属管辖权领域公司机构决议存在识别困境。涉外公司专属管辖权应遵循限缩解释方法,破产程序被排除在条例的范围之外,不适用专属管辖权规则。④ 与之相反,学者保罗·托雷曼斯(Paul Torremans)在《国际破产管辖权:比利时范例和欧洲公约(草案)》[International Bankruptcy Jurisdiction: The Belgian Example and the (Draft) European Conventions]一文中指出,涉外破产专属管辖权交由债务人主要利

---

① Ulrich Magnus, Peter Mankowski, *European Commentaries on Private International Law: Brussels Ⅰ Regulation*, Sellier. European Law Publishers, 2007, pp. 356-357.

② Peter Stone, Youseph Farah, *Research Handbook on EU Private International Law*, Edward Elgar Publishing Limited, 2015, pp. 362-363.

③ Lydia Lundstedt, *International Jurisdiction over Cross-border Private Enforcement Actions under the GDPR*, 65 Scandinavian Studies in Law 213, 241 (2018).

④ Andrew Dickinson, Eva Lein, *The Brussels Ⅰ Regulation Recast*, Oxford University Press, 2015, pp. 549-550.

益重心所在地国法院。①

第三，涉外公司合同之诉不适用涉外专属管辖权规则。例如，学者娜提维达·戈尼·俄瑞萨（Natividad Goñi Urriza）在《第 44/2001 号条例关于公司和法人的专属管辖权范围：对欧洲法院 2011 年 5 月 12 日 BVG 案裁决的评注》（Scope of Exclusive Jurisdiction on Regulation 44/2001 on Companies and Legal Persons：Commentary to the ECJ Judgment on 12 May 2011 BVG）一文中指出，《布鲁塞尔条例Ⅰ》第 22 条第 2 款专属管辖权规则不适用于涉外公司合同诉讼。② 学者保罗·托雷曼斯在《查希尔、诺斯和福赛特国际私法》（Cheshire，North & Fawcett Private International Law）一书中指出，董事挪用公司资金或公司合同诉讼不属于《布鲁塞尔条例Ⅰ（修订版）》第 24 条第 2款涉外公司专属管辖权范围。③

第四，其他涉外公司事项不适用涉外专属管辖权规则。例如，学者彼得·斯通在《欧盟国际私法的法律协调》（EU Private International Law Harmonization of Laws）一书中指出，《布鲁塞尔条例Ⅰ》第 22 条第 2 款涉外公司专属管辖权采取限制性解释，公司追缴股款、超额支付股息和其他款项、公司对前任高管不当行使权利提起的金钱诉讼，均不适用涉外专属管辖权规则。④

4. 国际知识产权专属管辖权的研究现状

第一，国际知识产权专属管辖权的立场存在分歧。首先，部分学者秉持肯定态度。例如，学者凯特·博纳科尔西（Kate Bonacorsi）在《并非在家——家之所在地国管辖》（Not at Home with at-Home Jurisdiction）一文中指出，无论当事人住所何在，当诉讼涉及涉外不动产或者国际知识产权时，法院将适用涉外专属管辖权规则。⑤ 学者小威廉·E. 奥布莱恩（William E. O'Brian Jr.）在

---

① Paul Torremans, *International Bankruptcy Jurisdiction：The Belgian Example and the（Draft）European Conventions*,3（2）International Insolvency Review 102,118（1994）.

② Natividad Goñi Urriza, *Scope of Exclusive Jurisdiction on Regulation 44/2001 on Companies and Legal Persons：Commentary to the ECJ Judgment on 12 May 2011 BVG*,4（2）Cuadernos Derecho Transnacional 300,300（2012）.

③ Paul Torremans, *Cheshire, North & Fawcett Private International Law（Fifteenth Edition）*, Oxford University Press,2017,p.466.

④ Peter Stone, *EU Private International Law Harmonization of Laws*,Edward Elgar Publishing Limited,2006,pp.140-142.

⑤ Kate Bonacorsi, *Not at Home with at-Home Jurisdiction*,37（6）Fordham International Law 1821,1833（2014）.

《海牙管辖权和判决公约：前进的道路》(Hague Convention on Jurisdiction and Judgments：The Way Forward)一文中指出，《布鲁塞尔公约》和海牙《国际民事管辖权和外国判决公约草案》均规定，国际知识产权诉讼适用涉外专属管辖权规则。① 其次，也有部分学者秉持否定态度。例如，学者贝内德塔·乌贝塔齐(Benedetta Ubertazzi)在《知识产权与专属（事项）管辖权：国际私法与国际公法之间》[Intellectual Property Rights and Exclusive（Subject Matter）Jurisdiction：Between Private and Public International Law]一文中指出，国际知识产权专属管辖权规则将受理法院限定为单一法院，妨碍当事人选择法院的自由，侵犯当事人诉诸司法权。② 学者贝内德塔·乌贝塔齐在《知识产权与专属管辖权（以事项为由）：国际私法和国际公法之间》[Intellectual Property Rights and Exclusive Jurisdiction（by Reason of Matter）：Between Private International Law and Public International Law]一文中指出，国际公法没有确立国际知识产权专属管辖权，国际知识产权专属管辖权违反人权保护原则，因此国际知识产权有效性和侵权纠纷均应放弃适用涉外专属管辖权规则。③ 学者法布里西奥·贝尔蒂尼·帕斯奎特·波利多(Fabrício Bertini Pasquot Polido)在《国际私法与知识产权的互动能走多远——与贝内德塔·乌贝塔齐〈知识产权专属管辖权〉一书的对话》(How Far Can Private International Law Interact with Intellectual Property Rights—A Dialogue with Benedetta Ubertazzi's Book Exclusive Jurisdiction in Intellectual Property)一文中指出，在跨境知识产权争端中适用专属管辖权规则将导致拒绝司法，并侵犯当事人诉诸司法权的基本人权。④ 学者山口敦子(Atsuko Yamaguchi)在《知识产权与国际私法：比较视角》(Intellectual Property and Private International Law：Comparative Perspectives)一文中指出，专属管辖权使知识产权争端具有极强

① William E. O'Brian Jr., *Hague Convention on Jurisdiction and Judgments：The Way Forward*, 66 (4) Modern Law Review 491, 493, 500 (2003).

② Benedetta Ubertazzi, *Intellectual Property Rights and Exclusive (Subject Matter) Jurisdiction：Between Private and Public International Law*, 15 (2) Marquette Intellectual Property Law Review 357, 375, 442 (2011).

③ Benedetta Ubertazzi, *Intellectual Property Rights and Exclusive Jurisdiction (by Reason of Matter)：Between Private International Law and Public International Law*, 10 Anuario Espanol de Derecho Internacional Privado 183, 184 (2010).

④ Fabrício Bertini Pasquot Polido, *How Far Can Private International Law Interact with Intellectual Property Rights—A Dialogue with Benedetta Ubertazzi's Book Exclusive Jurisdiction in Intellectual Property*, 9 (1) Journal of Private International Law 171, 184 (2013).

的地域性，增加解决跨国知识产权争端的成本，并降低诉讼效率。为了促进争端的解决，国际知识产权专属管辖权规则应采取更灵活的解释方法。[①]

第二，国际知识产权专属管辖权的范围存在分歧。外国学者普遍建议对之采取区别制。具体阐述如下。

首先，国际知识产权有效性之诉允许适用涉外专属管辖权规则。例如，学者彼得·斯通和尤瑟夫·法拉在《欧盟国际私法研究手册》一书中指出，仅注册的知识产权属于《布鲁塞尔条例Ⅰ（修订版）》第 24 条第 4 款专属管辖权对象，而且无论知识产权有效性是通过诉讼抑或作为辩护提出，均适用欧盟涉外专属管辖权规则。[②] 学者罗纳德·A. 布兰德（Ronald A. Brand）在《知识产权、电子商务与海牙管辖权和判决公约初步草案》（Intellectual Property, Electronic Commerce and the Preliminary Draft Hague Jurisdiction and Judgments Convention）一文中指出，在理论层面上，一些评论者同意国际知识产权有效性问题适用涉外专属管辖权规则，但国际知识产权侵权之诉不适用涉外专属管辖权规则。其他评论者指出，即便是知识产权有效性问题也只应在有限的情况下受涉外专属管辖权规则的约束。在立法层面上，《布鲁塞尔公约》仅将国际知识产权有效性纳入欧盟涉外知识产权专属管辖权范围。海牙《国际民事管辖权和判决公约草案》第 12 条第 4 款建议国际知识产权有效性事项适用涉外专属管辖权规则，但涉外专属管辖权对象不包括版权和任何相邻权利，无论是否登记或注册。对于以国际知识产权侵权为标的的诉讼，第 12 条不排除任何其他法院根据公约或缔约国国内法行使管辖权。[③] 学者亚历山大·利博里奥·迪亚斯·佩雷拉（Alexandre Libório Dias Pereira）在《葡萄牙的知识产权、管辖权和法律适用：概述》（Intellectual Property, Jurisdiction and Applicable Law in Portugal：An Overview）一文中指出，欧盟《布鲁塞尔条例Ⅰ》第 22 条第 4 款规定涉外知识产权有效性纠纷适用涉外专属管辖权规则，违反此专属管辖权条款的法院选择协议无效。[④] 学者格雷姆·B. 丁伍迪

①　Atsuko Yamaguchi, *Intellectual Property and Private International Law：Comparative Perspectives*, 59 Japanese Yearbook of International Law 443, 445 (2016).

②　Peter Stone, Youseph Farah, *Research Handbook on EU Private International Law*, Edward Elgar Publishing Limited, 2015, p. 152.

③　Ronald A. Brand, *Intellectual Property, Electronic Commerce and the Preliminary Draft Hague Jurisdiction and Judgments Convention*, 62 (4) University of Pittsburgh Law Review 581, 595-596 (2001).

④　Alexandre Libório Dias Pereira, *Intellectual Property, Jurisdiction and Applicable Law in Portugal：An Overview*, 86 Boletim da Faculdade de Direito da Universidade de Coimbra 149, 199 (2010).

(Graeme B. Dinwoodie)在《发展国际知识产权法：地域性的消亡》(Developing a Private International Intellectual Property Law： The Demise of Territoriality)一文中指出,因为注册地国法院与国际知识产权有效性存在密切联系,其最适合裁决知识产权有效性事项,所以欧盟《布鲁塞尔公约》第16条第4款明确规定专利权和其他注册知识产权有效性事项由该国法院行使专属管辖权。当事人不得通过法院选择协议减损国际知识产权专属管辖权规则,其他成员国法院有义务主动宣布对此没有管辖权。涉外知识产权专属管辖权的效力在未注册的商标权方面并未减弱,但因著作权的产生无须行政审查,故不适用涉外专属管辖权规则。英国对涉外知识产权专属管辖权的效力采取广义解释。由于涉外知识产权有效性和侵权问题在许多专利案件中相互交织,废除涉外知识产权侵权专属管辖权规则可能增加挑选法院的风险,并加剧侵权行为地国与注册地国之间的判决发生冲突,因此为了保障国际知识产权有效性事项专属管辖权的效力、避免挑选法院和作出国际矛盾判决,国际知识产权侵权问题应纳入专属管辖权范围。[①] 学者道垣内正人在《从2001年6月〈海牙民商事管辖权与外国判决公约草案〉看日本视角下的外国侵权管辖权》一文中指出,涉外知识产权种类繁多,可分为两类:一类是涉外工业产权(如专利和商标),另一类是涉外版权和相邻权利。前者适用涉外专属管辖权规则,后者适用涉外普通管辖权规则。[②]

其次,国际知识产权侵权之诉禁止适用涉外专属管辖权规则。例如,学者贝内德塔·乌贝塔齐在《知识产权侵权与专属管辖权:国际法学会之比较》(Infringement and Exclusive Jurisdiction in Intellectual Property： A Comparison for the International Law Association)一文中指出,《布鲁塞尔条例Ⅰ》第22条第4款未将涉外专属管辖权范围延伸至国际知识产权侵权纠纷,而且中国、韩国和日本等亚洲国家没有就国际知识产权侵权之诉制定任何涉外专属管辖权规则。[③] 学者鲍纽斯·朱尔艾斯(Paulius Jurčys)在《知识产

---

① 　Graeme B. Dinwoodie, *Developing a Private International Intellectual Property Law： The Demise of Territoriality*,51（2）William and Mary Law Review 711,744-751,789（2009）.

② 　Masato Dogauchi, *Jurisdiction over Foreign Infringement from a Japanese Perspective in Consideration of the Hague Draft Convention on Jurisdiction and Foreign Judgments in Civil and Commercial Matters as of June* 2001,44 Japanese Annual of International Law 35,43-44（2001）.

③ 　Benedetta Ubertazzi, *Infringement and Exclusive Jurisdiction in Intellectual Property： A Comparison for the International Law Association*,3（3）Journal of Intellectual Property, Information Technology and Electronic Commerce Law 227,244（2012）.

权争端的国际管辖权》（International Jurisdiction in Intellectual Property Disputes）一文中指出，如果被告在国际知识产权侵权诉讼中没有质疑知识产权有效性或注册事宜，那么当事人可以协议选择管辖法院。一旦提出注册或有效性抗辩，那么国际知识产权侵权之诉将转变为国际知识产权有效性之诉，此时应适用涉外专属管辖权规则。① 学者西谷裕子（Yuko Nishitani）在《日本国际私法中的知识产权》（Intellectual Property in Japanese Private International Law）一文中指出，涉外版权与有形财产相同，不适用涉外专属管辖权规则。涉外知识产权侵权专属管辖权存在分歧。肯定态度认为，涉外知识产权侵权诉讼的被告通常通过质疑知识产权的有效性来为自己辩护，若允许两国法院分别就这些问题作出裁决，则二者可能作出相互矛盾的裁决。否定态度认为，涉外知识产权侵权受理法院附带对涉外知识产权有效性事项作出的裁决仅在当事人之间具有效力，故不适用涉外专属管辖权规则。② 学者 K. 利普斯坦（K. Lipstein）在《知识产权：管辖权或法律选择》（Intellectual Property：Jurisdiction or Choice of Law）一文中指出，《布鲁塞尔公约》和《卢加诺公约》打破了国际知识产权侵权管辖权问题存在的司法阻隔，除非国际知识产权的有效性受到质疑。③ 学者约瑟夫·德雷克塞（Josef Drexl）和安妮特·库尔（Annette Kur）在《知识产权与国际私法——走向未来》（Intellectual Property and Private International Law—Heading for the Future）一书中指出，若涉外知识产权有效性事项是诉讼的主要问题，则该事项适用涉外专属管辖权规则，但暂无法确定涉外专属管辖权范围是否扩大至在涉外知识产权侵权诉讼中附带提出的涉外知识产权有效性事项。《布鲁塞尔条例Ⅰ》第 22 条第 4 款是否适用于附带提出的涉外知识产权有效性问题，依旧悬而未决。④

再次，未注册国际知识产权之诉禁止适用涉外专属管辖权规则。例如，学者亚历山大·利博里奥·迪亚斯·佩雷拉在《知识产权事务中的国际私法案

---

① Paulius Jurčys, *International Jurisdiction in Intellectual Property Disputes*, 3（3）Journal of Intellectual Property, Information Technology and Electronic Commerce Law 174, 202（2012）.

② Yuko Nishitani, *Intellectual Property in Japanese Private International Law*, 48 Japanese Annual of International Law 87, 89, 92（2005）.

③ K. Lipstein, *Intellectual Property：Jurisdiction or Choice of Law*, 61（2）Cambridge Law Journal 295, 299（2002）.

④ Josef Drexl, Annette Kur, *Intellectual Property and Private International Law—Heading for the Future*, Hart Publishing, 2005, pp. 7, 73.

例》(Cases on International Private Law in Matters of Intellectual Property)一文中指出,欧盟涉外知识产权有效性事项专属管辖权规则的措辞具有明显的限制性。虽然欧盟规定无论涉外知识产权有效性问题通过诉讼或抗辩提出均适用涉外专属管辖权规则,但是《布鲁塞尔条例Ⅰ》第 22 条第 4 款涉外专属管辖权标准仅适用于已注册的知识产权。这意味着葡萄牙法院可以对未注册的涉外知识产权侵权事项和涉外知识产权有效性问题行使管辖权。① 学者贝内德塔·乌贝塔齐在《知识产权与专属(事项)管辖权:国际私法与国际公法之间》一文中指出,涉外知识产权专属管辖权对象具有有限性。其一,涉外知识产权专属管辖权规则仅适用于已注册的涉外知识产权,不适用于未注册的涉外知识产权。之所以如此,是因为注册的涉外知识产权通过公共特许行为授予,意味着国家行政当局的干预,乃行使国家主权的结果,而未注册的涉外知识产权缺少国家行政干预手续。其二,涉外知识产权专属管辖权规则仅适用于涉外知识产权有效性之诉,不适用于涉外知识产权侵权之诉,因为侵权诉讼只涉及私人主体的活动。其三,附带提出的涉外注册知识产权有效性问题亦不适用涉外知识产权专属管辖权规则。②

最后,附带的国际知识产权之诉禁止适用涉外专属管辖权规则。例如,学者保罗·L. C. 托雷曼斯(Paul L. C. Torremans)在《国际知识产权诉讼的管辖权:法院对〈布鲁塞尔公约〉的首次抗争》(Jurisdiction in International Intellectual Property Litigation: The Courts Start Struggling with the Brussels Convention)一文中指出,《布鲁塞尔公约》第 16 条第 4 款将国际知识产权纳入欧盟涉外专属管辖权对象,但初步或附带提出的国际知识产权纠纷不适用涉外专属管辖权规则。③ 学者奥雷利奥·洛佩兹-塔鲁雷拉·马丁内斯(Aurelio Lopez-Tarruella Martinez)在《欧洲视角下的日本知识产权国际管辖权规制》(Regulation in Japan of International Jurisdiction in Matter of Intellectual Property: A View from Europe)一文中指出,如果涉外知识产权

---

① Alexandre Libório Dias Pereira, *Cases on International Private Law in Matters of Intellectual Property*, 86 Boletim da Faculdade de Direito da Universidade de Coimbra 639, 643-644 (2010).

② Benedetta Ubertazzi, *Intellectual Property Rights and Exclusive (Subject Matter) Jurisdiction: Between Private and Public International Law*, 15 (2) Marquette Intellectual Property Law Review 357, 369-378 (2011).

③ Paul L. C. Torremans, *Jurisdiction in International Intellectual Property Litigation: The Courts Start Struggling with the Brussels Convention*, 2 (3) Edinburgh Law Review 337, 338, 343 (1998).

有效性仅属于抗辩事由,那么不应适用涉外专属管辖权规则。①

5. 涉外公共登记事项专属管辖权的研究现状

涉外公共登记事项适用涉外专属管辖权规则。例如,学者乌尔里希·马格努斯和彼得·曼科沃斯基在《欧洲国际私法评注:〈布鲁塞尔条例Ⅰ〉》一书中指出,在以涉外公共登记事项为标的之诉中,保存登记册的成员国法院(the courts of the Member State in which the register is kept)具有专属管辖权,其他国家不得干预公共登记册的运作。② 学者彼得·斯通在《欧盟国际私法》一书中指出,在以涉外公共登记册条目的有效性为标的之诉中,《布鲁塞尔条例Ⅰ》第 22 条第 3 款授予保存登记册的成员国法院专属管辖权。若诉讼申请更正土地所有权登记册,则第 22 条第 1 款涉外不动产专属管辖权规则和第 22 条第 3 款涉外公共登记事项专属管辖权规则将发生重叠和冲突。③ 学者保罗·托雷曼斯在《查希尔、诺斯和福赛特国际私法》一书中指出,涉外公共登记条目与涉外不动产同属于一国主权控制范围,由登记册保存地国法院行使专属管辖权。④

6. 外国判决执行事项专属管辖权的研究现状

第一,关于外国判决执行事项专属管辖权的立场,例如,学者彼得·斯通在《欧盟国际私法的法律协调》一书中指出,《布鲁塞尔条例Ⅰ》第 22 条第 5 款规定的外国判决执行事项专属管辖权旨在尊重执行地国主权,并使执行地国法院能够对执行行为适用本国规则,但此条不适用于被请求国执行非成员国判决的情形。⑤

第二,关于外国判决执行事项专属管辖权的影响,例如,学者安德鲁·迪金森在《布鲁塞尔条例Ⅰ的修订》一书中指出,在有关判决执行的诉讼中,《布

---

① Aurelio Lopez-Tarruella Martinez, *Regulation in Japan of International Jurisdiction in Matter of Intellectual Property: A View from Europe*, 9 Anuario Espanol de Derecho Internacional Privado 525, 526 (2009).

② Ulrich Magnus, Peter Mankowski, *European Commentaries on Private International Law: Brussels Ⅰ Regulation*, Sellier. European Law Publishers, 2007, p. 359.

③ Peter Stone, *EU Private International Law (Second Edition)*, Edward Elgar Publishing Limited, 2010, p. 152.

④ Paul Torremans, *Cheshire, North & Fawcett Private International Law (Fifteenth Edition)*, Oxford University Press, 2017, p. 466.

⑤ Peter Stone, *EU Private International Law Harmonization of Laws*, Edward Elgar Publishing Limited, 2006, p. 154.

鲁塞尔条例Ⅰ（修订版）》第 24 条第 5 款将专属管辖权赋予执行地国法院，但第 24 条第 5 款的适用范围难以界定。第 24 条第 5 款体现了执行地国对外国判决执行事项的垄断权，但可能导致判决债务人承受无法阻止强制执行而必须在另一国法院重新寻求救济之不利后果。①

7. 其他涉外专属管辖权的研究现状

第一，基于保护本国人利益而适用涉外专属管辖权规则。例如，学者马切伊·托马谢夫斯基在《波兰法院对国际民法案件的判决》一文中指出，波兰居民丧失行为能力之诉，属于波兰法院专属管辖权范围。② 学者迈克尔·阿克赫斯特在《国际法中的管辖权》一文中指出，法国法院对本国居民纠纷具有专属管辖权，因此法国禁止执行针对法国居民的外国判决。瑞士法院对居住于本国的个人诉讼具有专属管辖权。③ 学者卡莉娜·朱加斯特鲁（Călina Jugastru）在《罗马尼亚法院的国际管辖权：新民事诉讼法中的术语》（International Jurisdiction of Romanian Courts：Wordings of the New Code of Civil Procedure）一文中，以及学者安德烈亚-洛雷娜·科德雷亚努在《罗马尼亚法院的国内和国际管辖权》一文中均指出，罗马尼亚法院对具有罗马尼亚国籍或在罗马尼亚拥有住所的个人身份之诉具有专属管辖权。④

第二，涉外借贷纠纷适用涉外专属管辖权规则。例如，学者 G. R. 德洛姆（G. R. Delaume）在《法院管辖权与国际贷款——贷款人的实践研究》（Jurisdiction of Courts and International Loans—A Study of Lenders' Practice）一文中指出，借款人所在地国法院对借贷纠纷具有专属管辖权，以避免复杂的管辖权冲突。⑤

---

① Andrew Dickinson，Eva Lein，*The Brussels Ⅰ Regulation Recast*，Oxford University Press，2015，pp. 559-560，563.

② Maciej Tomaszewski， *Polish Court Judgements in International Civil Law Cases*，11 Polish Yearbook of International Law 219，219（1981）.

③ Michael Akehurst，*Jurisdiction in International Law*，46 British Year Book of International Law 145，238（1972）.

④ Călina Jugastru，*International Jurisdiction of Romanian Courts：Wordings of the New Code of Civil Procedure*，2015（2）Romanian Review of Private Law 55，56（2015）；Andreea-Lorena Codreanu，*National and International Jurisdiction of Romanian Courts*，2016 Law Annals from Titu Maiorescu University 55，65（2016）.

⑤ G. R. Delaume，*Jurisdiction of Courts and International Loans—A Study of Lenders' Practice*，6（2）American Journal of Comparative Law 189，194，213（1957）.

(三)海牙管辖权项目涉外专属管辖权的新进展

1. 海牙涉外不动产专属管辖权的分割

在直接管辖权领域,涉外不动产纠纷适用涉外专属管辖权规则。在外国判决承认与执行领域,若外国判决违反涉外不动产专属管辖权规则,则其将被拒绝承认或执行。[①] 海牙涉外不动产专属管辖权呈现分割制发展趋向。

第一,涉外不动产物权属于海牙涉外专属管辖权范围。例如,1992 年,海牙国际私法会议常设局(以下简称"常设局")在其《判决执行工作小组会议决议》(Conclusions of the Working Group Meeting on Enforcement of Judgments)中指出,以涉外不动产所有权、用益物权、抵押权为主要标的之诉,不动产所在地国法院具有专属管辖权。[②] 1997 年,报告人凯瑟琳·柯塞斯简(Catherine Kessedjian)在《1997 年 6 月特别委员会关于国际管辖权与外国民商事判决效力的工作总结》(Synthesis of the Work of the Special Commission of June 1997 on International Jurisdiction and the Effects of Foreign Judgments in Civil and Commercial Matters)中指出,涉外不动产所有权必须向不动产所在地国法院提起,此乃普遍承认的一项管辖权规则,但涉外不动产专属管辖权领域"与不动产权利有关的诉讼"一词的语义具有模糊性。[③] 1999 年,常设局在《1999 年 6 月特别委员会议程问题文件》(Issues Paper for the Agenda of the Special Commission of June 1999)中指出,涉外不动产权利纠纷由不动产所在地国法院行使专属管辖权。[④] 2002 年,报告人安德里亚·舒尔茨(Andrea Schulz)在《协助拟订〈关于管辖权以及外国民商事判决承认和执行公约〉的反思文件》(Reflection Paper to Assist in the Preparation of a Convention on

---

① Permanent Bureau, *Ongoing Work on International Litigation*, 2013, p. 11, https://assets. hcch. net/docs/d00eb333-41fc-4b92-8405-e7eb20039154. pdf,2022 年 5 月 1 日访问。

② Permanent Bureau, *Conclusions of the Working Group Meeting on Enforcement of Judgments*, 1992, p. 259, https://assets. hcch. net/docs/05deec01-ed61-4726-954e-a0be074db825. pdf,2022 年 5 月 1 日访问。

③ Catherine Kessedjian, *Synthesis of the Work of the Special Commission of June 1997 on International Jurisdiction and the Effects of Foreign Judgments in Civil and Commercial Matters*, 1997, paras. 35-36, https://assets. hcch. net/docs/ecc45930-f5a1-4bd1-b94c-420c44a05954. pdf,2022 年 5 月 1 日访问。

④ Permanent Bureau, *Issues Paper for the Agenda of the Special Commission of June 1999*, 1999, p. 19, https://assets. hcch. net/docs/78f49d4d-13c3-4656-9942-323a53e1d9c3. pdf,2022 年 5 月 1 日访问。

Jurisdiction and Recognition and Enforcement of Foreign Judgments in Civil and Commercial Matters)中指出,涉外不动产物权诉讼适用涉外专属管辖权规则。① 2002 年,报告人安德里亚·舒尔茨在《"判决项目"工作组第一次日常会议报告（2002 年 10 月 22—25 日）》（Report on the First Meeting of the Informal Working Group on the Judgments Project—October 22-25,2002)中指出,虽然其他事项是否适用涉外专属管辖权规则仍然存在较大分歧,但涉外不动产物权属于涉外专属管辖权范围已成为共识。② 2005 年,报告人埃莱奥诺拉·格拉西姆丘克（Eleonora Gerasimchuk)在《"判决项目"与独立国家联合体领域某些区域性文件之间的关系》（The Relationship between the Judgments Project and Certain Regional Instruments in the Arena of the Commonwealth of Independent States)中指出,不动产所在地国法院具有审理涉外不动产物权纠纷的专属管辖权。③ 2013 年,常设局在《判决承认与执行工作组拟讨论的问题清单附注》（Annotated Checklist of Issues to Be Discussed by the Working Group on Recognition and Enforcement of Judgments)中指出,涉外不动产物权由不动产所在地国法院行使专属管辖权,当事人不能通过法院选择协议逃避专属管辖权。④ 报告人彼得·奈（Peter Nygh)和福斯托·波卡尔（Fausto Pocar)在《特别委员会的报告》（Report of the Special Commission)中指出,涉外不动产物权专属管辖权源于此类诉讼通常需要进行事实调查和现场核实,而且往往涉及登记册或其他种类公共文件的更换,由不动产所在地国法院行使专属管辖权更为方便。涉外不动产物权专属管辖权范围限于涉外不动产所有权、涉外不动产占有权和以对物权为标的的诉讼。⑤

---

①　Andrea Schulz,*Reflection Paper to Assist in the Preparation of a Convention on Jurisdiction and Recognition and Enforcement of Foreign Judgments in Civil and Commercial Matters*,2002, p. 10, https://assets. hcch. net/docs/760c3e3e-c40a-4644-8892-188afe402692. pdf,2022 年 5 月 1 日访问。

②　Andrea Schulz,*Report on the First Meeting of the Informal Working Group on the Judgments Project—October* 22-25, 2002, p. 11, https://assets. hcch. net/docs/16d309f5-3f52-4f07-a8d7-7b29724eb0 f7. pdf,2022 年 5 月 1 日访问。

③　Eleonora Gerasimchuk, The Relationship between the Judgments Project and Certain Regional Instruments in the Arena of the Commonwealth of Independent States,2005, p. 11, https://assets. hcch. net/docs/f9a09acd-7259-4ff0-a415-22ce76933f04. pdf,2022 年 5 月 1 日访问。

④　Permanent Bureau, *Annotated Checklist of Issues to Be Discussed by the Working Group on Recognition and Enforcement of Judgments*,2013, p. 12, https://assets. hcch. net/docs/23710baf-121a-42e9-a824-89c2396f9688. pdf,2022 年 5 月 1 日访问。

⑤　Peter Nygh,Fausto Pocar,*Report of the Special Commission*, p. 251, https://assets. hcch. net/docs/810aefc4-ab66-457b-8ec7-6049d8793be3. pdf,2022 年 5 月 1 日访问。

　　第二，涉外不动产租赁尚未被完全纳入海牙涉外专属管辖权范围。例如，1997 年，报告人凯瑟琳・柯塞斯简在《国际管辖权和外国民商事判决》（International Jurisdiction and Foreign Judgments in Civil and Commercial Matters）中指出，涉外不动产租赁的种类具有多样性，包括居住性租赁（residential leases）、职业租赁（occupational leases）、混合租赁（mixed leases）、商业租赁（commercial leases）、办公租赁（office leases）和农业财产租赁（leases on rural property）等。因涉外不动产租赁能否被纳入涉外专属管辖权范围仍然存在疑虑，故专家组决定暂缓制定涉外不动产租赁专属管辖权规则。① 1997 年，报告人凯瑟琳・柯塞斯简在《1997 年 6 月特别委员会关于国际管辖权与外国民商事判决效力的工作总结》中指出，代表团（delegations）就涉外不动产租赁问题能否适用专属管辖进行了长时间讨论。支持者认为，不动产所在地国可能存在许多公共政策条款，以便就涉外不动产订立租约。不动产所在地国以外的法院行使管辖权可能导致规避公共政策条款，因此仍然有必要将涉外不动产租赁纳入涉外专属管辖权范围。反对者认为，涉外不动产租赁问题不属于公共政策规则的调整范围。为避免上述争议，涉外住宅性租赁由不动产所在地国法院行使专属管辖权，但因其他涉外不动产租赁纠纷发生于出租人或承租人之间，并不涉及不动产本身，故无须适用涉外专属管辖权规则。② 海牙国际私法会议在《第十八届会议最后文件》（Final Act of the Eighteenth Session）中指出，涉外不动产专属管辖权规则在涉外不动产租赁和租金问题上存在法律保留。③ 报告人彼得・奈和福斯托・波卡尔在《特别委员会的报告》中指出，不动产所在地国法院对涉外不动产租赁具有专属管辖权，但涉外专属管辖权范围不包括为个人临时使用而订立的短期涉外不动产租赁合同，后者由被告住所地国法院、合同签订地国法院或者当事人协议选择

---

① Catherine Kessedjian, *International Jurisdiction and Foreign Judgments in Civil and Commercial Matters*, 1997, pp. 27-28, https://assets. hcch. net/docs/76852ce3-a967-42e4-94f5-24be4289d1e5. pdf, 2022 年 5 月 1 日访问。

② Catherine Kessedjian, *Synthesis of the Work of the Special Commission of June* 1997 *on International Jurisdiction and the Effects of Foreign Judgments in Civil and Commercial Matters*, 1997, para. 37, https://assets. hcch. net/docs/ecc45930-f5a1-4bd1-b94c-420c44a05954. pdf, 2022 年 5 月 1 日访问。

③ Hague Conference on Private International Law, *Final Act of the Eighteenth Session*, p. 65, https://assets. hcch. net/docs/9d9eca33-a301-49f0-9947-5d9dfc25ac3a. pdf, 2022 年 5 月 1 日访问。

的法院行使管辖权。① 2013 年,常设局在《判决承认与执行工作组拟讨论的问题清单附注》中指出,某些涉外不动产租赁被排除出涉外不动产专属管辖权范围。② 总之,海牙涉外不动产租赁专属管辖权范围具有有限性,专属管辖权性质附条件。海牙涉外不动产租赁专属管辖权受制于以下两个条件。

首先,海牙涉外不动产租赁专属管辖权须满足时间条件。例如,2001 年,常设局和其他报告人在《2001 年 6 月 6 日至 20 日外交会议第二委员会第一部分讨论结果概要临时文本》(Summary of the Outcome of the Discussion in Commission Ⅱ of the First Part of the Diplomatic Conference 6-20 June 2001 Interim Text)中指出,涉外不动产租赁诉讼由不动产所在地国法院行使专属管辖权,除非一次性租赁期限不超过六个月或者承租人惯常居所地在不动产所在地以外的国家。③ 2012 年,常设局在《背景注释》(Background Note)中指出,涉外不动产租赁专属管辖权的条件是涉外不动产租赁期限为六个月以上,而且承租人的惯常居所地在不动产所在地国。④ 2015 年 2 月,海牙判决项目第四工作组在《判决项目工作组第四次会议的报告(2015 年 2 月 3 日至 6 日)和会议的初步草案文本结果》[Report of the Fourth Meeting of the Working Group on the Judgments Project (3-6 February 2015) and Preliminary Draft Text Resulting from the Meeting]中指出,当外国不动产租赁判决中的租赁期限为六个月以上时,只有不动产租赁判决由不动产所在地国法院作出,其才能在被请求国得以承认和执行。⑤ 2015 年 10 月,海牙判决项目第五工作组在《判决项目工作组第五次会议的报告(2015 年 10 月 26 日至 31 日)和会议的草案文本结果》[Report of the Fifth Meeting of the Working Group on the

---

① Peter Nygh,Fausto Pocar,*Report of the Special Commission*,p. 253,https://assets. hcch. net/docs/810aefc4-ab66-457b-8ec7-6049d8793be3. pdf,2022 年 5 月 1 日访问。

② Permanent Bureau,*Annotated Checklist of Issues to Be Discussed by the Working Group on Recognition and Enforcement of Judgments*,2013,pp. 12,40,https://assets. hcch. net/docs/23710baf-121a-42e9-a824-89c2396f9688. pdf,2022 年 5 月 1 日访问。

③ Permanent Bureau and the Co-reporters,*Summary of the Outcome of the Discussion in Commission Ⅱ of the First Part of the Diplomatic Conference 6-20 June 2001 Interim Text*,2001,p. 12,https://assets. hcch. net/docs/e172ab52-e2de-4e40-9051-11aee7c7be67. pdf,2022 年 5 月 1 日访问。

④ Permanent Bureau,*Background Note*,2012,p. 36,https://assets. hcch. net/docs/d2355e5c-fd79-4366-9caa-8a434367ba84. pdf,2022 年 5 月 1 日访问。

⑤ Hague Conference on Private International Law,*Report of the Fourth Meeting of the Working Group on the Judgments Project (3-6 February 2015) and Preliminary Draft Text Resulting from the Meeting*,2015,p. 7,https://assets. hcch. net/docs/01fbccec-88e2-460a-9276-a3aa795c605b. pdf,2022 年 5 月 1 日访问。

Judgments Project（26-31 October 2015）and Proposed Draft Text Resulting from the Meeting]中指出，判决来源国法院违反涉外不动产租赁专属管辖权规则是被请求国拒绝承认与执行租期超过六个月的外国不动产租赁判决的消极条件。①

其次，海牙涉外不动产租赁专属管辖权须满足惯常居所地条件。例如，1998 年，常设局在《协助拟订〈关于国际管辖权和外国民商事判决效力的公约〉的大纲初稿》（Preliminary Draft Outline to Assist in the Preparation of a Convention on International Jurisdiction and the Effects of Foreign Judgments in Civil and Commercial Matters）中指出，在以涉外不动产租赁权为标的之诉中，不动产所在地国法院具有专属管辖权，除非承租人惯常居所地位于不动产所在地国之外。②

第三，涉外不动产担保未被纳入海牙涉外专属管辖权范围。例如，1997 年，报告人凯瑟琳·柯塞斯简在《1997 年 6 月特别委员会关于国际管辖权和外国民商事判决效力的工作总结》中指出，虽然涉外不动产担保合同中的担保以不动产的形式提供，但是此情形优先适用涉外合同管辖权规则而非涉外不动产专属管辖权规则。③

第四，涉外不动产信托尚未被纳入海牙涉外专属管辖权范围。例如，报告人凯瑟琳·柯塞斯简在《1997 年 6 月特别委员会关于国际管辖权和外国民商事判决效力的工作总结》中指出，海牙国际私法会议各代表团曾对欧洲法院的韦伯案进行评析。欧洲法院在韦伯案中指出，位于法国的不动产信托，非由财产所在地即法国法院行使专属管辖权。④

---

① Hague Conference on Private International Law, *Report of the Fifth Meeting of the Working Group on the Judgments Project（26-31 October 2015）and Proposed Draft Text Resulting from the Meeting*, 2015, p. 10, https://assets. hcch. net/docs/06811e9c-dddf-4619-81af-71e8836c8d3e. pdf, 2022 年 5 月 1 日访问。

② Permanent Bureau, *Preliminary Draft Outline to Assist in the Preparation of a Convention on International Jurisdiction and the Effects of Foreign Judgments in Civil and Commercial Matters*, 1998, p. 19, https://assets. hcch. net/docs/0cbb3742-8964-4c0d-9dd4-3e4e186138d8. pdf, 2022 年 5 月 1 日访问。

③ Catherine Kessedjian, *Synthesis of the Work of the Special Commission of June 1997 on International Jurisdiction and the Effects of Foreign Judgments in Civil and Commercial Matters*, 1997, para. 38, https:// assets. hcch. net/docs/ecc45930-f5a1-4bd1-b94c-420c44a05954. pdf, 2022 年 5 月 1 日访问。

④ Catherine Kessedjian, *Synthesis of the Work of the Special Commission of June 1997 on International Jurisdiction and the Effects of Foreign Judgments in Civil and Commercial Matters*, 1997, para. 40, https://assets. hcch. net/docs/ecc45930-f5a1-4bd1-b94c-420c44a05954. pdf, 2022 年 5 月 1 日访问。

综上所述,海牙涉外不动产专属管辖权范围呈现以下趋势。涉外不动产物权专属管辖权具有绝对性,涉外不动产租赁专属管辖权具有条件性,涉外不动产担保和涉外不动产信托属于涉外不动产专属管辖权的例外。[①]

2. 海牙涉外公司特定事项专属管辖权

第一,涉外公司诉讼专属管辖权囊括的肯定事项主要是跨国公司或法人集合体的成立、撤销、解散、公司章程以及其机构决议的效力之诉。例如,1998年,海牙国际私法会议常设局在《协助拟订〈关于国际管辖权和外国民商事判决效力的公约〉的大纲初稿》中指出,以公司章程效力、公司或者其他法人的无效、解散或机构决议效力为标的的诉讼,适用涉外专属管辖权规则。[②] 1999年,常设局在《1999年6月特别委员会议程问题文件》中指出,涉外公司诉讼专属管辖权范围应限于法人或机构的效力、无效与清算案件。[③] 2001年,常设局和其他报告人在《2001年6月6日至20日外交会议第二委员会第一部分讨论结果概要临时文本》中指出,在以法人的成立、解散和机构决议效力为标的之诉中,规制该法人的准据法所属国法院具有专属管辖权。[④]

第二,涉外公司诉讼专属管辖权囊括的否定事项分为以下三类。首先,公司或法人内部管理事项。例如,1997年,报告人凯瑟琳·柯塞斯简在《国际管辖权与外国民商事判决》中指出,虽然涉外公司诉讼由公司登记地国法院行使专属管辖权,但涉外专属管辖权范围不包括公司机构决定或公司董事责任纠纷,二者宜由公司主要业务所在地国法院或利益中心地国法院行使管辖权。涉外公司专属管辖权的局限在于,公司登记地可能被人为操纵,公司故意将登记地与公司实际经营地、主要活动地分开。[⑤] 报告人凯瑟琳·柯塞斯简在

---

① Catherine Kessedjian, *Synthesis of the Work of the Special Commission of June 1997 on International Jurisdiction and the Effects of Foreign Judgments in Civil and Commercial Matters*, 1997, para. 39, https://assets. hcch. net/docs/ecc45930-f5a1-4bd1-b94c-420c44a05954. pdf, 2022 年 5 月 1 日访问。

② Permanent Bureau, *Preliminary Draft Outline to Assist in the Preparation of a Convention on International Jurisdiction and the Effects of Foreign Judgments in Civil and Commercial Matters*, 1998, p. 19, https://assets. hcch. net/docs/0cbb3742-8964-4c0d-9dd4-3e4e186138d8. pdf, 2022 年 5 月 1 日访问。

③ Permanent Bureau, *Issues Paper for the Agenda of the Special Commission of June 1999*, 1999, p. 19, https://assets. hcch. net/docs/78f49d4d-13c3-4656-9942-323a53e1d9c3. pdf, 2022 年 5 月 1 日访问。

④ Permanent Bureau and the Co-reporters, *Summary of the Outcome of the Discussion in Commission Ⅱ of the First Part of the Diplomatic Conference 6-20 June 2001 Interim Text*, 2001, p. 12, https://assets. hcch. net/docs/e172ab52-e2de-4e40-9051-11aee7c7be67. pdf, 2022 年 5 月 1 日访问。

⑤ Catherine Kessedjian, *International Jurisdiction and Foreign Judgments in Civil and Commercial Matters*, 1997, p. 28, https://assets. hcch. net/docs/76852ce3-a967-42e4-94f5-24be4289d1e5. pdf, 2022 年 5 月 1 日访问。

《1997 年 6 月特别委员会关于国际管辖权和外国民商事判决效力的工作总结》中指出,涉外公司诉讼专属管辖权范围不包括法人内部管理事项,此乃股东之间或股东与法人之间的争端。① 其次,附带提起的公司成立效力纠纷。例如,报告人凯瑟琳·柯塞斯简在《1997 年 6 月特别委员会关于国际管辖权和外国民商事判决效力的工作总结》中指出,附带提起的法人效力之诉交由其他法院管辖,不宜纳入涉外专属管辖权范围。② 最后,没有法人资格的未注册公司和协会。例如,报告人彼得·奈和福斯托·波卡尔在《特别委员会的报告》中指出,涉外公司诉讼专属管辖权主体存在严格限制,没有法人资格的未注册公司和协会不在专属管辖权条款的调整范围之内。③

3. 海牙涉外公共登记事项专属管辖权

涉外公共登记事项应由登记册保存地国法院行使专属管辖权。例如,1997 年,报告人凯瑟琳·柯塞斯简在《国际管辖权和外国民商事判决》中指出,涉外公共登记册账目的有效性和效力争端由登记册保存地国法院行使专属管辖权。④ 1999 年,常设局在《1999 年 6 月特别委员会议程问题文件》中指出,涉外专属管辖权范围应延伸至涉外公共登记册条目的效力问题,由登记册保存地国法院行使专属管辖权。⑤ 2001 年,常设局和其他报告人在《2001 年 6 月 6 日至 20 日外交会议第二委员会第一部分讨论结果概要临时文本》中指出,非涉外知识产权公共登记事项,登记册保存地国法院具有专属管辖权。⑥

---

① Catherine Kessedjian, *Synthesis of the Work of the Special Commission of June* 1997 *on International Jurisdiction and the Effects of Foreign Judgments in Civil and Commercial Matters*, 1997, para. 29, https:// assets. hcch. net/docs/ecc45930-f5a1-4bd1-b94c-420c44a05954. pdf, 2022 年 5 月 1 日访问。

② Catherine Kessedjian, *Synthesis of the Work of the Special Commission of June* 1997 *on International Jurisdiction and the Effects of Foreign Judgments in Civil and Commercial Matters*, 1997, para. 29, https://assets. hcch. net/docs/ecc45930-f5a1-4bd1-b94c-420c44a05954. pdf, 2022 年 5 月 1 日访问。

③ Peter Nygh, Fausto Pocar, *Report of the Special Commission*, p. 253, https://assets. hcch. net/ docs/810aefc4-ab66-457b-8ec7-6049d8793be3. pdf, 2022 年 5 月 1 日访问。

④ Catherine Kessedjian, *International Jurisdiction and Foreign Judgments in Civil and Commercial Matters*, 1997, p. 28, https://assets. hcch. net/docs/76852ce3-a967-42e4-94f5-24be4289d1e5. pdf, 2022 年 5 月 1 日访问。

⑤ Permanent Bureau, *Issues Paper for the Agenda of the Special Commission of June* 1999, 1999, p. 19, https://assets. hcch. net/docs/78f49d4d-13c3-4656-9942-323a53e1d9c3. pdf, 2022 年 5 月 1 日访问。

⑥ Permanent Bureau and the Co-reporters, *Summary of the Outcome of the Discussion in Commission* II *of the First Part of the Diplomatic Conference 6-20 June 2001 Interim Text*, 2001, p. 13, https://assets. hcch. net/docs/e172ab52-e2de-4e40-9051-11aee7c7be67. pdf, 2022 年 5 月 1 日访问。

2013 年,常设局在《判决承认与执行工作组拟讨论的问题清单附注》中指出,涉外公共登记册条目的有效性由登记册保存地国法院行使专属管辖权。[①] 报告人彼得·奈和福斯托·波卡尔在《特别委员会的报告》中指出,涉外公共登记事项,登记册保存地国法院具有专属管辖权。

4. 海牙国际知识产权有限的专属管辖权

海牙国际知识产权专属管辖权范围之争表现为,国际注册知识产权有效性专属管辖权之争、国际知识产权侵权专属管辖权之争、国际知识产权转让和许可合同专属管辖权之争、涉外版权专属管辖权之争。

海牙国际私法会议对国际知识产权专属管辖权问题采取分割模式,即根据纠纷内容的不同,分别决定是否适用涉外专属管辖权规则。例如,1997 年,报告人凯瑟琳·柯塞斯简在《国际管辖权与外国民商事判决》中指出,国际知识产权纠纷包括以下三类诉讼,分别适用不同的管辖权规则。第一类涉及注册知识产权的有效性,此类纠纷由登记地国法院行使专属管辖权。第二类涉及国际知识产权侵权,此类纠纷适用涉外一般侵权管辖权规则。第三类涉及国际知识产权转让和许可,此乃合同中的行为,适用涉外合同管辖权规则。

第一,国际注册知识产权的有效性属于海牙涉外专属管辖权范围。国际知识产权有效性专属管辖权包括以下两种实施机制。一方面,采取直接管辖权机制。例如,1997 年,报告人凯瑟琳·柯塞斯简在《1997 年 6 月特别委员会关于国际管辖权和外国民商事判决效力的工作总结》中指出,之所以国际注册知识产权有效性问题被纳入涉外专属管辖权范围,是因为只有登记地国法院才有权对注册机构发布正面或负面禁令。2001 年,常设局和其他报告人在《2001 年 6 月 6 日至 20 日外交会议第二委员会第一部分讨论结果概要临时文本》中指出,涉外专利或商标的授予、注册、有效性、放弃和撤销之诉,专利或商标授予国法院或注册地国法院具有专属管辖权。2001 年,常设局在《未来〈民商事管辖权和外国判决公约〉知识产权方面的专家会议报告》(Report of the Experts Meeting on the Intellectual Property Aspects of the Future Convention on Jurisdiction and Foreign Judgments in Civil and Commercial Matters)中指出,虽然

---

① Permanent Bureau, *Annotated Checklist of Issues to Be Discussed by the Working Group on Recognition and Enforcement of Judgments*, 2013, p. 12, https://assets. hcch. net/docs/23710baf-121a-42e9-a824-89c2396f9688. pdf,2022 年 5 月 1 日访问。

美国代表团质疑国际知识产权专属管辖权的必要性，同时美国私营部门主张将国际知识产权置于涉外专属管辖权范围之外，但是大多数专家认为国际注册知识产权的有效性之诉适用涉外专属管辖权规则。① 2003 年，报告人安德里亚·舒尔茨在《判决项目工作组的日常工作报告，特别是 2003 年 3 月 25 日至 28 日在其第三次会议上达成的初步文本》（Report on the Work of the Informal Working Group on the Judgments Project, in Particular on the Preliminary Text Achieved at Its Third Meeting 25-28 March 2003）中指出，由于涉外工业产权的登记和授予涉及国家行为，此行为的无效非受制于当事人意思自治，因此许多国家的法律和国际文件规定涉外工业产权有效性争端适用涉外专属管辖权规则。② 报告人彼得·奈和福斯托·波卡尔在《特别委员会的报告》中指出，必须交存或注册的涉外专利、商标、外观设计、模型和其他类似权利，由交存或登记地国法院行使专属管辖权。③ 韩国代表团在《对〈民商事管辖权和外国判决公约〉初步草案的评论》（Comments on the Preliminary Draft of the Convention on Jurisdiction and Foreign Judgments in Civil and Commercial Matters）中指出，由于韩国将国际知识产权有效性问题理解为公法领域的问题，因此该国规定对之适用涉外专属管辖权规则。④ 另一方面，采取间接管辖权机制。例如，2015 年，常设局在《正在进行的判决工作——选择法院公约和判决项目》（Ongoing Work on Judgments—Choice of Court Convention and the Judgments Project）中指出，日本法院曾于 2011 年拒绝承认韩国判决，理由是日本法院对在日本注册的专利权具有专属管辖权。⑤ 2015 年 2 月，海牙判决项目第四工作组在《判决项目工作组第四次会议

---

① Permanent Bureau, *Report of the Experts Meeting on the Intellectual Property Aspects of the Future Convention on Jurisdiction and Foreign Judgments in Civil and Commercial Matters*, 2001, p. 4, https://assets. hcch. net/docs/a0a9a970-f7d4-4987-96f5-a7d8a0ee8cf9. pdf, 2022 年 5 月 1 日访问。

② Andrea Schulz, *Report on the Work of the Informal Working Group on the Judgments Project, in Particular on the Preliminary Text Achieved at Its Third Meeting 25-28 March 2003*, p. 11, https://assets. hcch. net/docs/59eb8255-95ed-4548-ab0c-7be3dffbe4d7. pdf, 2022 年 5 月 1 日访问。

③ Peter Nygh, Fausto Pocar, *Report of the Special Commission*, pp. 253, 255, https://assets. hcch. net/docs/810aefc4-ab66-457b-8ec7-6049d8793be3. pdf, 2022 年 5 月 1 日访问。

④ The Republic of Korea, *Comments on the Preliminary Draft of the Convention on Jurisdiction and Foreign Judgments in Civil and Commercial Matters*, p. 5, https://assets. hcch. net/upload/wop/jdgm_pd14kr. pdf, 2022 年 5 月 1 日访问。

⑤ Permanent Bureau, *Ongoing Work on Judgments—Choice of Court Convention and the Judgments Project*, 2015, p. 3, https://assets. hcch. net/docs/03cf1500-c388-4513-815c-13257f402c80. pdf, 2022 年 5 月 1 日访问。

的报告(2015 年 2 月 3 日至 6 日)和会议的初步草案文本结果》中指出,如果申请承认与执行的外国判决涉及国际知识产权有效性,那么只有当判决来源国法院为注册地国法院,被请求国才应承认和执行此判决。① 2015 年 10 月,海牙判决项目第五工作组在《判决项目工作组第五次会议的报告(2015 年 10 月 26 日至 31 日)和会议的草案文本结果》中指出,判决来源国法院侵犯专属管辖权是被请求国拒绝承认与执行外国知识产权有效性判决的消极条件。②

首先,未注册的国际知识产权有效性是否属于涉外专属管辖权范围? 例如,2001 年,常设局在《关于 1999 年 10 月以来为考虑和拟定重要项目草案而举行的日常会议工作的信息附注》(Informational Note on the Work of the Informal Meetings Held Since October 1999 to Consider and Develop Drafts on Outstanding Items)中指出,未注册商标有效性之诉仍应由商标权产生地国法院行使专属管辖权,但国际条约另有规定的除外。③ 2001 年,常设局和其他报告人在《2001 年 6 月 6 日至 20 日外交会议第二委员会第一部分讨论结果概要临时文本》中指出,未注册的国际知识产权有效性亦应适用涉外专属管辖权规则。④

其次,附带提出的国际知识产权有效性问题是否属于涉外专属管辖权范围? 登记地国以外的国家能否对此附带问题行使管辖权?⑤ 对此存在以下两种态度。一方面,部分代表团秉持肯定态度。例如,2001 年,海牙国际私法会

---

① Hague Conference on Private International Law, *Report of the Fourth Meeting of the Working Group on the Judgments Project*（3-6 February 2015）*and Preliminary Draft Text Resulting from the Meeting*, 2015, p. 6, https://assets. hcch. net/docs/01fbccec-88e2-460a-9276-a3aa795c605b. pdf, 2022 年 5 月 1 日访问。

② Hague Conference on Private International Law, *Report of the Fifth Meeting of the Working Group on the Judgments Project*（26-31 October 2015）*and Proposed Draft Text Resulting from the Meeting*, 2015, p. 10, https://assets. hcch. net/docs/06811e9c-dddf-4619-81af-71e8836c8d3e. pdf, 2022 年 5 月 1 日访问。

③ Permanent Bureau, *Informational Note on the Work of the Informal Meetings Held Since October 1999 to Consider and Develop Drafts on Outstanding Items*, 2001, p. 11, https://assets. hcch. net/docs/f76f699d-0e14-4e1a-aed9-cec296459e10. pdf, 2022 年 5 月 1 日访问。

④ Permanent Bureau and the Co-reporters, *Summary of the Outcome of the Discussion in Commission Ⅱ of the First Part of the Diplomatic Conference 6-20 June 2001 Interim Text*, 2001, p. 13, https://assets. hcch. net/docs/e172ab52-e2de-4e40-9051-11aee7c7be67. pdf, 2022 年 5 月 1 日访问。

⑤ Permanent Bureau, *Report of the Experts Meeting on the Intellectual Property Aspects of the Future Convention on Jurisdiction and Foreign Judgments in Civil and Commercial Matters*, 2001, p. 6, https://assets. hcch. net/docs/a0a9a970-f7d4-4987-96f5-a7d8a0ee8cf9. pdf, 2022 年 5 月 1 日访问。

议在《特别委员会 Q 153 国际报告中〈关于管辖权和外国民商事判决的海牙公约〉展望》(International Report Special Committee Q 153 on the Envisaged Hague Convention on Jurisdiction and Foreign Judgments in Civil and Commercial Matters)中提到,一些代表团认为,无论国际知识产权有效性是诉讼的主要问题抑或附带问题,登记地国法院始终具有专属管辖权。① 另一方面,部分代表团秉持否定态度。例如,2001 年,常设局在《关于 1999 年 10 月以来为考虑和拟定重要项目草案而举行的日常会议工作的信息附注》中指出,国际知识产权专属管辖权范围不包括附带提出的涉外专利权和商标权有效性纠纷。② 2001 年,常设局和其他报告人在《2001 年 6 月 6 日至 20 日外交会议第二委员会第一部分讨论结果概要临时文本》中指出,附带提出的国际知识产权有效性问题不属于专属管辖权范围。③ 2003 年,报告人安德里亚·舒尔茨在《判决项目工作组的日常工作报告,特别是 2003 年 3 月 25 日至 28 日在其第三次会议上达成的初步文本》中指出,若国际知识产权在诉讼中仅作为附带问题,则法院不得适用涉外专属管辖权规则。④ 报告人彼得·奈和福斯托·波卡尔在《特别委员会的报告》中指出,仅当国际知识产权有效性属于诉讼主要问题,法院方可对之适用涉外专属管辖权规则。作为附带问题提出的国际知识产权有效性事项仍受涉外普通管辖权规则的约束。⑤

第二,国际知识产权侵权的专属管辖权性质分歧较大。首先,部分代表团秉持否定态度,即国际知识产权侵权仅属于普通管辖权事项。⑥ 例如,1997

---

① Hague Conference on Private International Law, *International Report Special Committee Q 153 on the Envisaged Hague Convention on Jurisdiction and Foreign Judgments in Civil and Commercial Matters*, 2001, pp. 4,10, https://assets. hcch. net/upload/wop/jdgm_pd14ip. pdf, 2022 年 5 月 1 日访问。

② Permanent Bureau, *Informational Note on the Work of the Informal Meetings Held Since October 1999 to Consider and Develop Drafts on Outstanding Items*, 2001, pp. 11-12, https://assets. hcch. net/docs/f76f699d-0e14-4e1a-aed9-cec296459e10. pdf, 2022 年 5 月 1 日访问。

③ Permanent Bureau and the Co-reporters, *Summary of the Outcome of the Discussion in Commission Ⅱ of the First Part of the Diplomatic Conference 6-20 June 2001 Interim Text*, 2001, p. 13, https://assets. hcch. net/docs/e172ab52-e2de-4e40-9051-11aee7c7be67. pdf, 2022 年 5 月 1 日访问。

④ Andrea Schulz, *Report on the Work of the Informal Working Group on the Judgments Project, in Particular on the Preliminary Text Achieved at Its Third Meeting 25-28 March 2003*, p. 15, https://assets. hcch. net/docs/59eb8255-95ed-4548-ab0c-7be3dffbe4d7. pdf, 2022 年 5 月 1 日访问。

⑤ Peter Nygh, Fausto Pocar, *Report of the Special Commission*, p. 255, https://assets. hcch. net/docs/810aefc4-ab66-457b-8ec7-6049d8793be3. pdf, 2022 年 5 月 1 日访问。

⑥ The Republic of Korea, *Comments on the Preliminary Draft of the Convention on Jurisdiction and Foreign Judgments in Civil and Commercial Matters*, p. 5, https://assets. hcch. net/upload/wop/jdgm_pd14kr. pdf, 2022 年 5 月 1 日访问。

年,报告人凯瑟琳·柯塞斯简在《1997 年 6 月特别委员会关于国际管辖权和外国民商事判决效力的工作总结》中指出,知识产权的地域性并不妨碍登记地国以外的法院对国际知识产权侵权之诉行使管辖权。^① 2001 年,海牙国际私法会议在《特别委员会 Q 153 国际报告中〈关于管辖权和外国民商事判决的海牙公约〉展望》中指出,荷兰等代表团认为不宜将涉外专属管辖权扩大至国际知识产权侵权诉讼,因为国际知识产权侵权专属管辖权意味着受理侵权诉讼的法院对作为附带问题的涉外知识产权有效性行使专属管辖权,而当国际知识产权有效性仅属于附带问题时,通常禁止适用涉外专属管辖权规则。另外,若由一国法院专属制裁发生于多国的国际知识产权侵权,则该行为可能带来诸多问题。^② 其次,部分代表团秉持肯定态度。例如,2001 年,常设局在《未来〈民商事管辖权和外国判决公约〉知识产权方面的专家会议报告》中指出,英国和澳大利亚代表团认为,国际知识产权侵权与知识产权有效性问题相互交织,无法分开处理,因此涉外专属管辖权规则应同时适用于国际知识产权有效性之诉和国际知识产权侵权之诉。^③ 2001 年,海牙国际私法会议在《特别委员会 Q153 国际报告中〈关于管辖权和外国民商事判决的海牙公约〉展望》中提到,大多数代表团支持国际知识产权侵权的专属管辖权性质,登记地国法院完全有权受理国际知识产权侵权之诉。^④ 2001 年,常设局在《关于 1999 年 10 月以来为考虑和拟定重要项目草案而举行的日常会议工作的信息附注》中指出,在涉外专利权侵权之诉中,专利授予地国法院具有专属管辖权。在国际注册商标侵权之诉中,商标注册地国法院具有专属管辖权。在未注册商标侵权之诉

---

① Catherine Kessedjian, *Synthesis of the Work of the Special Commission of June* 1997 *on International Jurisdiction and the Effects of Foreign Judgments in Civil and Commercial Matters*,1997, para. 41, https://assets. hcch. net/docs/ecc45930-f5a1-4bd1-b94c-420c44a05954. pdf,2022 年 5 月 1 日访问。

② Hague Conference on Private International Law,*International Report Special Committee Q* 153 *on the Envisaged Hague Convention on Jurisdiction and Foreign Judgments in Civil and Commercial Matters*,2001,pp. 5,10,https://assets. hcch. net/upload/wop/jdgm_pd14ip. pdf,2022 年 5 月 1 日访问。

③ Permanent Bureau,*Report of the Experts Meeting on the Intellectual Property Aspects of the Future Convention on Jurisdiction and Foreign Judgments in Civil and Commercial Matters*,2001,p. 4, https://assets. hcch. net/docs/a0a9a970-f7d4-4987-96f5-a7d8a0ee8cf9. pdf,2022 年 5 月 1 日访问。

④ Hague Conference on Private International Law,*International Report Special Committee Q* 153 *on the Envisaged Hague Convention on Jurisdiction and Foreign Judgments in Civil and Commercial Matters*,2001,p. 8,https://assets. hcch. net/upload/wop/jdgm_pd14ip. pdf,2022 年 5 月 1 日访问。

中,商标权产生地国法院具有专属管辖权。① 最后,部分代表团秉持折中态度,即附条件适用涉外专属管辖权规则。例如,2001 年,常设局和其他报告人在《2001 年 6 月 6 日至 20 日外交会议第二委员会第一部分讨论结果概要临时文本》中指出,有代表团提议,知识产权判决的跨国承认与执行是国际知识产权侵权事项适用涉外专属管辖权规则的先决条件。② 报告人彼得·奈和福斯托·波卡尔在《特别委员会的报告》中指出,只有当国际知识产权有效性作为主要问题,国际知识产权侵权仅作为次要问题,那么法院对之适用涉外专属管辖权规则才可取。③

第三,涉外知识产权转让和许可合同未被纳入海牙涉外专属管辖权范围。例如,1997 年,报告人凯瑟琳·柯塞斯简在《国际管辖权与外国民商事判决》中指出,国际知识产权转让和许可使用属于合同中的行为,适用涉外合同管辖权规则。④ 2002 年,报告人安德里亚·舒尔茨在《协助拟订〈关于管辖权以及外国民商事判决承认和执行公约〉的反思文件》中指出,虽然国际知识产权的某些纠纷应适用涉外专属管辖权规则,但国际知识产权许可合同之诉通常不在涉外专属管辖权范围之内。⑤

第四,涉外版权未被纳入海牙涉外专属管辖权范围。例如,2001 年,常设局在《关于 1999 年 10 月以来为考虑和拟定重要项目草案而举行的日常会议工作的信息附注》中提到,无人赞成涉外版权的专属管辖权性质。⑥ 2001 年,常设局和其他报告人在《2001 年 6 月 6 日至 20 日外交会议第二委员会第一部

---

① Permanent Bureau, *Informational Note on the Work of the Informal Meetings Held Since October 1999 to Consider and Develop Drafts on Outstanding Items*, 2001, p. 11, https://assets. hcch. net/docs/f76f699d-0e14-4e1a-aed9-cec296459e10. pdf,2022 年 5 月 1 日访问。

② Permanent Bureau and the Co-reporters, *Summary of the Outcome of the Discussion in Commission Ⅱ of the First Part of the Diplomatic Conference 6-20 June 2001 Interim Text*,2001,p. 13, https://assets. hcch. net/docs/e172ab52-e2de-4e40-9051-11aee7c7be67. pdf,2022 年 5 月 1 日访问。

③ Peter Nygh, Fausto Pocar, *Report of the Special Commission*, p. 255, https://assets. hcch. net/docs/810aefc4-ab66-457b-8ec7-6049d8793be3. pdf,2022 年 5 月 1 日访问。

④ Catherine Kessedjian, *International Jurisdiction and Foreign Judgments in Civil and Commercial Matters*,1997,p. 29, https://assets. hcch. net/docs/76852ce3-a967-42e4-94f5-24be4289d1e5. pdf,2022 年 5 月 1 日访问。

⑤ Andrea Schulz, *Reflection Paper to Assist in the Preparation of a Convention on Jurisdiction and Recognition and Enforcement of Foreign Judgments in Civil and Commercial Matters*,2002,p. 13, https://assets. hcch. net/docs/760c3e3e-c40a-4644-8892-188afe402692. pdf,2022 年 5 月 1 日访问。

⑥ Permanent Bureau, *Informational Note on the Work of the Informal Meetings Held Since October 1999 to Consider and Develop Drafts on Outstanding Items*,2001,p. 12, https://assets. hcch. net/docs/f76f699d-0e14-4e1a-aed9-cec296459e10. pdf,2022 年 5 月 1 日访问。

分讨论结果概要临时文本》中指出,国际知识产权专属管辖权范围不包括涉外版权和相邻权利。① 2001 年,常设局在《未来〈民商事管辖权和外国判决公约〉知识产权方面的专家会议报告》中指出,无论涉外版权是否已登记,暂不支持涉外版权适用涉外专属管辖权规则。② 2002 年,报告人安德里亚·舒尔茨在《"判决项目"工作组第一次日常会议报告(2002 年 10 月 22—25 日)》中指出,由于版权注册对权利本身的形成不具有决定性影响,无须国家强制干预,因此涉外版权一般未被纳入专属管辖权范围。③ 报告人彼得·奈和福斯托·波卡尔在《特别委员会的报告》中指出,因涉外版权非受制于交存或登记程序,故国际知识产权专属管辖权范围排除涉外版权和相邻权利。④ 2012 年,常设局在《背景注释》中指出,涉外版权和相邻权利不属于涉外专属管辖权范围。⑤

5. 外国判决执行事项的专属管辖权

《布鲁塞尔条例Ⅰ(修订版)》第 24 条第 5 款将外国判决执行事项纳入欧盟涉外民商事专属管辖权范围,即外国判决执行之诉由判决业已执行地国法院或将要执行地国法院行使专属管辖权。然而,海牙国际私法会议相关解释报告对此问题的态度存在分歧。

第一,秉持肯定态度。例如,1997 年,报告人凯瑟琳·柯塞斯简在《国际管辖权与外国民商事判决》中指出,外国判决执行事项由实际执行地国法院行使专属管辖权。之所以如此,是因为若判决债务人不自愿执行外国判决,则需要采取具体强制性措施。⑥

---

① Permanent Bureau and the Co-reporters, *Summary of the Outcome of the Discussion in Commission Ⅱ of the First Part of the Diplomatic Conference 6-20 June 2001 Interim Text*, 2001, p. 14, https://assets. hcch. net/docs/e172ab52-e2de-4e40-9051-11aee7c7be67. pdf, 2022 年 5 月 1 日访问。

② Permanent Bureau, *Report of the Experts Meeting on the Intellectual Property Aspects of the Future Convention on Jurisdiction and Foreign Judgments in Civil and Commercial Matters*, 2001, p. 7, https://assets. hcch. net/docs/a0a9a970-f7d4-4987-96f5-a7d8a0ee8cf9. pdf, 2022 年 5 月 1 日访问。

③ Andrea Schulz, *Report on the First Meeting of the Informal Working Group on the Judgments Project October* 22-25, 2002, p. 11, https://assets. hcch. net/docs/16d309f5-3f52-4f07-a8d7-7b29724eb0f7. pdf, 2022 年 5 月 1 日访问。

④ Peter Nygh, Fausto Pocar, *Report of the Special Commission*, p. 255, https://assets. hcch. net/docs/810aefc4-ab66-457b-8ec7-6049d8793be3. pdf, 2022 年 5 月 1 日访问。

⑤ Permanent Bureau, *Background Note*, 2012, p. 41, https://assets. hcch. net/docs/d2355e5c-fd79-4366-9caa-8a434367ba84. pdf, 2022 年 5 月 1 日访问。

⑥ Catherine Kessedjian, *International Jurisdiction and Foreign Judgments in Civil and Commercial Matters*, 1997, p. 29, https://assets. hcch. net/docs/76852ce3-a967-42e4-94f5-24be4289d1e5. pdf, 2022 年 5 月 1 日访问。

第二,秉持否定态度。例如,1997 年,报告人凯瑟琳·柯塞斯简在《1997年 6 月特别委员会关于国际管辖权和外国民商事判决效力的工作总结》中指出,一些专家认为,欧盟将外国判决执行事项纳入涉外专属管辖权范围赘余,而且如果位于执行地国的财产本身不足以执行外国判决,那么此判决可能需要在执行地国场域外同时执行,因此无须将之纳入涉外民商事专属管辖权范围。①

综上所述,海牙涉外专属管辖权呈现以下双重趋势。首先,在横向上,海牙涉外专属管辖权涵盖的类型具有多样性,涉外不动产纠纷、国际知识产权、涉外公司诉讼、涉外公共登记事项和外国判决执行事项均存在涉外专属管辖权相关阐述和解释。其次,在纵向上,海牙涉外专属管辖权呈现出比以往更为谨慎的态度。海牙涉外不动产专属管辖权采取分割制,涉外公司专属管辖权事项具有特定性,国际知识产权专属管辖权范围极为有限,外国判决执行事项专属管辖权被视为赘余。

(四)对国内外研究现状的评价

1.国内研究现状的评析

第一,我国国内研究取得以下成就。首先,在方法论层面,为合理划定我国涉外民商事专属管辖权范围,我国学者提出了联系说、利益分析说和综合说等涉外专属管辖权范围的确定方法。其次,在具体规则层面,我国学者对涉外不动产专属管辖权范围、涉外继承专属管辖权的取舍、中外合资及合作经营企业合同专属管辖权的调整、涉外港口作业纠纷专属管辖权的存废、涉外公司专属管辖权和国际知识产权专属管辖权的增补提出了初步观点。

第二,我国国内研究尚存以下不足。首先,研究的专门性有待加强。虽然涉外继承事项专属管辖权在国内已有专门论述,但我国学者对涉外公司诉讼专属管辖权、外国判决执行事项专属管辖权的研究比较薄弱,涉外民商事专属管辖权问题研究的系统性和深入度有待提高。其次,研究内容的全面性有待提高。我国学者主要侧重研究涉外民商事专属管辖权范围问题,涉外民商事

---

① Catherine Kessedjian, *Synthesis of the Work of the Special Commission of June 1997 on International Jurisdiction and the Effects of Foreign Judgments in Civil and Commercial Matters*, 1997, para. 45, https://assets. hcch. net/docs/ecc45930-f5a1-4bd1-b94c-420c44a05954. pdf, 2022 年 5 月 1 日访问。

专属管辖权冲突的解决问题未予以重视。我国对首先受理法院原则的规定呈现跛足性(2023 年我国《民事诉讼法》第 36 条和第 280 条),导致该原则在解决涉外真实专属管辖权冲突(涉外专属管辖权与涉外专属管辖权的冲突)时功能失灵。我国对首先受理法院原则的规定存在例外性(2023 年我国《民事诉讼法》第 281 条第 1 款),导致该原则在解决涉外虚假专属管辖权冲突(涉外一般管辖权与涉外专属管辖权的冲突)时功能失灵。我国对不方便法院原则的规定具有限制性(2023 年我国《民事诉讼法》第 282 条第 3 款和 2022 年我国《民事诉讼法司法解释》第 530 条第 3 款),导致该原则在解决上述两种涉外专属管辖权冲突时功能失灵。总之,我国涉外民商事专属管辖权冲突的解决方法暂付阙如,有待修补。① 再次,研究方法有待完善。目前我国学者对涉外专属管辖权范围的研究主要采取比较研究方法和规范研究方法,在判例研究方法的运用上比较欠缺。最后,研究对策比较空泛。虽然我国学者对涉外民商事专属管辖权范围的划定提出了利益分析说、联系说、必要说和国际协调说等方法,但上述对策的操作难度较大。利益分析说需要法院在管辖权确立阶段根据案件实质对不同利益进行比较、称重,必要说使法官的自由裁量空间过大,国际协调说似有将国外路径强加于我国而适用之嫌,不一定有利于保护我国国家利益和实现国际民商事管辖权之公正价值取向。

2. 国外研究现状的评析

第一,国外研究取得以下成就。首先,国外学者对涉外专属管辖权的立场更为谨慎。例如,国外学者普遍主张,涉外不动产专属管辖权采取分割制模式,即根据涉外不动产纠纷的不同类型,涉外不动产物权、涉外不动产租赁、涉外不动产担保等分别被赋予不同的国际管辖权性质,并适用不同的国际管辖权规则。国际知识产权专属管辖权范围有限,尤其国际知识产权侵权诉讼和国际知识产权许可使用合同纠纷暂未被纳入涉外专属管辖权范围。在涉外公司诉讼中,仅特定公司事项的管辖权具有专属性。虽然欧盟《布鲁塞尔条例 I (修订版)》第 24 条第 5 款明确将外国判决执行事项列入欧盟涉外民商事专属管辖权范围,但海牙国际私法会议相关解释报告对此持谨慎态度,认为将其纳入涉外专属管辖权范围欠妥,尤其当位于执行地国的财产本身不足以执行外

---

① 刘阳:《涉外不动产专属管辖研究:以欧洲法院判例为视角》,载《南海法学》2022 年第 2 期,第 66 页。

国判决时,此判决可能需要在执行地国场域外执行。其次,国外学者对涉外专属管辖权范围的分析更为深入和细化。例如,国际知识产权专属管辖权问题被分割为国际知识产权有效性是否适用涉外专属管辖权规则、国际知识产权侵权是否适用涉外专属管辖权规则、国际知识产权转让和许可使用合同是否适用涉外专属管辖权规则、涉外版权是否适用涉外专属管辖权规则四个问题。即便国际社会普遍认可国际知识产权有效性之诉属于涉外专属管辖权范围,但海牙国际私法会议进一步深思未注册的国际知识产权有效性之诉是否适用涉外专属管辖权规则、附带提出的国际知识产权有效性之诉是否适用涉外专属管辖权规则两个问题。最后,国外学者对涉外专属管辖权的研究融入了新的考量因素。在划定涉外专属管辖权范围时,国外学者倡导有必要考虑人权原则。

第二,国外研究尚存以下不足。首先,研究结论有待斟酌。例如,国外一些学者主张基于保护本国人利益而适用涉外专属管辖权规则,背离国际民商事诉讼平等原则。其次,研究范围存在局限。国外学者主要论述涉外专属管辖权范围问题,对涉外专属管辖权冲突解决问题的关注热度有待提高。最后,研究方法存在局限,国外学者对涉外专属管辖权问题的论述以理论探讨为主,判例研究比较欠缺。

鉴于此,本书将结合欧洲法院判例、《海牙判决公约》最新规定、海牙管辖权项目最新发展趋势以及我国立法和实践对涉外专属管辖权范围问题和涉外专属管辖权冲突问题进行系统论述。

三、本书的基本思路和主要内容

首先,本书第一章直接提出问题,涉外民商事专属管辖权主要存在以下两方面问题：涉外专属管辖权范围的确定问题和涉外专属管辖权冲突的解决问题。

其次,本书第二章至第六章按领域和结合欧洲法院判例分别论述欧盟涉外家事诉讼专属管辖权、欧盟涉外不动产专属管辖权、欧盟涉外公司诉讼专属管辖权、欧盟国际知识产权专属管辖权和外国判决执行事项专属管辖权。此五章的内容均旨在论述欧盟涉外专属管辖权范围问题,章与章之间主要按照条文顺序进行排列。欧盟涉外家事诉讼专属管辖权单独规定于《布鲁塞尔条例Ⅱa》第 6 条,后四者分别规定于《布鲁塞尔条例Ⅰ(修订版)》第 24 条第 1 款、第 2 款、第 4 款和第 5 款。由于欧洲法院对该条例第 24 条第 3 款涉外公共登记事项专属管辖权暂未公布相关案例,故本书未对之予以单独论述。另外,各章节附带论述海牙管辖权项目和《海牙判决公约》涉外专属管辖权规则的新发展。

再次,本书第七章论述涉外专属管辖权冲突的解决问题,分为涉外虚假专属管辖权冲突的解决和涉外真实专属管辖权冲突的解决。在欧盟,前者根据效力位阶原则解决,后者根据国际未决诉讼规则抑或首先受理法院原则解决。

最后,在结论部分,本书一方面对欧盟涉外专属管辖权规则和案例予以评析,另一方面重构我国涉外民商事专属管辖权规则。

四、本书的研究方法

第一,采取文义解释、历史解释等法律解释方法。本书将对欧盟涉外一般民商事专属管辖权规则、欧盟涉外离婚专属管辖权规则、欧盟国际未决诉讼规则、《海牙判决公约》和一些主权国家涉外专属管辖权规则进行条文分析和历史解释。另外,本书将对纯国内专属管辖权规则、我国国际民商事司法协助条约中的涉外专属管辖权规则、2000 年我国《国际私法示范法》第 46 条涉外专属管辖权规则和 2023 年修正的我国《民事诉讼法》第 279 条涉外专属管辖权规则进行分析和解释。

第二,采取判例研究方法。本书主要结合欧洲法院案例对欧盟涉外专属管辖权范围和欧盟涉外专属管辖权冲突展开具体论述。由于我国国内专属管辖权已经积累了相当多的司法判例,因此本书将同时对我国案例进行实证研究。

第三,采取比较研究方法。首先,本书将对欧盟涉外专属管辖权规则的历史沿革和演变予以纵向比较,对我国 2021 年《民事诉讼法》涉外专属管辖权范围和 2023 年《民事诉讼法》涉外专属管辖权范围予以纵向比较。其次,本书将对欧盟涉外专属管辖权规则和海牙涉外专属管辖权规则予以横向比较,对我国涉外专属管辖权规则和纯国内专属管辖规则进行横向比较,对《国际私法示范法》第 46 条涉外专属管辖权规则和 2023 年修正的我国《民事诉讼法》第 279 条涉外专属管辖权规则进行横向比较。最后,涉外虚假专属管辖权冲突的解决和涉外真实专属管辖权冲突的解决亦将运用比较研究方法。

五、本书的创新与不足

(一)本书的创新

第一，选题和内容存在创新。截至目前，国内外并无专著论述涉外民商事专属管辖权问题。本书以欧洲法院判例为视角，按照条文顺序，分别对欧盟涉外婚姻事项专属管辖权、欧盟涉外不动产专属管辖权、欧盟涉外公司诉讼专属管辖权、欧盟涉外知识产权专属管辖权和外国判决执行事项专属管辖权展开实证研究，旨在合理确定涉外民商事专属管辖权范围和妥善解决涉外民商事专属管辖权冲突。

第二，援引的资料存在创新。一方面，在司法案例层面，本书全面收集和分析了欧盟涉外婚姻事项专属管辖权案例、欧盟国际诱拐儿童事项特殊专属管辖权案例、欧盟涉外不动产专属管辖权案例、欧盟涉外公司诉讼专属管辖权案例、欧盟涉外知识产权专属管辖权案例和外国判决执行事项专属管辖权案例。长期以来，我国对涉外民商事专属管辖权问题主要准用国内民商事专属管辖权规则，因此本书亦全面收集和分析了我国纯国内专属管辖权案例。另一方面，在法律规则层面，本书不仅论述欧盟涉外民商事专属管辖权规则(历经三次修改)，亦援引海牙涉外不动产专属管辖权规则(2019年《海牙判决公约》第6条)以及我国涉外民商事专属管辖权新规则(2023年修正的我国《民事诉讼法》第279条)。

第三，研究方法存在创新。本书主要采取案例研究方法，结合欧洲法院判例研究涉外民商事专属管辖权。

(二)本书的不足

首先，研究范围较窄。在数量上，欧盟涉外民商事专属管辖权规则规定仅五种事项具有涉外专属管辖权性质，故本书没有论述涉外港口作业纠纷专属管辖权、涉外禁治产纠纷专属管辖权和涉外破产纠纷专属管辖权等其他事项专属管辖权。虽然涉外公共登记事项专属管辖权隶属于欧盟涉外民商事专属管辖权范围，但涉外公共登记事项专属管辖权纠纷甚少，欧洲法院没有公布相关判例,①故本书没有论述涉外公共登记事项专属管辖权。

其次,研究观点存在不足。国际数据权的定性在学术界暂未达成共识,在实践中暂无相关案例,故本书对国际数据权管辖权的研究不够深入,研究结论可能欠妥。

---

① Andrew Dickinson,Eva Lein,*The Brussels Ⅰ Regulation Recast*,Oxford University Press,2015,p. 554.

第一章 涉外民商事专属管辖权存在的问题

涉外民商事专属管辖权存在以下两方面的问题。首先,涉外民商事专属管辖权范围的划定问题。涉外专属管辖权范围宽窄主要受制于诉讼与法院地国公共政策的联系程度,但各国公共政策的内涵存在差异,导致各国涉外专属管辖权范围难以统一。[①] 其次,涉外民商事专属管辖权冲突的解决问题。不同情形下涉外专属管辖权冲突的解决方法不完全一致。

第一节 涉外专属管辖权范围的划定问题

涉外专属管辖权范围分歧较大、宽窄不一。[②] 例如,德国、奥地利和日本等国规定,涉外不动产纠纷、涉外继承纠纷、涉外租赁纠纷、特定涉外婚姻纠纷、涉外禁治产纠纷、涉外破产纠纷和外国判决执行事项,适用涉外专属管辖权规则。苏联和东欧国家规定,涉外不动产纠纷、涉外公司财产纠纷和涉外继承纠纷,由主要财产所在地国法院行使专属管辖权。瑞士仅在较小范围内适用涉外专属管辖权规则。[③] 若诉讼涉及涉外不动产、涉外公司内部事务、涉外公共登记事项、涉外知识产权和外国判决执行事项,则欧盟成员国法院将适用欧盟涉外专属管辖权规则。[④] 2019 年《海牙判决公约》第 2 条将涉外公司诉

[①] 杜新丽:《国际民事诉讼与商事仲裁》,中国政法大学出版社 2009 年版,第 63 页。

[②] 刘振江:《国际民事管辖权冲突及其解决》,载《法律科学(西北政法大学学报)》1999 年第 2 期,第 49 页。

[③] 李双元、欧福永:《国际私法学》(第 3 版),北京大学出版社 2015 年版,第 359-360 页。

[④] David Luther Woodward, *Reciprocal Recognition and Enforcement of Civil Judgments in the United States, the United Kingdom and the European Economic Community*, 8 (3) North Carolina Journal of International Law and Commercial Regulation 299, 318 (1982).

讼、涉外公共登记事项和国际知识产权等涉外专属管辖权事项排除出公约的适用范围,仅统一规定涉外不动产专属管辖权规则。① 剩余涉外专属管辖权事项在各成员国的协调问题留待海牙管辖权项目上解决。

《布鲁塞尔公约》的制定者最初打算为涉外个人雇佣合同(international individual contract of employment)制定一项涉外专属管辖权条款,但最终因若干原因遭到拒绝。② 失败的原因如下。首先,当时欧洲经济共同体正在协调涉外个人雇佣合同法律选择规则,对涉外个人雇佣合同管辖权规则的制定造成延误。其次,起草人没有对涉外个人雇佣合同意思自治原则等问题达成共识,涉外个人雇佣合同管辖权的确定只能暂时妥协回归适用涉外普通合同管辖权规则。③ 1968 年《布鲁塞尔公约》第 16 条④、2000 年《布鲁塞尔条例 I》第 22 条⑤和 2012 年《布鲁塞尔条例 I(修订版)》第 24 条⑥将欧盟涉外民商事专属管辖权范围限定为以下五种:涉外不动产物权和涉外不动产长期租赁专属管辖权、涉外公共登记事项专属管辖权、涉外公司诉讼专属管辖权、国际知识产权有效性事项专属管辖权、外国判决执行事项专属管辖权。另外,2003 年欧盟理事会《关于婚姻事项和父母责任事项的管辖权以及判决承认与执行并废除第 1347/2000 号条例的 2201/2003 号(欧共体)条例》(以下简称《布鲁塞尔条例 Ⅱa》)第 6 条规定,本条例第 3 条、第 4 条和第 5 条所述涉外离婚管

---

① Hague Conference on Private International Law, *Convention on the Recognition and Enforcement of Foreign Judgments in Civil or Commercial Matters* (*Concluded 2 July* 2019), p. 2, https://assets. hcch. net/docs/806e290e-bbd8-413d-b15e-8e3e1bf1496d. pdf,2022 年 5 月 1 日访问。

② Frank Meisel, *Harmonistation of Contracts*, *Jurisdiction and Conflicts of Laws in the European Community*,13 (1). Holdsworth Law Review 46,58 (1988).

③ Uglješa Grušić, *Jurisdiction in Employment Matters under Brussels* Ⅰ: *A Reassessment*,61 (1) International and Comparative Law Quarterly 91,94 (2012).

④ High Contracting Parties to the Treaty Establishing the European Economic Community, 1968 *Brussels Convention on Jurisdiction and the Enforcement of Judgments in Civil and Commercial Matters*, 1968, pp. 6-7, https://eur-lex. europa. eu/legal-content/EN/TXT/HTML/? uri = CELEX:41968A0927 (01)&from=EN,2022 年 5 月 1 日访问。

⑤ Council of the European Union, *Council Regulation* (*EC*) *No 44/2001 of 22 December* 2000 *on Jurisdiction and the Recognition and Enforcement of Judgments in Civil and Commercial Matters*,2001, pp. 7-8, https://eur-lex. europa. eu/legal-content/EN/TXT/PDF/? uri = CELEX:32001R0044&from= EN,2022 年 5 月 1 日访问。

⑥ European Parliament and the Council of the European Union, *Regulation* (*EU*) *No 1215/2012 of the European Parliament and of the Council of 12 December* 2012 *on Jurisdiction and the Recognition and Enforcement of Judgments in Civil and Commercial Matters* (*Recast*),2012, pp. 10-11, https://eur-lex. europa. eu/legal-content/EN/TXT/PDF/? uri=CELEX:32012R1215&from=EN,2022 年 5 月 1 日访问。

辖权具有专属性。[①]

2000 年我国《国际私法示范法》第 46 条提议，涉外不动产纠纷、涉外港口作业纠纷、涉外公司诉讼、国际知识产权有效性纠纷和中外合资经营企业合同、中外合作经营企业合同、中外合作勘探开发自然资源合同纠纷，应适用涉外专属管辖权规则。然而，2021 年修正的我国《民事诉讼法》涉外民事诉讼程序编仍无涉外民商事专属管辖权的直接规定，主要通过直接援引我国国际民商事司法协助条约和补缺适用国内专属管辖权规则以确定我国涉外专属管辖权对象。国际民事裁判管辖权的实质不同于国内民事裁判管辖权。[②] 国际民事裁判管辖权与国内民事裁判管辖权分属不同的法律部门，解决不同的法律问题。[③] 因此，国内专属管辖权与涉外专属管辖权不属于全同关系，无法相互转换。[④] 2023 年 9 月，我国正式对涉外民商事专属管辖权条款进行了全面修订。2023 年我国新修正的《民事诉讼法》第 279 条规定，涉外公司诉讼、国际知识产权有效性事项和中外合资经营企业合同、中外合作经营企业合同、中外合作勘探开发自然资源合同纠纷，应适用本条涉外专属管辖权规则。此规定自 2024 年 1 月 1 日起施行。

一、涉外家事诉讼专属管辖权范围：守成抑或革新

涉外家事专属管辖权较为罕见。为尊重私人和家庭生活权，促进人的跨国自由流动和方便当事人诉讼，欧盟通常禁止涉外家事诉讼适用涉外专属管辖权规则，转而支持当事人协议选择管辖法院。例如，欧盟跨国父母责任事项、涉外扶养事项、涉外夫妻财产事项和涉外注册伴侣财产事项均引入有限的协议管辖，并采取特殊的制度设计。[⑤]

---

① Council of the European Union, *Council Regulation（EC）No 2201/2003 of 27 November 2003 Concerning Jurisdiction and the Recognition and Enforcement of Judgments in Matrimonial Matters and the Matters of Parental Responsibility, Repealing Regulation（EC）No 1347/2000*, 2003, p. 5, https://eur-lex. europa. eu/legal-content/EN/TXT/PDF/? uri＝CELEX：32003R2201＆qid＝1563193229798＆from＝EN, 2022 年 5 月 1 日访问。

② 刘仁山：《国际私法》（第 6 版），中国法制出版社 2019 年版，第 437 页。

③ 李旺：《国际民事诉讼中的冲突与程序》，清华大学出版社 2022 年版，第 142 页。

④ 向在胜：《中国涉外民事专属管辖权的法理检视与规则重构》，载《法商研究》2023 年第 1 期，第 50 页。

⑤ 欧盟涉外家事诉讼协议管辖的具体内容，参见本书第二章第二节。

　　第一，涉外离婚事项适用涉外专属管辖权规则。① 之所以如此，是因为《离婚法》属于强行法的范畴，涉及一国的民族习俗、伦理观念和公共秩序。② 例如，若配偶双方的住所地均位于波兰，则波兰法院对涉外婚姻事项具有专属管辖权。③ 如果任何一方是匈牙利居民，那么匈牙利法院将对涉外离婚事项行使专属管辖权。④ 配偶双方皆居住于俄罗斯的俄罗斯居民和外国居民之间的离婚诉讼，属于俄罗斯法院专属管辖权范围。⑤ 2003 年欧盟理事会《布鲁塞尔条例Ⅱa》第 6 条规定，本条例第 3 条（涉外离婚、司法别居和婚姻无效）、第 4 条（反诉）和第 5 条（司法别居转为离婚）所述涉外离婚事项的管辖权具有专属性（exclusive nature of jurisdiction under articles 3,4 and 5）。配偶一方系下列情形之一者，仅得根据第 3 条、第 4 条及第 5 条在另一成员国被诉：(a)惯常居所在成员国境内，或者(b)具有成员国国籍，或者在案件涉及英国与爱尔兰的情形下，配偶一方住所在后一成员国境内。⑥ 第 6 条意味着第 3 条欧盟涉外离婚事项管辖权依据具有专属性效力，以防止适用相互竞争的管辖权规则，而且受诉法院不得拒绝行使该管辖权，没有自由裁量权决定自身是否乃审理案件的最适当法院。⑦《布鲁塞尔条例Ⅱa》第 6 条涉外离婚事项专属管辖权规则亦将阻止第三国审理同一争端。⑧ 2019 年欧盟理事会《关于婚姻事项、父母责

---

　　① 刘懿彤:《国际民事诉讼管辖权与和谐国际社会构建》,中国人民公安大学出版社 2017 年版,第 226 页。

　　② 刘仁山:《国际私法》(第 6 版),中国法制出版社 2019 年版,第 379 页。

　　③ Maciej Tomaszewski, *Polish Court Judgements in International Civil Law Cases*, 11 Polish Yearbook of International Law 219,230 (1981).

　　④ Michael Akehurst, *Jurisdiction in International Law*, 46 British Year Book of International Law 145,238 (1972).

　　⑤ Milana Karayanidi, *Adjudicative Jurisdiction in Civil and Commercial Matters in Russia: Analysis and Commentary*, 64 (4) American Journal of Comparative Law 981,1012 (2016).

　　⑥ Council of the European Union, *Council Regulation (EC) No 2201/2003 of 27 November 2003 Concerning Jurisdiction and the Recognition and Enforcement of Judgments in Matrimonial Matters and the Matters of Parental Responsibility, Repealing Regulation (EC) No 1347/2000*, 2003, p. 5, https://eur-lex. europa. eu/legal-content/EN/TXT/PDF/? uri = CELEX:32003R2201&qid = 1563193229798&from=EN,2022 年 5 月 1 日访问。

　　⑦ European Parliament, *Jurisdiction in Matrimonial Matters—Reflections for the Review of the Brussels Ⅱa Regulation Study for the JURI Committee*,2016,p. 8,https://op. europa. eu/en/publication-detail/-/publication/aeefe1a1-4272-11e6-af30-01aa75ed71a1/language-en,2022 年 5 月 1 日访问。

　　⑧ Maria Caterina Baruffi, *The Application of the Brussels Ⅱa Regulation in the Italian Legal Order Having Regard to Specific Cases Concerning Italy and the UK*, p. 10, https://www. abdn. ac. uk/law/documents/CPIL%20Working%20Paper%20No%202017_4. pdf,2022 年 5 月 1 日访问。

任事项和国际诱拐儿童的管辖权及判决承认与执行的第 2019/1111 号（欧盟）条例（修订版）》（以下简称《第 2019/1111 号条例》）正式彻底废除涉外离婚事项专属管辖权。[①] 关于欧盟涉外离婚事项专属管辖权规则的溯源和具体适用，本书第二章第一节将予以具体阐述。

　　第二，涉外继承事项适用涉外专属管辖权规则。例如，无论死者是何国籍，位于克罗地亚的涉外不动产继承纠纷，克罗地亚法院具有专属管辖权。[②] 塞尔维亚法院对外国当事人继承位于塞尔维亚的不动产具有涉外专属管辖权。而且在涉外不动产继承事项专属管辖权情形下不得适用塞尔维亚国际未决诉讼规则。[③] 在涉外继承案件中，南斯拉夫对南斯拉夫境内的不动产和南斯拉夫居民遗留在国外的动产具有专属管辖权。[④] 与涉外离婚事项专属管辖权相反，欧盟涉外继承事项管辖权不具有专属性。例如，2012 年欧洲议会和欧盟理事会《关于继承事项管辖权、法律适用、判决承认与执行、公证文书的接受与执行以及创立欧洲继承证书的第 650/2012 号（欧盟）条例》（以下简称《罗马条例Ⅳ》）第 5 条和第 9 条不仅允许当事人明示选择管辖法院，而且允许涉外继承事项适用涉外默示协议管辖规则，彻底打破了欧盟涉外继承诉讼管辖权性质的专属性。关于欧盟涉外继承事项专属管辖权的废除，本书第二章第二节将予以具体阐述。

　　第三，国际诱拐儿童事项适用涉外专属管辖权规则。儿童被诱拐前惯常居所地国法院（诱拐来源地国法院）具有专属管辖权。[⑤] 例如，在 SP *v.* EB and KP 案[⑥]中，莫斯汀（Mostyn）法官指出，在国际诱拐儿童案件中，《布鲁塞

[①]　Council of the European Union, *Council Regulation（EU）2019/1111 of 25 June 2019 on Jurisdiction，the Recognition and Enforcement of Decisions in Matrimonial Matters and the Matters of Parental Responsibility，and on International Child Abduction（Recast）*, 2019, p. 20, https://eur-lex.europa. eu/legal-content/EN/TXT/PDF/? uri=CELEX:32019R1111&qid=1644065481903&from=EN, 2022 年 5 月 1 日访问。

[②]　Tena Ratković, *Private International Law Aspects of Succession—The Croatian Experience*, 13 Annals of the Faculty of Law of the University of Zenica 8,15（2014）.

[③]　Slavko Đorđević, *Some Remarks on Prevention and Resolution of Positive Jurisdiction Conflicts between Croatian（Member State）and Serbian Courts in Cross-border Succession Cases—From Croatian（EU）and Serbian Point of View*, 36（2）Pravni Vjesnik 25,27,39（2020）.

[④]　Michael Akehurst, *Jurisdiction in International Law*, 46 British Year Book of International Law 145,238（1972）.

[⑤]　Mary Keyes, *Jurisdiction in International Family Litigation：A Critical Analysis*, 27（1）University of New South Wales Law Journal 42,62（2004）.

[⑥]　SP *v.* EB and KP［2014］EWHC 3964（Fam），para. 24.

尔条例Ⅱa》第 10 条赋予诱拐来源地国法院（a court in the abducted-from country）一种特殊的专属管辖权（a special exclusive jurisdiction）。如果所有监护权人均默许转移或滞留儿童，那么此种特殊的专属管辖权便会丧失。欧盟国际诱拐儿童事项特殊专属管辖权的兴起，旨在防止当事人挑选法院和阻止父母跨国诱拐儿童。例如，在 SJ and Another v. JJ and Another 案①中，贝克（Baker）法官指出，即使被诱拐儿童已在诱拐目的地国获得惯常住所，但非法转移儿童原则上不具有将管辖权从诱拐来源地国法院转移到诱拐目的地国法院（a court in the abducted-to nation）的效果，以阻止父母跨国诱拐儿童，并确保在发生诱拐的情况下立即使儿童得以返还。在 TT v. AK 案②中，欧洲法院指出，因管辖权转移可能会使诱拐儿童之不法行为人在程序上获得优势，故诱拐来源地国法院原则上仍应保留管辖权。本书认为，欧盟国际诱拐儿童事项管辖权规则不属于涉外专属管辖权规则。理由如下：首先，《布鲁塞尔条例Ⅱa》第 10 条不具备涉外专属管辖权的独占性特征。独占性，是指某一涉外民商事案件的管辖权被一国法院单独占有。诱拐来源地国法院对国际诱拐儿童事项的管辖权不具有独占性，诱拐目的地国法院并非完全丧失管辖权。例如，在 SS v. MCP 案③中，欧洲法院指出，根据《布鲁塞尔条例Ⅱa》第 10 条的规定，当满足某些条件时，国际诱拐儿童事项管辖权将转移至诱拐目的地国法院。在 DL v. EL 案④中，彼得·辛格（Peter Singer）法官指出，《布鲁塞尔条例Ⅱa》第 10 条规定了一系列考量因素，满足其中任何一项都将导致国际诱拐儿童事项管辖权从诱拐来源地国法院转移出去。国际诱拐儿童事项管辖权的转移旨在符合密切联系理论的要求。例如，在 Nils Christian Ludwig v. Jennifer Dee Ludwig 案⑤中，加拿大安大略省上诉法院指出，在儿童被父母跨国诱拐一段时间后，被诱拐儿童可能与诱拐目的地国产生更密切的联系。其次，《布鲁塞尔条例Ⅱa》第 10 条不具备涉外专属管辖权的强制性特征。强制性，是指某一涉外民商事案件管辖权的确定不得融入当事人意思自治。然而，国际诱拐儿童事项管辖权的转移掺杂当事人意思自治。例如，在 Doris Povse v. Mauro

---

① SJ and Another v. JJ and Another [2011] EWHC 3450 (Fam)，para. 27.
② Case C-87/22 TT v. AK [2023] ECR，para. 36.
③ Case C-603/20 PPU SS v. MCP [2021] ECR，para. 54.
④ DL v. EL (Hague Abduction Convention—Effect of Reversal of Return Order on Appeal) [2012] EWHC 49 (Fam)，para. 58.
⑤ Nils Christian Ludwig v. Jennifer Dee Ludwig，2019 ONCA 680 (CanLII)，para. 37.

Alpago案①中，沙普斯顿（Sharpston）法官指出，根据《布鲁塞尔条例Ⅱa》第10条a款的规定，若儿童在诱拐目的地国获得新惯常居所地，而且所有监护权人均默许转移或滞留子女，则管辖权将转移至诱拐目的地国法院。鉴于欧盟国际诱拐儿童事项管辖权规则不构成严格意义上的涉外专属管辖权规则，故本书第二章对其不作论述。

与欧盟的规定相反，我国曾保留涉外继承事项专属管辖权性质，但对涉外离婚事项管辖权保持足够的灵活性。首先，对于涉外继承事项管辖权，虽然我国《国际私法示范法》第45条和2021年我国《民事诉讼法》第34条第3款对继承事项管辖权连结点的规定基本一致，前者仅新增被继承人惯常居所地之管辖权连结点，但二者对继承事项管辖权性质的立场截然不同。《国际私法示范法》将涉外继承事项作为涉外特别管辖权事项，但2021年我国《民事诉讼法》第34条第3款仍保留继承事项管辖权的专属性。2023年修正的我国《民事诉讼法》第279条未将涉外继承事项纳入涉外专属管辖权范围。其次，对于涉外离婚事项管辖权，我国《国际私法示范法》第41条提议，涉外离婚首先由当事人住所、惯常居所地国法院行使管辖权，并将国籍作为兜底性管辖权连结点以保护当事人的诉诸司法权。2022年我国《民事诉讼法司法解释》第12条至第16条将婚姻缔结地、一方原住所地、一方最后居住地、原告住所地作为涉外离婚事项管辖权连结点。2023年修正的我国《民事诉讼法》涉外民事诉讼程序编对涉外离婚事项的管辖权性质和管辖权连结点未作改动。

二、涉外不动产专属管辖权范围：整体制抑或分割制

涉外不动产专属管辖权存在整体制和分割制两种模式。首先，整体制是指所有涉外不动产纠纷均适用涉外专属管辖权规则。例如，2000年我国《国际私法示范法》第46条第1款规定，涉外不动产纠纷皆由不动产所在地国法院行使专属管辖权。其次，分割制是指仅特定类型涉外不动产纠纷适用涉外专属管辖权规则。例如，海牙涉外不动产专属管辖权呈现分割制发展趋向，即涉外不动产物权专属管辖权具有绝对性，涉外不动产租赁专属管辖权采取"租

---

① Opinion of Advocate General Sharpston, Delivered on 16 June 2010, Case C-211/10 PPU Doris Povse *v.* Mauro Alpago［2010］ECR I-06673,para.51.

赁目的二分说",涉外不动产担保和涉外不动产信托被排除出涉外专属管辖权范围。①

欧盟对涉外不动产专属管辖权亦采取分割制,而且欧盟涉外不动产专属管辖权范围窄于传统范式。1968 年《布鲁塞尔公约》第 16 条第 1 款规定,仅涉外不动产物权诉讼和涉外不动产租赁权诉讼由不动产所在地国行使专属管辖权。1988 年《卢加诺公约》第 16 条第 1 款(b)项②和 1999 年欧盟理事会《民商事案件管辖权及判决承认与执行的(欧共体)条例草案》第 22 条第 1 款③在保留涉外不动产物权专属管辖权的基础上,基于"期限二分说"将涉外不动产租赁专属管辖权对象进一步缩减至涉外不动产长期租赁,六个月以下短期度假式涉外不动产租赁可以附条件由被告住所地国法院行使管辖权。具体阐述如下。

第一,关于涉外不动产物权专属管辖权,欧盟在被告住所地以外的法院确立了对涉外不动产物权的专属管辖权。④ 1968 年《布鲁塞尔公约》第 16 条第 1 款规定,以涉外不动产物权为标的的诉讼,由不动产所在地国法院行使专属管辖权,而不问被告住所何在。例如,在 Theodorus Engelbertus Sanders *v.* Ronald van der Putte 案⑤中,欧洲法院指出,《布鲁塞尔公约》第 16 条第 1 款将专属管辖权授予不动产所在地国法院以处理涉外不动产物权事项和涉外不动产租赁事项。2000 年《布鲁塞尔条例Ⅰ》第 22 条第 1 款和 2012 年《布鲁塞尔条例Ⅰ(修订版)》第 24 条第 1 款延续了《布鲁塞尔公约》第 16 条第 1 款的规定,即不动产所在地国法院对以涉外不动产物权为标的的诉讼具有涉外不

①　Catherine Kessedjian, *Synthesis of the Work of the Special Commission of June* 1997 *on International Jurisdiction and the Effects of Foreign Judgments in Civil and Commercial Matters*,1997, para. 39, https://assets. hcch. net/docs/ecc45930-f5a1-4bd1-b94c-420c44a05954. pdf,2022 年 5 月 1 日访问。

②　High Contracting Parties to this Convention,*Convention on Jurisdiction and the Enforcement of Judgments in Civil and Commercial Matters*,1988, p. 13, https://eur-lex. europa. eu/legal-content/EN/TXT/PDF/? uri=CELEX:41988A0592&from=EN,2022 年 5 月 1 日访问。

③　Council of the European Union, *Commission Proposal for a Council Regulation (EC) on Jurisdiction and the Recognition and Enforcement of Judgments in Civil and Commercial Matters*,1999, pp. 6-7, https://eur-lex. europa. eu/resource. html? uri = cellar: f1e48993-a6ad-46c2-8acf-9e6e00321d8b. 0008. 02/DOC_1&format=PDF,2022 年 5 月 1 日访问。

④　Marise Cremona, Hans-W. Micklitz,*Private Law in the External Relations of the EU*,Oxford University Press,2016,p. 135.

⑤　Case C-73/77 Theodorus Engelbertus Sanders *v.* Ronald van der Putte [1977] ECR 02383,para. 12.

动产物权专属管辖权。[①] 虽然涉外不动产物权专属管辖权被普遍认可，但涉外专属管辖权领域不动产物权的外延存在识别困境。[②] 在 Ellmes Property Services Limited *v.* SP 案[③]中，斯普纳（Szpunar）法官指出，涉外专属管辖权领域以涉外不动产物权为标的的诉讼，是指当事人请求确定涉外不动产范围、涉外不动产内容、涉外不动产所有权、涉外不动产占有权、涉外不动产的其他物权以及保护所有权人权益的诉讼。另外，虽然欧盟上述立法没有对涉外不动产物权专属管辖权规定例外，但欧洲法院在实践中基于"三要素识别说"将非公共政策目的下涉外不动产物权纠纷、对人诉讼下涉外不动产物权纠纷以及边际意义下涉外不动产物权纠纷排除出涉外专属管辖权范围。例如，在 Ellmes Property Services Limited *v.* SP 案[④]中，斯普纳法官指出，虽然涉外不动产物权纠纷由不动产所在地国行使专属管辖权反映了涉外法律选择领域物之所在地法原则，体现了争端标的物与管辖法院之间的密切联系，但此仅为涉外不动产物权专属管辖权的次要原因，而非根本解释理由。由于涉外专属管辖权不仅排除了当事人选择管辖法院的自主权，而且排除了涉外一般管辖权规则和涉外特别管辖权规则的适用，因此除非诉讼涉及公共利益，否则不符合欧盟涉外不动产专属管辖权的立法目标。在 Wolfgang Schmidt *v.* Christiane Schmidt 案[⑤]中，欧洲法院指出，诉讼涉及涉外不动产物权或诉讼与涉外不动产有联系，不足以援引欧盟涉外不动产专属管辖权规则。欧盟涉外不动产专属管辖权规则的适用前提是诉讼必须以对物权为基础，而非基于对人权。对物权和对人权之间的区别在于，前者具有普遍效力，而后者只能向债务人主张。关于欧盟涉外不动产物权专属管辖权之"三要素识别说"，本书第三章第一节将予以具体阐述。

第二，关于欧盟涉外不动产租赁专属管辖权，1968 年《布鲁塞尔公约》第 16 条第 1 款对涉外不动产物权管辖权和涉外不动产租赁管辖权的处理方式

[①] Opinion of Advocate General Szpunar, Delivered on 18 June 2020, Case C-433/19 Ellmes Property Services Limited *v.* SP [2020] ECR, para. 23.

[②] 何其生：《统一化与分割化：〈海牙判决公约〉下的不动产问题》，载《国际法学刊》2020 年第 1 期，第 46 页。

[③] Opinion of Advocate General Szpunar, Delivered on 18 June 2020, Case C-433/19 Ellmes Property Services Limited *v.* SP [2020] ECR, para. 28.

[④] Opinion of Advocate General Szpunar, Delivered on 18 June 2020, Case C-433/19 Ellmes Property Services Limited *v.* SP [2020] ECR, paras. 53-62.

[⑤] Case C-417/15 Wolfgang Schmidt *v.* Christiane Schmidt [2016] ECR, paras. 30-31.

相同,即二者均专由不动产所在地国法院行使管辖权。2000 年《布鲁塞尔条例Ⅰ》第 22 条第 1 款对涉外不动产租赁专属管辖权设置了一项除外情形,即涉外不动产短期租赁可以附条件由被告住所地国法院行使管辖权。2010 年欧洲委员会《关于民商事案件管辖权和判决承认与执行的条例(修订版)草案》第 22 条第 1 款对涉外不动产短期租赁的管辖权依据作了较大改动,不仅允许适用被告住所地管辖权规则,而且新增涉外协议管辖规则。双方当事人于缔结协议时或提起诉讼时在涉外职业用途不动产租赁(tenancies of premises for professional use)协议中同意一个或多个成员国法院根据第 23 条行使管辖权。[①] 换言之,涉外不动产租赁存在以下三种管辖权依据。一般涉外不动产租赁由不动产所在地国法院行使专属管辖权,但以不超过连续六个月期限供私人临时使用的涉外不动产租赁权为标的的诉讼,亦可由被告住所地国法院、当事人事先抑或事后协议选择的法院行使管辖权。2012 年《布鲁塞尔条例Ⅰ(修订版)》第 24 条第 1 款延续上述“期限二分说”,规定以涉外不动产租赁权为标的的诉讼,由不动产所在地国法院行使专属管辖权。以不超过连续六个月期限供私人临时使用的涉外不动产租赁权为标的的诉讼,被告住所地成员国法院亦具有管辖权,只要承租人为自然人,并且出租人和承租人在同一成员国有住所。关于欧盟涉外不动产租赁专属管辖权之“期限二分说”,本书第三章第二节将予以具体阐述。

　　综上所述,在立法上,目前欧盟仅将以下两类诉讼纳入涉外不动产专属管辖权范围:涉外不动产物权纠纷和涉外不动产租赁纠纷。而且,涉外不动产物权纠纷和涉外不动产租赁纠纷均只部分适用涉外专属管辖权规则。另外,虽然欧盟涉外不动产专属管辖权规则调整的事项范围逐渐缩小,但欧盟涉外不动产专属管辖权规则适用的地域范围扩大至在第三国提起的诉讼。[②] 例如,

---

①　European Commission,*Proposal for a Regulation of the European Parliament and of the Council on Jurisdiction and the Recognition and Enforcement of Judgments in Civil and Commercial Matters (Recast)*,2010,p. 31,https://eur-lex. europa. eu/legal-content/EN/TXT/PDF/? uri＝CELEX:52010PC 0748&from＝EN,2022 年 5 月 1 日访问。

②　Evelyn Regner,*Opinion of the Committee on Employment and Social Affairs for the Committee on Legal Affairs on the Proposal for a Regulation of the European Parliament and of the Council on Jurisdiction and the Recognition and Enforcement of Judgments in Civil and Commercial Matters (Recast)*,2011,p. 3,https://www. europarl. europa. eu/RegData/commissions/empl/avis/2011/469974/ EMPL_AD(2011)469974_EN. pdf,2022 年 5 月 1 日访问。

在 Land Oberösterreich *v*. čEZ a. s. 案①中，波瓦雷斯·马杜罗（Poiares Maduro）法官指出，《布鲁塞尔公约》第 16 条第 1 款的调整对象逐渐延伸至当事人住所在第三国，但资产位于成员国的涉外不动产物权诉讼与涉外不动产租赁诉讼。

对我国而言，早在 2000 年《国际私法示范法》第 46 条中便已存在将涉外不动产纠纷纳入我国涉外专属管辖权范围的提议，但 2023 年修正的我国《民事诉讼法》涉外民事诉讼程序编涉外不动产事项的管辖权性质和管辖权连结点暂付阙如。基于碎片化的法律渊源，我国涉外不动产专属管辖权范围存在明显不对称性。首先，具有内部不对称性。我国国际民商事司法协助条约对涉外不动产专属管辖权范围的规定不完全一致。其次，具有外部不对称性。我国国际民商事司法协助条约和 2022 年《民事诉讼法司法解释》对不动产专属管辖权范围的规定不对称。不仅如此，我国传统涉外不动产物权专属管辖权规则下物权的外延与 2020 年《最高人民法院关于适用〈中华人民共和国民法典〉物权编的解释（一）》（以下简称《民法典物权编司法解释》）第 1 条物权的外延不完全对称，有待协调。

三、涉外公司诉讼专属管辖权范围：狭义抑或广义解释

涉外公司诉讼专属管辖权体现了国际私法与《公司法》互为关联。② 欧盟涉外公司诉讼专属管辖权发轫于《布鲁塞尔公约》第 16 条。虽然该公约几经变迁，但是涉外公司诉讼专属管辖权条款在欧盟延续至今。③ 2012 年欧盟《布鲁塞尔条例Ⅰ（修订版）》第 24 条第 2 款规定，跨国公司的成立、撤销、解散和内部决议的有效性由公司所在地国法院行使专属管辖权。例如，在 E. ON Czech Holding AG *v*. Michael Dědouch and Others 案④中，欧洲法院指出，《布鲁塞尔条例Ⅰ（修订版）》第 24 条第 2 款涉外公司诉讼专属管辖权体现了真实联系原则的要求，力求确保将管辖权授予与案件具有密切联系的法院。欧盟涉外公司诉讼专属管辖权条款的不足是专属管辖法院（公司所在地国法

---

① Opinion of Advocate General Poiares Maduro，Delivered on 11 January 2006，Case C-343/04 Land Oberösterreich *v*. čEZ a. s. ［2006］ECR I-04557，para. 23.

② Peter Stone，Youseph Farah，*Research Handbook on EU Private International Law*，Edward Elgar Publishing Limited，2015，p. 363.

③ 邢钢：《公司法律问题的比较法与国际私法评判》，中国法制出版社 2018 年版，第 83-86 页。

④ Case C-560/16 E. ON Czech Holding AG *v*. Michael Dědouch and Others ［2018］ECR，para. 30.

院)的判断标准不明。①《海牙判决公约》变更了涉外公司诉讼专属管辖法院。2020 年《海牙判决公约解释报告》指出,法人的有效、无效、解散和其机构决议的效力问题通常交由公司准据法所属国法院专属管辖(exclusive jurisdiction of the state whose law applies to those entities),以避免管辖权冲突和确保法律的确定性。② 2000 年我国《国际私法示范法》第 46 条第 3 款提议,因法人或其他非法人组织成立的有效性、解散、清算,法人与股东之间、股东与公司董事或者经理人员相互之间就公司事务提起的诉讼,由该法人或该组织的登记注册地国法院或主要办事机构所在地国法院行使专属管辖权。与《国际私法示范法》的上述规定相比,2021 年我国《民事诉讼法》未将公司诉讼纳入国内和涉外专属管辖权对象。我国涉外公司诉讼专属管辖权缺位,有待补充。③ 直至 2023 年 9 月,我国对涉外公司诉讼管辖权进行了革新,正式确立涉外公司诉讼专属管辖权性质。2023 年修正的我国《民事诉讼法》第 279 条第 1 款规定,涉外公司的设立、解散、清算和公司决议效力等事项,应由公司设立地国法院行使专属管辖权。④

涉外公司管辖权规则的调整范围存在狭义和广义两种解释方法。本书认为,涉外公司专属管辖权规则的调整范围应采取狭义解释方法,涉外公司特别管辖权规则的调整范围可采取广义解释方法。关于上述两类涉外公司管辖权规则的调整范围,域外和我国的具体情况如下。

第一,狭义解释认为,并非所有与公司有关的国际商事争端均由公司所在地国法院行使专属管辖权。⑤ 例如,2017 年爱沙尼亚《民事诉讼法(修订版)》第 101 条规定,法人团体撤销决定或确定其无效的诉讼,由法人所在地法院行使专属管辖权。2020 年《海牙判决公约解释报告》指出,之所以《海牙判决公约》第 2 条第 1 款第 9 项将法人或法律实体的有效、无效、解散和其机构所作

---

① 邢钢:《公司法律问题的比较法与国际私法评判》,中国法制出版社 2018 年版,第 84 页。

② Francisco Garcimartín, Geneviève Saumier, *Explanatory Report on the Convention of 2 July 2019 on the Recognition and Enforcement of Foreign Judgments in Civil or Commercial Matters*, 2020, p. 61, https://assets.hcch.net/docs/a1b0b0fc-95b1-4544-935b-b842534a120f.pdf, 2022 年 5 月 1 日访问。

③ 向在胜:《中国涉外民事专属管辖权的法理检视与规则重构》,载《法商研究》2023 年第 1 期,第 61 页。

④ 2023 年修正的我国《民事诉讼法》第 279 条规定:"下列民事案件,由人民法院专属管辖:(一)因在中华人民共和国领域内设立的法人或者其他组织的设立、解散、清算,以及该法人或者其他组织作出的决议的效力等纠纷提起的诉讼……"

⑤ Stephan Rammeloo, *Jurisdiction Clauses in Transnational Company Relationships*, 1(4) Maastricht Journal of European and Comparative Law 426, 430 (1994).

决定的效力等排除出公约的适用范围,是因为这些事项往往适用涉外专属管辖权规则,此类判决通常不被其他国家承认与执行,但与《公司法》有关的其他问题,诸如董事责任、股息支付、股东出资义务、公司合同和公司侵权纠纷所作判决仍属于公约的保护对象。① 换言之,董事责任、股息支付、股东出资义务、公司合同和侵权纠纷不属于海牙涉外公司专属管辖权范围。2023 年瑞士《关于国际私法的联邦法(修订版)》第 151 条规定,涉外公司争议由公司所在地国法院行使管辖权,但对涉外股东或其他责任人提起的诉讼,亦可由被告住所地国法院或被告惯常居所地国法院行使管辖权。因涉外公司公开发行股票和债券而引起的纠纷由发行地国法院行使管辖权,而且发行地国法院的管辖权不得通过管辖协议加以排除。在 E. ON Czech Holding AG *v.* Michael Dĕdouch and Others 案②中,瓦泰莱(Wathelet)法官指出,欧盟涉外公司诉讼专属管辖权范围仅限于公司章程效力,公司的无效、解散和其机构决定的有效性问题。在 flyLAL-Lithuanian Airlines AS *v.* Starptautiskā lidosta Rīga VAS and Air Baltic Corporation AS 案③中,柯科特法官指出,欧盟涉外公司诉讼专属管辖权构成涉外一般管辖权规则的减损,因而必须严格解释,其适用对象仅限于《布鲁塞尔条例Ⅰ(修订版)》第 24 条第 2 款详尽列举的事项。另外,附带提起的涉外公司诉讼不属于涉外专属管辖权范围,而应交由受理主要事项的法院管辖。④ 正如在 Berliner Verkehrsbetriebe(BVG)*v.* JPMorgan Chase Bank NA,Frankfurt Branch 案⑤中,欧洲法院指出,《布鲁塞尔条例Ⅰ》第 22 条第 2 款仅涵盖作为诉讼主要问题的公司章程、公司机构决定的效力和公司解散等事项,附带提出的涉外公司诉讼不适用涉外专属管辖权规则。

---

① Francisco Garcimartín,Geneviève Saumier,*Explanatory Report on the Convention of 2 July 2019 on the Recognition and Enforcement of Foreign Judgments in Civil or Commercial Matters*,2020,p. 61,https://assets. hcch. net/docs/a1b0b0fc-95b1-4544-935b-b842534a120f. pdf,2022 年 5 月 1 日访问。

② Opinion of Advocate General Wathelet,Delivered on 16 November 2017,Case C-560/16 E. ON Czech Holding AG *v.* Michael Dĕdouch and Others [2018] ECR,para. 22.

③ Opinion of Advocate General Kokott,Delivered on 3 July 2014,Case C-302/13 flyLAL-Lithuanian Airlines AS *v.* Starptautiskā lidosta Riga VAS and Air Baltic Corporation AS [2014] ECR,para. 68.

④ Catherine Kessedjian,*Synthesis of the Work of the Special Commission of June 1997 on International Jurisdiction and the Effects of Foreign Judgments in Civil and Commercial Matters*,1997,para. 29,https://assets. hcch. net/docs/ecc45930-f5a1-4bd1-b94c-420c44a05954. pdf,2022 年 5 月 1 日访问。

⑤ Case C-144/10 Berliner Verkehrsbetriebe(BVG)*v.* JPMorgan Chase Bank NA,Frankfurt Branch [2011] ECR I-03961,paras. 25-26.

第二,广义解释认为,涉外公司事项和涉外股东权利义务纠纷皆由公司所在地国法院行使管辖权。我国国际私法学界曾建议将涉外公司诉讼增补至我国涉外专属管辖权范围。[①] 实际上,我国涉外公司管辖权规则的发展史分为两个阶段。首先,同一制阶段,是指 2023 年《民事诉讼法》颁布之前,我国同等对待国内公司管辖权规则与涉外公司管辖权规则。国内公司管辖权规则(2012 年《民事诉讼法》第 26 条、2017 年《民事诉讼法》第 26 条、2021 年《民事诉讼法》第 27 条、2015 年《民事诉讼法司法解释》第 22 条、2020 年《民事诉讼法司法解释》第 22 条和 2022 年《民事诉讼法司法解释》第 22 条)亦可用于确定涉外公司事项受理法院。在该阶段,我国将公司住所地作为管辖权连结点,没有采纳公司所在地之称谓。公司住所地与公司所在地的概念存在细微联系。例如,虽然欧盟涉外公司专属管辖权规则下公司所在地管辖权连结点的语义暂付阙如,但《布鲁塞尔条例Ⅰ(修订版)》第 63 条将公司所在地作为公司住所地的下位概念。不仅如此,我国在该阶段对公司管辖权规则的调整范围采取广义解释。例如,2021 年我国《民事诉讼法》第 27 条和 2022 年《民事诉讼法司法解释》第 22 条规定,公司设立、确认股东资格、分配利润、解散、股东名册记载、变更公司登记、股东知情权、公司决议、公司合并、公司分立、公司减资和公司增资等纠纷,由公司住所地法院行使管辖权。可见,我国不仅允许传统意义上的公司组织事项适用公司管辖权规则,而且亦将股东资格确认、股东知情权等股东权利义务纠纷纳入公司管辖权规则的调整范围。然而,涉外股东权利义务纠纷禁止适用欧盟《布鲁塞尔条例Ⅰ(修订版)》第 24 条第 2 款涉外公司管辖权规则。总之,在同一制阶段,我国涉外公司管辖权规则的调整范围广于欧盟《布鲁塞尔条例Ⅰ(修订版)》第 24 条第 2 款的调整范围。其次,区别制阶段,是指 2023 年《民事诉讼法》颁布之后,我国区别对待国内公司管辖权规则与涉外公司管辖权规则。2023 年《民事诉讼法》第 27 条规定,当事人对公司设立、股东资格确认、利润分配和公司解散提起的诉讼,由公司住所地人民法院行使(国内特别)管辖权。2023 年《民事诉讼法》第 279 条规定,当事人对涉外公司设立、涉外公司解散、涉外公司清算和涉外公司决议效力提起的诉

① 　肖永平、朱磊:《批准〈选择法院协议公约〉之考量》,法律出版社 2017 年版,第 97 页;丁伟:《我国涉外民商事诉讼管辖权制度的完善》,载《政法论坛》2006 年第 6 期,第 161 页;秦建荣:《论我国涉外案件专属管辖范围之合理确定——以比较研究为视角》,载《重庆工商大学学报(社会科学版)》2009 年第 1 期,第 112 页;向在胜:《中国国际民事管辖权的立法体例研究》,载《法律科学(西北政法大学学报)》2019 年第 4 期,第 189 页。

讼，由公司设立地国法院行使涉外专属管辖权。总之，在区别制阶段，我国涉外公司管辖权规则的调整范围与欧盟《布鲁塞尔条例Ⅰ（修订版）》第24条第2款的调整范围趋同。

本书认为，之所以我国在同一制阶段对涉外公司管辖权规则的调整范围采取广义解释方法，是因为该阶段我国公司管辖权规则（纯国内公司管辖权规则和涉外公司管辖权规则）的性质皆是特别管辖权规则而非专属管辖权规则。① 我国对公司诉讼管辖权的特别规定在效力上不排除当事人向其他法院起诉的权利，因此公司管辖权规则的调整范围整体上广于域外规定。简言之，涉外专属管辖权规则减损涉外一般管辖权规则的效力，②但涉外特别管辖权规则不排斥涉外一般管辖权规则的适用。③ 这表明，虽然涉外专属管辖权与涉外特别管辖权在管辖权结果上皆体现了涉外公司事项管辖权的特别化，但若对管辖权性质的理解不同，则管辖权效力和管辖权范围亦相殊。

四、涉外公共登记事项专属管辖权范围：保留抑或废除

在我国，2000年《国际私法示范法》第46条、2021年《民事诉讼法》和2023年修正的《民事诉讼法》第279条均未承认涉外公共登记事项的专属管辖权性质。在域外，涉外公共登记事项专属管辖权存在以下三种立场。

第一，全部保留涉外公共登记事项的专属管辖权性质。涉外公共登记行为属于一国主权行为，因此以涉外公共登记册条目的有效性为标的之诉由登记册保存地国法院行使专属管辖权，④其他国家的法院不应干预登记册的运作。⑤ 例如，1968年《布鲁塞尔公约》第16条第3款、2000年《布鲁塞尔条例

---

① 例如，湖北同济堂投资控股有限公司等与杭州迦明资产管理有限公司合同纠纷案，参见北京市高级人民法院（2020）京民辖终151号民事裁定书；沈百军、杭州百城汽车配件有限公司合伙协议纠纷案，参见浙江省杭州市中级人民法院（2020）浙01民辖终1004号民事裁定书；新疆平界信息科技股份有限公司与乌鲁木齐隆泰信息技术咨询有限公司、乌鲁木齐水业集团有限公司股权转让纠纷案，参见新疆维吾尔自治区乌鲁木齐市中级人民法院（2021）新01民辖终111号民事裁定书。

② Catherine Kessedjian, *International Jurisdiction and Foreign Judgments in Civil and Commercial Matters*, 1997, p. 27, https://assets. hcch. net/docs/76852ce3-a967-42e4-94f5-24be4289d1e5. pdf, 2022年5月1日访问。

③ 例如，甘肃凯凯农业科技发展股份有限公司与甘肃生物医药产业创业投资基金有限公司、李恺公司增资纠纷案，参见甘肃省高级人民法院（2020）甘民辖终21号民事裁定书。

④ Paul Torremans, *Cheshire, North & Fawcett Private International Law (Fifteenth Edition)*, Oxford University Press, 2017, p. 466.

⑤ Andrew Dickinson, Eva Lein, *The Brussels I Regulation Recast*, Oxford University Press, 2015, p. 554.

Ⅰ》第 22 条第 3 款和 2012 年《布鲁塞尔条例Ⅰ(修订版)》第 24 条第 3 款皆规定,涉外公共登记事项由登记册保存地国法院行使专属管辖权。与此类似,阿根廷《民商事法典》第 2609 节、俄罗斯联邦《仲裁程序法》第 248 条、格鲁吉亚《关于调整国际私法的法律》第 10 条、哈萨克斯坦《冲突法与国际民事诉讼法》第 417 条、黑山《关于国际私法的法律》第 111 条、马其顿《关于国际私法的法律》第 66 条、日本《民事诉讼法》第 3—5 条、斯洛文尼亚《关于国际私法与国际诉讼的法律》第 61 条以及西班牙《司法法》(Law of the Judiciary)第 22 条第 1 款均规定,涉外公共登记事项适用涉外专属管辖权规则。① 然而,上述规定将导致在涉外不动产公共登记纠纷中涉外不动产专属管辖权和涉外公共登记事项专属管辖权发生重叠和冲突。②

第二,部分保留涉外公共登记事项的专属管辖权性质。例如,2021 年韩国《国际私法(修订版)》第 10 条第 1 款第 1 项规定,外国当事人对韩国官方登记册之登记事项提起的诉讼,由韩国法院行使专属管辖权,但外国当事人依合同转移或处分财产请求履行登记不在此限。

第三,废除涉外公共登记事项的专属管辖权性质。例如,斯洛伐克《关于国际私法与国际民事诉讼规则的法律》第 37(d)条以及 2023 年瑞士《关于国际私法的联邦法(修订版)》皆无涉外公共登记事项专属管辖权规则。

五、国际知识产权专属管辖权范围:绝对性抑或有限性

2019 年《海牙判决公约》第 2 条第 1 款第 13 项将涉外知识产权排除出公约的适用范围,无法为涉外知识产权管辖权性质和管辖权连结点的理解提供指引。③ 欧盟将涉外知识产权作为法定涉外专属管辖权对象,④但涉外知识产

---

① 邹国勇译注:《外国国际私法立法选译》,武汉大学出版社 2017 年版,第 53、171、202、275、365 页;Permanent Bureau,*Comparative Table on Grounds of Jurisdiction*,2015,pp. 2,21,28,30,https://assets. hcch. net/docs/03c39e9f-878b-400d-a359-e70b7937edde. pdf,2022 年 5 月 1 日访问。

② Peter Stone,*EU Private International Law Harmonization of Laws*,Edward Elgar Publishing Limited,2006,p. 142.

③ Francisco Garcimartín,Geneviève Saumier,*Explanatory Report on the Convention of 2 July 2019 on the Recognition and Enforcement of Foreign Judgments in Civil or Commercial Matters*,2020,p. 63,https://assets. hcch. net/docs/a1b0b0fc-95b1-4544-935b-b842534a120f. pdf,2022 年 5 月 1 日访问。

④ Economic and Social Committee,*Opinion of the Economic and Social Committee on the Proposal for a Council Regulation(EC)on Jurisdiction and the Recognition and Enforcement of Judgments in Civil and Commercial Matters*,2000,p. 7,https://eur-lex. europa. eu/legal-content/EN/TXT/PDF/? uri ＝CELEX:52000AC0233&from＝EN,2022 年 5 月 1 日访问。

权专属管辖权范围具有有限性。涉外知识产权有效性事项适用涉外专属管辖权规则,但涉外知识产权转让和许可使用合同不在涉外专属管辖权范围之内,涉外知识产权侵权的专属管辖权性质已逐渐动摇。① 例如,在 Gesellschaft für Antriebstechnik mbH & Co. KG v. Lamellen und Kupplungsbau Beteiligungs KG 案②中,吉尔霍德(Geelhoed)法官指出,原则上涉外知识产权侵权纠纷与其他涉外民商事纠纷无异,即便被告在侵权诉讼中质疑专利的有效性,其依旧不属于欧盟涉外知识产权专属管辖权对象。在 Hanssen Beleggingen BV v. Tanja Prast-Knipping 案③中,欧洲法院指出,涉外注册商标所有权人确认纠纷不属于《布鲁塞尔条例Ⅰ》第 22 条第 4 款涉外专属管辖权范围。另外,因涉外著作权的产生和获取无须行政审查、登记和注册,故法院对之理应禁止援引涉外专属管辖权规则,而应根据涉外一般管辖权规则或涉外特别管辖权规则确定受理法院。④

欧盟仅允许涉外知识产权有效性事项适用涉外知识产权专属管辖权规则。⑤ 欧盟涉外知识产权专属管辖权规则的演变历程如下。《布鲁塞尔公约》第 16 条第 4 款规定,涉外知识产权注册或效力纠纷由备案或注册地国法院行使专属管辖权。《布鲁塞尔条例Ⅰ》第 22 条第 4 款一方面保留了涉外知识产权有效性事项专属管辖权规则,另一方面新增规定上述管辖权规则不影响根据 1973 年 10 月 5 日慕尼黑签订的《欧洲专利授予公约》建立的欧洲专利局的管辖权。每一成员国法院对授予该国的欧洲专利的注册或效力的诉讼具有专属管辖权,而不论住所之所在。鉴于涉外知识产权侵权案件的被告通常通过质疑涉外知识产权的有效性来为自己辩护,⑥如果在涉外知识产权侵权之诉中混杂涉外知识产权有效性问题,那么如何确定管辖权?⑦ 为解决此疑虑,

---

① Catherine Kessedjian, *International Jurisdiction and Foreign Judgments in Civil and Commercial Matters*, 1997, p. 29, https://assets. hcch. net/docs/76852ce3-a967-42e4-94f5-24be4289d1e5. pdf, 2022 年 5 月 1 日访问。

② Opinion of Advocate General Geelhoed, Delivered 16 September 2004, Case C-4/03 Gesellschaft für Antriebstechnik mbH & Co. KG v. Lamellen und Kupplungsbau Beteiligungs KG [2006] ECR I-06509, paras. 43,46.

③ Case C-341/16 Hanssen Beleggingen BV v. Tanja Prast-Knipping [2017] ECR, para. 39.

④ 美国法学会编:《知识产权冲突法原则》,杜涛译,北京大学出版社 2020 年版,第 6 页。

⑤ 钟丽:《欧盟知识产权跨境侵权案件的司法管辖问题》,载《欧洲研究》2010 年第 6 期,第 115 页。

⑥ Yuko Nishitani, *Intellectual Property in Japanese Private International Law*, 48 Japanese Annual of International Law 87,92 (2005).

⑦ 钟丽:《国际知识产权争议解决机制研究》,中国政法大学出版社 2011 年版,第 77 页。

2012 年《布鲁塞尔条例Ⅰ(修订版)》第 24 条第 4 款在前述规定的基础上,新增规定无论涉外知识产权有效性问题属于诉讼标的或仅被作为抗辩事由,均适用涉外专属管辖权规则。换言之,独立型和混杂型涉外知识产权有效性纠纷在欧盟均属于涉外专属管辖权范围。然而,该条例第 24 条第 4 款的局限在于,没有回答如何确定与涉外知识产权存在密切关联的国际数据权是否具有涉外专属管辖权性质。

　　涉外知识产权案件在我国所占比重日益增大。[①] 2000 年我国《国际私法示范法》第 46 条第 4 款提议,因在我国境内需要履行登记手续的知识产权有效性诉讼,由我国法院行使专属管辖权。然而,《国际私法示范法》不具有法律约束力。2020 年修正的《最高人民法院关于涉外民商事案件诉讼管辖若干问题的规定》无涉外知识产权管辖权连结点的专门规定。2021 年我国《民事诉讼法》未将知识产权作为纯国内和涉外专属管辖权对象。[②] 我国涉外知识产权有效性事项专属管辖权缺位,有待补充。[③] 研究制定符合知识产权诉讼特点与审判规律的特别程序法和涉外知识产权管辖权规则成为当今我国重要议题。[④] 另外,数据权、人工智能、基因技术和网络知识产权侵权等知识产权新型纠纷在我国大量涌现,[⑤] 我国涉外知识产权管辖权规则亟待完善。[⑥] 2023 年修正的我国《民事诉讼法》第 279 条第 2 款正式对国际知识产权专属管辖权作出了立法回应,已将国际知识产权有效性事项纳入我国涉外专属管辖权的法定范围。[⑦]

---

　　① 参见《最高人民法院关于印发〈最高人民法院知识产权案件年度报告(2009)〉的通知》。

　　② 张鹏:《跨境知识产权侵权纠纷的民事诉讼管辖规则研究》,载《知识产权》2022 年第 1 期,第 15、20 页。

　　③ 谢石松:《论国际民事案件中的管辖权问题》,载《中山大学学报(社会科学版)》1996 年第 3 期,第 169-170 页;丁伟:《我国涉外民商事诉讼管辖权制度的完善》,载《政法论坛》2006 年第 6 期,第 161 页;杜焕芳:《中国法院涉外管辖权实证研究》,载《法学家》2007 年第 2 期,第 160 页;向在胜:《中国国际民事管辖权的立法体例研究》,载《法律科学(西北政法大学学报)》2019 年第 4 期,第 189 页。

　　④ 参见 2018 年《中共中央办公厅、国务院办公厅印发〈关于加强知识产权审判领域改革创新若干问题的意见〉》。

　　⑤ 参见 2021 年《最高人民法院关于人民法院知识产权审判工作情况的报告》。

　　⑥ 参见 2021 年《最高人民法院关于印发〈人民法院知识产权司法保护规划(2021—2025 年)〉的通知》。

　　⑦ 2023 年修正的我国《民事诉讼法》第 279 条规定:"下列民事案件,由人民法院专属管辖:……(二)因与在中华人民共和国领域内审查授予的知识产权的有效性有关的纠纷提起的诉讼。"

六、外国判决执行事项专属管辖权范围：必要抑或赘余

外国判决执行事项专属管辖权，是指若判决债权人在一国申请执行外国判决，则执行地法院具有专属管辖权。该类涉外专属管辖权意味着当事人不得在他国法院申请执行。关于能否将外国判决执行事项纳入涉外专属管辖权存在"范围说"和"必要说"两种不同的观点。

1. 执行事项专属管辖权的赘余

1997 年，海牙国际私法会议特别委员会在协商起草《国际管辖权和外国民商事判决效力公约草案》时指出，外国执行事项专属管辖权赘余，并将造成诸多消极影响。例如，外国判决执行事项专属管辖权规则将阻碍判决债权人在他国法院申请执行外国判决。通常而言，若位于执行地国的财产不足以执行判决，则外国判决将需要在执行地国场域外执行。[①]

2. 执行事项专属管辖权的维持

《布鲁塞尔条例Ⅰ（修订版）》第 24 条第 5 款规定，外国判决执行之诉，由判决业已执行地国法院或将要执行地国法院行使专属管辖权，不论当事人住所何在。例如，在 FX v. GZ 案[②]中，博贝克（Bobek）法官指出，执行地国专属管辖权体现了国家主权原则的要求，因为只有执行地国当局才有权对外国判决的执行作出裁决，而且执行措施只能由执行财产所在地国或人员所在地国执行。条例第 24 条第 5 款执行地专属管辖权不因外国判决中的当事人存在而改变。另外，在 Supreme Site Services GmbH and Others v. Supreme Headquarters Allied Powers Europe 案[③]中，欧洲法院指出，第 24 条第 5 款外国判决执行事项专属管辖权规则旨在确保需要对动产或不动产诉诸强制力、限制或扣押的外国判决和公证文书得到有效执行。

---

① Catherine Kessedjian, *Synthesis of the Work of the Special Commission of June* 1997 *on International Jurisdiction and the Effects of Foreign Judgments in Civil and Commercial Matters*, 1997, para. 45, https://assets. hcch. net/docs/ecc45930-f5a1-4bd1-b94c-420c44a05954. pdf, 2022 年 5 月 1 日访问。

② Opinion of Advocate General Bobek, Delivered on 27 February 2020, Case C-41/19 FX v. GZ〔2020〕ECR, paras. 44, 71.

③ Case C-186/19 Supreme Site Services GmbH and Others v. Supreme Headquarters Allied Powers Europe〔2020〕ECR, para. 72.

一些主权国家亦规定外国判决执行事项具有涉外专属管辖权性质。例如,格鲁吉亚《关于调整国际私法的法律》第 10 条第 5 款规定,若诉讼涉及强制执行措施,且此类措施应在格鲁吉亚执行或已被请求执行,则格鲁吉亚法院具有涉外专属管辖权。马其顿《关于国际私法的法律》第 68 条规定,对于执行的批准和实施,如果该项执行在马其顿境内进行,那么由法院或依法行使公共权力者行使专属管辖权。斯洛文尼亚《关于国际私法与国际诉讼的法律》第 63 条规定,对于执行的批准与实施,如果在斯洛文尼亚境内实施该项执行,那么由斯洛文尼亚法院行使专属管辖权。在执行程序与破产程序期间发生的诉讼,如果该程序在斯洛文尼亚法院进行,亦适用本条第 1 款的规定。① 西班牙《司法法》第 22 条第 1 款规定,在西班牙执行外国判决或仲裁裁决的程序中,西班牙法院对之具有专属管辖权。② 2021 年韩国《国际私法(修订版)》第 10 条第 1 款第 5 项规定,欲在韩国执行的外国判决,由韩国法院行使专属管辖权。在 Owens Bank Ltd v. Fulvio Bracco and Bracco Industria Chimica SpA 案③中,伦茨(Lenz)法官指出,英国法院在决定是否在英国执行外国判决的问题上具有专属管辖权,意大利法院在判断外国判决能否在意大利执行的问题上具有专属管辖权。

外国判决执行事项专属管辖权不属于我国《国际私法示范法》和《民事诉讼法》涉外专属管辖权的法定类型。根据 2021 年我国《民事诉讼法》第 287 条和第 290 条的推断,此由被执行人住所地法院抑或执行财产所在地法院行使管辖权。2023 年修正的我国《民事诉讼法》涉外民事诉讼程序编对外国判决执行事项的管辖权性质和管辖权连结点未作改动。

第二节　涉外专属管辖权冲突的解决问题

涉外专属管辖权冲突分为以下两类情形:涉外虚假(或不真正)专属管辖

---

① 邹国勇译注:《外国国际私法立法选译》,武汉大学出版社 2017 年版,第 171、202、275 页。

② Permanent Bureau, *Comparative Table on Grounds of Jurisdiction*, 2015, p. 31, https://assets. hcch. net/docs/03c39e9f-878b-400d-a359-e70b7937edde. pdf,2022 年 5 月 1 日访问。

③ Opinion of Advocate General Lenz, Delivered on 16 September 1993, Case C-129/92 Owens Bank Ltd v. Fulvio Bracco and Bracco Industria Chimica SpA [1994] ECR I-00117, para. 65.

权冲突和涉外真实专属管辖权冲突。[①] 例如，国际知识产权专属管辖权不仅存在涉外虚假专属管辖权冲突，而且可能发生涉外真实专属管辖权冲突。国际知识产权纠纷的管辖权性质具有混合性。国际知识产权有效性纠纷和涉及国家主权的国际数据权适用涉外专属管辖权规则，但国际知识产权侵权纠纷与国际知识产权合同纠纷适用涉外特别管辖权规则。因此，若案件涉及国际知识产权有效性之争和国际知识产权侵权之争，则此构成涉外虚假专属管辖权冲突。若案件涉及国际知识产权有效性之争和上述国际数据权，则此构成涉外真实专属管辖权冲突。关于涉外虚假专属管辖权冲突和涉外真实专属管辖权冲突的判断标准与解决方法，本节第一目和第二目将分别予以阐述。

不同情形下涉外专属管辖权冲突的解决方法不完全一致。根据《布鲁塞尔条例Ⅰ（修订版）》第 27 条和第 31 条第 1 款的规定，欧盟对涉外虚假专属管辖权冲突采取的解决办法是基于效力位阶原则，支持由具有专属管辖权的法院行使管辖权，而对涉外真实专属管辖权冲突依据国际未决诉讼规则解决。

如前所述，我国跛足性首先受理法院原则和限制性不方便法院原则在解决涉外虚假专属管辖权冲突和涉外真实专属管辖权冲突时皆功能失灵。2023年我国《民事诉讼法》涉外专属管辖权冲突的解决方法均暂付阙如，有待修补。虽然我国国际民商事司法协助条约对涉外专属管辖权存在零星规定，但因大多数条约补充规定该条约不影响缔约双方国内法关于专属管辖权的规定，而且条约的主体适用范围有限，故其无法解决涉外专属管辖权范围不统一的难题，难以根除涉外民商事专属管辖权冲突。

一、涉外虚假（或不真正）专属管辖权冲突的产生

在发生国际民商事管辖权竞合的两国法院中，若一国法院依据涉外一般管辖权规则受理的诉讼涉及的主要争点，另一国法院具有涉外专属管辖权时，则此种情形下产生的涉外管辖权冲突即为涉外虚假或不真正专属管辖权冲突。涉外虚假或不真正专属管辖权冲突本质上是不同位阶的涉外一般管辖权和涉外专属管辖权之间冲突。

关于涉外虚假专属管辖权冲突之例证，例如，涉外离婚不动产财产分割纠

---

① 刘阳：《涉外不动产专属管辖研究：以欧洲法院判例为视角》，载《南海法学》2022 年第 2 期，第 73-74 页。

纷管辖权面临涉外离婚事项受理法院和涉外不动产受理法院之涉外虚假专属管辖权冲突。那么,此类纠纷是否适用涉外不动产专属管辖权规则?在实践中,存在以下三种态度。首先,持肯定态度一方认为,因不动产分割提起的离婚后财产纠纷案件,应当由不动产所在地法院行使专属管辖权。[①]其次,持否定态度一方认为,婚姻关系解除后产生的财产分割衍生诉讼属于婚姻家庭纠纷,因此不适用不动产专属管辖权规则,应将被告住所地或经常居所地作为管辖权连结点。[②]最后,持折中态度一方认为,在当事人已于离婚协议中约定不动产权利归属的情形下,诉讼标的虽涉及不动产,但非为不动产的权利确认、分割、相邻关系等物权关系,故不宜由不动产所在地法院行使管辖权。[③]

第一,涉外虚假专属管辖权冲突的解决通常适用效力位阶原则。鉴于涉外专属管辖权效力具有排他性和优先性,涉外专属管辖权减损其他涉外管辖权的效力,[④]因此涉外虚假或不真正专属管辖权冲突的解决一般最终由具有涉外专属管辖权的法院对之行使管辖权。《布鲁塞尔公约》第19条、《布鲁塞尔条例Ⅰ》第25条和《布鲁塞尔条例Ⅰ(修订版)》第27条皆规定,如果某一成员国法院受理一件诉讼,其所涉及的主要争点在另一成员国具有专属管辖权时,那么该国法院应依职权宣布无管辖权。例如,在Ferdinand M. J. J. Duijnstee v. Lodewijk Goderbauer案[⑤]中,欧洲法院指出,《布鲁塞尔公约》第19条要求成员国法院在发现另一成员国法院根据公约第16条具有专属管辖权时,自行宣布其没有管辖权。在Irmengard Weber v. Mechthilde Weber案[⑥]中,耶斯基宁法官指出,如果后受诉法院是根据《布鲁塞尔条例Ⅰ》第22条具有专属管辖权的唯一法院,那么后受诉法院不应中止未决诉讼,无须考虑首先受理法院本应具有的管辖优先性。

[①]　例如,上诉人蒋某与被上诉人刘某离婚财产纠纷案,参见湖南省益阳市中级人民法院(2019)湘09民辖终127号民事裁定书。

[②]　例如,孙某、薛某离婚后财产纠纷案,参见山东省聊城市中级人民法院(2021)鲁15民辖终74号民事裁定书。

[③]　例如,刘某1离婚后财产纠纷案,参见江西省九江市中级人民法院(2020)赣04民终1001号民事裁定书。

[④]　Catherine Kessedjian, *International Jurisdiction and Foreign Judgments in Civil and Commercial Matters*, 1997, p. 27, https://assets. hcch. net/docs/76852ce3-a967-42e4-94f5-24be4289d1e5. pdf, 2022年5月1日访问。

[⑤]　Case C-288/82 Ferdinand M. J. J. Duijnstee v. Lodewijk Goderbauer [1983] ECR 03663, para. 15.

[⑥]　Opinion of Advocate General Jääskinen, Delivered on 30 January 2014, Case C-438/12 Irmengard Weber v. Mechthilde Weber [2014] ECR, para. 40.

第二，涉外虚假专属管辖权冲突的解决禁止适用首先受理法院原则。例如，2023 年我国《民事诉讼法》第 281 条第 1 款规定，外国法院已先于我国法院行使国际民商事裁判管辖权，现当事人书面申请我国法院中止诉讼。因涉外民商事纠纷属于我国法院专属管辖权范围，故我国法院不应中止诉讼。不仅如此，2021 年《海牙管辖权项目解释报告》亦指出，当属于后受诉法院专属管辖权情形时，法官不得适用第一时间规则。[①] 换言之，在属于后受诉法院专属管辖权情形下，侵犯专属管辖权的首先受理法院应当主动拒绝行使管辖权。[②]

二、涉外真实专属管辖权冲突的产生

若发生管辖权竞合的两国法院均对案件具有专属管辖权，则此种情形下产生的涉外专属管辖权冲突即为涉外真实专属管辖权冲突。涉外真实专属管辖权冲突属于同一位阶的涉外专属管辖权之间的冲突，包括不同事项下涉外真实专属管辖权冲突和同一事项下涉外真实专属管辖权冲突。

第一，不同事项下涉外真实专属管辖权冲突，是指某一诉讼涉及两种不同类型的涉外专属管辖权而发生的涉外专属管辖权冲突。例如，2021 年我国《民事诉讼法》第 34 条第 1 款和第 3 款分别规定不动产纠纷和继承纠纷适用专属管辖权规则，因此同时混合不动产因素和继承因素的涉外不动产继承纠纷则会发生不同事项下涉外真实专属管辖权冲突。对此，存在以下两种解决方法。其一，因不动产继承纠纷牵涉不动产，故其应由不动产所在地法院行使管辖权。其二，不动产继承纠纷隶属于继承遗产纠纷，因此宜由被继承人死亡时住所地法院或主要遗产所在地法院行使管辖权。[③] 除上述情形之外，涉外不动产公共登记纠纷发生的涉外不动产专属管辖权和涉外公共登记事项专属管辖权的重叠和冲突[④]亦构成不同事项下涉外真实专属管辖权冲突。

第二，同一事项下涉外真实专属管辖权冲突，是指某一诉讼仅涉及单一的

---

① Permanent Bureau,*Report on the Jurisdiction Project*,2021,p. 14,https://assets. hcch. net/docs/5fbec58b-d14f-49c6-8719-b1fb68fd6d5b. pdf,2022 年 5 月 1 日访问。

② Anna Gardella,Luca G. Radicati di Brozolo,*Civil Law*,*Common Law and Market Integration：The EC Approach to Conflicts of Jurisdiction*,51（3）American Journal of Comparative Law 611,625（2003）.

③ 宋渝玲：《涉外民事诉讼法律实务》，厦门大学出版社 2017 年版，第 215 页。

④ Peter Stone,*EU Private International Law Harmonization of Laws*,Edward Elgar Publishing Limited,2006,p. 142.

涉外专属管辖权类型而发生的涉外专属管辖权冲突。例如,在同一案件中当诉争的涉外不动产分别位于两国时,则会产生由何国法院行使专属管辖权之竞合。黑山《民事诉讼法》第42条规定,不动产所在地法院对不动产侵权纠纷和不动产租赁纠纷具有专属管辖权。若不动产位于多地,则各不动产所在地法院皆具有专属管辖权。

欧盟对涉外真实专属管辖权冲突问题没有区分不同事项下涉外真实专属管辖权冲突和同一事项下涉外真实专属管辖权冲突,而是统一以两国受理的时间顺序为准,将国际未决诉讼规则作为处理此类涉外专属管辖权冲突的法定规则。《布鲁塞尔公约》第23条、《布鲁塞尔条例Ⅰ》第29条和《布鲁塞尔条例Ⅰ(修订版)》第31条第1款皆规定,若数国法院对涉外民商事诉讼具有涉外专属管辖权,则首先受理法院以外的法院应放弃管辖权,交由首先受理法院审理。例如,在 Land Oberösterreich *v.* čEZ a. s. 案[①]中,波瓦雷斯·马杜罗法官指出,如果两份不动产在法律上不可分割,分别位于不同国家,导致两国同时具有涉外专属管辖权,那么法官应援引《布鲁塞尔公约》第23条确定管辖法院,以避免两国法院作出相互矛盾的判决。

在欧盟国际私法中,国际未决诉讼规则(lis pendens rule)与首先受理法院原则属于全同关系。国际未决诉讼规则亦被称为第一时间规则或先到先得规则(first come first serve rule),是指一国法院为支持首先在他国进行的涉及相同当事人和争议事项的诉讼,而依职权中止本国诉讼的程序性规则。[②] 例如,《布鲁塞尔条例Ⅰ(修订版)》第29条的标题名称是 lis pendens,而此条的具体内容和适用条件与首先受理法院原则无异。[③] 国际未决诉讼规则按时间顺序(chronological order)赋予首先受理法院管辖优先权。[④] 时间顺序测试旨

---

① Opinion of Advocate General Poiares Maduro, Delivered on 11 January 2006, Case C-343/04 Land Oberösterreich *v.* čEZ a. s. [2006] ECR I-04557, para. 81.

② Rajko Knez, *Torpedo Litigations under Regulation* 44/2001, 7 (2) Review of European Law 17, 17 (2005).

③ European Parliament and the Council of the European Union, *Regulation (EU) No 1215/2012 of the European Parliament and of the Council of 12 December 2012 on Jurisdiction and the Recognition and Enforcement of Judgments in Civil and Commercial Matters (Recast)*, 2012, p. 12, https://eur-lex. europa. eu/legal-content/EN/TXT/PDF/? uri=CELEX:32012R1215&from=EN,2022 年 5 月 1 日访问。

④ Jonas Steinle, Evan Vasiliades, *The Enforcement of Jurisdiction Agreements under the Brussels Ⅰ Regulation:Reconsidering the Principle of Party Autonomy*, 6 (3) Journal of Private International Law 565, 567 (2010).

在确保国际平行诉讼情形下管辖权分配的中立性、可预见性和确定性，[①]并保护首先受理法院判决的预期既判力。例如，在 Irmengard Weber v. Mechthilde Weber 案[②]中，耶斯基宁法官指出，国际未决诉讼实际上是首先受理法院判决既判力的一种预先形式（an advance form of the force of res judicata of the judgment）。Bianca Purrucker v. Guillermo Vallés Pérez 案[③]裁决书也提到，国际未决诉讼的概念与既判力权威（authority of res judicata）密切相关，国际未决诉讼规则对保护首先受理法院判决的既判力具有积极作用。

国际未决诉讼规则是针对国际平行诉讼的一种预防和协调机制，[④]旨在避免发生同时管辖（concurrent jurisdiction）和作出国际矛盾判决。[⑤] 虽然国际未决诉讼规则具有简便易行的优势，符合国际民事管辖权的确定性和可预见性之价值取向，[⑥]但其存在以下难题。

第一，国际未决诉讼规则的适用条件存在疑虑。国际未决诉讼规则的适用具有条件性。国际未决诉讼的定义亦围绕若干实质条件展开。[⑦] 那么，国际未决诉讼规则包含哪些适用条件，以及如何判断是否满足国际未决诉讼规则适用条件？

首先，在适用条件的构成上，一般而言，国际未决诉讼规则须满足同一性条件和时间条件，但此二要件在不同法律体系中存在不同理解，阻碍国际未决诉讼规则功能的发挥。[⑧] 在保留传统二要件说的基础上，当代国际未决诉讼

---

① Justin P. Cook, *Pragmatism in the European Union: Recasting the Brussels I Regulation to Ensure the Effectiveness of Exclusive Choice-of-Court Agreements*, 4 Aberdeen Student Law Review 76, 79 (2013).

② Opinion of Advocate General Jääskinen, Delivered on 30 January 2014, Case C-438/12 Irmengard Weber v. Mechthilde Weber [2014] ECR, para. 49.

③ Opinion of Advocate General Jääskinen, Delivered on 4 October 2010, Case C-296/10 Bianca Purrucker v. Guillermo Vallés Pérez [2010] ECR I-11163, paras. 66, 73.

④ Gilberto Boutin Icaza, *The Concurrence of Forain the Panamanian International Procedural Law and the Convention Bustamante: Forum Non Conviniens and International Lis Pendens*, 9 Anuario Espanol de Derecho Internacional Privado 551, 552 (2009).

⑤ Catherine Kessedjian, *International Jurisdiction and Foreign Judgments in Civil and Commercial Matters*, 1997, p. 42, https://assets. hcch. net/docs/76852ce3-a967-42e4-94f5-24be4289d1e5. pdf, 2022 年 5 月 1 日访问。

⑥ 黄志慧：《欧盟协议管辖制度实施之保障研究》，载《现代法学》2017 年第 6 期，第 143 页。

⑦ Opinion of Advocate General Bot, Delivered on 6 September 2018, Case C-386/17 Stefano Liberato v. Luminita Luisa Grigorescu [2019] ECR, para. 54.

⑧ I. V. Getman-Pavlova, M. A. Filatova, *Lis Pendens Principle in International Civil Procedure: Actions and Parties Identity Issues*, 2018 (2) Herald of Civil Procedure 240, 240 (2018).

规则的基础性适用条件和禁止性适用条件存在修正和调整。例如，人权是否属于国际未决诉讼规则适用条件？Irmengard Weber v. Mechthilde Weber 案①争议的焦点在于，后受诉法院援引《布鲁塞尔条例Ⅰ》第 27 条时是否需要将当事人公正审判权纳入考量因素？保护人权能否减损国际未决诉讼规则的效力？耶斯基宁法官指出，虽然将公正审判权纳入国际未决诉讼规则的考量因素符合《欧洲人权公约》第 6 条，但是基于成员国司法相互信任原则（the principle of mutual trust），《布鲁塞尔条例Ⅰ》第 27 条除规定审查当事人、诉因和标的相同外，没有附加其他适用条件，人权不属于国际未决诉讼规则的考量因素。2019 年《海牙判决公约》第 7 条第 2 款对国际未决诉讼规则的适用条件进行了突破与革新，即在保留传统同一性条件（相同当事人和相同标的）与时间条件（被请求国法院先于判决来源国法院受理）的基础上，新增密切联系条件。《海牙判决公约》第 7 条第 2 款规定，被请求国法院仅在时间上受理在先并不足够，争端与被请求国必须存在密切联系，否则不得以国际未决诉讼为由拒绝承认与执行外国判决。② 第 7 条第 2 款规定上述条件，理由如下。其一，价值性理由是为了实现国内程序优先（the domestic proceedings preference）理念和外国判决优先（the foreign judgment preference）理念的协调。其二，功能性理由是为了防止国际未决诉讼规则的滥用和减少发生鱼雷诉讼（torpedo litigations）的风险。③ 其三，制度性理由是为了合理划分公约第 7 条第 2 款与第 7 条第 1 款（e）项④、第 7 条第 1 款（f）项⑤的界限。密切联系条件是公约第 7 条第 2 款与第 7 条第 1 款（e）项、第 7 条第 1 款（f）项的显著差异和重要区分标志，对防止三者的混同具有积极意义。⑥ 另外，国际未决诉讼规则适用条件的

---

① Opinion of Advocate General Jääskinen, Delivered on 30 January 2014, Case C-438/12 Irmengard Weber v. Mechthilde Weber [2014] ECR, paras. 84-89.

② 孙笑非、吴琼：《〈承认与执行外国民商事判决公约〉评介与展望》，载《国际法学刊》2019 年第 1 期，第 158 页。

③ 徐国建：《建立法院判决全球流通的国际法律制度——〈海牙外国判决承认与执行公约草案〉立法资料、观点和述评》，载《武大国际法评论》2017 年第 5 期，第 120 页。

④ 《海牙判决公约》第 7 条第 1 款（e）项规定，如果外国判决与被请求国法院就相同当事人间争议作出的判决相冲突，那么被请求国可以拒绝承认或执行外国判决。

⑤ 《海牙判决公约》第 7 条第 1 款（f）项规定，如果外国判决与较早前第三国法院就相同当事人和相同标的作出的判决相冲突，且较早判决满足在被请求国得到承认所必需的条件，那么被请求国可以拒绝承认或执行外国判决。

⑥ 刘阳：《〈海牙判决公约〉下未决诉讼规则适用条件研究》，载《中国海洋大学学报（社会科学版）》2022 年第 5 期，第 100、103 页。

作用亦旨在合理划分国际未决诉讼规则和国际关联诉讼规则的界限。正如在 Drouot Assurances SA *v.* Consolidated Metallurgical Industries（CMI Industrial Sites）and Others 案①中，芬内利（Fennelly）法官指出，对《布鲁塞尔公约》第 21 条作过于宽泛的解释可能导致国际未决诉讼规则与国际关联诉讼规则相混淆的风险。同一性条件是国际未决诉讼规则和国际关联诉讼规则的重要区分标志。当事人的同一性是国际未决诉讼规则的基本要求，但国际关联诉讼规则没有附加相同当事人条件。② 2021 年《海牙管辖权项目解释报告》将涉外协议管辖权、涉外专属管辖权和保护弱者原则增添为国际未决诉讼规则禁止性适用情形。换言之，为尊重排他性法院选择协议的效力、保护法院地国的专属管辖权利益和贯彻保护弱者原则，若后受诉法院的管辖权隶属于涉外协议管辖权、涉外专属管辖权，或若纠纷类型涉及涉外消费者合同、涉外雇佣合同、涉外保险合同诉讼，由首先受理法院行使管辖优先权不利于保护弱者管辖利益，则禁止适用国际未决诉讼规则。③ 本书第七章第二节第五目将对国际未决诉讼规则的适用条件予以具体阐述。

其次，在适用条件的判断标准上，各国对相同当事人、相同诉因和受理在先等术语存在不同的解释。④《布鲁塞尔条例Ⅰ（修订版）》第 29 条与第 31 条相比，虽然第 31 条对涉外专属管辖权领域首先受理法院原则的规定没有提到"相同当事人""同一诉因"等术语，但这却是认定同一事项下涉外真实专属管辖权冲突的标准和援引首先受理法院原则的前提。条例第 29 条和第 31 条对何谓"同一诉因"和"受诉在先"没有明确规定判断标准，《海牙判决公约》第 7 条第 2 款亦未明确规定国际未决诉讼规则适用条件的判断标准。国际未决诉讼规则适用条件的判断受禁止实质审查原则的约束。例如，在 Overseas Union Insurance Limited and Others *v.* New Hampshire Insurance Company

---

① Opinion of Advocate General Fennelly, Delivered on 15 January 1998, Case C-351/96 Drouot Assurances SA *v.* Consolidated Metallurgical Industries（CMI Industrial Sites）and Others［1998］ECR I-03075, para. 30.

② PB, *Report on the Jurisdiction Project*, 2021, p. 9, https://assets. hcch. net/docs/5fbec58b-d14f-49c6-8719-b1fb68fd6d5b. pdf, 2022 年 5 月 1 日访问。

③ PB, *Report on the Jurisdiction Project*, 2021, p. 15, https://assets. hcch. net/docs/5fbec58b-d14f-49c6-8719-b1fb68fd6d5b. pdf, 2022 年 5 月 1 日访问。

④ 吴一鸣：《自由裁量权在国际民事诉讼管辖中的作用与表现》，载《湖北社会科学》2008 年第 2 期，第 143-144 页。

案①中,欧洲法院指出,尽管首先受理法院的管辖权遭受质疑,但是后受诉法院不得予以审查。在 Elsbeth Freifrau von Horn *v.* Kevin Cinnamond 案②中,欧洲法院指出,首先受理法院更适合就其自身的管辖权问题作出裁决,后受诉法院仅限于确定首先受理法院的管辖权是否属于《布鲁塞尔公约》或两国缔结的其他公约的范围。在 Irmengard Weber *v.* Mechthilde Weber 案③中,耶斯基宁法官指出,尽管首先受理法院缺乏管辖权,但在国际未决诉讼情形下后受诉法院只能审查其自身协议管辖权或专属管辖权问题。2020 年《海牙判决公约解释报告》指出,公约第 5 条列举的管辖权依据可作为海牙国际未决诉讼规则密切联系条件的判断标准,但原告国籍等过度管辖权连结点除外。④ 换言之,根据形式审查原则,后受诉法院无须考虑被告住所地和首先受理法院的管辖权依据。⑤ 只要首先受理法院的管辖权标准出自《海牙判决公约》第 5 条,则可认定争端与该法院存在密切联系。首先受理法院管辖权的合理性与便利性之实质审查属于后受诉法院禁止审查的范围。⑥ 之所以后受诉法院不得审查首先受理法院的管辖权,一方面基于相互信任原则,另一方面基于后受诉法院不熟悉首先受理法院所在国法律的客观限制。⑦ 在确定首先受理法院是否具有管辖权方面,后受诉法院不比首先受理法院处于更好的地位(never in a better position)。⑧

　　第二,国际未决诉讼规则的适用地域存在疑虑。如果第三国法院首先受理涉及相同当事人和相同诉因的诉讼并行使专属管辖权,那么成员国专属管辖法院作为后受诉法院该如何处理该情形? 随着欧盟将涉外民商事专属管辖

---

① Case C-351/89 Overseas Union Insurance Limited and Others *v.* New Hampshire Insurance Company [1991] ECR I-03317,para. 25.

② Case C-163/95 Elsbeth Freifrau von Horn *v.* Kevin Cinnamond [1997] ECR I-05451,para. 25.

③ Opinion of Advocate General Jääskinen,Delivered on 30 January 2014,Case C-438/12 Irmengard Weber *v.* Mechthilde Weber [2014] ECR,para. 36.

④ Francisco Garcimartín,Geneviève Saumier,*Explanatory Report on the Convention of 2 July 2019 on the Recognition and Enforcement of Foreign Judgments in Civil or Commercial Matters*,2020,p. 124,https://assets. hcch. net/docs/a1b0b0fc-95b1-4544-935b-b842534a120f. pdf,2022 年 5 月 1 日访问。

⑤ Michael Bodgan,*Brussels/Lugano Lis Pendens Rule and the "Italian Torpedo"*,51 Scandinavian Studies in Law 89,92 (2007).

⑥ 向在胜:《欧盟国际民事诉讼法判例研究》,中国政法大学出版社 2013 年版,第 150 页。

⑦ Opinion of Advocate General Jääskinen,Delivered on 30 January 2014,Case C-438/12 Irmengard Weber *v.* Mechthilde Weber [2014] ECR,para. 49.

⑧ Case C-116/02 Erich Gasser GmbH *v.* MISAT Srl [2003] ECR I-14693,para. 48.

权规则扩大到在第三国提起的诉讼,因此第三国与欧盟成员国之间亦将发生涉外专属管辖权冲突。① 对此,2010 年欧洲委员会《关于民商事案件管辖权和判决承认与执行的条例(修订版)草案》引入了一项自由裁量式未决诉讼规则(a discretionary lis pendens rule)。即如果第三国法院首先受理涉及相同事项和相同当事人的争议,该法院预期将在合理时间内作出裁决,而且该裁决能够在作为后受诉的欧盟成员国得到承认与执行,那么该成员国法院可以例外中止诉讼,旨在避免欧盟内外的平行诉讼。②

第三,国际未决诉讼规则的适用结果存在疑虑。后受诉法院中止诉讼或拒绝行使管辖权之间,何者更妥? 虽然欧盟解决涉外专属管辖权冲突、涉外特别管辖权冲突和涉外一般管辖权冲突皆援引国际未决诉讼规则,但结果却不尽相同。例如《布鲁塞尔条例Ⅰ(修订版)》第 29 条规定,在涉外一般管辖权和涉外特别管辖权案件中,后受诉法院应依职权暂时中止诉讼程序(stay its proceedings)。该条例第 31 条规定,在涉外专属管辖权案件中,后受诉法院应直接拒绝管辖(decline jurisdiction)。

第四,国际未决诉讼规则的合作义务存在疑虑。一方面,对于首先受理法院的义务,2010 年欧洲委员会《关于民商事案件管辖权和判决承认与执行的条例(修订版)草案》第 29 条第 2 款新增规定,首先受理法院应在六个月内确立其管辖权,除非特殊情况使之无法实现。在其他受理法院提出请求时,如果首先受理法院的管辖权既定,那么首先受理法院应将管辖权确立的实际时间告知其他受理法院。如果首先受理法院的管辖权待定,那么首先受理法院应将管辖权确立的预期时间告知其他受理法院。③ 另一方面,对于后受诉法院

---

① Tadeusz Zwiefka, *Report on the Proposal for a Regulation of the European Parliament and of the Council on Jurisdiction and the Recognition and Enforcement of Judgments in Civil and Commercial Matters (Recast)*, 2010, pp. 19,140,143, https://www. europarl. europa. eu/doceo/document/A-7-2012-0320_EN. pdf,2022 年 5 月 1 日访问。

② European Commission, *Proposal for a Regulation of the European Parliament and of the Council on Jurisdiction and the Recognition and Enforcement of Judgments in Civil and Commercial Matters (Recast)*, 2010, p. 8, https://eur-lex. europa. eu/legal-content/EN/TXT/PDF/? uri = CELEX:52010PC0748&from=EN,2022 年 5 月 1 日访问。

③ European Commission, *Proposal for a Regulation of the European Parliament and of the Council on Jurisdiction and the Recognition and Enforcement of Judgments in Civil and Commercial Matters (Recast)*, 2010, p. 35, https://eur-lex. europa. eu/legal-content/EN/TXT/PDF/? uri = CELEX:52010PC0748&from=EN,2022 年 5 月 1 日访问。

的义务,后受诉法院被要求应毫不迟延地将其受理的日期通知首先受理法院。[①]

本章小结

涉外民商事专属管辖权是各国不可或缺的涉外民商事管辖权类型。长期以来,我国对涉外民商事专属管辖权问题主要准用国内民商事专属管辖权规则。然而,涉外民商事专属管辖权的实质和价值取向均异于国内民商事专属管辖权。[②] 2023 年修正的我国《民事诉讼法》第 279 条彻底打破了准用机制。该条不仅在形式上单独规定了涉外民商事专属管辖权规则,而且对我国涉外民商事专属管辖权范围进行了全面修订。该条彻底将涉外继承事项排除出涉外民商事专属管辖权范围,正式确立涉外公司诉讼专属管辖权性质,同时对国际知识产权有效性事项专属管辖权作出立法回应。然而,我国涉外民商事专属管辖权规则仍不完备,尚存诸多难题有待解决。

我国涉外民商事专属管辖权范围的局限与难题如下。首先,2023 年修正的我国《民事诉讼法》第 279 条涉外不动产专属管辖权规则暂付阙如。其次,我国涉外公司诉讼专属管辖权范围没有充分考虑 2023 年修正的《公司法》与国际私法的联系,亦忽略涉外公司强制性规则的影响。再次,涉及国家主权的数据权专属管辖权规则在我国暂付阙如。最后,外国判决执行事项地域管辖权标准缺失,无从可知其是否隶属于涉外民商事专属管辖权范围。2023 年修正的我国《民事诉讼法》第 298 条仅规定,若外国判决需要在我国承认与执行,则可以由当事人向我国"有管辖权"的中级人民法院提出申请。

我国涉外民商事专属管辖权冲突的难题如下。第一,我国对首先受理法院原则的规定呈现跛足性,导致该原则在解决涉外真实专属管辖权冲突时功能失灵。首先受理法院原则旨在通过时间顺序测试解决涉外民商事管辖权冲突,有利于管辖权分配的中立性、确定性和可预见性。然而,与纯国内民商事

---

①　Tadeusz Zwiefka,*Report on the Proposal for a Regulation of the European Parliament and of the Council on Jurisdiction and the Recognition and Enforcement of Judgments in Civil and Commercial Matters*(*Recast*),2010,p. 56,https://www. europarl. europa. eu/doceo/document/A-7-2012-0320_EN. pdf,2022 年 5 月 1 日访问。

②　向在胜:《中国涉外民事专属管辖权的法理检视与规则重构》,载《法商研究》2023 年第 1 期,第 53 页。

管辖权竞合相反，在国际民商事管辖权竞合情形下，2023 年修正的《民事诉讼法》第 280 条和 2022 年修正的《民事诉讼法司法解释》第 531 条皆摒弃首先受理法院原则，体现了我国首先受理法院原则的跛足性。不仅如此，我国对首先受理法院原则的规定包含例外性，导致该原则在解决涉外虚假专属管辖权冲突时功能失灵。例如，2023 年我国《民事诉讼法》第 281 条第 1 款规定，外国法院已先于我国法院行使国际民商事裁判管辖权，现当事人书面申请我国法院中止诉讼。因涉外民商事纠纷属于我国法院专属管辖权范围，故我国法院不应中止诉讼。第二，我国对不方便法院原则的规定存在限制性，导致该原则在解决涉外专属管辖权冲突（涉外虚假专属管辖权冲突和涉外真实专属管辖权冲突）时功能失灵。虽然不方便法院原则具有缓解涉外民商事管辖权冲突之功能，但 2023 年修正的《民事诉讼法》第 282 条第 3 款和 2022 年修正的《民事诉讼法司法解释》第 530 条第 3 款禁止涉外民商事专属管辖权案件援引该原则，故其无法解决各类涉外专属管辖权冲突。第三，我国国际民商事司法协助条约对涉外专属管辖权的规定具有非强制性，导致条约在解决涉外专属管辖权冲突时功能失灵。虽然我国国际民商事司法协助条约对涉外专属管辖权已有零星规定，但因大多数条约补充规定该条约不影响缔约双方的国内专属管辖权规则，而且条约的主体适用范围有限，故其难以解决涉外民商事专属管辖权冲突。

第二章 涉外家事诉讼专属管辖权的存废

目前,涉外家事诉讼专属管辖权并不常见,仅少数国家规定涉外婚姻家庭纠纷适用涉外专属管辖权规则。例如,1999 年斯洛文尼亚《关于国际私法与国际诉讼的法律》第 73 条第 2 款规定,如果被告与其子女均为斯洛文尼亚居民,且双方住所均在斯洛文尼亚,那么有关父母对子女的照顾、教养的诉讼由斯洛文尼亚法院行使专属管辖权。2000 年哈萨克斯坦《冲突法与国际民事诉讼法》第 417 条规定,哈萨克斯坦居民与外国人、无国籍人的涉外离婚诉讼,若夫妻双方住所均在哈萨克斯坦境内,则由哈萨克斯坦法院行使专属管辖权。[①]2017 年爱沙尼亚《民事诉讼法(修订版)》第 102 条和第 103 条确立婚姻事项专属管辖权、亲子关系专属管辖权和扶养事项专属管辖权。2022 年瑞士《民事诉讼法(修订版)》第 23 条至第 27 条依次规定婚姻诉讼、注册伴侣纠纷、亲子关系诉讼和扶养诉讼等适用强制性管辖权(mandatory jurisdiction)规则。

为尊重私人和家庭生活权、促进人的跨国自由流动和方便当事人诉讼,欧盟通常未将涉外家事诉讼纳入涉外专属管辖权范围。欧盟家事国际私法充分尊重当事人协议选择管辖法院的权利。欧盟已分别对跨国父母责任事项、涉外扶养事项、涉外继承事项、涉外夫妻财产事项和涉外注册伴侣财产事项新增涉外协议管辖规则,并采取特殊的制度设计。[②]

然而,2003 年《布鲁塞尔条例Ⅱa》第 6 条规定,涉外离婚管辖权具有专属性(exclusive nature of jurisdiction)。配偶一方系下列情形之一者,仅得根据第 3 条、第 4 条及第 5 条在另一成员国被诉:(a)惯常居所在成员国境内,或者

[①] 邹国勇译注:《外国国际私法立法选译》,武汉大学出版社 2017 年版,第 52、204 页。

[②] 刘阳:《论欧盟跨国父母责任事项的协议管辖》,载《中国国际私法与比较法年刊》(第二十五卷),法律出版社 2020 年版,第 255 页。

(b)具有成员国国籍,或者在案件涉及英国与爱尔兰的情形下,配偶一方住所在后一成员国境内。① 条例第 6 条意味着第 3 条所述欧盟涉外离婚管辖权依据具有专属性效力,以防止适用相互竞争的管辖权规则,而且受诉法院不得拒绝行使该管辖权,没有自由裁量权决定自身是否为审理案件的最适当法院。②

与欧盟的规定相反,多年来,我国一直保留继承事项专属管辖权性质,而对离婚诉讼管辖权保持足够的灵活性。直至 2023 年修正的《民事诉讼法》第279 条颁布,涉外继承事项专属管辖权性质在我国才被打破。

本章拟对欧盟涉外离婚事项专属管辖权和涉外继承事项专属管辖权的迭代与革新展开论述。

第一节　欧盟涉外离婚专属管辖权的保留

涉外离婚专属管辖权的理论依据在于,《离婚法》属于强行法的范畴,涉及一国的民族习俗、伦理观念和公共秩序。③ 例如,2000 年哈萨克斯坦《冲突法与国际民事诉讼法》第 417 条规定,哈萨克斯坦居民与外国人、无国籍人的涉外离婚诉讼,若夫妻双方住所均在哈萨克斯坦境内,则由哈萨克斯坦法院行使专属管辖权。④ 另外,其他主权国家亦进行了类似的规定,但对涉外离婚专属管辖权效力的维护偏离传统范式。例如,1999 年斯洛文尼亚《关于国际私法与国际诉讼的法律》第 97 条第 2 款规定,若判决债权人请求斯洛文尼亚法院承认外国离婚判决,或者判决债务人提出该请求且判决债权人无异议,则斯洛文尼亚法院的专属管辖权不构成承认该判决的障碍。2007 年马其顿《关于国际私法的法律》第 104 条第 2 款规定,如果判决债权人请求马其顿法院承认外

---

① Council of the European Union, *Council Regulation*(*EC*)*No 2201/2003 of 27 November 2003 Concerning Jurisdiction and the Recognition and Enforcement of Judgments in Matrimonial Matters and the Matters of Parental Responsibility*, *Repealing Regulation*(*EC*)*No 1347/2000*, 2003, p. 5, https://eur-lex. europa. eu/legal-content/EN/TXT/PDF/? uri = CELEX: 32003R2201&qid = 1563193229798&from＝EN,2022 年 5 月 1 日访问。

② European Parliament, *Jurisdiction in Matrimonial Matters—Reflections for the Review of the Brussels Ⅱa Regulation Study for the JURI Committee*, 2016, p. 8, https://op. europa. eu/en/publication-detail/-/publication/aeefe1a1-4272-11e6-af30-01aa75ed71a1/language-en,2022 年 5 月 1 日访问。

③ 刘仁山:《国际私法》(第 6 版),中国法制出版社 2019 年版,第 379 页。

④ 邹国勇译注:《外国国际私法立法选译》,武汉大学出版社 2017 年版,第 52 页。

国离婚判决,或者如果判决债务人提出该请求且判决债权人未提出异议,那么马其顿法院的专属管辖权不妨碍承认该判决。① 相比之下,土耳其没有规定涉外离婚专属管辖权。这意味着即使配偶的最后共同住所和被告住所均在土耳其,土耳其法院涉外离婚管辖权不会妨碍对外国离婚判决的承认。②

欧盟曾保留了涉外离婚诉讼管辖权的专属性,《布鲁塞尔条例Ⅱa》第 6 条即为典型代表。然而,为尊重私人和家庭生活权,促进人的跨国自由流动和方便当事人诉讼,2019 年欧盟理事会《第 2019/1111 号条例》正式彻底废除涉外离婚诉讼专属管辖权。③

一、《布鲁塞尔条例Ⅱa》第 6 条的溯源

欧盟涉外离婚专属管辖权最早可追溯至 1999 年欧盟理事会《关于婚姻事项和对共同子女的父母责任事项的管辖权及判决承认与执行的(欧共体)条例草案》(以下简称“1999 年草案”)第 7 条。该条规定,第 2 条(涉外离婚、涉外司法别居和涉外婚姻无效)、第 3 条(跨国父母责任)、第 4 条(国际诱拐儿童)、第 5 条(反诉)和第 6 条(涉外司法别居转为涉外离婚)的管辖权均具有专属性(exclusive nature of jurisdiction under articles 2 to 6)。如果配偶一方是成员国的惯常居民或者拥有成员国国籍,那么其只能根据第 2 条至第 6 条在另一成员国被诉。④

在“1999 年草案”的基础上,欧盟涉外离婚专属管辖权随后历经以下演变。

第一,欧盟涉外离婚专属管辖权的范围存在转变。具体而言:一方面,专属管辖权的事项范围缩减。“1999 年草案”规定,涉外婚姻事项、跨国父母责

---

① 邹国勇译注:《外国国际私法立法选译》,武汉大学出版社 2017 年版,第 209、284 页。

② Dimitris Liakopoulos, *Recognition and Enforcement of Foreign Judgments in Accordance with Turkish International Private Law*, 4 (2) International Comparative Jurisprudence 117, 126 (2018).

③ Council of the European Union, *Council Regulation (EU) 2019/1111 of 25 June 2019 on Jurisdiction, the Recognition and Enforcement of Decisions in Matrimonial Matters and the Matters of Parental Responsibility, and on International Child Abduction (Recast)*, 2019, p. 20, https://eur-lex. europa. eu/legal-content/EN/TXT/PDF/? uri=CELEX:32019R1111&qid=1644065481903&from=EN, 2022 年 5 月 1 日访问。

④ Council of the European Union, *Commission Proposal for a Council Regulation (EC) on Jurisdiction and the Recognition and Enforcement of Judgments in Matrimonial Matters and in Matters of Parental Responsibility for Joint Children*, 1999, p. 3, https://eur-lex. europa. eu/legal-content/EN/TXT/PDF/? uri=CELEX:51999PC0220&from=EN, 2022 年 5 月 1 日访问。

任事项、国际诱拐儿童事项、反诉、涉外司法别居转为涉外离婚的管辖权均具有专属性。然而，2002 年欧盟理事会《关于婚姻事项和父母责任事项的管辖权及判决承认与执行并废除第 1347/2000 号（欧共体）条例和修正第 44/2001号（欧共体）条例中关于扶养事项的理事会条例草案》第 8 条规定，仅第 5 条（涉外离婚、涉外司法别居和涉外婚姻无效）、第 6 条（反诉）和第 7 条（涉外司法别居转变为涉外离婚）的管辖权具有专属性（exclusive nature of jurisdiction under articles 5 to 7），[①]删除了跨国父母责任事项、国际诱拐儿童事项管辖权的专属性。另一方面，专属管辖权的地域范围扩大。2000 年欧盟理事会《关于婚姻事项和对配偶双方子女之父母责任事项的管辖权及判决承认与执行的第 1347/2000 号（欧共体）条例》第 7 条基本延续了上述"1999 年草案"专属管辖权规则，但新增规定在案件涉及英国与爱尔兰的情形下，如果配偶一方在后一成员国境内有住所，那么其只能根据第 2 条至第 6 条在另一成员国被诉。[②]

　　第二，欧盟涉外离婚专属管辖权的条件存在转变。2000 年欧盟理事会《关于婚姻事项和对共同子女的父母责任事项的管辖权及判决承认与执行的修订草案》第 7 条规定，第 2 条（涉外离婚、涉外司法别居和涉外婚姻无效）、第 3 条（跨国父母责任）、第 4 条（国际诱拐儿童）、第 5 条（反诉）和第 6 条（涉外司法别居转为涉外离婚）的管辖权均具有专属性，但新增规定如果配偶一方拥有本条例第 2 条第 2 款含义内的住所，那么其只能根据第 2 条至第 6 条在另一成员国被诉。[③]

　　在前述规定的基础上，2003 年《布鲁塞尔条例Ⅱa》保留了涉外离婚诉讼专属管辖权。《布鲁塞尔条例Ⅱa》第 6 条规定，本条例第 3 条（涉外离婚、涉外

---

　　①　Council of the European Union, *Proposal for a Council Regulation Concerning Jurisdiction and the Recognition and Enforcement of Judgments in Matrimonial Matters and in Matters of Parental Responsibility Repealing Regulation（EC）No 1347/2000 and Amending Regulation（EC）No 44/2001 in Matters Relating to Maintenance*, 2002, p. 158, https://eur-lex. europa. eu/legal-content/EN/TXT/PDF/? uri＝CELEX:52002PC0222&qid＝1644048782399&from＝EN，2022 年 5 月 1 日访问。

　　②　Council of the European Union, *Council Regulation（EC）No 1347/2000 of 29 May 2000 on Jurisdiction and the Recognition and Enforcement of Judgments in Matrimonial Matters and in Matters of Parental Responsibility for Children of Both Spouses*, 2000, p. 22, https://eur-lex. europa. eu/legal-content/EN/TXT/PDF/? uri＝CELEX:32000R1347&qid＝1644046352133&from＝EN，2022 年 5 月 1 日访问。

　　③　Council of the European Union, *Amended Proposal for a Council Regulation on Jurisdiction and the Recognition and Enforcement of Judgments in Matrimonial Matters and in Matters of Parental Responsibility for Joint Children*, 2000, pp. 15-16, https://eur-lex. europa. eu/legal-content/EN/TXT/PDF/? uri＝CELEX:52000PC0151&from＝EN，2022 年 5 月 1 日访问。

司法别居和涉外婚姻无效)、第 4 条(反诉)和第 5 条(涉外司法别居转为涉外离婚)的管辖权具有专属性(exclusive nature of jurisdiction under articles 3,4 and 5)。配偶一方系下列情形之一者,仅得根据第 3 条、第 4 条及第 5 条在另一成员国被诉:(a)惯常居所在成员国境内,或者(b)具有成员国国籍,或者在案件涉及英国与爱尔兰的情形下,配偶一方住所在后一成员国境内。[①] 2005年《布鲁塞尔条例Ⅱa实践指南》指出,本条例第 3 条所述涉外离婚、涉外司法别居和涉外婚姻无效之管辖权依据具有专属性。[②]《布鲁塞尔条例Ⅱa》第 6 条涉外离婚专属管辖权将阻止第三国审理同一争端。[③]

二、《布鲁塞尔条例Ⅱa》第 6 条的适用: Kerstin 案

Kerstin Sundelind Lopez *v*. Miguel Enrique Lopez Lizazo 案[④]涉及《布鲁塞尔条例Ⅱa》第 6 条和第 7 条的解释和适用。

主要案情如下:瑞士籍人桑德琳·洛佩兹女士与古巴籍人洛佩兹·利萨佐先生婚后的共同惯常居所地位于法国。目前,桑德琳·洛佩兹的居住地在法国,但丈夫居住在古巴。桑德琳·洛佩兹根据瑞典法在瑞典斯德哥尔摩地区法院起诉离婚。2005 年 12 月,地区法院根据《布鲁塞尔条例Ⅱa》第 3 条的规定认为本案理应由法国法院行使管辖权,于是驳回离婚申请。2006 年,桑德琳·洛佩兹向瑞典上诉法院提起上诉,但被驳回。桑德琳·洛佩兹继续向瑞典最高法院提起上诉,认为只有当被告在成员国有惯常居所或具有成员国

---

① Council of the European Union, *Council Regulation (EC) No 2201/2003 of 27 November 2003 Concerning Jurisdiction and the Recognition and Enforcement of Judgments in Matrimonial Matters and the Matters of Parental Responsibility, Repealing Regulation (EC) No 1347/2000*, 2003, p. 5, https://eur-lex. europa. eu/legal-content/EN/TXT/PDF/? uri = CELEX:32003R2201&qid = 1563193229798 &from=EN,2022 年 5 月 1 日访问。

② Commission Services, *Practice Guide for the Application of the New Brussels Ⅱ a Regulation (Council Regulation (EC) No 2201/2003 of 27 November 2003 Concerning Jurisdiction and the Recognition and Enforcement of Judgments in Matrimonial Matters and the Matters of Parental Responsibility, Repealing Regulation (EC) No 1347/2000)*, 2005, p. 48, https://fdocuments. net/ document/practice-guide-for-the-application-of-the-new-brussels-ii-ec-practice-guide. html? page = 47,2022 年 5 月 1 日访问。

③ Maria Caterina Baruffi, *The Application of the Brussels Ⅱ a Regulation in the Italian Legal Order Having Regard to Specific Cases Concerning Italy and the UK*, p. 10, https://www. abdn. ac. uk/ law/documents/CPIL%20Working%20Paper%20No%202017_4. pdf,2022 年 5 月 1 日访问。

④ Case C-68/07 Kerstin Sundelind Lopez *v*. Miguel Enrique Lopez Lizazo [2007] ECR I-10403, paras. 16-28.

国籍的情形下，涉外离婚诉讼管辖权才具有《布鲁塞尔条例Ⅱa》第 6 条所指的管辖专属性。本案被告不属于上述两种情形，因此法院没有专属管辖权。瑞典最高法院认为，本案不能以条例第 3 条为管辖权基础，而只能以瑞典本国法律为据。瑞典最高法院决定中止诉讼，并申请欧洲法院作出初步裁决。

　　欧洲法院认为，第 6 条规定，条例第 3 条至第 5 条规定的管辖权具有专属性。当被告在成员国有惯常居所或具有成员国国籍时，原告只能根据条例在成员国法院提起诉讼。第 6 条不禁止既无成员国惯常居所又无成员国国籍的被告根据成员国国内法规定的管辖权规则在该国法院被诉。然而，第 6 条不意味着当另一成员国根据条例第 3 条至第 5 条具有管辖权时，成员国可以根据国内法审理被告在成员国无惯常居所且被告不具有成员国国籍的涉外离婚诉讼。第 7 条规定，只有当成员国法院根据本条例第 3 条至第 5 条无管辖权时，管辖权才受该成员国国内法的规制。法国属于条例第 3 条第 1 款（a）项所指的配偶一方的最后惯常居所地，因此有权行使管辖权，瑞典法院不能基于条例第 7 条进而适用本国国内法受理案件。为尽可能广泛确保人的跨国自由流动，条例适用于与成员国领土存在密切联系的非成员国居民。因此，条例第 6 条和第 7 条应被解释为，在涉外离婚诉讼中，如果另一成员国法院根据条例第 3 条具有管辖权，那么成员国法院不能根据其国内法对在成员国无惯常居所且不具有成员国国籍的被告行使管辖权。

三、《第 2019/1111 号条例》涉外离婚专属管辖权的新发展

　　然而，欧盟涉外离婚专属管辖权的立场存在转变。2006 年，欧洲共同体委员会《关于修正第 2201/2003 号条例管辖权和引入婚姻事项法律选择规则的草案》指出，《布鲁塞尔条例Ⅱa》第 6 条专属管辖权的规定多余，而且可能引起混乱，因此建议删除此条。① 2016 年，欧洲议会同意删除《布鲁塞尔条例Ⅱa》第 6 条，认为第 6 条涉外离婚专属管辖权的含义不同于《布鲁塞尔条例Ⅰ（修订版）》第 24 条涉外民商事专属管辖权的语义，前者是指有限或受限的法

---

① Commission of the European Communities, *Proposal for a Council Regulation Amending Regulation (EC) No 2201/2003 As Regards Jurisdiction and Introducing Rules Concerning Applicable Law in Matrimonial Matters*, 2006, p. 8, https://eur-lex. europa. eu/legal-content/EN/TXT/PDF/? uri= CELEX:52006PC0399&from=EN,2022 年 5 月 1 日访问。

院列表(a limited or restricted list of forums)。① 2016 年,欧洲委员会《关于婚姻事项、父母责任事项和国际诱拐儿童的管辖权及判决承认与执行条例(修订版)草案》删除《布鲁塞尔条例Ⅱa》第 6 条专属管辖权规则,并将其与第 7 条剩余管辖权规则合并。② 2019 年,欧盟理事会《第 2019/1111 号条例》正式彻底废除涉外离婚专属管辖权。③

第二节　欧盟涉外继承专属管辖权的废除

与涉外离婚专属管辖权相反,欧盟彻底打破了涉外继承纠纷管辖权的专属性。虽然死者惯常居所地和遗产所在地是国际社会普遍适用的涉外继承事项管辖权连结点,但是为了保障财产继承权和促进人的跨国自由流动,《罗马条例Ⅳ》对涉外继承事项确立了两种形式的协议管辖。欧盟不仅允许涉外继承事项适用涉外明示协议管辖规则,而且允许此事项适用涉外应诉管辖规则或涉外默示协议管辖(the tacit prorogation of jurisdiction)规则。二者分别载于《罗马条例Ⅳ》第 5 条和第 9 条。关于涉外继承事项协议管辖规则的效力,《罗马条例Ⅳ》第 5 条第 1 款授予其排他性效力。欧盟同一制涉外继承理念意味着涉外不动产和涉外动产在内的整体涉外继承事项均属于涉外协议管辖规则调整的事项范围,以避免涉外继承的碎片化。在涉外继承事项协议管辖规则的主体上,欧盟对此进行了革新,包括协议管辖在内的涉外继承管辖权规则的约束。欧盟涉外继承协议管辖的适用条件不同于其他涉外家事协议管辖条件,符合特定条件的跨国继承公证机构也将受到包括涉外协议管辖规则在内

① European Parliament, *Recasting the Brussels Ⅱ a Regulation Workshop 8 November 2016 Compilation of Briefings for the JURI Committee*, 2016, p. 79, https://www. europarl. europa. eu/RegData/etudes/STUD/2016/571383/IPOL_STU(2016)571383_EN. pdf,2022 年 5 月 1 日访问。

② European Commission, *Proposal for a Council Regulation on Jurisdiction, the Recognition and Enforcement of Decisions in Matrimonial Matters and the Matters of Parental Responsibility, and on International Child Abduction (Recast)*, 2016, p. 35, https://eur-lex. europa. eu/legal-content/EN/TXT/PDF/? uri=CELEX:52016PC0411&from=EN,2022 年 5 月 1 日访问。

③ Council of the European Union, *Council Regulation (EU) 2019/1111 of 25 June 2019 on Jurisdiction, the Recognition and Enforcement of Decisions in Matrimonial Matters and the Matters of Parental Responsibility, and on International Child Abduction (Recast)*, 2019, p. 20, https://eur-lex. europa. eu/legal-content/EN/TXT/PDF/? uri=CELEX:32019R1111&qid=1644065481903&from=EN,2022 年 5 月 1 日访问。

的涉外继承之诉管辖权规则的约束。欧盟涉外继承事项协议管辖条件不同于其他涉外家事协议管辖条件，《罗马条例Ⅳ》对法院选择范围的规定体现了基于法律选择而选择法院(choice of forum following the choice of law)的特征。总之，涉外继承事项协议管辖是意思自治原则向欧盟涉外家事管辖权领域渗透的典型范例。欧盟不仅彻底打破了涉外继承诉讼管辖权性质的专属性，而且逐步颠覆了涉外家事诉讼不得援引涉外协议管辖规则的传统立场。[①]

在我国，虽然 2000 年《国际私法示范法》第 45 条和 2021 年我国《民事诉讼法》第 34 条第 3 款对继承纠纷管辖权连结点的规定基本一致，《国际私法示范法》仅新增被继承人惯常居所地之管辖权连结点，但二者对继承纠纷管辖权性质的立场却截然不同。《国际私法示范法》将涉外继承纠纷作为特别管辖权事项，但 2021 年我国《民事诉讼法》第 34 条第 3 款仍保留继承事项专属管辖权性质。实际上，涉外继承主要涉及私人权利，与国家重大政治、经济利益和公共秩序等联系较弱。[②] 我国已允许家事财产争议适用协议管辖规则，继承诉讼同样涉及家庭财产的处理与分割，将涉外协议管辖规则引入我国涉外继承领域并无不可。2023 年修正的我国《民事诉讼法》第 279 条正式将涉外继承事项排除出涉外民商事专属管辖权范围。

不同于上述两种立场，一些主权国家在立法上对涉外继承专属管辖权秉持折中态度。例如，斯洛文尼亚《关于国际私法与国际诉讼的法律》第 80 条和第 81 条对外国公民、无国籍人、国籍不明者和难民的涉外继承管辖权采取分割制，仅涉外不动产遗产的管理保留涉外专属管辖权性质。该法第 80 条规定，对于外国公民不动产遗产的管理，如果不动产位于斯洛文尼亚，那么由斯洛文尼亚法院行使专属管辖权。对位于斯洛文尼亚境内的外国公民的动产遗产的管理，斯洛文尼亚法院具有管辖权，但遗产人国籍国法院对于斯洛文尼亚公民动产遗产的管理无管辖权时除外。因继承关系引起的诉讼以及涉及债权人对遗产请求权的诉讼管辖权，适用本条前两款的规定。若斯洛文尼亚法院对外国公民遗产的管理无管辖权，则其可决定遗产的保护措施，并对位于斯洛文尼亚的遗产享有的权利进行保护。该法第 81 条规定，对无国籍人、国籍不明者或难民的不动产遗产的管理，如果不动产位于斯洛文尼亚境内，那么由斯

---

① 刘阳：《论涉外继承事项的协议管辖：欧盟经验及对我国的启示》，载《山东科技大学学报（社会科学版）》2023 年第 1 期，第 63 页。

② 李晶：《涉外民事管辖权立法完善研究》，载《政治与法律》2013 年第 8 期，第 142 页。

洛文尼亚法院行使专属管辖权。对无国籍人、国籍不明者或难民的动产遗产的管理,如果动产位于斯洛文尼亚或遗产人死亡时住所在斯洛文尼亚,那么斯洛文尼亚法院具有管辖权。因继承关系引起的诉讼以及债权人对遗产的请求权的诉讼管辖权,亦适用本条前两款的规定。若遗产人住所不在斯洛文尼亚,则参照适用对外国公民遗产管理的规定,此时该外国指遗产人死亡时住所地国。①

一、涉外继承明示协议管辖:《罗马条例Ⅳ》第 5 条

协议管辖的理念源于罗马法,法院选择协议也被称为自愿协议(voluntary prorogation)。② 涉外协议管辖是处分原则从实体法向程序法的自然延伸,符合契约自由和私法自治的国际私法价值理念。③

在涉外家事诉讼中,涉外协议管辖制度的适用情形并不多见。然而,欧盟逐步改变涉外家事诉讼不得援引涉外协议管辖制度的传统立场。例如,欧盟对涉外继承事项(《罗马条例Ⅳ》第 5 条和第 9 条④)、跨国父母责任事项(《布鲁塞尔条例Ⅱa》第 12 条⑤和《第 2019/1111 号条例》第 10 条⑥)、涉外扶养事项

---

① 邹国勇译注:《外国国际私法立法选译》,武汉大学出版社 2017 年版,第 206 页。

② Arthur Lenhoff, *The Parties' Choice of a Forum: Prorogation Agreements*, 15 (3) Rutgers Law Review 414, 415-416 (1961).

③ 刘懿彤:《国际民事诉讼管辖权与和谐国际社会构建》,中国人民公安大学出版社 2017 年版,第 84、86 页。

④ European Parliament and the Council of the European Union, *Regulation (EU) No 650/2012 of the European Parliament and of the Council of 4 July 2012 on Jurisdiction, Applicable Law, Recognition and Enforcement of Decisions and Acceptance and Enforcement of Authentic Instruments in Matters of Succession and on the Creation of a European Certificate of Succession*, 2012, p. 118, https://eur-lex.europa. eu/legal-content/EN/TXT/PDF/? uri=CELEX:32012R0650&from=EN,2022 年 5 月 1 日访问。

⑤ Council of the European Union, *Council Regulation (EC) No 2201/2003 of 27 November 2003 Concerning Jurisdiction and the Recognition and Enforcement of Judgments in Matrimonial Matters and the Matters of Parental Responsibility, Repealing Regulation (EC) No 1347/2000*, 2003, p. 7, https://eur-lex. europa. eu/legal-content/EN/TXT/PDF/? uri = CELEX:32003R2201&qid = 1563193229798&from=EN,2022 年 5 月 1 日访问。

⑥ Council of the European Union, *Council Regulation (EU) 2019/1111 of 25 June 2019 on Jurisdiction, the Recognition and Enforcement of Decisions in Matrimonial Matters and the Matters of Parental Responsibility, and on International Child Abduction (Recast)*, 2019, p. 21, https://eur-lex.europa. eu/legal-content/EN/TXT/PDF/? uri=CELEX:32019R1111&qid=1563189419722&from=EN,2022 年 5 月 1 日访问。

（《第 4/2009 号条例》第 4 条和第 5 条①）、涉外夫妻财产事项（《第 2016/1103 号条例》第 7 条和第 8 条②）和涉外注册伴侣财产事项（《第 2016/1104 号条例》第 7 条和第 8 条③）已正式设立涉外协议管辖规则。然而，欧盟涉外家事协议管辖规则不具有遍在性。例如，在涉外婚姻事项、涉外夫妻人身关系事项、涉外收养事项和其他涉外婚姻家庭事项中暂无允许当事人协议选择管辖法院的规定。

欧盟涉外继承协议管辖规则的立法目的如下。一方面，涉外继承协议管辖规则旨在方便当事人诉讼，保障跨国财产继承权和促进人的跨国自由流动。④ 另一方面，涉外继承协议管辖规则属于确保适用法院地法的一项重要机制。⑤ 法律选择构成欧盟涉外继承管辖权的法理基础和重要考量因素。《罗马条例Ⅳ》第二章在多个条文中将死者生前根据第 22 条单边选择的继承准据法所属地作为欧盟涉外继承事项的重要管辖权连结点，并通过多种方式确保适用该管辖权连结点。第 5 条涉外继承协议管辖规则亦将法院选择范围限定为第 22 条准据法所属国法院，以确保处理涉外继承问题的当局在多数情况下适用本国的法律。⑥ 在此情形下，管辖权的确定意味着准据法的确定。⑦ 欧盟涉外家事诉讼协议管辖立场如表 2-1 所示。

---

① Council of the European Union, *Council Regulation（EC）No 4/2009 of 18 December 2008 on Jurisdiction, Applicable Law, Recognition and Enforcement of Decisions and Cooperation in Matters Relating to Maintenance Obligations*, 2009, p. 7, https://eur-lex. europa. eu/legal-content/EN/TXT/PDF/? uri＝CELEX:32009R0004&qid＝1578569615137&from＝EN,2022 年 5 月 1 日访问。

② Council of the European Union, *Council Regulation（EU）2016/1103 of 24 June 2016 Implementing Enhanced Cooperation in the Area of Jurisdiction, Applicable Law and the Recognition and Enforcement of Decisions in Matters of Matrimonial Property Regimes*, 2016, p. 12, https://eur-lex. europa. eu/legal-content/EN/TXT/PDF/? uri＝CELEX:32016R1103&qid＝1634390031353&from＝EN, 2022 年 5 月 1 日访问。

③ Council of the European Union, *Council Regulation（EU）2016/1104 of 24 June 2016 Implementing Enhanced Cooperation in the Area of Jurisdiction, Applicable Law and the Recognition and Enforcement of Decisions in Matters of the Property Consequences of Registered Partnerships*, 2016, p. 41, https://eur-lex. europa. eu/legal-content/EN/TXT/PDF/? uri＝CELEX:32016R1104&qid＝16343 90238922&from＝EN,2022 年 5 月 1 日访问。

④ 参见《罗马条例Ⅳ》序言第(7)条的规定。

⑤ 参见《罗马条例Ⅳ》序言第(27)条和序言第(28)条的规定。

⑥ Tena Ratković, *Private International Law Aspects of Succession—The Croatian Experience*, 13 Annals of the Faculty of Law of the University of Zenica 8,14（2014）.

⑦ 甘勇：《论国际民事管辖权的法理基础》，载《武大国际法评论》2015 年第 2 期，第 130 页。

表 2-1　欧盟涉外家事诉讼协议管辖立场的比较

诉讼类型		协议管辖的态度	协议管辖的类型	
			是否允许明示协议管辖	是否允许默示协议管辖
涉外婚姻诉讼		否定态度	否	否
跨国父母责任诉讼	依附型	肯定态度	是	否
	独立型	肯定态度	是	是
涉外扶养诉讼		肯定态度	是	是
涉外继承诉讼		肯定态度	是	是
涉外夫妻财产关系诉讼		肯定态度	是	是
涉外夫妻人身关系诉讼		否定态度	否	否
涉外注册伴侣财产诉讼		肯定态度	是	是
其他涉外婚姻家庭诉讼		否定态度	否	否

(一)涉外继承协议管辖的主体问题

欧盟涉外继承协议管辖规则适用的主体范围呈扩大趋势。欧盟新制定的涉外继承事项管辖权规则不仅适用于所有成员国,[①]而且适用主体包括第三国的原被告,以克服当事人对涉外继承事项管辖法院的判断困境。[②] 与此同时,《罗马条例Ⅳ》中死者惯常居所地管辖权规则和涉外协议管辖规则等所有涉外管辖权规则不仅适用于一般意义上的法院,而且适用于跨国继承公证机构。[③]

1. 涉外继承协议管辖主体类型的扩张

欧盟涉外继承管辖权规则适用于成员国所有法院,但非司法机关在必要

---

① Mihaela Pătrăuş, Ioniţa Maria Ofrim, *European Certificate of Succession*, 13（2）AGORA International Journal of Juridical Sciences 78,78（2019）.

② Commission of the European Communities,*Commission Staff Working Document Accompanying the Proposal for a Regulation of the European Parliament and of the Council on Jurisdiction,Applicable Law,Recognition and Enforcement of Decisions and Authentic Instruments in Matters of Successions and on the Introduction of a European Certificate of Inheritance Impact Assessment*,2009,p. 10,https://eur-lex. europa. eu/legal-content/EN/TXT/PDF/? uri=CELEX:52009SC0410&from=EN,2022 年 5 月 1 日访问。

③ Case C-20/17 Vincent Pierre Oberle［2018］ECR,para. 59.

时也被要求应遵守涉外继承管辖权规则。^①

(1)附条件的跨国继承公证机构

2018 年 Vincent Pierre Oberle 案^②争议的焦点在于,成员国公证机构签发涉外继承证书是否受《罗马条例Ⅳ》第 4 条管辖权规则的约束？

斯普纳法官认为,条例中"法院"一词的含义包括司法当局以及有权处理继承事项的其他主管当局和法律专业人员,但须满足特定条件。涉外继承管辖权规则不仅适用于司法程序,而且适用于公证机构签发涉外继承证书的程序。^③

最终,欧洲法院指出,虽然成员国签发涉外继承证书的程序属于非讼程序(a non-contentious procedure),该证书仅包含事实调查结果,不具有判决既判力,但第 4 条的适用不受此影响。若跨国继承公证机构所在地非位于死者死亡时惯常居所地国,公证机构以遗产位于本国或者死者拥有本国国籍为由行使管辖权并签发涉外遗产继承证书,则此情形将违反条例第 4 条。^④

此案表明,涉外继承管辖权规则的适用主体不仅包括传统意义上的法院,而且涵盖根据成员国法律对继承事项作出裁决的其他机构。^⑤ 此案侧重澄清跨国继承公证机构受第 4 条死者死亡时惯常居所地管辖权规则的约束。因涉外继承协议管辖规则同为条例的重要管辖权规则,故跨国公证机构处理涉外继承事宜时亦不得违反《罗马条例Ⅳ》第 5 条涉外协议管辖规则。

(2)对公证机构适用涉外继承管辖权规则的质疑

在 2019 年 WB *v*. Notariusz Przemysława Bac 案^⑥中,欧洲法院指出,条

---

① Cappellini,*Opinion of the European Economic and Social Committee on the "Proposal for a Regulation of the European Parliament and of the Council on Jurisdiction,Applicable Law,Recognition and Enforcement of Decisions and Authentic Instruments in Matters of Succession and the Creation of a European Certificate of Succession"*,2011, p. 150, https://eur-lex. europa. eu/legal-content/EN/TXT/PDF/? uri=CELEX:52010AE0962&from=EN,2022 年 5 月 1 日访问。

② Case C-20/17 Vincent Pierre Oberle [2018] ECR, para. 28;袁发强、孙锦怡等:《2017～2018 年国际私法涉外家事年度研究报告》,载《中国国际私法与比较法年刊》(第二十四卷),法律出版社 2020 年版,第 130 页。

③ Opinion of Advocate General Szpunar,Delivered on 22 February 2018,Case C-20/17 Vincent Pierre Oberle [2018] ECR,paras. 92-93.

④ Case C-20/17 Vincent Pierre Oberle [2018] ECR,paras. 38,58,59.

⑤ European Commission,*Cross-border Successions a Citizen's Guide:How EU Rules Simplify International Inheritances*,2018,p. 20,https://op. europa. eu/en/publication-detail/-/publication/61afb4c0-a71b-11e7-837e-01aa75ed71a1,2022 年 5 月 1 日访问。

⑥ Case C-658/17 WB *v*. Notariusz Przemysława Bac [2019] ECR,paras. 51-64.

例第 3 条第 2 款"法院"一词具有广泛的含义,包括处理继承事项的非司法当局和法律专业人员。前提条件是它们行使司法职能,或者根据司法当局的授权行事,或者在司法当局的控制下行事。第 3 条第 2 款所附条件旨在贯彻欧盟跨境司法相互信任原则,并促进继承判决和继承公证文书在成员国自由流动。跨国继承公证机构能否被视为法院,关键在于确定其是否行使司法职能。由于公证机构以提供营利服务为目的,其进行的活动并非行使司法职能,因此其不属于第 3 条第 2 款含义内的法院,不受本条例国际管辖权规则的约束。

与此类似,在 2020 年 E. E. *v*. Kauno miesto 4-ojo notaro biuro notarė Virginija Jarienė and K.-D. E. 案①中,坎波斯·桑切斯-博尔多纳(Campos Sánchez-Bordona)法官指出,因立陶宛公证机构签发涉外继承证书不涉及行使司法职能,故其不是条例第 3 条第 2 款所指的法院,其签发继承证书不受第 4 条涉外继承一般管辖权规则的影响。最终,欧洲法院认为,此应交由成员国法院核实与确认。若公证机构所属成员国确认跨国继承公证机构涉及行使司法职能,则其将被视为第 3 条第 2 款所指的法院,并受条例第二章涉外继承管辖权规则的约束。在本案中,经立陶宛最高法院核实,立陶宛公证机构签发涉外继承证书不涉及行使司法职能,故其不属于第 3 条第 2 款所指的法院,可在不遵守条例第 4 条的情况下颁发涉外继承证书。

(3)欧盟涉外继承协议管辖主体的澄清

本书认为,由于《罗马条例Ⅳ》序言第(20)条和正文第 3 条第 2 款对"法院"一词的含义作扩大解释,因此除传统意义上的法院可援引条例国际管辖权规则外,满足特定条件的处理涉外继承事宜的非司法当局和法律专业人员也属于涉外继承管辖权规则的适用主体。另外,条例序言第(22)条规定,当跨国公证机构行使司法职能时,其将受本条例国际管辖权的约束,而且作出的决定应按照外国判决承认与执行的规定进行流动;当跨国机构非行使司法职能时,其不受本条例国际管辖权规则的约束,签发的公证文书应按照外国公证文书的规定进行流动。

那么,如何判断跨国继承公证机构是否属于广义的法院?根据条例第 3 条第 2 款的规定,非司法当局和法律专业人员被视为法院必须满足以下前提

---

① Case C-80/19 E. E. *v*. Kauno miesto 4-ojo notaro biuro notarė Virginija Jarienė and K.-D. E. [2020] ECR,para. 56;Opinion of Advocate General Campos Sánchez-Bordona,Delivered on 26 March 2020, paras. 83-84.

条件。首先，职能要求，即行使司法职能，或根据司法机关的授权行事，或者在司法机关的控制下行事。其次，权利保障要求，即此类机构和法律专业人员提供公正和各方陈述意见等权利的保证。最后，效力要求，即其依法作出的决定可以向司法机关提出上诉或由司法机关进行审查，并与司法机关就同一事项作出的决定具有类似效力。

然而，上述案例在认定跨国继承公证机构是否属于广义的法院时仅考虑职能要求，忽略了权利保障要求和效力要求，而且对职能要求的考虑亦有失全面。实际上，第3条第2款对"法院"一词规定了以下三项累积性认定标准：职能要求、权利保障要求和效力要求。该条款对职能要求规定了三种情形，即除本身行使司法职能外，或经司法机关授权，或在司法机关控制下行事。

总之，跨国继承公证机构只要满足上述情形之一，那么其将被视为广义的法院，将受到包括涉外协议管辖规则在内的国际继承管辖权规则的约束。

2. 涉外继承协议管辖主体地域的扩张

传统上，欧盟涉外继承事项管辖权规则适用于所有成员国。① 然而，欧盟对涉外继承管辖权秉持同一制，因此条例第5条涉外继承事项协议管辖规则适用的地域范围被扩大至第三国的原被告。此法旨在克服当事人难以预测何国法院具有涉外继承管辖权限的判断困境，② 并保障当事人的跨国遗产继承权。总之，即便死者死亡时的惯常居所地在第三国，成员国法院仍具有剩余管辖权（residual jurisdiction），受理范围已超出死者死亡时惯常居所地位于成员国的案件。③

---

① Mihaela Pătrăuş, Ioniţa Maria Ofrim, *European Certificate of Succession*, 13（2）AGORA International Journal of Juridical Sciences 78, 78（2019）.

② Commission of the European Communities, *Commission Staff Working Document Accompanying the Proposal for a Regulation of the European Parliament and of the Council on Jurisdiction, Applicable Law, Recognition and Enforcement of Decisions and Authentic Instruments in Matters of Successions and on the Introduction of a European Certificate of Inheritance Impact Assessment*, 2009, p. 10, https://eur-lex. europa. eu/legal-content/EN/TXT/PDF/? uri=CELEX:52009SC0410&from=EN, 2022 年 5 月 1 日访问.

③ Cappellini, *Opinion of the European Economic and Social Committee on the "Proposal for a Regulation of the European Parliament and of the Council on Jurisdiction, Applicable Law, Recognition and Enforcement of Decisions and Authentic Instruments in Matters of Succession and the Creation of a European Certificate of Succession"*, 2011, p. 150, https://eur-lex. europa. eu/legal-content/EN/TXT/PDF/? uri=CELEX:52010AE0962&from=EN, 2022 年 5 月 1 日访问.

(二)涉外继承明示协议管辖的条件问题

虽然欧盟对涉外家事诉讼逐步放开运用涉外协议管辖规则,但该规则的适用条件在不同种类的涉外家事纠纷中不尽相同。《罗马条例Ⅳ》第5条对涉外继承明示协议管辖的形式条件和实质条件进行了规定。具体条件如表2-2所示。

表 2-2　欧盟涉外家事明示协议管辖条件的比较

明示协议管辖领域		具体条文	协议管辖形式条件		协议管辖实质条件		
			书面要求	时间要求	法院选择范围	实际联系条件	儿童最佳利益条件
跨国父母责任诉讼	依附型	《布鲁塞尔条例Ⅱa》第12条	其他明示方式即可	法院受理时起至婚姻诉讼终结时止	涉外婚姻受诉法院	无	有
	独立型	《第2019/1111号条例》第10条	增加书面要求	法院受理时	实际联系地国法院	有	有
涉外扶养诉讼		《第4/2009号条例》第4条	书面	法院受理时	区别制	无	无
涉外继承诉讼		《罗马条例Ⅳ》第5条	书面	无	死者根据第22条选择的准据法所属国法院	无	无
涉外夫妻财产诉讼		《第2016/1103号条例》第7条	书面	无	当事人协议选择的准据法所属国法院或婚姻缔结地国法院	无	无

续表

明示协议管辖领域	具体条文	协议管辖形式条件		协议管辖实质条件		
		书面要求	时间要求	法院选择范围	实际联系条件	儿童最佳利益条件
涉外注册伴侣财产诉讼	《第 2016/1104 号条例》第 7 条	书面	无	当事人协议选择的准据法所属国法院或关系成立地国法院	无	无

1. 实质条件

根据条文顺序，条例第 5 条第 1 款属于涉外继承事项明示协议管辖实质条件的规定。首先，主体条件，即涉外继承程序开始后的有关各方。虽然立遗嘱人是涉外继承关系中的重要法律主体，但其通常不参与拟定管辖权协议。换言之，欧盟虽然允许个人协议选择涉外继承事项管辖法院，但其属于局部主体间的意思自治。[①] 其次，法院选择范围条件，即主要限于选择死者根据第 22 条单边选择的涉外继承准据法所属国法院。正如条例序言第(27)条和序言第(28)条所述，欧盟涉外继承事项协议管辖规则对法院范围作此限定，是为了确保处理继承问题的当局在大多数情况下适用本国法。[②] 最后，事项条件，即整个涉外继承。欧盟对涉外继承协议管辖规则的适用对象秉持整体制或同一制理念。条例第 5 条第 1 款虽然没有明确提及涉外整体继承，但规定涉外协议管辖规则适用于任何涉外继承事项。这意味着当事人协议选择的法院受理的事项范围不仅涉及位于第三国的一项或多项遗产。[③] 除法院选择范围条件

[①] Magdalena Pfeiffer, *Legal Certainty and Predictability in International Succession Law*, 12 (3) Journal of Private International Law 566, 580 (2016).

[②] Tena Ratković, *Private International Law Aspects of Succession—The Croatian Experience*, 13 Annals of the Faculty of Law of the University of Zenica 8, 14 (2014).

[③] Slavko Đorđević, *Some Remarks on Prevention and Resolution of Positive Jurisdiction Conflicts between Croatian (Member State) and Serbian Courts in Cross-border Succession Cases—From Croatian (EU) and Serbian Point of View*, 36 (2) Pravni Vjesnik 25, 30 (2020).

外,此款并未将实际联系条件和儿童最佳利益条件作为欧盟涉外继承事项协议管辖的实质条件。

通过条文梳理和对比,欧盟涉外家事协议管辖的实质条件存在以下差异。

第一,法院选择范围要求不同。首先,在涉外扶养领域,2009 年欧盟理事会《关于扶养义务事项的管辖权、法律适用以及判决承认与执行的第 4/2009 号(欧共体)条例》(以下简称《第 4/2009 号条例》)第 4 条对涉外扶养事项协议管辖之法院选择范围采取区别制,即涉外夫妻扶养事项协议管辖之法院选择范围被限定于涉外婚姻事项受诉法院或者夫妻最后惯常居所地国法院,而跨国父母子女扶养事项协议管辖之法院选择范围和其他涉外亲缘关系扶养事项协议管辖之法院选择范围被限定于一方当事人惯常居所地国法院或国籍国法院。其次,在跨国父母责任事项领域,《布鲁塞尔条例Ⅱa》第 12 条对跨国父母责任事项协议管辖之法院选择范围采取区别制,即依附型协议管辖之法院选择范围是涉外婚姻或涉外司法别居案件受诉法院,独立型协议管辖之法院选择范围是与子女存在实际联系的法院。[①] 再次,在涉外继承领域,《罗马条例Ⅳ》第 5 条将涉外继承事项协议管辖之法院选择范围限定于死者根据第 22 条单边选择的准据法所属国法院。准据法被作为确定涉外继承事项管辖权的重要考量因素,[②]即基于法律选择而选择法院。[③] 此乃欧盟涉外继承事项协议管辖与其他涉外家事协议管辖之显著差异。最后,在涉外婚姻财产制领域,2016 年欧盟理事会《关于在婚姻财产制事项的管辖权、法律适用以及判决承认与执行领域加强合作的第 2016/1103 号(欧盟)条例》(以下简称《第 2016/1103 号条例》)第 7 条将涉外夫妻财产事项协议管辖之法院选择范围规定为准据法所属国法院或者婚姻缔结地国法院。同样,2016 年欧盟理事会《关于在注册伴侣财产制事项的管辖权、法律适用以及判决承认与执行领域加强合作的第 2016/1104 号(欧盟)条例》(以下简称《第 2016/1104 号条例》)第 7 条将涉外注册伴侣财产事项协议管辖之法院选择范围规定为准据法所属国法院或涉外注册伴侣关系成立地国法院。

---

① 刘阳:《论欧盟跨国父母责任事项的协议管辖》,载《中国国际私法与比较法年刊》(第二十五卷),法律出版社 2020 年版,第 268 页。

② 吴小平、欧福永:《欧盟 2012 年第 650 号涉外继承条例研究》,载《湖南科技大学学报(社会科学版)》2015 年第 1 期,第 81 页。

③ Opinion of Advocate General Campos Sánchez-Bordona, Delivered on 26 March 2020, Case C-80/19 E. E. *v.* Kauno miesto 4-ojo notaro biuro notarė Virginija Jarienė and K.-D. E. ［2020］ECR, para. 108.

第二,实际联系条件不同。《第 4/2009 号条例》第 4 条对涉外扶养事项协议管辖未规定实际联系条件。《布鲁塞尔条例Ⅱa》第 12 条和《第 2019/1111 号条例》第 10 条对跨国父母责任事项独立型协议管辖规定了实际联系条件,而对依附型协议管辖之实际联系条件未作明确规定。[①]《罗马条例Ⅳ》第 5 条对涉外继承事项协议管辖未规定实际联系条件。《第 2016/1103 号条例》第 7 条对涉外夫妻财产事项协议管辖未规定实际联系条件。同样,《第 2016/1104 号条例》第 7 条对涉外注册伴侣财产事项协议管辖亦未规定实际联系条件。

第三,儿童最佳利益条件不同。《第 4/2009 号条例》第 4 条规定涉外扶养事项协议管辖规则不适用于 18 周岁以下儿童的涉外抚养义务争端。《布鲁塞尔条例Ⅱa》第 12 条和《第 2019/1111 号条例》第 10 条将符合儿童最佳利益,尤其是儿童程序性最佳利益作为跨国父母责任事项协议管辖规则的适用条件。[②]《罗马条例Ⅳ》第 5 条对涉外继承事项协议管辖未规定儿童最佳利益条件。《第 2016/1103 号条例》第 7 条对涉外夫妻财产事项协议管辖未规定儿童最佳利益条件。同样,《第 2016/1104 号条例》第 7 条对涉外注册伴侣财产事项协议管辖亦未规定儿童最佳利益条件。

2. 形式条件

涉外继承事项协议管辖的形式条件规定于《罗马条例Ⅳ》第 5 条第 2 款。首先,管辖协议必须采取书面形式(纸质抑或有持久记录的电子通信),注明日期并由双方签字,以便于证明当事人的管辖合意。[③] 其次,涉外继承协议管辖的时间限制暂付阙如。涉外继承事项法院选择协议究竟应事先签订、事后签订抑或二者均可,第 5 条第 2 款未作特别要求。

通过条文梳理和对比,欧盟涉外家事协议管辖的形式条件存在以下不同。

第一,欧盟涉外家事协议管辖的书面要求标准不一。欧盟《第 4/2009 号条例》第 4 条规定涉外扶养事项之法院选择协议应采用书面形式(纸质抑或有持久记录的电子通信)。《布鲁塞尔条例Ⅱa》第 12 条对欧盟跨国父母责任事项协议管辖没有要求签署书面管辖协议,仅规定法院的管辖权必须被所有当

---

① 刘阳:《论欧盟跨国父母责任事项的协议管辖》,载《中国国际私法与比较法年刊》(第二十五卷),法律出版社 2020 年版,第 267 页。

② 刘阳:《论欧盟跨国父母责任事项的协议管辖》,载《中国国际私法与比较法年刊》(第二十五卷),法律出版社 2020 年版,第 265 页。

③ 陈卫佐:《欧盟国际私法的最新发展——关于遗产继承的〈罗马Ⅳ规则〉评析》,载《国际法研究》2015 年第 2 期,第 62-63 页。

事人明确接受（been accepted expressly）或经其他明示方式（unequivocal manner）认可,但《第 2019/1111 号条例》第 10 条规定跨国父母责任事项管辖协议应采用书面形式（纸质抑或有持久记录的电子通信）,并认可跨国父母责任事项默示管辖协议。① 《罗马条例 Ⅳ》第 5 条第 2 款规定涉外继承事项管辖协议应以书面形式（纸质抑或有持久记录的电子通信）表述。《第 2016/1103 号条例》第 7 条规定涉外婚姻财产事项管辖协议应当采用书面形式（纸质抑或有持久记录的电子通信）。同样,《第 2016/1104 号条例》第 7 条要求涉外注册伴侣财产事项管辖协议应采取书面形式（纸质抑或有持久记录的电子通信）。

第二,欧盟涉外家事协议管辖的时间要求标准不一。欧盟跨国父母责任事项依附型协议管辖存在严格的时间要求,时间起点为法院受理时,时间终点为跨国婚姻诉讼终结时。② 欧盟涉外扶养事项协议管辖的时间要求为法院受理时,排除事先协议管辖。《第 2016/1103 号条例》第 7 条和《第 2016/1104 号条例》第 7 条对欧盟涉外婚姻财产事项协议管辖之时间条件和欧盟涉外注册伴侣财产事项协议管辖之时间条件未作规定。《罗马条例 Ⅳ》第 5 条涉外继承事项协议管辖之时间条件暂付阙如。

（三）涉外继承明示协议管辖的效力问题

关于涉外继承事项明示协议管辖的效力,《罗马条例 Ⅳ》第 5 条第 1 款授予其排他性效力。此条规定,当事人对涉外继承事项协议选择的继承准据法所属国法院具有排他性管辖权。为维护此效力,第 6 条（b）款再次规定,若诉讼各方已根据第 5 条同意将管辖权授予准据法所属国法院,则死者死亡时惯常居所地国法院和遗产所在地国法院皆应拒绝行使管辖权。例如,在 2020 年 E. E. *v.* Kauno miesto 4-ojo notaro biuro notarė Virginija Jarienė and K.-D. E. 案③中,欧洲法院指出,条例第 5 条第 1 款允许涉外继承诉讼当事人协议选

① Council of the European Union,*Regulation Council Regulation（EU）2019/1111 of 25 June 2019 on Jurisdiction,the Recognition and Enforcement of Decisions in Matrimonial Matters and the Matters of Parental Responsibility,and on International Child Abduction（Recast）*,2019, p. 21, https://eur-lex.europa. eu/legal-content/EN/TXT/PDF/? uri=CELEX:32019R1111&qid=1563189419722&from=EN, 2022 年 5 月 1 日访问。

② 刘阳:《论欧盟跨国父母责任事项的协议管辖》,载《中国国际私法与比较法年刊》（第二十五卷）,法律出版社 2020 年版,第 260-261 页。

③ Case C-80/19 E. E. *v.* Kauno miesto 4-ojo notaro biuro notarė Virginija Jarienė and K.-D. E. [2020] ECR,para. 83.

择管辖法院。即如果死者根据第 22 条选择规制涉外继承事项的准据法,那么经各方当事人同意,此准据法所属国法院将对整体涉外继承事项具有排他性管辖权。具体表现如下。

第一,涉外排他性协议管辖规则的受诉法院数量具有单一性,[①]隐含地"封锁"(lock out)所有未选定的法院。[②] 这意味着当满足条例第 5 条涉外继承事项明示协议管辖的条件时,法院不得援引条例第 4 条死者死亡时惯常居所地和第 10 条遗产所在地等其他管辖权连结点。[③]

第二,涉外排他性协议管辖规则具有义务效力。若原告向商定的法院以外的法院起诉,则基于管辖协议的合同特征其将承担违约或赔偿责任。[④]

涉外继承事项协议管辖规则的排他性效力有利于减少发生国际管辖权冲突,符合国际管辖权的确定性和可预见性价值目标。欧盟其他涉外家事协议管辖规则亦具有排他性效力。例如,《第 4/2009 号条例》第 4 条第 1 款规定,除非双方另有约定,否则涉外扶养事项协议管辖规则将具有排他性效力。《第 2016/1103 号条例》第 7 条第 1 款规定,当事人协议选择的准据法所属国法院或婚姻缔结地国法院将对涉外婚姻财产事项具有排他性管辖权。《第 2016/1104 号条例》第 7 条第 1 款赋予涉外注册伴侣财产事项协议管辖规则排他性效力。《第 2019/1111 号条例》第 10 条第 4 款规定,跨国父母责任事项明示协议管辖规则的效力具有排他性。

二、涉外继承默示协议管辖:《罗马条例Ⅳ》第 9 条

在一般涉外民商事管辖权领域,涉外明示协议管辖和涉外默示协议管辖(the tacit prorogation of jurisdiction)同属于涉外协议管辖的内容。[⑤] 二者分

---

① Nischa Vreeling, *Party Autonomy in the Brussels Ⅰ Recast Regulation and Asymmetric Jurisdiction Clauses*, 2019 (2) ELTE Law Journal 61, 62 (2019).

② Jonas Steinle, Evan Vasiliades, *The Enforcement of Jurisdiction Agreements under the Brussels Ⅰ Regulation: Reconsidering the Principle of Party Autonomy*, 6 (3) Journal of Private International Law 565, 577 (2010).

③ 参见《罗马条例Ⅳ》第 6 条(b)款的规定。

④ 王磊:《论英国法上违反管辖权协议之损害赔偿规则》,载《中国国际私法与比较法年刊》(第十九卷),法律出版社 2017 年版,第 184 页;徐伟功、曹潇潇:《损害赔偿救济适用于排他性管辖协议的可能与困局:以法律基础为核心的分析》,载《法治社会》2019 年第 6 期,第 70 页。

⑤ Case C-48/84 Hannelore Spitzley *v.* Sommer Exploitation SA [1985] ECR 00787, para. 13.

别代表了涉外协议管辖的两种方式：一种是通过合同，另一种是通过出庭行为。[①] 基于被告出庭应诉的涉外默示协议管辖规则旨在促进迅速承认和执行双方均接受管辖权的法院所作的判决，即使该法院实际上没有管辖权裁定争议。[②]

在涉外家事管辖权领域，涉外默示协议管辖或应诉管辖在欧盟家事国际私法中亦逐渐得到认可。例如，《第 4/2009 号条例》第 5 条、《罗马条例Ⅳ》第 9 条、《第 2016/1103 号条例》第 8 条和《第 2016/1104 号条例》第 8 条分别允许法院基于当事人出庭应诉而对涉外扶养事项、涉外继承事项、涉外夫妻财产和涉外注册伴侣财产事项行使管辖权。《第 2019/1111 号条例》第 10 条第 2 款突破了《布鲁塞尔条例Ⅱa》第 12 条第 3 款的限制，新增独立型跨国父母责任诉讼之默示协议管辖规则。[③]

涉外明示协议管辖规则与涉外默示协议管辖规则并非互斥关系。例如，Elefanten Schuh GmbH *v*. Pierre Jacqmain 案[④]争议的焦点在于，如果当事人同意将管辖权授予 1968 年《布鲁塞尔公约》第 17 条所述法院，那么法官能否适用公约第 18 条？欧洲法院指出，对于明示和默示两种协议管辖之间的关系，公约第 17 条涉外民商事明示协议管辖规则并非第 18 条涉外默示协议管辖规则的除外适用情形。即使当事人通过协议指定了第 17 条含义内的管辖法院，公约第 18 条仍可继续适用，二者并不互相排斥。在 Hannelore Spitzley *v*. Sommer Exploitation SA 案[⑤]中，欧洲法院指出，《布鲁塞尔公约》第 17 条涉外明示协议管辖规则不排除在适当情况下适用第 18 条。在 Taser International Inc. *v*. SC Gate 4 Business SRL and Cristian Mircea Anastasiu 案[⑥]中，欧洲法院指出，尽管合同包含一项由第三国法院行使管辖权的条款，但是若原告起诉后，被告出庭应诉且不质疑受诉法院的管辖权，则该法院亦可基于《布鲁塞尔条例Ⅰ》第 24 条涉外默示协议管辖规则行使管辖权。

[①] Opinion of Advocate General Gordon Slynn, Delivered on 20 May 1981, Case C-150/80 Elefanten Schuh GmbH *v*. Pierre Jacqmain [1981] ECR 01671, p. 1693.

[②] Opinion of Advocate General Bot, Delivered on 2 April 2014, Case C-112/13 A *v*. B and Others [2014] ECR, para. 39.

[③] 刘阳：《论欧盟跨国父母责任事项的协议管辖》，载《中国国际私法与比较法年刊》（第二十五卷），法律出版社 2020 年版，第 258 页。

[④] Case C-150/80 Elefanten Schuh GmbH *v*. Pierre Jacqmain [1981] ECR 01671, paras. 10-11.

[⑤] Case C-48/84 Hannelore Spitzley *v*. Sommer Exploitation SA [1985] ECR 00787, para. 26.

[⑥] Case C-175/15 Taser International Inc. *v*. SC Gate 4 Business SRL and Cristian Mircea Anastasiu [2016] ECR, para. 25.

(一)涉外继承默示协议管辖的条件

虽然欧盟涉外默示协议管辖规则的适用范围已延伸至涉外家事诉讼,但该规则的适用条件标准不一。欧盟涉外家事默示协议管辖条件如表 2-3 所示。

表 2-3　欧盟涉外家事默示协议管辖条件的比较

默示协议管辖领域		具体条文	积极条件	消极条件
跨国父母责任诉讼	依附型	无	无	无
	独立型	《第 2019/1111 号条例》第 10 条第 2 款	出庭应诉	未提出管辖异议
涉外扶养诉讼		《第 4/2009 号条例》第 5 条	出庭应诉	未提出管辖异议
涉外继承诉讼		《罗马条例Ⅳ》第 9 条	出庭应诉	未提出管辖异议
涉外夫妻财产诉讼		《第 2016/1103 号条例》第 8 条	出庭应诉	未提出管辖异议,且不属于第 4 条或第 5 条第 1 款规定的情形
涉外注册伴侣财产诉讼		《第 2016/1104 号条例》第 8 条	出庭应诉	未提出管辖异议,且不属于第 4 条的情形

第一,涉外家事默示协议管辖的条件不同。欧盟涉外家事默示协议管辖的一般条件是被告出庭应诉且未提出管辖异议。《罗马条例Ⅳ》第 9 条将被告出庭应诉和未提出管辖异议分别作为涉外继承事项默示协议管辖的积极条件和消极条件。《第 2016/1103 号条例》第 8 条第 1 款在保留前述传统条件的基础上,对涉外夫妻财产事项默示协议管辖新增了另外一项限制条件,即不属于本条例第 4 条或第 5 条第 1 款规定的情形,以防止与《罗马条例Ⅳ》发生管辖权冲突,并禁止涉外婚姻诉讼适用涉外协议管辖规则。《第 2016/1104 号条例》第 8 条第 1 款对涉外注册伴侣财产事项默示协议管辖新增了类似的限制,即不属于本条例第 4 条的情形,以防止与《罗马条例Ⅳ》发生管辖权冲突,但容许涉外注册伴侣关系无效纠纷适用涉外协议管辖规则。此乃涉外夫妻财产事项默示协议管辖规则和涉外注册伴侣财产事项默示协议管辖规则的细微差别。

第二,涉外家事默示协议管辖的法官义务不同。《第 2016/1103 号条例》第 8 条第 2 款、《第 2016/1104 号条例》第 8 条第 2 款和《第 2019/1111 号条例》第 10 条第 1 款等涉外默示协议管辖规则增加受诉法院的告知义务。即法院应当确保被告已经被告知拥有提出管辖权异议的权利以及知晓出庭的后果。《第 4/2009 号条例》第 5 条和《罗马条例Ⅳ》第 9 条未作此规定。

(二)涉外继承默示协议管辖的认定

涉外明示协议管辖的认定问题有相关的书面、电子通信或口头协议可供参考和佐证,但涉外默示协议管辖的认定标准具有模糊性和较大的自由裁量性。涉外继承事项默示协议管辖的认定问题是亟待解决的难题。

被告"应诉"一词意指被告参与诉讼的故意表现(the wilful manifestation)。[①]涉外默示协议管辖建立在推定的基础上。被告的作为与不作为皆属于涉外默示协议管辖效力的认定标准。前者如被告未对缺乏管辖权进行辩护;后者如被告亲自或通过代表出席法院庭审和对案情进行辩护。[②] 例如,在 Cartier parfums-lunettes SAS and Axa Corporate Solutions assurances SA v. Ziegler France SA and Others 案[③]中,欧洲法院指出,除非根据《布鲁塞尔条例Ⅰ》后受诉法院具有专属管辖权,如果首先受理法院未主动拒绝管辖,而且任何一方当事人均未对首先受理法院的管辖权提出异议并对案件实质内容进行应诉答辩,那么首先受理法院的管辖权将被视为《布鲁塞尔条例Ⅰ》第 27 条意义上的已确立。

《罗马条例Ⅳ》第 9 条没有明确规定涉外继承事项默示协议管辖的认定标准,因此此处将参考《布鲁塞尔公约》第 18 条、2000 年《布鲁塞尔条例Ⅰ》第 24 条和 2012 年《布鲁塞尔条例Ⅰ(修订版)》第 26 条等欧盟涉外一般民商事领域默示协议管辖的判断标准。

根据欧洲法院判例,涉外默示协议管辖的认定存在以下疑虑。

第一,被告异议情形下涉外默示协议管辖的认定问题,即如果被告分别提

---

① 　Mihail Stănescu-Sas, *The Prorogation of International Jurisdiction When the Defendant "Enters an Appearance" without Contesting the Jurisdiction*,2016 (10) Pandectele Romane 53,53 (2016).

② 　Arthur Lenhoff, *The Parties' Choice of a Forum: Prorogation Agreements*,15 (3) Rutgers Law Review 414,455-456 (1961).

③ 　Case C-1/13 Cartier parfums-lunettes SAS and Axa Corporate Solutions assurances SA v. Ziegler France SA and Others [2014] ECR,para. 45.

出单一异议和双重异议,那么二者是否构成涉外默示协议管辖? 根据异议内容的不同,分为以下两种情形。首先,单一异议下涉外默示协议管辖的认定。即若被告出庭是为了质疑法院的管辖权,则不构成涉外默示协议管辖。例如,《罗马条例Ⅳ》第 9 条第 2 款规定,若当事人或其他诉讼主体出庭应诉以质疑继承准据法所属国法院的管辖权,则将由死者死亡时惯常居所地国法院根据条例第 4 条的规定行使一般管辖权,或者由遗产所在地国法院根据条例第 10 条的规定行使附属管辖权(subsidiary jurisdiction)。在 Bayerische Motoren Werke AG v. Acacia Srl 案[1]中,欧洲法院指出,被告在第一份诉状中对受诉法院管辖权进行质疑,意味着其未接受法院的管辖权,因此不构成《布鲁塞尔条例Ⅰ》第 24 条所指的涉外默示协议管辖。其次,双重异议下涉外默示协议管辖的认定。即若被告不仅对管辖权提出异议,而且出庭就诉讼实质提出异议,那么是否产生涉外默示协议管辖的效力? 例如,在 Établissements Rohr Société anonyme v. Dina Ossberger 案中,卡波托尔蒂(Capotorti)法官指出,《布鲁塞尔公约》第 18 条允许对受诉法院管辖权提出异议的被告同时就诉讼的实质内容提出异议,以充分保护被告的辩护权。[2] 最终,欧洲法院指出,公约第 18 条应被解释为,它不仅允许被告单独对管辖权提出异议,而且允许被告质疑诉讼的实质内容时兼对管辖权提出异议。[3] 然而,在 Elefanten Schuh GmbH v. Pierre Jacqmain 案[4]中,欧洲法院指出,公约第 18 条不适用于被告不仅对法院的管辖权提出异议,而且就诉讼的实质内容提出异议的情况。换言之,若被告不仅对受诉法院的管辖权提出异议,而且对诉讼的实质内容进行质疑,那么上述行为不影响管辖权异议的效力,此种情形不构成涉外默示协议管辖。[5]

---

① Case C-433/16 Bayerische Motoren Werke AG v. Acacia Srl [2017] ECR,para. 36.

② Opinion of Advocate General Capotorti, Delivered on 15 October 1981, Case C-27/81 Établissements Rohr Société anonyme v. Dina Ossberger [1981] ECR 02431,p. 2444.

③ Case C-27/81 Établissements Rohr Société anonyme v. Dina Ossberger [1981] ECR 02431, p. 2440. 以下案例也存在类似的表述:Case C-25/81 C. H. W. v. G. J. H. [1982] ECR 01189,p. 1204;Case C-201/82 Gerling Konzern Speziale Kreditversicherungs-AG and Others v. Amministrazione del Tesoro dello Stato [1983] ECR 02503,p. 2517.

④ Case C-150/80 Elefanten Schuh GmbH v. Pierre Jacqmain [1981] ECR 01671,p. 1686.

⑤ 杨育文:《〈承认与执行外国判决公约〉(草案)第 5 条第 1 款第 6 项评析——兼论我国应诉管辖制度之完善》,载《中国国际私法与比较法年刊》(第二十卷),法律出版社 2018 年版,第 156 页。

第二,反诉情形下涉外默示协议管辖的认定问题,即涉外默示协议管辖规则是否适用于原审原告在被告提出的反诉中出庭应诉的情形? 例如,在Hannelore Spitzley *v.* Sommer Exploitation SA 案①中,戈登·思林(Gordon Slynn)法官和欧洲法院均指出,反诉的原审原告类似于被告,如果原审原告对被告提起的反诉提出异议,但未对反诉受理法院的管辖权提出异议,那么此种情形构成对反诉问题的涉外默示协议管辖,反诉法院可以根据《布鲁塞尔公约》第18条的规定行使管辖权。

第三,缺席诉讼情形下涉外默示协议管辖的认定问题,即受诉法院为缺席被告指定的代理人出庭应诉,是否构成涉外默示协议管辖? 例如,A *v.* B and Others 案②争议的焦点在于,如果成员国法院根据本国法律为缺席被告指定诉讼代理人,并且提起诉讼的文件因被告住所地不明而未能送达被告,那么代理人出庭应诉是否构成《布鲁塞尔条例Ⅰ》第24条涉外默示协议管辖? 欧洲法院对此持否定态度,理由如下。首先,若将此情形解释为涉外默示协议管辖,则将侵犯缺席被告的辩护权。第24条涉外默示协议管辖是基于争端各方对管辖权作出的慎重选择,而且前提是被告知晓对自身提起的诉讼。如果被告不知晓对其提起的诉讼或不知晓法院为其指定了诉讼代理人,那么这将无法使被告在充分了解事实的情况下就接受或质疑该管辖权发表意见,并将导致原告有效救济权和被告辩护权的失衡。其次,若将此情形解释为涉外默示协议管辖,则不符合条例序言第(11)条国际民商事管辖权的可预见性目标。在 ZX *v.* Ryanair DAC 案③中,欧洲法院指出,《布鲁塞尔条例Ⅰ(修订版)》第26条涉外默示协议管辖规则不适用于被告未提交意见或未出庭的案件。在 E. E. *v.* Kauno miesto 4-ojo notaro biuro notarė Virginija Jarienė and K. -D. E. 案④中,坎波斯·桑切斯-博尔多纳法官指出,涉外继承程序开始后利害关系人经告知但未出庭不构成涉外继承默示协议管辖,而且利害关系人对涉外遗产权利义务所作的程序外声明不具有涉外默示协议管辖的效力。总之,由法院为缺席被告指定的代理人出庭应诉不得被视为被告默示接受管辖权,否

①　Case C-48/84 Hannelore Spitzley *v.* Sommer Exploitation SA ［1985］ECR 00787,para. 27; Opinion of Advocate General Gordon Slynn,Delivered on 17 January 1985,p. 793.

②　Case C-112/13 A *v.* B and Others ［2014］ECR,paras. 47-61.

③　Case C-464/18 ZX *v.* Ryanair DAC ［2019］ECR,para. 41.

④　Opinion of Advocate General Campos Sánchez-Bordona,Delivered on 26 March 2020,Case C-80/19 E. E. *v.* Kauno miesto 4-ojo notaro biuro notarė Virginija Jarienė and K. -D. E. ［2020］ECR,para. 117.

则原告有效救济权和被告辩护权将遭受失衡,而且此亦不利于被告对国际民商事管辖权的合理预见。

第四,国际民商事特别管辖权情形下涉外默示协议管辖的认定问题,即涉外特别管辖权事项能否适用涉外默示协议管辖规则?《布鲁塞尔公约》第18条、《布鲁塞尔条例Ⅰ》第24条和《布鲁塞尔条例Ⅰ(修订版)》第26条第1款将涉外专属管辖权事项纳入涉外默示协议管辖规则的除外适用范围。鉴于在涉外专属管辖权情形下禁止适用涉外默示协议管辖规则,那么国际民商事特别管辖权事项能否援引涉外默示协议管辖规则? 欧洲法院对此持肯定态度。例如,Česká podnikatelská pojišťovna as,Vienna Insurance Group v. Michal Bilas案①争议的焦点在于,《布鲁塞尔条例Ⅰ》第二章第三节对涉外保险合同事项规定了国际特别管辖权规则,那么受诉法院能否基于被告出庭应诉和根据第24条涉外默示协议管辖规则行使管辖权? 欧洲法院指出,虽然第24条第2款将涉外专属管辖权作为涉外默示协议管辖的除外适用情形,但该条款未将国际民商事特别管辖权事项纳入除外适用范围。条例第二章第三节涉外保险合同管辖权规则的性质属于国际民商事特别管辖权规则而非涉外专属管辖权规则,因此受诉法院可以在被告出庭应诉且不质疑本院管辖权的情形下根据第24条涉外默示协议管辖规则行使管辖权。在 A v. B and Others案②中,博特(Bot)法官指出,如果消费者出庭应诉而且未质疑受诉法院的管辖权,那么该法院可根据《布鲁塞尔条例Ⅰ》第24条涉外默示协议管辖规则行使管辖权,而且其基于第24条作出的判决将在被请求国得到承认与执行。

第五,涉外默示协议管辖的认定是否受法院告知义务影响? 与《布鲁塞尔条例Ⅰ》第24条相比,《布鲁塞尔条例Ⅰ(修订版)》第26条第2款的新发展在于,后者对涉外默示协议管辖增补法院告知义务,并将之作为成立涉外默示协议管辖的要件,③以确保被告知晓其有权质疑法院管辖权以及获知缺席或不

---

① Case C-111/09 Česká podnikatelská pojišťovna as,Vienna Insurance Group v. Michal Bilas[2010]ECR I-04545,paras. 18-33.

② Opinion of Advocate General Bot,Delivered on 2 April 2014,Case C-112/13 A v. B and Others[2014]ECR,para. 40.

③ 胡宜奎:《法经济学视角下的应诉管辖》,载《学术界》2015年第8期,第150页。

出庭的后果。[①] 例如,在 A v. B and Others 案[②]中,博特法官指出,为确保被告知晓出庭应诉的后果,《布鲁塞尔条例Ⅰ(修订版)》第 26 条第 2 款对涉外默示协议管辖规则的适用新增了法院的告知义务。然而,此条法院告知义务的适用范围具有有限性,仅涉外保险合同、涉外消费者合同和涉外雇佣合同默示协议管辖规则添加法官告知义务。在欧盟涉外家事诉讼领域,涉外默示协议管辖的法官义务存在差异。《第 2016/1103 号条例》第 8 条第 2 款涉外夫妻财产事项默示协议管辖规则和《第 2016/1104 号条例》第 8 条第 2 款涉外注册伴侣财产事项默示协议管辖规则皆新增法官告知义务,但《第 2019/1111 号条例》第 10 条跨国父母责任事项默示协议管辖规则未规定告知义务。虽然《罗马条例Ⅳ》第 9 条没有明文规定法官告知义务,但为保护被告的公正审判权,法院在认定涉外继承事项默示协议管辖的效力时有必要将此作为考量因素。

三、欧盟涉外继承协议管辖规则的适用：E. E. 案

2020 年 E. E. v. Kauno miesto 4-ojo notaro biuro notarė Virginija Jarienė and K.-D. E. 案[③]集中体现了《罗马条例Ⅳ》第 4 条死者死亡时惯常居所地管辖权规则和第 5 条涉外协议管辖规则在涉外继承案件中的具体运用。

1. 案件事实及争议焦点

主要案情如下：E. E. 和母亲拥有立陶宛国籍。之后,母亲与德国人 K.-D. E. 结婚,并离开立陶宛,三人一起居住在德国。2013 年,母亲起草一份公证遗嘱,指定儿子 E. E. 继承全部遗产,公证机构位于立陶宛加利亚瓦镇。2017 年,母亲在德国去世,因其中一处不动产遗产位于立陶宛考纳斯市,故 E. E. 在立陶宛考纳斯市申请启动继承程序,并请求公证机构颁发继承证书。立陶宛公证机构认为,因死者惯常居所地位于德国,不满足《罗马条例Ⅳ》第 4 条

---

① Liviu Gheorghe Zidaru, *International Jurisdiction Derived from Appearance of the Defendant*, *According to Brussels Ⅰ Regulation*, 2014 (1) Analele Universitatii din Bucuresti: Seria Drept 93, 93 (2014).

② Opinion of Advocate General Bot, Delivered on 2 April 2014, Case C-112/13 A v. B and Others [2014] ECR, para. 41.

③ Case C-80/19 E. E. v. Kauno miesto 4-ojo notaro biuro notarė Virginija Jarienė and K.-D. E. [2020] ECR, paras. 26-32.

涉外继承一般管辖权规则的要求，故拒绝出具继承证书。2018 年，E. E. 就公证机构拒绝出具继承证书一事在立陶宛考纳斯地区法院起诉。法院支持 E. E. 的诉请，理由是死者没有与立陶宛断绝联系。公证机构提起上诉，反对立陶宛考纳斯地区法院的判决。E. E. 向立陶宛最高法院上诉，最高法院决定中止诉讼，并申请欧洲法院对以下六个问题作出初步裁决。

第一，本案是否属于《罗马条例Ⅳ》所指的涉外继承？

第二，跨国继承公证机构能否被视为《罗马条例Ⅳ》第 3 条第 2 款所指的法院？

第三，跨国继承证书能否被视为《罗马条例Ⅳ》第 3 条第 1 款(g)项所指的判决？

第四，立陶宛公证机构能否在不遵守《罗马条例Ⅳ》第 4 条涉外继承一般管辖权规则的情况下签发跨国继承证书？

第五，《罗马条例Ⅳ》第 4 条死者惯常居所地的数量是否具有单一性？

第六，本案能否适用《罗马条例Ⅳ》第 5 条涉外继承协议管辖规则？

2. 坎波斯·桑切斯-博尔多纳法官的佐审意见

坎波斯·桑切斯-博尔多纳法官着重阐述了对问题四、问题五和问题六的审理意见，以供欧洲法院参考。

关于涉外继承的判断标准问题，坎波斯·桑切斯-博尔多纳法官指出，《罗马条例Ⅳ》没有明确界定涉外继承的语义是为了对涉外继承进行灵活评估，以使本条例涵盖更多的继承争端，并保护欧盟居民的跨国自由流动权不因涉外继承纠纷而受到阻碍。涉外继承的判断标准除了死者死亡时惯常居所地之外，还包括遗产所在地以及死者、继承人、受遗赠人或其他亲属的国籍等其他考量因素。[①]

（1）问题四的审理意见

问题四的出发点是，除非立陶宛公证机构不属于条例第 3 条第 2 款意义上的法院，否则公证机构在签发涉外继承证书时将受该条例国际继承管辖权规则的约束。

---

① Opinion of Advocate General Campos Sánchez-Bordona, Delivered on 26 March 2020, Case C-80/19 E. E. *v.* Kauno miesto 4-ojo notaro biuro notarė Virginija Jarienė and K.-D. E. ［2020］ECR, paras. 32-35.

第一,关于涉外继承公证机构是否属于法院,坎波斯·桑切斯-博尔多纳法官指出,条例第 3 条第 2 款所指法院的外延包括有权处理继承事项的司法当局和其他法律从业人员。由于立陶宛公证机构签发涉外继承证书不涉及行使司法职能,因此其不是第 3 条第 2 款所指的法院。[①]

第二,关于立陶宛公证机构是否受条例第 4 条管辖权规则的约束,坎波斯·桑切斯-博尔多纳法官指出,只有当非司法机构作为法院行事,那么其才受本条例国际管辖权规则的约束。由于立陶宛继承公证机构不属于条例第 3 条第 2 款所指的法院,因此其裁决签发涉外继承证书时不受第 4 条涉外继承一般管辖权规则的影响。[②]

(2)问题五的审理意见

第一,死者惯常居所地的数量之争,即死者是否必须只有一个惯常居所地,能否允许其拥有多个惯常居所地?坎波斯·桑切斯-博尔多纳法官认为,惯常居所地是《罗马条例Ⅳ》涉外继承管辖权规则和涉外继承冲突规范的一般连结点,但死者死亡时惯常居所地的数量宜理解为单一的惯常居所地(a single habitual residence)。之所以作此解释,是因为条例秉持同一制涉外继承理念,涉外继承管辖权规则和法律选择规则旨在规制整个继承,单一的惯常居所地管辖有助于防止继承事项的分割和避免出现国际矛盾判决。[③]

第二,死者死亡时惯常居所地的判断标准之争,即本案死者的惯常居所地应认定为在德国抑或位于立陶宛?可分为以下两种情形。首先,关于稳定居住情形下死者惯常居所地的确定,根据条例序言第(23)条的规定,死者惯常居所地的确定需要考虑与死者生活有关的事实要素,特别是死者在某一国家的持续时间和规律性的事实(客观因素),以及死者出现在此国的情况和原因(主观因素),表明死者与该国存在着密切和稳定的联系(close and stable connection)。个人在成员国居住的时间长短不是惯常居所地的决定性判断标准,受诉法院应着重审查个人和家庭成员在特定地点的社会关系和联系程度。其次,关于临时居住情形下死者惯常居所地的确定,受诉法院判断死者惯常居

---

① Opinion of Advocate General Campos Sánchez-Bordona, Delivered on 26 March 2020, Case C-80/19 E. E. v. Kauno miesto 4-ojo notaro biuro notarė Virginija Jarienė and K.-D. E. [2020] ECR, paras. 69-73.

② Opinion of Advocate General Campos Sánchez-Bordona, Delivered on 26 March 2020, Case C-80/19 E. E. v. Kauno miesto 4-ojo notaro biuro notarė Virginija Jarienė and K.-D. E. [2020] ECR, paras. 74-84.

③ Opinion of Advocate General Campos Sánchez-Bordona, Delivered on 26 March 2020, Case C-80/19 E. E. v. Kauno miesto 4-ojo notaro biuro notarė Virginija Jarienė and K.-D. E. [2020] ECR, paras. 41-44.

所地时有必要考虑个人跨国自由流动性。若死者出于职业目的暂时移居国外,未改变其家庭和社会生活的利益重心,或者若死者在多个国家生活,且没有与任何一国建立稳定的联系,则死者国籍和主要财产所在地将被作为死者惯常居所地的辅助决定因素。对本案而言,死者的国籍和主要遗产位于立陶宛,结合条例序言第(24)条的规定,死者的惯常居所地可被推定位于立陶宛。①

(3)问题六的审理意见

坎波斯·桑切斯-博尔多纳法官指出,与涉外一般民商事协议管辖相比,《罗马条例Ⅳ》第5条涉外继承事项协议管辖的特殊之处在于将协议管辖与准据法因素相结合。换言之,若死者生前根据第22条单边选择涉外继承事项准据法(主要为死者作出选择时或死亡时的国籍国法),则此准据法所属国法院经各方当事人同意而具有排他性管辖权。因此,问题六的核心在于判断死者生前是否指定适用立陶宛法律,当事人是否进而协议选择立陶宛法院行使管辖权?具体而言:

第一,关于准据法,由于被继承人在遗产处置证明中提及国籍国立陶宛法律的具体规定,因此可推定被继承人选择适用立陶宛法律。

第二,基于选择法律而选择法院。在死者选择本国法为涉外继承事项准据法的情形下,《罗马条例Ⅳ》第5条允许与继承有利害关系的人协议选择死者国籍国法院行使管辖权。第5条第2款对涉外继承事项协议管辖规定了严格的适用条件,以确保当事人和利害关系人知晓协议管辖的内容和后果。为减少分歧的产生,当事人和利害关系人必须明确接受涉外继承事项管辖权,利害关系人未出庭以及利害关系人对遗产权利义务所作的程序外声明均不构成涉外继承默示协议管辖。在本案中,当事人似乎没有达成将管辖权授予立陶宛法院的协议。②

3. 欧洲法院的裁决

(1)问题一和问题五的裁决

立陶宛最高法院询问的问题一和问题五实际上是,死者死亡时居住在德

---

① Opinion of Advocate General Campos Sánchez-Bordona, Delivered on 26 March 2020, Case C-80/19 E. E. *v.* Kauno miesto 4-ojo notaro biuro notarė Virginija Jarienė and K.-D. E. [2020] ECR, paras. 45-62.

② Opinion of Advocate General Campos Sánchez-Bordona, Delivered on 26 March 2020, Case C-80/19 E. E. *v.* Kauno miesto 4-ojo notaro biuro notarė Virginija Jarienė and K.-D. E. [2020] ECR, paras. 89-122.

国,但未与立陶宛断绝关系,此种情形是否属于《罗马条例Ⅳ》涉外继承的范围? 死者最后惯常居所地是否必须在单一的成员国成立?

欧洲法院认为,正如条例序言第(1)条和序言第(7)条规定,本条例旨在通过消除涉外继承的障碍以保障人的跨国自由流动和欧盟内部市场的正常运作。死者惯常居所地位于国外是涉外继承案件之"涉外性"的一项认定标准。本案死者是立陶宛人,不动产遗产位于立陶宛,其死亡时惯常居所地位于德国,但未与立陶宛断绝联系,因此本案属于涉外继承。条例正文没有界定死者惯常居所地的概念。根据条例序言第(23)条的规定,死者惯常居所地的认定应结合死者死亡前夕的所有生活情况,同时考虑所有相关的事实因素,特别是死者在有关国家实际存在的时间、规律和原因。只有当足以证明死者与一国存在密切和稳定的联系,那么此国才可被作为死者惯常居所地。条例所指的死者最后惯常居所地应由处理继承问题的主管当局确定,而且死者死亡时最后惯常居所地的数量应理解为单个。之所以作此理解,是因为若死者惯常居所地可以分布在多个成员国,则此做法将导致涉外继承程序的分散。①

(2)问题二的裁决

立陶宛最高法院询问的问题二实际上是,处理继承事项的立陶宛公证机构能否被视为《罗马条例Ⅳ》第3条第2款所指的法院?

欧洲法院认为,条例序言第(20)条规定,"法院"一词具有广泛的含义,其中还包括公证机构,它们在某些继承事项上行使司法职能。如果某一当局具有审理和裁定继承事项争端的管辖权,那么其将被视为行使司法职能。无论签发继承证书的程序有无争议,均适用该标准。条例第3条第2款亦表明,法院的概念不仅包括司法当局,而且包括在继承事项上行使司法职能并符合特定条件的所有其他当局和法律专业人员。后二者被归类为法院的具体前提条件如下。首先,其他当局和法律专业人员根据司法机关授权,或在司法机关的控制下行事。其次,其他当局和法律专业人员能够确保公正和听取各方意见。再次,其他当局和法律专业人员根据所在国法律作出的决定可向司法机构上诉或由司法机构进行审查。最后,其他当局和法律专业人员作出的决定具有与司法判决类似的效力。在本案中,经立陶宛最高法院核实,立陶宛公证机构

---

① Case C-80/19 E. E. *v.* Kauno miesto 4-ojo notaro biuro notarė Virginija Jarienė and K.-D. E. [2020] ECR, paras. 33-45.

签发涉外继承证书并不意味着行使司法职能,故其不属于第 3 条第 2 款所指的法院。①

（3）问题三的裁决

立陶宛最高法院询问的问题三实际上是,涉外继承证书是否属于《罗马条例Ⅳ》第 3 条第 1 款(g)项所指的判决?

欧洲法院认为,根据条例第 3 条第 1 款(g)项的规定,无论称谓如何,判决一词包括成员国法院就继承事项作出的任何决定。文书被归类为判决的前提条件是,文书应由条例第 3 条第 2 款所指的法院作出。若立陶宛最高法院证实立陶宛公证机构可被归类为第 3 条第 2 款所指的法院,则公证机构签发的涉外继承证书可被归类为第 3 条第 1 款(g)项所指的判决。另外,条例序言第(22)条规定,如果公证机构行使司法职能或通过授权或在司法当局的控制下行事,那么公证机构将受本条例第二章涉外继承事项管辖权规则的约束,而且公证机构作出的决定将按照条例第四章外国继承判决承认与执行的规定进行跨国流动。鉴于以上考虑,第 3 条第 1 款(g)项应被解释为,如果立陶宛最高法院确认立陶宛公证机构可被归类为本条例所指的法院,那么公证机构签发的涉外继承证书可被视为条例第 3 条第 1 款(g)项含义内的判决。②

（4）问题四的裁决

立陶宛最高法院询问的问题四实际上是,立陶宛公证机构能否在不遵守《罗马条例Ⅳ》第 4 条涉外继承一般管辖权规则的情形下签发涉外继承证书?

欧洲法院认为,条例第二章涉外继承事项管辖权规则不仅适用于第 3 条第 2 款含义范围内的法院,而且适用于根据成员国法律有权处理继承事项的其他当局。如果立陶宛最高法院确认立陶宛公证机构没有行使司法职能,那么立陶宛公证机构不受本条例第二章涉外继承事项管辖权规则的约束。总之,第 4 条应被解释为,如果成员国公证机构未被归类为法院,那么公证机构可在不遵守条例第 4 条涉外继承一般管辖权规则的情况下颁发涉外继承证书。③

---

①　Case C-80/19 E. E. v. Kauno miesto 4-ojo notaro biuro notarė Virginija Jarienė and K.-D. E. [2020] ECR,paras. 46-56.

②　Case C-80/19 E. E. v. Kauno miesto 4-ojo notaro biuro notarė Virginija Jarienė and K.-D. E. [2020] ECR,paras. 57-63.

③　Case C-80/19 E. E. v. Kauno miesto 4-ojo notaro biuro notarė Virginija Jarienė and K.-D. E. [2020] ECR,paras. 64-80.

（5）问题六的裁决

立陶宛最高法院询问的问题六实际上是，本案能否适用《罗马条例Ⅳ》第5条涉外继承事项协议管辖规则？

欧洲法院认为，条例第5条第1款允许涉外继承诉讼当事人协议选择管辖法院，即如果死者生前根据第22条选择涉外继承事项的准据法，那么经各方当事人同意，此准据法所属国法院将对任何继承事项具有排他性管辖权。此规定旨在确保处理继承事项的当局在大多数情况下适用本国法。涉外继承事项管辖协议应以书面形式表达，或采取其他明确接受管辖权的方式。总之，立遗嘱人的意愿和继承人之间的协议可被用于确定涉外继承事项管辖法院。[①]

4. 对 E. E. 案裁决的评析

E. E. 案体现了欧盟涉外继承事项管辖权具有以下特征。

第一，在管辖权性质上，欧盟涉外继承事项管辖权的性质具有非专属性。欧盟不仅将死者死亡时惯常居所地作为管辖权连结点，而且对涉外继承事项引入涉外协议管辖制度，以方便当事人诉讼、保障跨国财产继承权和家庭生活权、促进人的跨国自由流动。例如，在 Vincent Pierre Oberle 案[②]中，柏林高等法院申请欧洲法院澄清《罗马条例Ⅳ》第4条是否对成员国签发遗产继承证书规定了专属管辖权。斯普纳法官指出，第4条的管辖权性质不构成涉外专属管辖权，后者在国际民商事诉讼程序中具有特定的含义。涉外专属管辖权规则构成涉外一般民商事管辖权规则的例外，对诉讼当事人和法院都具有特别约束力，当事人原则上不能通过协议管辖或出庭应诉抛却涉外专属管辖权规则。《罗马条例Ⅳ》第5条允许当事人协议选择涉外继承事项管辖法院，意味着涉外继承事项管辖权的性质在欧盟不具有专属性。

第二，在管辖权主体上，E. E. 案体现了欧盟涉外继承事项管辖权规则的适用主体呈现扩大化趋势。传统意义上的法院可援引条例中的涉外继承事项管辖权规则，除此之外，满足特定条件的处理继承事宜的非司法当局和法律专业人员亦属于涉外继承事项管辖权规则的适用主体。

---

① Case C-80/19 E. E. *v*. Kauno miesto 4-ojo notaro biuro notarė Virginija Jarienė and K. -D. E. [2020] ECR，paras. 81-96.

② Opinion of Advocate General Szpunar，Delivered on 22 February 2018，Case C-20/17 Vincent Pierre Oberle [2018] ECR，paras. 17-21.

第三，在管辖权客体上，欧盟涉外继承事项管辖权范围秉持整体性。《罗马条例Ⅳ》采用了较彻底的同一制调整涉外继承关系。[1] 例如，在 Vincent Pierre Oberle 案[2]中，欧洲法院指出，条例第 4 条基于单一遗产原则（principle of a single estate）规定死者死亡时惯常居所地国法院对整体涉外继承事项具有一般管辖权。在 E. E.案中，欧洲法院亦指出，当事人协议选择的法院对任何涉外继承事项具有管辖权。欧盟对涉外继承事项管辖权的规定未区分涉外动产与涉外不动产，旨在避免涉外继承的碎片化，[3]同时也是为了将与第三国存在更密切联系的涉外继承案件，特别是遗产位于第三国的案件纳入条例的保护对象。[4] 鉴于此，涉外不动产继承和涉外动产继承均属于欧盟涉外继承领域协议管辖的事项范围。

第四，在管辖权连结点上，多年来欧盟涉外继承事项管辖权连结点呈现多元化发展趋势。2009 年欧盟《关于继承事项管辖权、法律适用、判决和公证文书承认与执行以及欧盟继承证书草案》（以下简称《涉外继承条例草案》）不仅规定了死者最后惯常居所地国管辖（第 4 条）和例外情形下的遗产所在地国管辖（第 9 条），而且体现了由适当法院对涉外继承事项行使管辖权的理念（第 5 条）。[5] 在 2009 年欧盟《涉外继承条例草案》的基础上，2012 年《罗马条例Ⅳ》新增涉外继承明示和默示协议管辖、涉外继承平行诉讼解决方式以及涉外继承临时措施与保护措施管辖权。2014 年，欧盟委员会《关于继承事项管辖权、法律适用、判决承认与执行、公证文书的接受与执行以及创立欧洲继承证书的第 650/2012 号（欧盟）条例提及的表格的第 1329/2014 号（欧盟）实施条例》（以下简称《第 1329/2014 号条例》）虽然对《罗马条例Ⅳ》部分表格进行了非强

---

① 杨灵一：《论欧盟继承法律适用规则的新发展：以 2012 年〈继承条例〉为中心》，载《中国国际私法与比较法年刊》（第十九卷），法律出版社 2017 年版，第 99 页。

② Case C-20/17 Vincent Pierre Oberle［2018］ECR，para. 55.

③ Magdalena Pfeiffer，*Legal Certainty and Predictability in International Succession Law*，12（3）Journal of Private International Law 566，571（2016）.

④ Slavko Đorđević，*Some Remarks on Prevention and Resolution of Positive Jurisdiction Conflicts between Croatian（Member State）and Serbian Courts in Cross-border Succession Cases——From Croatian（EU）and Serbian Point of View*，36（2）Pravni Vjesnik 25，26（2020）.

⑤ Commission of the European Communities，*Proposal for a Regulation of the European Parliament and of the Council on Jurisdiction，Applicable Law，Recognition and Enforcement of Decisions and Authentic Instruments in Matters of Succession and the Creation of a European Certificate of Succession*，2009，pp. 5-6，https：//eur-lex. europa. eu/legal-content/EN/TXT/PDF/? uri＝CELEX：52009PC0154&qid＝1633265239607&from＝EN，2022 年 5 月 1 日访问。

制性修订，①但对涉外继承事项管辖权规则未作变动。② 另外，欧盟弱化了死者死亡时惯常居所地和遗产所在地等传统管辖权连结点的作用。虽然条例第4条将死者死亡时惯常居所地国管辖作为涉外继承事项一般管辖权依据，但其不具有专属性。③ 尽管遗产所在地是国际社会普遍适用的涉外继承管辖权连结点，④但人的跨国自由流动造成死者遗产可能位于多国。⑤ 为避免遗产所在地的判断困境，欧盟弱化了遗产所在地国管辖的地位，条例第10条仅将遗产所在地作为涉外继承事项附属性管辖权连结点。

总之，欧盟涉外继承事项协议管辖是自治原则向欧盟涉外家事管辖权领域渗透的另一代表，进一步打破了涉外家事诉讼不得援引涉外协议管辖制度的传统立场。然而，《罗马条例Ⅳ》涉外继承协议管辖存在以下局限。首先，在法院选择范围上，第5条将涉外继承事项协议管辖的法院选择范围限定于死者根据第22条单边选择的准据法所属国法院，旨在确保处理继承事项的当局在大多数情况下适用本国法。第5条虽然体现了准据法与涉外继承管辖权之间的密切联系，但第22条第1款准据法范围过于单一，容许死者选择的准据法范围仅为死者作出选择时或死亡时的国籍国法。换言之，这意味着欧盟仅容许当事人协议选择死者国籍国法院对涉外继承事项行使管辖权，极大地限制了涉外继承事项协议管辖制度功能的发挥。其次，在适用条件上，欧盟涉外继承事项协议管辖的儿童最佳利益条件缺失。最后，在法律效力上，欧盟涉外继承事项默示协议管辖效力的判断标准具有模糊性。

---

① 例如，在 Klaus Manuel Maria Brisch 案中，欧洲法院指出，《第1329/2014号条例》表格Ⅳ具有选择性和非强制性。See Case C-102/18 Klaus Manuel Maria Brisch［2019］ECR，paras. 30，36.

② European Commission，*Commission Implementing Regulation（EU）No 1329/2014 of 9 December 2014 Establishing the Forms Referred to in Regulation（EU）No 650/2012 of the European Parliament and of the Council on Jurisdiction，Applicable Law，Recognition and Enforcement of Decisions and Acceptance and Enforcement of Authentic Instruments in Matters of Succession and on the Creation of a European Certificate of Succession*，2014，p. 30，https://eur-lex. europa. eu/legal-content/EN/TXT/PDF/? uri=CELEX:32014R1329&qid=1633319133940&from=EN，2022年5月1日访问。

③ 陈卫佐:《欧盟国际私法的最新发展——关于遗产继承的〈罗马Ⅳ规则〉评析》，载《国际法研究》2015年第2期，第62页。

④ 刘力:《涉外继承案件专属管辖考》，载《现代法学》2009年第2期，第142页。

⑤ 吴小平、欧福永:《欧盟2012年第650号涉外继承条例研究》，载《湖南科技大学学报（社会科学版）》2015年第1期，第84页。

四、欧盟经验下我国涉外继承管辖权的完善

截至目前,我国涉外继承管辖权的现状如下。首先,关于涉外继承直接管辖权,2000 年我国《国际私法示范法》第 45 条提议,对因遗产继承纠纷提起的诉讼,如被继承人死亡时的住所地、惯常居所地或主要遗产所在地位于中国境内,则我国法院具有管辖权。涉外继承直接管辖权在 2021 年我国《民事诉讼法》第四编"涉外民事诉讼程序的特别规定"编中并无任何规定。我国法院主要通过类推适用此法第 34 条第 3 款纯国内继承管辖权规则,确定涉外继承纠纷的管辖法院。[①] 第 34 条第 3 款规定,因继承遗产纠纷提起的诉讼,由被继承人死亡时住所地法院或主要遗产所在地法院行使管辖权。其次,关于涉外继承间接管辖权,我国签订的个别国际民商事司法协助条约中存在零星规定。例如,1992 年《中华人民共和国和西班牙王国关于民事、商事司法协助的条约》第 21 条第 1 款第 9 项将被继承人死亡时住所地管辖或主要遗产所在地管辖作为外国继承判决承认与执行之间的管辖权依据。2012 年《中华人民共和国和波斯尼亚和黑塞哥维那关于民事和商事司法协助的条约》第 24 条第 1 款第 9 项和 2014 年《中华人民共和国和埃塞俄比亚联邦民主共和国关于民事和商事司法协助的条约》第 25 条第 1 款第 9 项对涉外继承事项除规定上述两种管辖权基础外,另将被继承人死亡时居所地增添为涉外继承间接管辖权审查标准。[②] 可见,我国涉外继承事项的直接管辖权连结点和间接管辖权连结点基本相同。

上述客观性管辖权连结点在《罗马条例Ⅳ》第二章(管辖权)亦有相应的规定,但连结点的性质和顺位与我国稍有不同。欧盟弱化了死者死亡时惯常居所地和遗产所在地等传统管辖权连结点的作用。虽然条例第 4 条将死者死亡时惯常居所地管辖权作为涉外一般管辖权(general jurisdiction),但其性质不构成涉外民商事专属管辖权。[③] 尽管遗产所在地是国际社会普遍适用的涉外继承管辖权连结点,但人的跨国自由流动造成死者遗产可能位于多国。为避

---

① 例如,张某 1、张某 2 等继承纠纷案,参见广西壮族自治区贺州市中级人民法院(2021)桂 11 民终 1024 号民事判决书。

② 袁发强、孙锦怡等:《2017～2018 年国际私法涉外家事年度研究报告》,载《中国国际私法与比较法年刊》(第二十四卷),法律出版社 2020 年版,第 133 页。

③ Opinion of Advocate General Szpunar, Delivered on 22 February 2018, Case C-20/17 Vincent Pierre Oberle [2018] ECR, paras. 17-20.

免遗产所在地的判断困境,欧盟弱化了遗产所在地管辖权的权重,条例第 10
条将遗产所在地管辖仅作为附属管辖权。

我国继承专属管辖权规则重在体现国家主权原则,欧盟将法律选择作为
涉外继承管辖权的核心考量因素,我国与欧盟涉外继承管辖权的法理基础固
然存在差异,但遵循方便当事人诉讼和保障跨国财产继承权两个共同的目标。
此为我国借鉴欧盟经验对涉外继承管辖权规则予以完善提供了支撑。

我国涉外继承事项管辖权主要存在以下两方面问题。首先,修正涉外继
承事项管辖权性质。其次,完善涉外继承事项管辖权连结点。

(一)欧盟经验下我国涉外继承管辖权性质的修正

欧盟涉外继承管辖权的性质不具有专属性。根据《罗马条例Ⅳ》第二章的
规定,死者死亡时惯常居所地国管辖(第 4 条)、涉外协议管辖(第 5 条)、涉外
继承准据法所属国法院管辖(第 6—8 条)、国际应诉管辖(第 9 条)、遗产所在
地国法院附属管辖(第 10 条)、必要管辖(第 11 条)、先受诉法院管辖(第 17
条)、关联管辖(第 18 条)均被认可为欧盟涉外继承事项管辖权依据。尤其是
条例第 5 条对涉外继承事项启用涉外协议管辖制度,欧盟由此彻底打破了涉
外继承诉讼专属管辖权性质。

虽然 2000 年我国《国际私法示范法》第 45 条和 2021 年我国《民事诉讼
法》第 34 条第 3 款对继承纠纷管辖权连结点的规定基本一致,《国际私法示范
法》仅新增被继承人惯常居所地的管辖权连结点,但二者对继承诉讼管辖权性
质的立场截然不同。《国际私法示范法》将涉外继承纠纷作为涉外特别管辖权
事项,但《民事诉讼法》第 34 条第 3 款仍保留继承纠纷管辖权的专属性。

2023 年修正的我国《民事诉讼法》第 279 条彻底将涉外继承事项排除出
涉外民商事专属管辖权范围。在管辖权性质上,我国之所以有必要废弃涉外
继承事项专属管辖权性质,理由如下。

第一,从文义解释角度而言,我国国际民商事司法协助条约的外国继承判
决间接管辖权审查标准和《民事诉讼法》第 34 条第 3 款纯国内遗产继承管辖
权连结点均为选择性的管辖权连结点,已经不具有专属性的特征。[①]

第二,从利益保护角度而言,涉外继承主要涉及私人权利,与国家重大政

[①]　肖永平、朱磊:《批准〈选择法院协议公约〉之考量》,法律出版社 2017 年版,第 97 页。

治、经济利益和公共秩序等联系较弱，因此不应被纳入涉外专属管辖权范围。[①]

第三，从诉讼结果角度而言，涉外继承事项专属管辖权将助长其与涉外不动产专属管辖权的冲突，[②]而且可能阻碍继承判决的跨国承认与执行。[③]

第四，从国际协调角度而言，法院地国对涉外继承事项适用涉外专属管辖权规则鲜见。目前我国继承事项专属管辖权的规定沿用的是几十年前的旧例，不符合国际趋势。[④]

(二)欧盟经验下我国涉外继承管辖权连结点的革新

目前，我国涉外继承事项管辖权依据限于以下三种：被继承人死亡时住所地管辖、被继承人死亡时居所地管辖和主要遗产所在地管辖。上述传统管辖权依据不仅具有被继承人死亡时住所地和居所地的区分难题，存在主要遗产所在地的判断困境，而且面临内部冲突和外部冲突问题。

1. 我国继承诉讼传统管辖权连结点的适用困境

第一，如何区分被继承人死亡时住所地和居所地？我国立法上无明确的区分标准，在学理上住所与居所存在以下区分标准。

首先，以组成要素的不同作为二者的区分标准。居住(residence)和居住意图(intention to remain)是住所的两项基本要素。[⑤] 虽然住所的这两项基本要素早在罗马法中就已确立，并为现代各国广泛认同，但法院地国如何确知被告居住意图一直困扰住所概念在实际中的运用。[⑥] 与住所的两项基本要素相比，居所无须具备个人在该地建立永久的家的意图。[⑦] 居所避免过分关注人的意图，有助于更好地适应流动的社会。[⑧]

---

① 李晶：《涉外民事管辖权立法完善研究》，载《政治与法律》2013 年第 8 期，第 142 页。

② 邓杰：《国际私法分论》，知识产权出版社 2005 年版，第 406-407 页。

③ 张仲伯：《国际私法学》，中国政法大学出版社 2007 年版，第 560 页。

④ 刘力：《涉外继承案件专属管辖考》，载《现代法学》2009 年第 2 期，第 138-139 页。

⑤ Nikolaos A. Davrados, *Louisiana My Home Sweet Home：Decodifying Domicile*,64 (2) Loyola Law Review 287,289 (2018).

⑥ 杜新丽：《国际民事诉讼与商事仲裁》，中国政法大学出版社 2009 年版，第 58 页。

⑦ Wendy P. Daknis, *Home Sweet Home：A Practical Approach to Domicile*,177 Military Law Review 49,57 (2003).

⑧ Lauren Clayton-Helm,*Out with the Old and in with the New：Bringing the Law of Domicile into the Twenty-First Century*,7 (1) Journal of International and Comparative Law 199,223 (2020).

其次,以数量的不同作为二者的区分标准。与住所数量的单一相比,居所和惯常居所的数量容许有多个。[①] 例如,英国法规定,个人必须而且只能有一个住所。既不允许无住所,也不允许一个人同时拥有两个以上住所,以实现结果的确定性。[②] 然而,此种区分标准并不绝对。譬如本节第三目所述之 E. E. v. Kauno miesto 4-ojo notaro biuro notarė Virginija Jarienė and K.-D. E. 案[③] 便涉及死者惯常居所地的数量之争,即死者是否仅有一个惯常居所地,能否允许其拥有多个惯常居所地? 坎波斯·桑切斯-博尔多纳法官认为,惯常居所地是欧盟《罗马条例Ⅳ》涉外继承管辖权规则和涉外继承冲突规范的一般连结点,但死者死亡时惯常居所地的数量宜理解为单一的惯常居所地。之所以作此解释,是因为条例秉持同一制涉外继承理念,涉外继承管辖权规则和法律选择规则旨在规制整个涉外继承事项,单一的惯常居所地有助于防止涉外继承事项管辖权的分散和避免出现国际矛盾判决的结果。

最后,以联系程度的不同作为二者的区分标准。"人与地之关系分为以下三种。有一定之地,与人之关系最为密切者,住所是也;有一定之地,与人虽有关系,而不甚密切者,居所是也;有一定之地,与人无甚关系,现在所是也。"[④]

第二,如何判断主要遗产所在地? 在实践中,我国法院采取以下判断标准。首先,若继承标的物既有动产和不动产,则我国法院通常将不动产视为主要遗产。[⑤] 其次,若继承标的物均为不动产,则我国法院将遗产的数量作为主要遗产的认定标准。[⑥] 最后,遗产的价值不被纳入主要遗产所在地的考量因素。[⑦]

第三,管辖权依据的内部冲突问题,即如何处理我国《民事诉讼法》第34条第3款被继承人死亡时住所地管辖和主要遗产所在地管辖的冲突? 我国法

[①]　Nikolaos A. Davrados,*Louisiana My Home Sweet Home*:*Decodifying Domicile*,64(2) Loyola Law Review 287,354(2018).

[②]　李双元、欧福永:《国际私法学》(第3版),北京大学出版社2015年版,第180页。

[③]　Opinion of Advocate General Campos Sánchez-Bordona,Delivered on 26 March 2020,Case C-80/19 E. E. v. Kauno miesto 4-ojo notaro biuro notarė Virginija Jarienė and K.-D. E. [2020] ECR,paras.41-44.

[④]　〔日〕志田钾太郎口述,熊元楷、熊仕昌编:《国际私法》,刘晓红点校,上海人民出版社2013年版,第90页。

[⑤]　例如,曹某1与曹某2等继承纠纷上诉案,参见江苏省徐州市中级人民法院(2018)苏03民辖终44号民事裁定书。

[⑥]　例如,郭某1、赵某法定继承纠纷案,参见广东省佛山市中级人民法院(2019)粤06民辖终220号民事裁定书。

[⑦]　例如,岑某1等诉岑某4等法定继承纠纷案,参见广东省珠海市中级人民法院(2016)粤04民辖终203号民事裁定书。

院认为，只有当无法确定被继承人主要遗产所在地时，才由被继承人死亡时住所地法院行使管辖权，或者应基于方便法院原则而优先由遗产所在地法院行使管辖权。[①] 实际上，第 34 条第 3 款中"或者"一词意味着二者是无序选择性管辖权连结点，应交由原告择一即可。

第四，管辖权依据的外部冲突问题，即如何处理《民事诉讼法》第 34 条第 3 款继承专属管辖权与第 34 条第 1 款不动产专属管辖权之间的冲突？1985 年《最高人民法院关于卢伟明与卢伟范继承案管辖问题的批复》[②]对不动产继承问题允许同时适用继承专属管辖权规则和不动产专属管辖权规则。我国一些法院采取类似的混同立场。[③]

2.涉外继承协议管辖在我国的引入

（1）我国引入涉外继承协议管辖的缘由管窥

第一，我国通过引入涉外继承协议管辖，进一步破除涉外继承专属管辖权。涉外继承协议管辖制度淡化了国家权力对涉外继承诉讼的控制，而完全以当事人的利益为逻辑起点。[④] 此外，尽量减少涉外专属管辖权情形，扩大允许当事人协议管辖的范围是减少国际民事诉讼管辖权冲突的重要途径。[⑤]

第二，我国通过引入涉外继承协议管辖，弥补传统管辖权连结点的不足。我国继承事项传统管辖权连结点存在被继承人死亡时住所地和居所地的区分难题和主要遗产所在地的判断困境，而且管辖权依据面临内部冲突和外部冲突问题。鉴于传统继承管辖权连结点的局限和困境，我国在涉外继承管辖权问题上不妨融入当事人意思自治因素，以缓解传统管辖权规则的僵硬性和减少不公平结果的发生。[⑥]

第三，2022 年我国民事诉讼法司法解释第 34 条允许家事财产争议适用

---

① 例如，陈某 1、陈某 2 与伊某、伊某 1、陈某 3 等法定继承纠纷案，参见广东省佛山市中级人民法院（2019）粤 06 民终 6859 号民事裁定书。

② 已被 1996 年 12 月发布的《最高人民法院关于废止 1979 年至 1989 年间发布的部分司法解释的通知（第二批）》废止。

③ 例如，黄某某等与利某 6 共有财产及法定继承纠纷上诉案，参见广东省阳江市中级人民法院（2014）阳中法民一终字第 293 号民事判决书。

④ 吴一鸣：《国际民事诉讼中的拒绝管辖问题研究》，法律出版社 2010 年版，第 108 页。

⑤ 刘懿彤：《国际民事诉讼管辖权与和谐国际社会构建》，中国人民公安大学出版社 2017 年版，第 4 页。

⑥ 〔德〕马丁·沃尔夫：《国际私法（上）》（第 2 版），李浩培、汤宗舜译，北京大学出版社 2009 年版，第 70 页。

协议管辖,而继承诉讼同样涉及家庭财产的处理与分割,[①]因此将涉外协议管辖制度延伸至涉外继承领域并无不可。

(2)我国未来涉外继承协议管辖之规则重构[②]

结合欧盟经验并基于我国实际,对于我国涉外继承事项协议管辖的重构建议如下。

第一,合理划定涉外继承协议管辖的主体。欧盟对涉外继承诉讼管辖权规则的适用主体进行了革新。《罗马条例Ⅳ》序言第(22)条规定,当跨国继承公证机构行使司法职能时,其将受本条例国际管辖权规则的约束,而且作出的决定应按照外国判决承认与执行的规定进行流动。然而,2019 年 WB *v.* Notariusz Przemysława Bac 案对之提出了质疑。[③]虽然我国相关规定亦准许公证机构出具继承公证文书,[④]但我国不宜仿效欧盟的做法,继承公证机构不宜被作为我国涉外继承诉讼管辖权规则的适用主体。之所以如此,是因为我国继承公证机构与司法机关的关系不同于欧盟的规定。根据 2020 年修正的我国《公证程序规则》第 3 条和第 8 条的规定,公证机构依法独立行使公证职能,而非司法职能,处理公证事宜时无须司法机关授权,不受司法机关干预。此外,《公证程序规则》第 14 条至第 16 条对继承公证事项管辖权已有单独规定,继承公证机构直接援引上述规则,不受我国涉外继承诉讼管辖权规则的约束。

第二,统一设置涉外继承协议管辖的客体。为避免同一涉外继承诉讼中管辖权的分割,以及基于减少管辖权冲突和避免国际矛盾判决的风险,我国宜对涉外继承协议管辖的对象秉持同一制理念,即涉外不动产继承和涉外动产继承均属于涉外继承事项协议管辖规则调整的事项范围。

第三,科学制定涉外继承协议管辖的条件。2022 年我国民事诉讼法司法解释第 34 条规定,家事财产协议管辖参照一般协议管辖的条件。这意味着我国家事财产协议管辖须满足此司法解释第 29 条所述书面条件、时间条件,而且须符合 2021 年我国《民事诉讼法》第 35 条要求的实际联系条件。在《罗马

[①]　杨灵一:《论欧盟继承法律适用规则的新发展:以 2012 年〈继承条例〉为中心》,载《中国国际私法与比较法年刊》(第十九卷),法律出版社 2017 年版,第 95 页。

[②]　刘阳:《论涉外继承事项的协议管辖:欧盟经验及对我国的启示》,载《山东科技大学学报(社会科学版)》2023 年第 1 期,第 69-70 页。

[③]　Case C-658/17 WB *v.* Notariusz Przemysława Bac［2019］ECR,para. 53.

[④]　参见 1985 年《司法部公证律师司关于涉外遗产继承的公证书如何出具事的复函》。

条例Ⅳ》第 5 条中，当事人仅可协议选择涉外继承案件由第 22 条准据法所属国法院行使管辖权，而第 22 条容许死者选择的准据法乃死者作出选择时或死亡时的国籍国法。这意味着本质上涉外继承当事人在欧盟仅被允许协议选择死者国籍国法院行使管辖权，法院选择范围过于狭窄。关于儿童最佳利益条件，虽然《罗马条例Ⅳ》第 5 条未作此规定，但基于《中华人民共和国民法典》（以下简称《民法典》）第 16 条和第 1155 条、2020 年《最高人民法院关于适用〈中华人民共和国民法典〉继承编的解释（一）》第 31 条以及 2022 年《最高人民法院关于适用〈中华人民共和国民法典〉总则编若干问题的解释》第 4 条特别保护胎儿继承权益理念的影响，我国对涉外继承协议管辖宜增补儿童最佳利益条件。

　　第四，充分维护涉外继承协议管辖的效力。我国法院对国际默示协议管辖①和区际默示协议管辖②效力的认定均援引的是 2021 年我国《民事诉讼法》第 130 条第 2 款和 2022 年《民事诉讼法司法解释》第 223 条第 2 款规定的判断标准。根据二者的规定和我国相关判例，只有当同时满足以下条件时，才能被认定为默示协议管辖或应诉管辖。其一，主体条件。在被告为多人的情形下，仅某一被告应诉答辩，其他被告未应诉答辩的，不能被视为当事人已达成管辖合意，不构成默示协议管辖。③ 之所以如此，目的是保护各被告的辩护权。其二，行为条件。当事人未提出管辖异议，且出庭就案件实体内容进行答辩、陈述，可视为其接受受诉法院的管辖权。④ 若被告提起反诉，原审原告未对反诉受诉法院的管辖权提出异议，而是正常应诉答辩，则此种情形也被我国法院认定为构成对反诉问题的默示协议管辖。⑤ 然而，在我国法院看来，若一方当事人仅对争议的法律性质及诉的种类阐述意见，未对诉讼请求及所依据

---

　　① 例如，罗光隆、干永燕等民间借贷纠纷案，参见福建省三明市中级人民法院（2021）闽 04 民终 556 号民事裁定书。

　　② 例如，陈建云与严起岱民间借贷纠纷案，参见北京市第二中级人民法院（2020）京 02 民终 5003 号民事判决书。

　　③ 例如，汪江华与深圳市恒博天下联合咨询企业、肖红文不当得利纠纷案，参见最高人民法院（2020）最高法辖 10 号民事裁定书。

　　④ 例如，陶某与张某不当得利纠纷案，参见山西省大同市中级人民法院（2020）晋 02 民辖终 75 号民事裁定书。

　　⑤ 例如，韩文学、王红宇买卖合同纠纷案，参见安徽省阜阳市中级人民法院（2021）皖 12 民辖终 150 号民事裁定书。

的事实和理由等实体发表观点,则此不能被视为应诉答辩和接受管辖。[①] 其三,时间条件。尽管当事人对默示协议选择的法院提出管辖异议,但若超出管辖异议答辩期限,则不影响默示协议管辖效力的认定,仍构成默示协议管辖。[②] 其四,其他消极条件。其他管辖权规则亦对默示协议管辖效力构成限制。例如,专属管辖权案件不适用默示协议管辖。[③] 换言之,虽当事人未在答辩期届满前提出管辖权异议并应诉答辩,但若属于专属管辖权案件,则前述行为不得视为当事人默示协议选择管辖法院。[④] 此外,默示协议管辖的效力不受原本具有管辖权这一前提的限制,即无论法院是否具有法定管辖权,法院将因被告应诉行为取得管辖权。[⑤] 当事人已经应诉答辩且未提出管辖异议,即使默示协议管辖法院认为自身缺乏管辖权,亦不宜再行移送,以减少当事人诉累和避免因法院对管辖权的认识分歧而损害当事人的诉诸司法权。[⑥] 关于明示协议管辖与默示协议管辖的关系,我国与欧盟的立场类似,即默示协议管辖的效力不受已存在的明示管辖协议的影响。换言之,虽然双方已事先约定管辖法院,但若双方通过应诉方式接受其他法院管辖,则后一法院将获得管辖权。[⑦] 在默示协议管辖规则的适用过程中,为确保被告知晓拥有提出管辖权异议的权利以及出庭后果,我国宜增加法官的告知义务,并将此作为认定涉外继承默示协议管辖效力的要件。

本章小结

为尊重私人和家庭生活权,促进人的跨国自由流动和方便当事人诉讼,欧

---

① 例如,青岛英联汽车饰件有限公司、中国铁路物资股份有限公司承揽合同纠纷案,参见天津市高级人民法院(2021)津民终 466 号民事裁定书。

② 例如,邢台虎冰川食品有限公司、石家庄晟康空气净化工程有限公司建设工程施工合同纠纷案,参见河北省邢台市中级人民法院(2020)冀 05 民终 1722 号民事判决书。

③ 例如,成都通安达现代消防工程有限公司、张云劳务合同纠纷案,参见四川省成都市中级人民法院(2020)川 01 民终 10478 号民事裁定书。

④ 例如,宁德市福宁锅炉有限公司、福建省宁德市惠正建设工程有限公司建设工程施工合同纠纷案,参见福建省宁德市中级人民法院(2020)闽 09 民终 854 号民事裁定书。

⑤ 例如,遵义市博大涂装技术工程有限责任公司、陈庆明等追偿权纠纷案,参见贵州省遵义市中级人民法院(2021)黔 03 民终 5867 号民事判决书。

⑥ 例如,上海瑞新恒捷投资有限公司与辽阳市财政干部教育中心等与公司有关的纠纷案,参见最高人民法院(2020)最高法民辖 79 号民事裁定书。

⑦ 例如,如皋市九华镇百花绳网厂与王云通、王红园买卖合同纠纷案,参见江苏省高级人民法院(2020)苏民辖 222 号民事裁定书。

盟通常禁止涉外家事诉讼适用涉外专属管辖权制度。例如，虽然 2003 年《布鲁塞尔条例Ⅱa》第 6 条曾规定涉外离婚诉讼管辖权具有专属性，但 2019 年欧盟理事会《第 2019/1111 号条例》正式彻底废除涉外离婚专属管辖权。

　　欧盟涉外继承纠纷管辖权不具有专属性。根据 2012 年《罗马条例Ⅳ》第二章的规定，死者死亡时惯常居所地管辖（第 4 条）、涉外协议管辖（第 5 条）、继承准据法所属国法院管辖（第 6—8 条）、国际应诉管辖（第 9 条）、遗产所在地国附属管辖（第 10 条）、必要管辖（第 11 条）、先受诉法院管辖（第 17 条）和关联管辖（第 18 条）均被认可为欧盟涉外继承管辖权依据。尤其是条例第 5 条和第 9 条不仅允许当事人明示选择管辖法院，而且允许涉外继承事项适用默示协议管辖，彻底打破了欧盟涉外继承诉讼管辖权性质的专属性。欧盟同一制涉外继承理念意味着涉外不动产和涉外动产在内的整体涉外继承事项均属于涉外协议管辖规则调整的事项范围，以避免涉外继承的碎片化。关于涉外继承事项协议管辖的效力，《罗马条例Ⅳ》第 5 条第 1 款授予其排他性效力。《罗马条例Ⅳ》对涉外继承事项协议管辖的规定进一步丰富了欧盟涉外家事协议管辖的理论体系，并对方便当事人诉讼和尊重当事人家庭生活权具有重要意义。然而，欧盟涉外继承事项协议管辖规则存在以下局限。首先，在法理基础上，过于注重法律选择因素的考量。其次，在适用条件上，容许当事人协议选择的法院范围过窄，而且忽略了儿童最佳利益要件。

　　虽然 2021 年我国《民事诉讼法》第 34 条第 3 款对国内继承管辖权已有规定，但我国不宜据此搁置涉外继承管辖权规则的重构。国际民事管辖权的本质不同于国内民事管辖权。第 34 条第 3 款对继承专属管辖权的规定不符合国际趋势和利益解释的要求，而且可能阻碍继承判决的跨国承认与执行。另外，此款所述客观性管辖权连结点亦存在诸多局限和适用困境。2023 年修正的我国《民事诉讼法》第 279 条已彻底抛却涉外继承事项专属管辖权性质。

　　未来我国引入涉外继承协议管辖制度的前景在于，涉外继承协议管辖契合私法自治之国际私法价值理念，体现了对当事人家庭生活权的尊重。涉外继承协议管辖有利于增加当事人诉诸司法的机会，对保障跨国财产继承权大有益处。另外，协议选择的法院对双方当事人而言均具有可预见性，涉外继承协议管辖符合诉讼便利原则的要求。

第三章　涉外不动产专属管辖权的分割

涉外不动产纠纷由不动产所在地国法院行使专属管辖权是冲突法中物之所在地原则向国际民商事管辖权领域的延伸。[①] 由于各国对不动产规定了一些事关国家主权和国家利益的特殊政策，因此涉外不动产纠纷通常适用涉外专属管辖权规则。[②]

然而，欧盟对涉外不动产专属管辖权范围的规定窄于传统范式。在立法上，目前欧盟仅将以下两类诉讼纳入涉外不动产专属管辖权范围：涉外不动产物权纠纷和涉外不动产租赁纠纷。例如，在 Theodorus Engelbertus Sanders v. Ronald van der Putte 案[③]中，欧洲法院指出，《布鲁塞尔公约》第 16 条第 1 款将专属管辖权授予不动产所在地国法院以处理与涉外不动产物权和涉外不动产租赁有关的事项。

对于涉外不动产物权，欧盟打破了涉外不动产物权专属管辖权的绝对性，基于"三要素识别说"仅允许部分涉外不动产物权纠纷适用涉外专属管辖权规则。非公共政策目的下涉外不动产物权纠纷、对人诉讼下涉外不动产物权纠纷以及边际意义下涉外不动产物权纠纷虽与不动产物权有关，但三者均被欧洲法院排除出涉外不动产专属管辖权范围。

对于涉外不动产租赁，欧盟采取"期限二分说"决定能否纳入专属管辖权范围。"期限二分说"是指根据租赁期限的不同，涉外不动产长期租赁适用涉外专属管辖权规则，但六个月以下涉外短期临时不动产租赁管辖权不具有专

---

① Opinion of Advocate General Mancini, Delivered on 19 April 1988, Case C-158/87 R. O. E. Scherrens v. Maria G. Maenhout and Others [1988] ECR 03791, para. 2.

② 何其生：《统一化与分割化：〈海牙判决公约〉下的不动产问题》，载《国际法学刊》2020 年第 1 期，第 51 页。

③ Case C-73/77 Theodorus Engelbertus Sanders v. Ronald van der Putte [1977] ECR 02383, para. 12.

属性。后者既能够由不动产所在地国法院行使管辖权，亦可以附条件由被告住所地国法院行使管辖权。

对于其他涉外不动产纠纷，诸如涉外不动产销售合同，或因捐赠涉外不动产提起的诉讼等，欧盟将之置于涉外不动产专属管辖权的除外情形。[①]

2023 年修正的我国《民事诉讼法》第 279 条涉外民商事专属管辖权规则未提及涉外不动产专属管辖权。长期以来，我国对涉外不动产专属管辖权问题主要准用纯国内不动产专属管辖权规则。虽然我国涉外不动产专属管辖权范围与欧盟的规定相比存在明显差异，但立场具有相似性，即诉讼与涉外不动产有联系，不足以援引涉外不动产专属管辖权规则。我国涉外不动产专属管辖权范围具有以下双重不对称性。首先，具有内部不对称性。我国国际民商事司法协助条约对涉外不动产专属管辖权范围的规定不完全一致。其次，具有外部不对称性。我国国际民商事司法协助条约和 2022 年《民事诉讼法司法解释》对不动产专属管辖权范围的规定不对称。不仅如此，我国传统涉外不动产物权专属管辖权规则下物权的外延与 2020 年《民法典物权编司法解释》第 1 条物权的外延不完全对称，有待协调。

为实现涉外民商事管辖权的可预见性价值取向，避免法院因不合理适用涉外不动产专属管辖权规则而侵犯当事人的诉诸司法权，[②]我国有必要对涉外不动产专属管辖权范围予以澄清。

第一节　欧盟涉外不动产物权专属管辖权：三要素识别说[③]

虽然其他事项能否适用涉外专属管辖权规则仍然存在分歧，但涉外不动产物权隶属于涉外专属管辖权范围已经成为共识。[④] 在国际民商事诉讼中，

---

① Case C-115/88 Mario P. A. Reichert and Others *v.* Dresdner Bank AG［1990］ECR I-00027，para. 14.

② Benedetta Ubertazzi，*Intellectual Property Rights and Exclusive（Subject Matter）Jurisdiction：Between Private and Public International Law*，15（2）Marquette Intellectual Property Law Review 357，375，427（2011）.

③ 刘阳：《涉外不动产专属管辖研究：以欧洲法院判例为视角》，载《南海法学》2022 年第 2 期，第 66-71 页。

④ 高星阁：《不动产纠纷专属管辖之冲突及解决——以〈民事诉讼法解释〉第 28 条为背景》，载《中国不动产法研究》2018 年第 1 辑，第 286 页；何其生：《统一化与分割化：〈海牙判决公约〉下的不动产问题》，载《国际法学刊》2020 年第 1 期，第 51 页。

涉外不动产物权专属管辖权的保障机制包括以下两种。

其一，在直接管辖权方面，除了日本等个别国家否认涉外不动产物权诉讼的涉外专属管辖权性质，[①]绝大多数国家和国际公约均赞同公认的物之所在地传统，不动产所在地国法院对涉外不动产物权纠纷具有专属管辖权。[②] 例如，2007年马其顿《关于国际私法的法律》第69条规定，对于涉外不动产所有权纠纷和涉外不动产的其他物权纠纷，若该不动产在马其顿境内，则由马其顿法院行使专属管辖权。[③] 俄罗斯基于政治理由规定俄罗斯对标的物位于俄罗斯的纯国内和涉外不动产纠纷具有专属性或强制性管辖权（exclusive/mandatory jurisdiction）。[④] 巴西将涉外不动产物权纳入涉外专属管辖权范围。[⑤] 涉外不动产物权专属管辖权制度亦被土耳其接受。[⑥] 2013年黑山《关于国际私法的法律》第119条规定，对于以涉外不动产物权为标的的诉讼，若该不动产在黑山领域内，则黑山法院具有专属管辖权。[⑦] 2015年越南《民事程序法典》第39条第1款(c)项规定，不动产纠纷应由不动产所在地法院行使管辖权。关于涉外不动产对物诉讼，德国存在类似的规则，即不动产所在地国法院具有专属管辖权。[⑧] 海牙国际私法会议常设局在《判决执行问题工作组会议的结论》中指出，如果诉讼标的是涉外不动产物权（如所有权、用益物权、抵押权），那么不动产所在地国法院具有专属管辖权，[⑨]当事人不能通过法院选择

[①] Masato Dogauchi, *New Japanese Rules on International Jurisdiction: General Observation*, 54 Japanese Yearbook of International Law 260, 271-272 (2011).

[②] Milana Karayanidi, *Adjudicative Jurisdiction in Civil and Commercial Matters in Russia: Analysis and Commentary*, 64 (4) American Journal of Comparative Law 981, 1006 (2016).

[③] 邹国勇译注：《外国国际私法立法选译》，武汉大学出版社2017年版，第275-276页。

[④] Milana Karayanidi, *Adjudicative Jurisdiction in Civil and Commercial Matters in Russia: Analysis and Commentary*, 64 (4) American Journal of Comparative Law 981, 1005-1006 (2016).

[⑤] Paulo Fernando Campana Filho, *The Legal Framework for Cross-border Insolvency in Brazil*, 32 (1) Journal of International Law 97, 139 (2009).

[⑥] Mustafa Erkan, *A Taboo: Exclusive Jurisdiction over Immovable Property*, 20 (1) Universitesi Hukuk Fakultesi Dergisi 11, 11 (2012).

[⑦] 邹国勇译注：《外国国际私法立法选译》，武汉大学出版社2017年版，第366页。

[⑧] Rudolph Kahn, *English Judgments in Personam and In Rem in Germany*, 9 (1) Journal of Comparative Legislation and International Law 211, 212 (1927).

[⑨] Permanent Bureau, *Conclusions of the Working Group Meeting on Enforcement of Judgments*, 1992, p. 259, https://assets. hcch. net/docs/05deec01-ed61-4726-954e-a0be074db825. pdf, 2022年5月1日访问。

协议逃避涉外不动产物权专属管辖权规则。①

其二，在间接管辖权方面，外国判决若违反被请求国不动产物权专属管辖权规则，则将被拒绝承认与执行。② 例如，匈牙利将涉外不动产物权纳入涉外专属管辖权范围，并将此作为拒绝承认与执行外国判决的条件。③ 埃及采取类似的做法。④ 1959 年新加坡《外国判决互惠执行法》第 5 条第 4 款将判决来源国法院侵犯被请求国涉外不动产专属管辖权作为外国判决互惠执行的消极条件。2019 年《海牙判决公约》第 6 条规定，外国法院对涉外不动产物权所作判决，当且仅当该不动产位于判决来源国时，才能在被请求国承认与执行。⑤ 第 6 条为承认与执行外国不动产物权判决提供了唯一的专属依据。⑥

欧盟亦明确将涉外不动产物权纳入涉外民商事专属管辖权范围，⑦并将涉外专属管辖权规则适用的地域范围逐渐扩大涉及第三国的诉讼。⑧ 例如，在 Land Oberösterreich v. čEZ a. s. 案⑨中，波瓦雷斯·马杜罗法官指出，《布鲁塞尔公约》第 16 条涉外不动产专属管辖权规则调整的地域范围延伸至当事

① Permanent Bureau, *Annotated Checklist of Issues to Be Discussed by the Working Group on Recognition and Enforcement of Judgments*, 2013, p. 12, https://assets. hcch. net/docs/23710baf-121a-42e9-a824-89c2396f9688. pdf, 2022 年 5 月 1 日访问。

② Permanent Bureau, *Ongoing Work on International Litigation*, 2013, p. 11, https://assets. hcch. net/docs/d00eb333-41fc-4b92-8405-e7eb20039154. pdf, 2022 年 5 月 1 日访问。

③ Zoltán Csehi, *Residual Jurisdiction in Civil and Commercial Disputes in Connection with Article 4 of Brussels Ⅰ Regulation in Hungary*, 48 Annales Universitatis Scientiarum Budapestinensis de Rolando Eotvos Nominatae: Sectio Iuridica 215, 239 (2007).

④ Abdel-Moneem Zamzam, *Bankruptcy Jurisdiction and Enforcement of Foreign Bankruptcy Judgments in Egypt*, 6 (3) Journal of Private International Law 623, 631 (2010).

⑤ Hague Conference on Private International Law, *Convention on the Recognition and Enforcement of Foreign Judgments in Civil or Commercial Matters* (*Concluded 2 July* 2019), p. 5, https://assets. hcch. net/docs/806e290e-bbd8-413d-b15e-8e3e1bf1496d. pdf, 2022 年 5 月 1 日访问。

⑥ Francisco Garcimartín, Geneviève Saumier, *Explanatory Report on the Convention of 2 July* 2019 *on the Recognition and Enforcement of Foreign Judgments in Civil or Commercial Matters*, 2020, p. 111, https://assets. hcch. net/docs/a1b0b0fc-95b1-4544-935b-b842534a120f. pdf, 2022 年 5 月 1 日访问。

⑦ Russell J. Weintraub, *A Map out of the Personal Jurisdiction Labyrinth*, 28 (3) U. C. Davis Law Review 531, 553 (1995).

⑧ Evelyn Regner, *Opinion of the Committee on Employment and Social Affairs for the Committee on Legal Affairs on the Proposal for a Regulation of the European Parliament and of the Council on Jurisdiction and the Recognition and Enforcement of Judgments in Civil and Commercial Matters* (*Recast*), 2011, p. 3, https://www. europarl. europa. eu/RegData/commissions/empl/avis/2011/469974/EMPL_AD(2011)469974_EN. pdf, 2022 年 5 月 1 日访问。

⑨ Opinion of Advocate General Poiares Maduro, Delivered on 11 January 2006, Case C-343/04 Land Oberösterreich v. čEZ a. s. [2006] ECR I-04557, para. 23.

人住所在第三国,但资产位于成员国的涉外不动产物权纠纷或涉外不动产租赁诉讼。

涉外不动产物权专属管辖权规则调整的事项范围包括涉外动产与涉外不动产的识别与划分、涉外不动产物权的客体范围与内容、涉外不动产物权的行使、涉外不动产物权的取得、涉外不动产物权的变更或消灭条件、涉外不动产物权的保护方法等方面。例如,在 Ellmes Property Services Limited *v.* SP 案[①]中,斯普纳法官指出,涉外专属管辖权领域以涉外不动产物权为标的的诉讼,是指当事人请求确定涉外不动产范围、涉外不动产内容、涉外不动产所有权、涉外不动产占有权、涉外不动产的其他物权以及保护所有权人权益的诉讼。

然而,并非所有涉外不动产物权纠纷均可纳入不动产所在地国法院专属管辖权范围。[②] 例如,2020 年《海牙判决公约解释报告》指出,《海牙判决公约》第 6 条仅适用于以对物权为客体,而且涉外不动产物权是诉讼主要对象的判决。[③] 在 George Lawrence Webb *v.* Lawrence Desmond Webb 案[④]中,欧洲法院指出,诉讼涉及涉外不动产物权,或诉讼与涉外不动产有联系,不足以援引《布鲁塞尔公约》第 16 条第 1 款涉外专属管辖权规则。为适用此条,诉讼必须以对物权为基础,而不是以对人权为基础,但涉外不动产租赁除外。

欧盟涉外不动产物权专属管辖权的三要素识别包括以下内容:目的因素识别、权利因素识别、边际因素识别。不符合上述三要素识别标准之一的涉外不动产物权纠纷均被排除出欧盟涉外民商事专属管辖权范围。

一、目的因素识别: Ellmes 等案

目的识别标准,即只有符合公共政策解释目的的涉外不动产物权纠纷才属于涉外专属管辖权范围,否则不足以援引涉外不动产物权专属管辖权规则。

---

① Opinion of Advocate General Szpunar, Delivered on 18 June 2020, Case C-433/19 Ellmes Property Services Limited *v.* SP [2020] ECR, para. 28.

② Michele Angelo Lupoi, *A Report of Recent ECJ Cases on Regulation* (EU) No. 44/2001, 4 (2) International Journal of Procedural Law 289, 321 (2014).

③ Francisco Garcimartín, Geneviève Saumier, *Explanatory Report on the Convention of 2 July 2019 on the Recognition and Enforcement of Foreign Judgments in Civil or Commercial Matters*, 2020, pp. 111-112, https://assets. hcch. net/docs/a1b0b0fc-95b1-4544-935b-b842534a120f. pdf, 2022 年 5 月 1 日访问。

④ Case C-294/92 George Lawrence Webb *v.* Lawrence Desmond Webb [1994] ECR I-01717, para. 14.

换言之，即便由不动产所在地国法院对涉外不动产物权纠纷行使管辖权符合密切联系原则、诉讼便利原则和适当司法目的，上述传统立法目的已无法支撑和保证涉外不动产物权管辖权的专属性。总之，涉外不动产物权专属管辖权需要公法性法理基础和私法性法理基础的共同支撑。①

（一）涉外不动产物权专属管辖权的传统目的

传统上，涉外不动产物权专属管辖权的立法目的具有多元性。密切联系原则、司法行政利益、判决跨国自由流动、法律适用、不动产登记和价值等均被作为涉外不动产物权专属管辖权的理论支撑。例如，俄罗斯同意世界各地公认的涉外不动产专属管辖权传统，而且常常以政治理由行使专属管辖权。②

第一，涉外不动产物权专属管辖权是基于密切联系原则或就近理由（reasons of proximity）的考虑。涉外不动产与其所在地的联系最为稳固、最为密切。③

第二，涉外不动产物权专属管辖权是基于适当司法的考虑。例如，在Wolfgang Schmidt v. Christiane Schmidt 案④中，欧洲法院指出，由不动产所在地国法院行使专属管辖权便于查明事实和适用该国的规则和惯例。在Norbert Lieber v. Willi S. Göbel and Siegrid Göbel 案⑤中，达蒙（Darmon）法官认为，《布鲁塞尔公约》第16条第1款确立涉外不动产专属管辖权源于此类争端往往需要当场进行检查、询问和专家审查，而且通常受不动产所在地国惯例的影响。因此，基于适当司法行政利益的考虑，《布鲁塞尔公约》第16条第1款剥夺了当事人协议选择管辖法院和在住所地国起诉的权利，而授予不动产所在地国法院专属管辖权。在 Brigitte and Marcus Klein v. Rhodos Management Ltd 案⑥中，吉尔霍德法官认为，《布鲁塞尔公约》第16条第1款

---

① 向在胜：《中国涉外民事专属管辖权的法理检视与规则重构》，载《法商研究》2023年第1期，第54-55页。

② Milana Karayanidi, *Adjudicative Jurisdiction in Civil and Commercial Matters in Russia：Analysis and Commentary*, 64（4）American Journal of Comparative Law 981, 985（2016）.

③ 李广辉：《〈民商事管辖权及外国判决公约〉研究》，中国法制出版社2008年版，第71页。

④ Case C-417/15 Wolfgang Schmidt v. Christiane Schmidt［2016］ECR, para. 29.

⑤ Opinion of Advocate General Darmon, Delivered on 22 March 1994, Case C-292/93 Norbert Lieber v. Willi S. Göbel and Siegrid Göbel［1994］ECR I-02535, paras. 10, 13.

⑥ Opinion of Advocate General Geelhoed, Delivered on 7 April 2005, Case C-73/04 Brigitte and Marcus Klein v. Rhodos Management Ltd［2005］ECR I-08667, para. 30.

规定专属管辖权是基于不动产所在地国法院具有法律适用和地理上接近争端的特殊优势。在 Dansommer A/S v. Andreas Götz 案①中,拉·佩尔戈拉(La Pergola)法官指出,《布鲁塞尔公约》第 16 条第 1 款涉外专属管辖权并非出于保护涉外不动产所有权人利益,而是旨在从客观上将涉外不动产物权诉讼和涉外不动产租赁诉讼的管辖权分配给属于最佳地域的法院,以确保合理管辖该事项,并维护适当司法行政利益。

第三,涉外不动产物权专属管辖权是基于便利判决跨国承认与执行的考虑。② 例如,在 Theodorus Engelbertus Sanders v. Ronald van der Putte 案③中,梅拉斯(Mayras)法官指出,涉外不动产物权专属管辖权的正当性在于,涉外不动产物权纠纷通常需要在不动产所在地国进行检查、询问和专家评估,而且外国不动产的判决将在不动产所在地国执行。

第四,涉外不动产物权专属管辖权是基于法律适用的考虑。涉外不动产物权专属管辖权规则是对涉外不动产物权冲突规范的直接回应,涉外不动产物权一般适用物之所在地法。④ 例如,在 Theodorus Engelbertus Sanders v. Ronald van der Putte 案⑤中,欧洲法院指出,涉外不动产物权诉讼通常应根据不动产所在地国的规则进行裁决。在 Norbert Lieber v. Willi S. Göbel and Siegrid Göbel 案⑥中,达蒙法官认为,《布鲁塞尔公约》第 16 条第 1 款涉外不动产专属管辖权的理论支撑是涉外不动产物权争端通常受不动产所在地国惯例的影响。

第五,涉外不动产物权专属管辖权是基于此类诉讼涉及登记册或其他公共文件的更换。⑦ 例如,在 Mario P. A. Reichert and Others v. Dresdner

---

①　Opinion of Advocate General La Pergola,Delivered on 9 September 1999,Case C-8/98 Dansommer A/S v. Andreas Götz [2000] ECR I-00393,para. 10.

②　李旺:《国际民事诉讼法》,清华大学出版社 2003 年版,第 38 页。

③　Opinion of Advocate General Mayras,Delivered on 23 November 1977,Case C-73/77 Theodorus Engelbertus Sanders v. Ronald van der Putte [1977] ECR 02383,p. 2396.

④　〔比〕海尔特·范·卡尔斯特:《欧洲国际私法》,许凯译,法律出版社 2016 年版,第 60 页。

⑤　Case C-73/77 Theodorus Engelbertus Sanders v. Ronald van der Putte [1977] ECR 02383,para. 13.

⑥　Opinion of Advocate General Darmon,Delivered on 22 March 1994,Case C-292/93 Norbert Lieber v. Willi S. Göbel and Siegrid Göbel [1994] ECR I-02535,paras. 10,13.

⑦　Peter Nygh,Fausto Pocar,Report of the Special Commission,p. 251,https://assets. hcch. net/docs/810aefc4-ab66-457b-8ec7-6049d8793be3. pdf,2022 年 5 月 1 日访问。

Bank AG 案①中,米修(Mischo)法官指出,由于涉外不动产物权纠纷通常需要当场进行检查、询问和专家检查,而除不动产所在地国法院外,其他国家的法院一般不知晓当地情况,而且涉外不动产物权通常在不动产所在地国进行登记,因此《布鲁塞尔公约》第 16 条第 1 款规定不动产所在地国法院对之具有专属管辖权。

第六,涉外不动产物权专属管辖权是基于社会因素的考虑。不动产是人们的基本生产和生活资料,②而且不动产价值尤其土地价值等亦被作为涉外不动产物权专属管辖权的理论支撑。③

(二)非公共政策目的下涉外不动产物权专属管辖权的排除

非公共政策目的下涉外不动产物权专属管辖权逐渐遭受质疑,传统机理下的涉外不动产物权纠纷不足以援引涉外不动产物权专属管辖权规则。例如,在 Ellmes Property Services Limited v. SP 案④中,斯普纳法官指出,传统理念认为,不动产所在地国法院对涉外不动产物权纠纷具有涉外专属管辖权,乃基于以下因素的考虑。首先,密切联系原则。涉外不动产物权专属管辖权的法理基础是争端标的物与管辖法院之间存在紧密联系,《布鲁塞尔条例Ⅰ(修订版)》第 24 条第 1 款涉外不动产物权专属管辖权旨在体现管辖权与涉外不动产物权争端之间的密切联系。其次,适当司法行政利益。涉外不动产物权纠纷通常需要在不动产所在地国进行检查、调查和专家评估,不动产所在地国法院最适合审理此类纠纷,赋予该法院专属管辖权符合健全司法的目标。再次,法律选择。涉外不动产物权纠纷一般根据不动产所在地国规则进行裁决,由不动产所在地国法院行使专属管辖权反映了涉外物权法律选择领域物之所在地法原则。然而,上述理由仅为涉外不动产物权专属管辖权的次要原因,并非解释涉外不动产物权专属管辖权的根本理由。之所以如此,是因为国际民商事一般管辖权连结点(被告住所地)和涉外合同、涉外侵权案件等国际民商事特别管辖权连结点同样旨在确保争端与管辖法院之间的密切联系,符

---

① Opinion of Advocate General Mischo, Delivered on 22 November 1989, Case C-115/88 Mario P. A. Reichert and Others v. Dresdner Bank AG〔1990〕ECR I-00027, para. 23.

② 李旺:《国际民事诉讼法》,清华大学出版社 2003 年版,第 38 页。

③ 赵相林:《国际民商事争议解决的理论与实践》,中国政法大学出版社 2009 年版,第 98 页。

④ Opinion of Advocate General Szpunar, Delivered on 18 June 2020, Case C-433/19 Ellmes Property Services Limited v. SP〔2020〕ECR, paras. 53-64.

合健全司法的目标,并促进诉讼的有效进行。《布鲁塞尔条例Ⅰ(修订版)》第24条第1款不仅剥夺了当事人选择自认为最适合审理争议的法院的自主权,而且排除适用该条例一般管辖权规则和特别管辖权规则,此种专属管辖效力是基于公共政策和相当重要的潜在公共利益的考虑。总之,除非涉外不动产物权诉讼涉及公共利益,否则对之适用涉外专属管辖权规则将不符合第24条第1款涉外不动产专属管辖权规则的立法目标。

与此类似,在 Land Oberösterreich v. čEZ a. s. 案[①]中,波瓦雷斯·马杜罗法官指出,虽然物之所在地国法院是审理涉外不动产纠纷的密切联系地法院,接近案件事实,便于实地调查取证,而且对物诉讼判决通常需要在不动产所在地国强制执行,但上述理由不足以解释该管辖权的专属性。《布鲁塞尔公约》第16条第1款保留不动产所在地国对涉外不动产纠纷的管辖垄断权(jurisdictional monopoly),本质上是基于强制性的政治和经济原因。

本书认为,涉外不动产物权专属管辖权旨在保护主权。领土主权的首要利益在于解决其领土内所有不动产争端。[②] 攫取规则(the grab rule)意味着各国对其领土内的资产具有专属管辖权。[③] 各国对不动产采取的特殊政策亦攸关国家主权。[④] 虽然欧洲法院对涉外专属管辖权领域涉外不动产物权纠纷的外延作严格的公共政策目的解释可能将缩小涉外不动产物权专属管辖权规则的适用范围,但在本质上将回归国际民商事专属管辖权的本意。国际民商事管辖权承载了以下三种不同的利益:国家利益、社会利益和私人利益。涉外专属管辖权以保护国家利益为宗旨。[⑤] 涉外不动产物权专属管辖权本质上是为保护国家利益、公共政策以及满足公益需求而设置。[⑥]

---

① Opinion of Advocate General Poiares Maduro, Delivered on 11 January 2006, Case C-343/04 Land Oberösterreich v. čEZ a. s. [2006] ECR I-04557, paras. 35-40.

② Frank A. Oswald, *Sovereign Immunity-Immovable Property Exception of the Foreign Sovereign Immunities Act of 1976—Association de Reclamantes v. United Mexican States*, 7 (1) New York Law School Journal of International and Comparative Law 251, 260 (1986).

③ Paulo Fernando Campana Filho, *The Legal Framework for Cross-border Insolvency in Brazil*, 32 (1) Journal of International Law 97, 103 (2009).

④ 何其生:《统一化与分割化:〈海牙判决公约〉下的不动产问题》,载《国际法学刊》2020年第1期,第51页。

⑤ 吴一鸣:《国际民事诉讼中的拒绝管辖问题研究》,法律出版社2010年版,第88-89页。

⑥ 秦伟、李娜:《论不动产纠纷专属管辖》,载《学习论坛》2010年第11期,第72页。

二、权利因素识别: Virpi 等案

权利识别标准,是指涉外不动产物权专属管辖权规则仅适用于对物权的诉讼,即针对不确定人数的权利而提起的诉讼,而不得适用于对人权(a right in personam)的诉讼,即仅针对特定人的权利而提起的诉讼。此种解释立场反映了传统普通法上的所有权规则。[①] 对人诉讼下的涉外不动产物权纠纷即便诉讼内容涉及涉外不动产物权而且与涉外不动产有联系,其亦被排除出涉外不动产物权专属管辖权范围。例如,在 Ellmes Property Services Limited v. SP 案[②]中,欧洲法院指出,欧盟涉外不动产物权专属管辖权规则无法调整所有涉外不动产物权诉讼,仅适用于《布鲁塞尔条例Ⅰ(修订版)》范畴下涉外不动产范围、涉外不动产内容、涉外不动产所有权、涉外不动产占有权、涉外不动产的其他物权以及保护所有权人权益的诉讼。诉讼涉及涉外不动产物权或诉讼与涉外不动产有联系,不足以由不动产所在地国法院行使专属管辖权。诉讼必须以对物权为基础,而非基于对人权,否则不得适用涉外不动产物权专属管辖权规则。对物权和对人权之间的区别在于,前者具有普遍效力,而后者只能向债务人主张。

可见,虽然欧盟"布鲁塞尔公约体系"对涉外不动产物权专属管辖权的立法规定没有提及将诉讼分类为对人诉讼(actions in personam)、对物诉讼(actions in rem)或二者相结合的混合诉讼(mixed actions),[③]但为了证明涉外不动产物权专属管辖的合理性,法官通常会确认诉讼乃对物诉讼或混合诉

---

① Stephen Lee, *Jurisdiction over Foreign Land: A Reappraisal*, 26 (3) Anglo-American Law Review 273,303 (1997).

② Case C-433/19 Ellmes Property Services Limited v. SP [2020] ECR, paras. 24-26. 以下案例也存在类似的表述:Case C-115/88 Mario P. A. Reichert and Others v. Dresdner Bank AG [1990] ECR I-00027, para. 11;Case C-518/99 Richard Gaillard v. Alaya Chekili [2001] ECR I-02771, paras. 15-17;Case C-386/12 Siegfried János Schneider [2013] ECR, para. 21;Case C-438/12 Irmengard Weber v. Mechthilde Weber [2014] ECR, paras. 42-43;Case C-605/14 Virpi Komu and Others v. Pekka Komu and Jelena Komu [2015] ECR, paras. 26-27;Case C-417/15 Wolfgang Schmidt v. Christiane Schmidt [2016] ECR, paras. 30-31;Case C-630/17 Anica Milivojević v. Raiffeisenbank St. Stefan-Jagerberg-Wolfsberg eGen [2019] ECR, paras. 99-100.

③ Case C-115/88 Mario P. A. Reichert and Others v. Dresdner Bank AG [1990] ECR I-00027, para. 5.

讼。① 涉外不动产物权专属管辖权取决于对所涉权利性质的理解。② 欧盟涉外不动产物权专属管辖权的核心是区分对物权与对人权。

(一)涉外专属管辖权领域"对物权"的解释

对物诉讼和对人诉讼源于罗马法诉讼格式,效力的对世性是对物权和对人权的本质区别。③ 对物诉讼体现了国家有权决定其境内财产的所有权、地位或状况的原则。④ 对物诉讼的效力具有对世性,而对人诉讼的主要目的是将某些责任强加给特定的人。⑤ 例如,在 George Lawrence Webb *v.* Lawrence Desmond Webb 案⑥中,达蒙法官认为,对物权的最主要法律效果是所有权人有权请求不具有优先权的任何人放弃该物。在 Land Oberösterreich *v.* čEZ a. s. 案⑦中,波瓦雷斯·马杜罗法官指出,为确定具体纠纷是否构成涉外专属管辖权中的对物诉讼,需要结合确切内容和目的进行分析。

第一,涉外共有不动产的处理被认为涉及具有普遍效力的对物权,属于涉外不动产物权专属管辖权范围。例如,在 Virpi Komu and Others *v.* Pekka Komu and Jelena Komu 案⑧中,欧洲法院指出,涉外不动产部分共有人申请出售财产以终止共有关系的诉讼涉及对物权,此种权利具有普遍效力,构成《布鲁塞尔条例Ⅰ》第22条第1款以涉外不动产物权为标的的专属管辖权类别。Ellmes Property Services Limited *v.* SP 案⑨争议的焦点在于,一所有权人未经其他共有人同意擅自改变共同所有权协议中约定的公寓用途,共同所有人为禁止此人对共有财产用途进行变更而提起的诉讼是否属于《布鲁塞尔条例

---

① Pierre Hébraud,*Real Actions in France*,29 (4) Tulane Law Review 673,676 (1954).

② Opinion of Advocate General Mischo,Delivered on 22 November 1989,Case C-115/88 Mario P. A. Reichert and Others *v.* Dresdner Bank AG [1990] ECR I-00027,para. 10.

③ 冉昊:《对物权与对人权的区分及其实质》,载《法学研究》2005年第3期,第99页。

④ George B. Fraser Jr.,*Actions in Rem*,34 (1) Cornell Law Quarterly 29,29 (1948).

⑤ Walter Harrison Hitchler,*Equity Acts in Personam*,30 (3) Dickinson Law Review 61,72 (1925).

⑥ Opinion of Advocate General Darmon,Delivered on 8 February 1994,Case C-294/92 George Lawrence Webb *v.* Lawrence Desmond Webb [1994] ECR I-01717,para. 34.

⑦ Opinion of Advocate General Poiares Maduro,Delivered on 11 January 2006,Case C-343/04 Land Oberösterreich *v.* čEZ a. s. [2006] ECR I-04557,para. 64.

⑧ Case C-605/14 Virpi Komu and Others *v.* Pekka Komu and Jelena Komu [2015] ECR,paras. 29,33.

⑨ Case C-433/19 Ellmes Property Services Limited *v.* SP [2020] ECR, paras. 31-33;Opinion of Advocate General Szpunar,Delivered on 18 June 2020,paras. 26,33.

Ⅰ(修订版)》第 24 条第 1 款涉外不动产物权专属管辖权范围? 斯普纳法官指出,《布鲁塞尔条例Ⅰ(修订版)》第 24 条第 1 款涉外专属管辖权规则的适用范围涵盖终止涉外不动产共有权的诉讼。涉外不动产共有权诉讼涉及转让不动产所有权,构成对物诉讼,故理应适用涉外专属管辖权规则。最终,欧洲法院认为,为了确定此类诉讼是否属于条例第 24 条第 1 款涉外不动产物权,有必要审查共有协议对公寓用途的约定是否具有普遍效力,即不仅对共同所有人有效,而且其他人也可依赖此指定用途。此种效力的审查交由成员国法院核实。本案所诉情形构成第 24 条第 1 款含义内的对物诉讼,属于涉外不动产物权专属管辖权范围。

第二,涉外不动产登记诉讼被认为构成对物诉讼,属于涉外不动产物权专属管辖权范围。例如,在 Irmengard Weber v. Mechthilde Weber 案[1]中,欧洲法院指出,不仅附着于不动产并在土地登记册上登记的优先购买权对债务人产生效力,而且该权利持有人亦有权向第三人转让财产,具有普遍效力。因此,涉外不动产登记诉讼构成涉外不动产对物诉讼,属于不动产所在地国法院专属管辖权范围。

第三,涉外不动产信托诉讼不构成对物诉讼,禁止适用涉外不动产物权专属管辖权规则。例如,在 George Lawrence Webb v. Lawrence Desmond Webb 案[2]中,欧洲法院指出,要求宣布某人作为受托人持有不动产的诉讼,不构成《布鲁塞尔公约》第 16 条第 1 款涉外专属管辖权范围内的对物诉讼。

(二)对人诉讼下涉外不动产物权专属管辖权的排除

与对物权相比,对人权只能向特定债务人主张。对人诉讼下的涉外不动产纠纷虽诉讼结果影响涉外不动产物权的变动,但被排除出涉外专属管辖权范围。例如,在 Wolfgang Schmidt v. Christiane Schmidt 案[3]中,欧洲法院指出,诉讼涉及涉外不动产物权或诉讼与涉外不动产有联系,不足以援引涉外不动产物权专属管辖权规则。涉外不动产物权专属管辖权的前提是,诉讼须以对物权为基础,而非以对人权为基础。对物权和对人权之间的区别在于,前者

---

[1] Case C-438/12 Irmengard Weber v. Mechthilde Weber [2014] ECR,paras. 45-46.

[2] Case C-294/92 George Lawrence Webb v. Lawrence Desmond Webb [1994] ECR I-01717, para. 19.

[3] Case C-417/15 Wolfgang Schmidt v. Christiane Schmidt [2016] ECR,paras. 30-31.

具有普遍效力,而后者只能向债务人主张。

第一,涉外不动产买卖合同纠纷被认为构成对人诉讼,不得援引欧盟涉外不动产物权专属管辖权规则。例如,Richard Gaillard v. Alaya Chekili案①争议的焦点在于,涉外土地买卖合同解除和相应的损害赔偿是否属于《布鲁塞尔公约》第16条涉外不动产物权专属管辖权范围? 欧洲法院指出,虽然涉外不动产买卖合同的解除将对财产所有权产生影响,但其本质上属于根据双方签订的合同获得的对人权,原告只能向合同另一方提出索赔。换言之,涉外土地买卖合同解除诉讼属于对人诉讼,不构成该公约第16条第1款对物诉讼,因此不在欧盟涉外不动产物权专属管辖权范围内。同样,涉外不动产买卖合同解除情形下的损害赔偿请求,因原告只能向合同另一方提起,属于对人诉讼,故不得援引公约第16条第1款。

第二,涉外不动产所有权转让无效后产生的损害赔偿纠纷被认为构成对人诉讼,不得援引欧盟涉外不动产物权专属管辖权规则。例如,Norbert Lieber v. Willi S. Göbel and Siegrid Göbel案②争议的焦点在于,《布鲁塞尔公约》第16条第1款涉外专属管辖权事项是否包括涉外不动产所有权转让无效后财产使用赔偿的纠纷? 欧洲法院认为,因为涉外不动产使用之赔偿请求仅可向债务人提出,其构成对人诉讼,所以在所有权转让无效后使用住房的索赔不属于第16条第1款涉外不动产物权管辖权事项。

第三,涉外不动产抵押担保纠纷被认为构成对人诉讼,不得援引欧盟涉外不动产物权专属管辖权规则。例如,Anica Milivojević v. Raiffeisenbank St. Stefan-Jagerberg-Wolfsberg eGen案③争议的焦点在于,涉外不动产抵押担保无效和撤销土地抵押登记的诉讼程序能否适用《布鲁塞尔条例Ⅰ(修订版)》第24条第1款涉外不动产专属管辖权规则? 欧洲法院指出,由于涉外不动产抵押担保合同索赔只能向合同另一方当事人提起,因此申请宣告抵押担保合同无效的诉讼属于对人诉讼,不属于第24条第1款涉外不动产物权专属管辖权范围。然而,关于从土地登记册中撤销抵押登记的问题,因其属于具有普遍效力的对物诉讼,故隶属于欧盟涉外不动产物权专属管辖权范围。与欧盟的前述

---

① Case C-518/99 Richard Gaillard v. Alaya Chekili [2001] ECR I-02771,paras. 18-22.

② Case C-292/93 Norbert Lieber v. Willi S. Göbel and Siegrid Göbel [1994] ECR I-02535,paras. 15, 22.

③ Case C-630/17 Anica Milivojević v. Raiffeisenbank St. Stefan-Jagerberg-Wolfsberg eGen [2019] ECR,paras. 101-105.

规定相比,1998 年格鲁吉亚《关于调整国际私法的法律》第 10 条规定,以涉外不动产抵押为标的之诉,若不动产在格鲁吉亚境内,则格鲁吉亚法院具有涉外专属管辖权。

第四,涉外不动产捐赠诉讼被认为构成对人诉讼,不得援引欧盟涉外不动产物权专属管辖权规则。例如,在 Mario P. A. Reichert and Others *v.* Dresdner Bank AG 案①中,欧洲法院指出,债权人以债务人欺诈其权利为由起诉申请撤销涉外不动产捐赠,乃基于债权人对债务人的个人债权,而且诉讼的主要目的是确定被告的行为意图是欺骗债权人,而非确定涉外不动产的合法所有权或占有权问题,因此本案不属于《布鲁塞尔公约》第 16 条第 1 款涉外不动产物权专属管辖权范围。

(三)混合诉讼下涉外不动产物权专属管辖权的抉择

混合诉讼下涉外不动产物权专属管辖权的抉择困境在于,对人权和对物权相结合的混合诉讼能否援引欧盟涉外不动产物权专属管辖权规则? 对此问题,存在以下两种不同的立场。

第一,持肯定态度的一方认为,混合诉讼概念是对物诉讼概念的延续,使后者的适用范围更广、更灵活,②因此在混合诉讼情形下可以适用涉外不动产物权专属管辖权规则。例如,在 Theodorus Engelbertus Sanders *v.* Ronald van der Putte 案③中,梅拉斯法官指出,对于对人诉讼与对物诉讼相结合的混合诉讼,亦受《布鲁塞尔公约》第 16 条第 1 款的保护。

第二,持否定态度的一方认为,混合诉讼应被视为对人诉讼,不得适用涉外不动产物权专属管辖权规则。例如,在 Richard Gaillard *v.* Alaya Chekili 案④中,欧洲法院指出,在对人诉讼与对物诉讼相结合的混合诉讼情形下,例如,一方未履行合同义务,另一方提出归还财产,此种情形通常被视为对人诉讼,不得适用《布鲁塞尔公约》第 16 条第 1 款涉外不动产物权专属管辖权规则。

---

① Case C-115/88 Mario P. A. Reichert and Others *v.* Dresdner Bank AG [1990] ECR I-00027, paras. 12,15.

② Pierre Hébraud,*Real Actions in France*,29 (4) Tulane Law Review 673,676 (1954).

③ Opinion of Advocate General Mayras,Delivered on 23 November 1977,Case C-73/77 Theodorus Engelbertus Sanders *v.* Ronald van der Putte [1977] ECR 02383,pp. 2397,2399.

④ Case C-518/99 Richard Gaillard *v.* Alaya Chekili [2001] ECR I-02771,para. 21.

三、边际因素识别：Oberösterreich 等案

边际识别标准，是指若涉外不动产物权争议并非诉讼的主要对象，在整个案件中微不足道，则法院地国不得援引涉外不动产物权专属管辖权规则。

(一)边际意义下涉外不动产物权专属管辖权的排除

Land Oberösterreich *v.* čEZ a. s.案[①]争议的焦点在于，捷克核电站对原告拥有的土地造成电离辐射，原告就此提起的排除妨害诉讼是否属于《布鲁塞尔公约》第 16 条第 1 款涉外不动产物权专属管辖权范围？

主要案情如下：上奥地利州(Province of Upper Austria)拥有几块农用和农业试验的土地，该土地距离捷克能源供应企业运营的泰梅林核电站约 60 公里。2001 年 7 月，上奥地利州以核电站电离辐射对土壤造成污染风险和妨害为由，在奥地利林茨地区法院对捷克能源供应企业提起诉讼。被告认为，奥地利法院缺乏管辖权，因为《布鲁塞尔公约》第 16 第 1 款不适用于排除妨碍之诉。2002 年 4 月，奥地利林茨地区法院拒绝管辖。2003 年 9 月，林茨高等地区法院推翻了林茨地区法院的裁决，并认为奥地利法院有权根据《布鲁塞尔公约》第 16 条第 1 款行使管辖权并作出裁决。之后，奥地利最高法院决定中止诉讼，并申请欧洲法院对以下问题作出初步裁决：公约第 16 条第 1 款涉外不动产物权专属管辖权范围是否涵盖《奥地利民法典》第 364 条第 2 款所指的土地排除妨碍之诉？

欧洲法院认为，由于不动产所在地国法院最适合处理与涉外不动产物权和涉外不动产租赁有关的事项，涉外不动产争端通常需要进行实地检查、询问和专家评估，而且在法律适用上一般需适用不动产所在地国的规则或惯例，因此《布鲁塞尔公约》第 16 条第 1 款基于就近理由和适当司法的考虑，规定在以涉外不动产物权或涉外不动产租赁权为标的的诉讼中，不动产所在地国法院具有专属管辖权。然而，并非所有涉外不动产物权诉讼均属于欧盟涉外不动产物权专属管辖权对象。第 16 条第 1 款欧盟涉外不动产物权专属管辖权范围仅限于《布鲁塞尔公约》范畴下涉外不动产范围、涉外不动产内容、涉外不动产所有权、涉外不动产占有权、涉外不动产的其他物权以及保护所有权人权益

---

① Case C-343/04 Land Oberösterreich *v.* čEZ a. s. [2006] ECR I-04557，paras. 27-40.

的诉讼。由于本案诉讼类别是当事人为停止妨害而提起的预防性诉讼,权利的真实性和不动产性质仅具有边际意义(marginal significance),不构成以涉外不动产物权为标的的纠纷,因此本案不属于第16条第1款的调整范围。

(二)涉外不动产物权专属管辖权边际审查标准的延续

Wolfgang Schmidt v. Christiane Schmidt 案①争议的焦点在于,当事人以赠与人无行为能力订立赠与合同为由申请撤销涉外土地赠与合同,并从涉外土地登记册中删除受赠人土地所有权登记条目的诉讼程序,是否属于《布鲁塞尔条例Ⅰ(修订版)》第24条第1款涉外不动产物权专属管辖权范围?

主要案情如下:施密特先生居住在奥地利,是奥地利维也纳不动产的所有者。2013年11月,他在维也纳签署了一份公证书,将土地赠与女儿施密特女士,并将女儿的姓名记载在土地登记册上。女儿的住所位于德国,而且一直在德国生活。2015年,监护人以施密特先生缺乏民事行为能力为由,在奥地利维也纳地区民事法院提起诉讼,请求撤销涉外不动产赠与合同并删除施密特女士在土地登记册上的不动产所有权登记。施密特女士认为,本案不属于《布鲁塞尔条例Ⅰ(修订版)》第24条第1款所指的涉外不动产物权,因此奥地利维也纳地区民事法院缺乏管辖权。维也纳地区民事法院决定中止诉讼,并申请欧洲法院作出初步裁决。

柯科特法官和欧洲法院认为,一方面,虽然申请撤销的涉外不动产赠与合同涉及不动产,但因其不具有对物权的对世性和普遍效力,合同标的的不动产性质仅具有边际意义,故其不属于第24条第1款欧盟涉外不动产物权专属管辖权对象,而应适用条例第7条第1款(a)项涉外合同特别管辖权规则。另一方面,由于从涉外土地登记册中删除受赠人土地所有权登记条目的诉求涉及不动产物权的变动和当事人因对物权而产生的权利履行之争,因此后者属于第24条涉外专属管辖权范围。

另外,由于《布鲁塞尔条例Ⅰ(修订版)》第24条第3款将涉外公共登记事项作为欧盟涉外民商事专属管辖权的另一法定情形,因而此案当事人提起的删除受赠人土地所有权登记条目的诉求亦牵涉涉外不动产物权专属管辖权和涉外公共登记事项专属管辖权之涉外真实专属管辖权冲突。本书第七章第二

---

① Case C-417/15 Wolfgang Schmidt v. Christiane Schmidt [2016] ECR,paras. 36,40,43;Opinion of Advocate General Kokott,Delivered on 7 July 2016,paras. 40-46.

节将对此展开具体论述。

海牙国际私法会议亦将边际因素作为涉外不动产物权专属管辖权的考量因素。例如,2020 年《海牙判决公约解释报告》指出,《海牙判决公约》第 6 条仅适用于涉外不动产物权是诉讼主要对象,并以对物权为客体的判决。[①]

第二节　欧盟涉外不动产租赁专属管辖权: 期限二分说[②]

《海牙判决公约》和欧盟对涉外不动产租赁专属管辖权均采取分割制立场,[③]但二者的分割标准不同。前者对涉外专属管辖权采取租赁目的的分割,后者对涉外专属管辖权采取租赁期限的分割。具体阐述如下。

《海牙判决公约》根据租赁目的的不同,唯独将涉外不动产居住性租赁(residential lease of immovable property)纳入涉外不动产租赁专属管辖权范围。[④] 2020 年《海牙判决公约解释报告》指出,公约第 5 条第 1 款第 8 项属于涉外一般不动产租赁管辖权规则,不动产所在地国法院和被告惯常居所地国法院均可对此行使管辖权,二者作出的判决将根据公约自由流动。第 5 条第 3 款属于涉外不动产居住性租赁管辖权规则,由不动产所在地国法院对此行使专属管辖权。居住性租赁,是指租户以个人或家庭目的使用居住用房,并支付租金。第 5 条第 3 款涉外居住性租赁专属管辖权的外延囊括涉外租赁协议的存在、涉外租赁协议的解释、涉外租赁驱赶、涉外租赁损害赔偿、涉外租金和涉外租赁登记。之所以《海牙判决公约》唯独将涉外不动产居住性租赁纳入涉外不动产租赁专属管辖权范围,是因为许多国家将涉外居住性租赁视为一种

---

① Francisco Garcimartín, Geneviève Saumier, *Explanatory Report on the Convention of 2 July 2019 on the Recognition and Enforcement of Foreign Judgments in Civil or Commercial Matters*, 2020, pp. 111-112, https://assets.hcch.net/docs/a1b0b0fc-95b1-4544-935b-b842534a120f.pdf, 2022 年 5 月 1 日访问。

② 刘阳:《涉外不动产专属管辖研究:以欧洲法院判例为视角》,载《南海法学》2022 年第 2 期,第 71-73 页。

③ 与欧盟和海牙国际私法会议的规定相比,2022 年瑞士《民事诉讼法(修订版)》第 33 条规定,不动产所在地法院对不动产租赁合同诉讼具有管辖权。

④ 何其生:《统一化与分割化:〈海牙判决公约〉下的不动产问题》,载《国际法学刊》2020 年第 1 期,第 33 页。

特殊的涉外租赁类别,将住宅承租人作为需要给予偏向性保护的弱者范畴,对涉外居住性租赁适用涉外专属管辖权规则便于承租人获得住处(facilitate access to housing),而且确保适用不动产所在地国的居住性租赁强制性规则。[1] 实际上,早期海牙管辖权项目曾提议将租赁期限作为涉外不动产租赁专属管辖权的考量因素,即租期少于六个月的短期涉外不动产租赁不属于不动产所在地国法院专属管辖权范围,而根据被告住所地、合同签订地或当事人达成的法院选择协议确定受理法院。[2] 例如,2012 年海牙国际私法会议常设局指出,涉外不动产租赁专属管辖权规则的适用条件是,涉外不动产租赁期限为六个月以上,而且承租人的惯常居所地在不动产所在地国。[3] 2015 年,海牙判决项目第五工作组将判决来源国法院侵犯不动产租赁专属管辖权作为拒绝承认与执行租期超过六个月的外国不动产租赁判决的消极条件。[4] 关于海牙涉外不动产租赁专属管辖权的新进展,本章第三节将予以具体阐述。

欧盟根据租赁期限的不同,《布鲁塞尔条例 I(修订版)》第 24 条第 1 款规定,涉外不动产长期租赁适用涉外专属管辖权规则,但六个月以下涉外不动产短期租赁既可由财产所在地国法院行使管辖权,亦可附条件由被告住所地国法院行使管辖权,任择其一即可。另外,与涉外不动产物权专属管辖权相比,欧洲法院对涉外不动产租赁专属管辖权的考量弱化了对人权与对物权的严格区分,对人诉讼下的涉外不动产租赁纠纷亦可援引欧盟涉外不动产专属管辖权规则。例如,在 Norbert Lieber v. Willi S. Göbel and Siegrid Göbel 案[5]中,欧洲法院指出,除涉外不动产租赁的例外情况外,诉讼必须以对物权为基础,而不是以对人权为基础,否则禁止适用《布鲁塞尔公约》第 16 条第 1 款。在

---

[1] Francisco Garcimartín,Geneviève Saumier,*Explanatory Report on the Convention of 2 July 2019 on the Recognition and Enforcement of Foreign Judgments in Civil or Commercial Matters*,2020,pp. 100,109-110,https://assets. hcch. net/docs/a1b0b0fc-95b1-4544-935b-b842534a120f. pdf,2022 年 5 月 1 日访问。

[2] Peter Nygh,Fausto Pocar,*Report of the Special Commission*,p. 253,https://assets. hcch. net/docs/810aefc4-ab66-457b-8ec7-6049d8793be3. pdf,2022 年 5 月 1 日访问。

[3] Permanent Bureau,*Background Note*,2012,p. 36,https://assets. hcch. net/docs/d2355e5c-fd79-4366-9caa-8a434367ba84. pdf,2022 年 5 月 1 日访问。

[4] Hague Conference on Private International Law,*Report of the Fifth Meeting of the Working Group on the Judgments Project*(26-31 October 2015)*and Proposed Draft Text Resulting from the Meeting*,2015,p. 10,https://assets. hcch. net/docs/06811e9c-dddf-4619-81af-71e8836c8d3e. pdf,2022 年 5 月 1 日访问。

[5] Case C-292/93 Norbert Lieber v. Willi S. Göbel and Siegrid Göbel [1994] ECR I-02535,paras. 13-14.

Richard Gaillard $v.$ Alaya Chekili 案[①]中,欧洲法院指出,《布鲁塞尔公约》第16 条第 1 款涉外不动产专属管辖权规则的适用前提是,诉讼必须以对物权为基础,而非以对人权为基础,但涉外不动产租赁除外。

一、涉外不动产长期租赁专属管辖权的保留

欧盟将涉外不动产专属管辖权范围延伸至涉外不动产租赁事项,[②]尤其涉外不动产长期租赁专属管辖权具有绝对性。

(一)涉外不动产长期租赁专属管辖权之法理

第一,涉外不动产长期租赁专属管辖权是基于保护涉外不动产承租人权益。例如,在 Erich Rösler $v.$ Horst Rottwinkel 案[③]中,戈登·思林法官指出,德国和意大利等国将不动产所在地法院的专属管辖权视为一项公共政策,部分国家保留涉外不动产长期租赁专属管辖权是基于便于实地调查取证等适当司法利益的考虑,而且涉外不动产长期租赁通常受特别立法规制,因此该类纠纷适合交由不动产所在地国法院管辖。然而,《布鲁塞尔公约》第 16 条第 1 款涉外不动产租赁专属管辖权的立法意图并非如上。实际上,第 16 条第 1 款的目的是保护涉外不动产承租人这一特定群体,这些不动产是其生计的重要组成部分。

第二,涉外不动产长期租赁专属管辖权是基于强制性规则的影响。涉外不动产长期租赁关系通常受租赁标的物所在国强制性规则的约束。[④] 不动产所在地国可能存在许多公共政策规则,以便就这些不动产订立租约。若涉外不动产长期租赁管辖权交由不动产所在地国以外的法院,则此将导致当事人规避强制性规则或公共政策规则。鉴于此,主权国家应将涉外不动产长期租赁纳入涉外专属管辖权范围,由不动产所在地国法院行使专属管辖权。[⑤] 例

---

① Case C-518/99 Richard Gaillard $v.$ Alaya Chekili [2001] ECR I-02771,para. 16.

② 〔比〕海尔特·范·卡尔斯特:《欧洲国际私法》,许凯译,法律出版社 2016 年版,第 61 页。

③ Opinion of Advocate General Gordon Slynn,Delivered on 23 October 1984,Case C-241/83 Erich Rösler $v.$ Horst Rottwinkel [1985] ECR 00099,pp. 102-103.

④ 〔比〕海尔特·范·卡尔斯特:《欧洲国际私法》,许凯译,法律出版社 2016 年版,第 61 页。

⑤ Catherine Kessedjian, *Synthesis of the Work of the Special Commission of June* 1997 *on International Jurisdiction and the Effects of Foreign Judgments in Civil and Commercial Matters*,1997, para. 37,https://assets. hcch. net/docs/ecc45930-f5a1-4bd1-b94c-420c44a05954. pdf,2022 年 5 月 1 日访问。

如,在 Theodorus Engelbertus Sanders *v.* Ronald van der Putte 案①中,欧洲法院指出,涉外不动产长期租赁专属管辖权的法理基础是涉外不动产长期租赁一般受特别规则的规制,而且鉴于其复杂性,宜仅由不动产租赁生效国法院(the courts of the states in which they are in force)行使专属管辖权。在 R. O. E. Scherrens *v.* Maria G. Maenhout and Others 案②中,欧洲法院指出,《布鲁塞尔公约》第 16 条第 1 款赋予不动产所在地国法院对涉外不动产长期租赁事项行使专属管辖权的理由在于,涉外不动产长期租赁事项与不动产所在地国《不动产法》之强制性规则和不动产所在地国保护租户(包括佃农)权利相关法律之强制性规则存在密切联系。在 Norbert Lieber *v.* Willi S. Göbel and Siegrid Göbel 案③中,欧洲法院指出,涉外不动产长期租赁关系通常受租赁标的物所在地国强制性规则的约束,诸如不动产租赁财产维护之强制性规则、缴纳土地税之强制性规则、不动产租赁财产占有人相邻义务之强制性规则和不动产租赁期满后重新租赁之强制性规则等。Obala i lučice d. o. o. *v.* NLB Leasing d. o. o. 案④争议的焦点在于,当事人对公路停车罚款提起的诉讼是否属于《布鲁塞尔条例Ⅰ(修订版)》第 24 条第 1 款涉外不动产长期租赁专属管辖权范围?欧洲法院认为,之所以条例第 24 条第 1 款规定涉外不动产长期租赁专属管辖权,是因为业主和承租人之间的关系具有复杂性,而且二者之间的关系通常受作为租赁标的的不动产所在地国强制性规则的规制。由于本案诉求为公路停车费问题,不构成第 24 条第 1 款所指的涉外不动产长期租赁,因此其不属于涉外专属管辖权范围。

第三,涉外不动产长期租赁专属管辖权是基于就近原则的考虑,而且对之适用涉外专属管辖权规则便于调查取证,并符合司法行政利益。例如,在 Elisabeth Hacker *v.* Euro-Relais GmbH 案⑤中,欧洲法院指出,由不动产所在地国法院行使专属管辖权旨在实现司法管辖权的合理分配,租赁标的最为靠近不动产所在地国法院,该法院易于获得涉外不动产租赁的第一手资料。在

---

① Case C-73/77 Theodorus Engelbertus Sanders *v.* Ronald van der Putte [1977] ECR 02383,para. 14.

② Case C-158/87 R. O. E. Scherrens *v.* Maria G. Maenhout and Others [1988] ECR 03791,para. 9. 以下案例也存在类似的表述:Case C-241/83 Erich Rösler *v.* Horst Rottwinkel [1985] ECR 00099,para. 19;Case C-280/90 Elisabeth Hacker *v.* Euro-Relais GmbH [1992] ECR I-01111,para. 8.

③ Case C-292/93 Norbert Lieber *v.* Willi S. Göbel and Siegrid Göbel [1994] ECR I-02535,para. 20.

④ Case C-307/19 Obala i lučice d. o. o. *v.* NLB Leasing d. o. o. [2021] ECR,paras. 78-80.

⑤ Case C-280/90 Elisabeth Hacker *v.* Euro-Relais GmbH [1992] ECR I-01111,para. 9.

R. O. E. Scherrens *v.* Maria G. Maenhout and Others 案①中，曼奇尼（Mancini）法官指出，涉外不动产长期租赁专属管辖权基于外国不动产租赁判决将在不动产所在地国执行，而且转让涉外不动产所有权和授予涉外不动产权利的协议需要在不动产所在地国登记。

(二)涉外不动产长期租赁专属管辖权之行使

《布鲁塞尔公约》第 16 条第 1 款对涉外不动产长期租赁专属管辖权的行使和涉外不动产短期租赁专属管辖权的行使采取统一标准，二者的涉外专属管辖权性质、涉外专属管辖权范围和涉外专属管辖权连结点皆完全相同。此处主要结合《布鲁塞尔公约》第 16 条第 1 款相关判例，论述欧盟涉外不动产长期租赁专属管辖权之行使。根据该公约的规定，欧盟涉外不动产长期租赁专属管辖权规则调整的具体事项具有广泛性。例如，在 Theodorus Engelbertus Sanders *v.* Ronald van der Putte 案②中，欧洲法院指出，涉外不动产长期租赁专属管辖权规则适用于出租人与承租人之间发生的涉外不动产租赁协议的存在之诉、涉外不动产租赁协议的解释之诉、涉外不动产租赁损害赔偿之诉和涉外不动产租赁占有权之诉等。

第一，涉外不动产租赁损害赔偿纠纷适用涉外专属管辖权规则。《布鲁塞尔公约》起草者试图将涉外不动产租赁损害赔偿纳入涉外专属管辖权范围。③例如，Dansommer A/S *v.* Andreas Götz 案④争议的焦点在于，《布鲁塞尔公约》第 16 条第 1 款涉外不动产租赁专属管辖权规则是否适用于房屋非直接所有权人因承租人对数周短期租赁的房屋保管不善而提起的损害赔偿诉讼？欧洲法院指出，无论诉讼为对物诉讼或对人诉讼，第 16 条第 1 款适用于涉外不动产长期和短期租赁协议下发生的权利义务争端，而且涉外不动产长期和短期租赁专属管辖权范围涵盖涉外不动产长期和短期租赁损害赔偿诉讼。无论涉外不动产长期和短期租赁损害赔偿是否由财产所有权人提起，其皆可适用涉外专属管辖权规则。在 Brigitte and Marcus Klein *v.* Rhodos Management

---

① Opinion of Advocate General Mancini, Delivered on 19 April 1988, Case C-158/87 R. O. E. Scherrens *v.* Maria G. Maenhout and Others [1988] ECR 03791, para. 2.

② Case C-73/77 Theodorus Engelbertus Sanders *v.* Ronald van der Putte [1977] ECR 02383, para. 15.

③ 〔比〕海尔特·范·卡尔斯特:《欧洲国际私法》，许凯译，法律出版社 2016 年版，第 61 页。

④ Case C-8/98 Dansommer A/S *v.* Andreas Götz [2000] ECR I-00393, paras. 25, 28, 38.

Ltd. 案①中，欧洲法院指出，《布鲁塞尔公约》第 16 条第 1 款的适用范围延伸至涉外不动产长期和短期租赁损害赔偿纠纷。

第二，涉外不动产租金和其他费用纠纷适用涉外专属管辖权规则。例如，Erich Rösler v. Horst Rottwinkel 案②争议的焦点在于，涉外度假房屋短期租赁争端、相应的损失和附带费用损害赔偿是否禁止适用《布鲁塞尔公约》第 16 条第 1 款涉外不动产租赁专属管辖权规则？戈登·思林法官指出，涉外不动产长期和短期租赁租金纠纷曾被提议排除出《布鲁塞尔公约》第 16 条第 1 款涉外专属管辖权范围，但因之造成欧盟涉外不动产专属管辖权范围被极度限缩，故《布鲁塞尔公约》最终版规定，第 16 条第 1 款适用于与涉外不动产租赁有关的所有诉讼。即便诉讼涉及居住在成员国的个人为短期租赁位于另一成员国的度假房屋而签订涉外短期租赁协议，违反涉外不动产租赁协议之损害赔偿纠纷、涉外不动产租金纠纷和涉外不动产租赁其他费用纠纷等皆可援引涉外专属管辖权规则，除非当事人提起的诉求非基于涉外不动产租赁协议本身。最终，欧洲法院指出，第 16 条第 1 款的优势是涵盖了所有情形的涉外不动产纠纷，以确保国际民商事管辖权的确定性和可预见性。对于涉外不动产租赁诉讼，无论其特点如何，第 16 条第 1 款适用于所有类型的涉外不动产长期和短期租赁事项。第 16 条第 1 款涉外不动产长期和短期租赁专属管辖权规则调整的事项囊括出租人和承租人之间关于涉外不动产租赁关系的存在、涉外不动产租赁条款的解释、涉外不动产租赁的占有、涉外不动产租赁的用途、涉外不动产租赁的维护、涉外不动产租赁的期限、涉外不动产租赁的租金、涉外不动产租赁的附带费用、涉外不动产租赁的其他权利义务，但与涉外不动产租赁仅存在间接联系的情形除外。

第三，与涉外不动产租赁存在密切联系的其他纠纷适用涉外专属管辖权规则。与涉外不动产租赁不存在直接关联的间接使用租赁财产的争议，不属于涉外专属管辖权范围。③ 例如，在 Brigitte and Marcus Klein v. Rhodos

---

① Case C-73/04 Brigitte and Marcus Klein v. Rhodos Management Ltd. [2005] ECR I-08667,para. 16.

② Case C-241/83 Erich Rösler v. Horst Rottwinkel [1985] ECR 00099,paras. 23-29；Opinion of Advocate General Gordon Slynn,Delivered on 23 October 1984,pp. 102,106,108.

③ Stephen Lee,*Title to Foreign Real Property in Transnational Money Claims*,32（3）Columbia Journal of Transnational Law 607,635-636（1995）.

Management Ltd 案①中,欧洲法院指出,诉争的涉外租赁合同应与实际使用的不动产之间存在密切联系,否则法院不得将其归类为公约第 16 条第 1 款所指的涉外不动产租赁。在 Elisabeth Hacker *v.* Euro-Relais GmbH 案②中,达蒙法官指出,《布鲁塞尔公约》第 16 条第 1 款涉外不动产租赁专属管辖权范围逐渐扩大,但与涉外不动产租赁仅存在间接联系的情形不得适用涉外专属管辖权规则。仅与租赁财产的使用间接相关的争议,不属于第 16 条第 1 款专属管辖权范围。

二、涉外不动产短期租赁专属管辖权的弱化

欧盟涉外不动产短期租赁专属管辖权历经以下演变。

第一,欧盟曾经对涉外不动产短期租赁的专属管辖权性质予以恪守。例如,1968 年《布鲁塞尔公约》第 16 条第 1 款对涉外不动产短期租赁专属管辖权秉持绝对立场,没有规定任何例外。在 Norbert Lieber *v.* Willi S. Göbel and Siegrid Göbel 案③中,达蒙法官指出,《布鲁塞尔公约》第 16 条第 1 款适用于涉外所有不动产租赁,即使是短期的或仅涉及度假屋的使用和占用。在 Dansommer A/S *v.* Andreas Götz 案④中,拉·佩尔戈拉法官提出了与之类似的主张。在 Brigitte and Marcus Klein *v.* Rhodos Management Ltd 案⑤中,吉尔霍德法官指出,第 16 条第 1 款适用于所有涉外不动产租赁,不论其特殊性如何。若对此规定例外情况,则将产生不确定性。本案涉外分时租赁协议(time share arrangement)属于公约第 16 条第 1 款涉外专属管辖权范围。在 Theodorus Engelbertus Sanders *v.* Ronald van der Putte 案⑥中,欧洲法院指出,涉外不动产租赁专属管辖权规则适用于出租人与承租人之间发生的涉外不动产租赁协

---

①　Case C-73/04 Brigitte and Marcus Klein *v.* Rhodos Management Ltd [2005] ECR I-08667,para. 26.

②　Opinion of Advocate General Darmon,Delivered on 10 December 1991,Case C-280/90 Elisabeth Hacker *v.* Euro-Relais GmbH [1992] ECR I-01111,paras. 32,35.

③　Opinion of Advocate General Darmon,Delivered on 22 March 1994,Case C-292/93 Norbert Lieber *v.* Willi S. Göbel and Siegrid Göbel [1994] ECR I-02535,para. 16.

④　Opinion of Advocate General La Pergola,Delivered on 9 September 1999,Case C-8/98 Dansommer A/S *v.* Andreas Götz [2000] ECR I-00393,para. 8.

⑤　Opinion of Advocate General Geelhoed, Delivered on 7 April 2005, Case C-73/04 Brigitte and Marcus Klein *v.* Rhodos Management Ltd [2005] ECR I-08667,paras. 29,31.

⑥　Case C-73/77 Theodorus Engelbertus Sanders *v.* Ronald van der Putte [1977] ECR 02383,para. 15.

议的存在之诉、涉外不动产租赁协议的解释之诉、涉外不动产租赁损害赔偿之诉和涉外不动产租赁占有权之诉等。在 Elisabeth Hacker $v.$ Euro-Relais GmbH 案①中，欧洲法院指出，《布鲁塞尔公约》第 16 条第 1 款涉外专属管辖权规则适用于所有涉外不动产租赁，不论其特点如何。

　　第二，欧盟现已对涉外不动产短期租赁的专属管辖权性质予以突围。这是欧盟目前的主流立场，以使涉外不动产短期租赁管辖权具有更大的灵活性。例如，1988 年《卢加迦诺公约》对涉外不动产租赁专属管辖权设置了一项除外情形，即涉外短期度假式不动产租赁可以附条件由被告住所地国法院行使管辖权。第 16 条第 1 款(b)项规定，以不超过连续六个月期限供私人临时使用的涉外不动产租赁权为标的的诉讼，只要承租人为自然人，并且任何一方的住所均不在不动产所在地国，则被告住所地成员国法院亦具有管辖权。② 然而，2007 年《卢加迦诺公约(修订版)》第 22 条第 1 款对涉外不动产短期租赁由被告住所地国法院行使管辖权的前提条件进行了细微改动，即承租人是自然人，并且出租人和承租人的住所在同一缔约国。③ 1999 年欧盟理事会《民商事案件管辖权及判决承认与执行的(欧共体)条例草案》第 22 条第 1 款同样规定，涉外不动产短期租赁不仅能够由不动产所在地国法院行使管辖权，而且亦可附条件由被告住所地国法院行使管辖权。在涉外不动产短期租赁诉讼中，此草案第 22 条第 1 款对涉外不动产租赁事项被告住所地国管辖权所附的条件不同于 1988 年《卢加迦诺公约》第 16 条第 1 款(b)项。第 22 条第 1 款所附的两项条件是，只要承租人为自然人，并且出租人和承租人在同一成员国有住所。④ 2000 年《布鲁塞尔条例Ⅰ》第 22 条第 1 款对涉外不动产租赁管辖权的规定延续了 1999 年欧盟理事会《民商事案件管辖权及判决承认与执行的(欧共体)条例草案》第 22 条第 1 款"原则＋例外"的做法，即欧盟涉外不动产租赁

---

① Case C-280/90 Elisabeth Hacker $v.$ Euro-Relais GmbH [1992] ECR I-01111, para. 10.

② High Contracting Parties to this Convention, *Convention on Jurisdiction and the Enforcement of Judgments in Civil and Commercial Matters*, 1988, p. 13, https://eur-lex. europa. eu/legal-content/EN/TXT/PDF/? uri＝CELEX:41988A0592&from＝EN, 2022 年 5 月 1 日访问。

③ High Contracting Parties to this Convention, *Convention on Jurisdiction and the Recognition and Enforcement of Judgments in Civil and Commercial Matters*, 2007, p. 9, https://eur-lex. europa. eu/legal-content/EN/TXT/PDF/? uri＝CELEX:22007A1221(03)&from＝EN, 2022 年 5 月 1 日访问。

④ Council of the European Union, *Commission Proposal for a Council Regulation (EC) on Jurisdiction and the Recognition and Enforcement of Judgments in Civil and Commercial Matters*, 1999, pp. 6-7, https://eur-lex. europa. eu/resource. html? uri＝cellar: f1e48993-a6ad-46c2-8acf-9e6e00321d8b. 0008. 02/DOC_1&format＝PDF, 2022 年 5 月 1 日访问。

事项原则上由不动产所在地国法院行使专属管辖权,但涉外不动产短期租赁亦可以附条件由被告住所地国法院行使管辖权,而且当不动产所在地国法院和被告住所地国法院发生管辖权冲突时,任择其一即可。2010 年欧洲委员会《关于民商事案件管辖权和判决承认与执行的条例(修订版)草案》第 22 条第 1款保留了涉外不动产租赁专属管辖权的原则性规定,但对涉外不动产短期租赁的管辖权依据作了较大改动,即不仅可由被告住所地国法院行使管辖权,而且新增涉外协议管辖。在缔结协议时或提起诉讼时,双方于涉外职业用途不动产租赁协议中同意一个或多个成员国法院根据第 23 条行使管辖权。[①] 换言之,欧盟涉外不动产租赁可采取以下三种管辖权依据。一般涉外不动产租赁由不动产所在地国法院行使专属管辖权,但以不超过连续六个月期限供私人临时使用的涉外不动产租赁权为标的的诉讼,亦可由被告住所地国法院、当事人事先抑或事后协议选择的法院行使管辖权。虽然 2010 年《布鲁塞尔条例 I(修订版)草案》第 22 条第 1 款对涉外不动产租赁的管辖权依据作了较大改动,尤其是对涉外不动产短期租赁诉讼新增涉外协议管辖规则,但是 2012 年欧洲议会、欧盟理事会公布的《布鲁塞尔条例 I(修订版)》正式文本第 24 条第1 款没有采纳上述建议。第 24 条第 1 款涉外不动产租赁管辖权的规定与2000 年《布鲁塞尔条例 I》第 22 条第 1 款保持一致,即以涉外不动产租赁权为标的的诉讼,由不动产所在地国法院行使专属管辖权。然而,以不超过连续六个月期限供私人临时使用的涉外不动产租赁权为标的的诉讼,被告住所地成员国法院亦具有管辖权,只要承租人为自然人,并且出租人和承租人在同一成员国有住所。

　　综上所述,欧盟涉外不动产租赁的管辖权依据如下。涉外不动产长期租赁由不动产所在地国法院行使专属管辖权,但涉外不动产短期租赁管辖权不具有专属性。后者既可以由不动产所在地国法院行使管辖权,亦允许附条件由被告住所地国法院行使管辖权。然而,欧盟涉外不动产短期租赁普遍管辖权须同时满足以下两项累积性适用条件:自然人条件和住所条件。

---

① European Commission, *Proposal for a Regulation of the European Parliament and of the Council on Jurisdiction and the Recognition and Enforcement of Judgments in Civil and Commercial Matters* (*Recast*), 2010, p. 31, https://eur-lex. europa. eu/legal-content/EN/TXT/PDF/? uri = CELEX: 52010PC0748&from=EN,2022 年 5 月 1 日访问。

第三节　海牙涉外不动产专属管辖权的新进展

2019 年《海牙判决公约》第 6 条对海牙涉外不动产专属管辖权进行了统一规定。根据公约第 6 条的规定和海牙管辖权项目相关解释报告的诠释，海牙国际私法会议对涉外不动产专属管辖权秉持分割制。① 海牙涉外不动产物权专属管辖权具有绝对性，涉外不动产租赁专属管辖权采取二分说，涉外不动产担保和涉外不动产信托被排除出海牙涉外不动产专属管辖权范围。②

一、恪守：海牙涉外不动产物权专属管辖权

2013 年，海牙国际私法会议常设局指出，涉外不动产物权由不动产所在地国法院行使专属管辖权，当事人不能通过法院选择协议逃避涉外不动产物权专属管辖权规则。③ 2019 年《海牙判决公约》第 6 条规定，外国法院对不动产物权所作的判决，当且仅当该不动产位于判决来源国时，被请求国才予以承认或执行此判决。④ 第 6 条为承认和执行外国不动产物权判决提供了唯一的专属依据。⑤

---

①　何其生：《统一化与分割化：〈海牙判决公约〉下的不动产问题》，载《国际法学刊》2020 年第 1 期，第 33 页。

②　Catherine Kessedjian, *Synthesis of the Work of the Special Commission of June 1997 on International Jurisdiction and the Effects of Foreign Judgments in Civil and Commercial Matters*, 1997, para. 39, https://assets. hcch. net/docs/ecc45930-f5a1-4bd1-b94c-420c44a05954. pdf, 2022 年 5 月 1 日访问。

③　Permanent Bureau, *Annotated Checklist of Issues to Be Discussed by the Working Group on Recognition and Enforcement of Judgments*, 2013, p. 12, https://assets. hcch. net/docs/23710baf-121a-42e9-a824-89c2396f9688. pdf, 2022 年 5 月 1 日访问。

④　Hague Conference on Private International Law, *Convention on the Recognition and Enforcement of Foreign Judgments in Civil or Commercial Matters* (*Concluded 2 July* 2019), p. 5, https://assets. hcch. net/docs/806e290e-bbd8-413d-b15e-8e3e1bf1496d. pdf, 2022 年 5 月 1 日访问。

⑤　Francisco Garcimartin, Geneviève Saumier, *Explanatory Report on the Convention of 2 July* 2019 *on the Recognition and Enforcement of Foreign Judgments in Civil or Commercial Matters*, 2020, p. 111, https://assets. hcch. net/docs/a1b0b0fc-95b1-4544-935b-b842534a120f. pdf, 2022 年 5 月 1 日访问。

二、分割：海牙不动产租赁专属管辖权二分说

涉外不动产租赁尚未完全被海牙国际私法会议纳入涉外专属管辖权范围，涉外不动产专属管辖权在涉外不动产租赁和租金问题上存在法律保留。[①]海牙涉外不动产租赁专属管辖权分割制由"期限二分说"转向"目的二分说"。

第一，租赁期限的分割。例如，临时文本（interim text）第 12 条第 1 款对涉外不动产租赁专属管辖权采取"期限二分说"，即涉外不动产长期租赁适用涉外专属管辖权规则，但六个月以下涉外不动产短期租赁既可由不动产所在地国法院行使管辖权，亦可附条件由被告住所地国法院行使管辖权，原告任择其一即可。[②]六个月以下涉外不动产短期租赁亦可由合同签订地或当事人协议选择的法院行使管辖权。[③]2015 年，海牙判决项目第五工作组将判决来源国法院违反涉外不动产租赁专属管辖权规则作为拒绝承认与执行租期超过六个月的外国不动产租赁判决的消极条件。[④]此规定与欧盟《布鲁塞尔条例Ⅰ（修订版）》第 24 条第 1 款和 2013 年黑山《关于国际私法的法律》第 119 条相同，即保留涉外不动产长期租赁专属管辖权，但弱化涉外不动产短期租赁管辖权的专属性。然而，海牙涉外不动产短期租赁普通管辖权规则的适用条件不同于欧盟。例如，1998 年海牙国际私法会议常设局在《协助拟订关于国际管辖权和外国民商事判决效力的公约草案》中指出，涉外不动产短期租赁诉讼普通管辖权的前提条件是，承租人惯常居住在不动产所在地国以外的国家。[⑤]

第二，租赁目的的分割。2019 年《海牙判决公约》最终文本对涉外不动产租赁专属管辖权采取"目的二分说"，唯独将涉外不动产居住性租赁纳入涉外

① Hague Conference on Private International Law, *Final Act of the Eighteenth Session*, p. 65, https://assets. hcch. net/docs/9d9eca33-a301-49f0-9947-5d9dfc25ac3a. pdf,2022 年 5 月 1 日访问。

② Permanent Bureau, *Background Note*,2012, p. 36, https://assets. hcch. net/docs/d2355e5c-fd79-4366-9caa-8a434367ba84. pdf,2022 年 5 月 1 日访问。

③ Peter Nygh, Fausto Pocar, *Report of the Special Commission*, p. 253, https://assets. hcch. net/docs/810aefc4-ab66-457b-8ec7-6049d8793be3. pdf,2022 年 5 月 1 日访问。

④ Hague Conference on Private International Law, *Report of the Fifth Meeting of the Working Group on the Judgments Project* (26-31 October 2015) *and Proposed Draft Text Resulting from the Meeting*,2015, p. 10, https://assets. hcch. net/docs/06811e9c-dddf-4619-81af-71e8836c8d3e. pdf,2022 年 5 月 1 日访问。

⑤ Permanent Bureau, *Preliminary Draft Outline to Assist in the Preparation of a Convention on International Jurisdiction and the Effects of Foreign Judgments in Civil and Commercial Matters*,1998, p. 19, https://assets. hcch. net/docs/0cbb3742-8964-4c0d-9dd4-3e4e186138d8. pdf,2022 年 5 月 1 日访问。

不动产租赁专属管辖权范围。① 之所以如此，是因为许多国家将涉外居住性租赁视为一种特殊的租赁类别，并将住宅承租人纳入需要给予偏向性保护的弱者范畴，而且对涉外居住性租赁适用涉外专属管辖权规则便于承租人获得住处，同时确保适用不动产所在地国强制性规则。② 与之相比，2017 年爱沙尼亚《民事诉讼法（修订版）》第 99 条第 1 款第 6 项规定，不动产商业租赁合同或使用不动产的其他合同，由不动产所在地法院行使专属管辖权。

"期限二分说"和"目的二分说"各有利弊。前者使涉外不动产短期租赁管辖权具有更大的灵活性，有利于促进人的跨国自由流动，但将六个月作为短期租赁期限的划分标准具有一定的机械性和僵硬性。后者体现了人权价值考量，但居住性租赁目的的认定难度较大。

三、海牙其他涉外不动产纠纷专属管辖权的存废

第一，关于涉外不动产担保专属管辖权，1997 年海牙国际私法会议特别委员会在协商起草《国际管辖权和外国民商事判决效力公约草案》时，初步交换的意见表明，虽然担保以不动产的形式提供，但管辖权不具有专属性，涉外不动产担保优先适用涉外合同管辖权规则。③

第二，关于涉外不动产信托专属管辖权，在 George Lawrence Webb v. Lawrence Desmond Webb 案④中，欧洲法院指出，涉外不动产信托诉讼不构成《布鲁塞尔公约》第 16 条第 1 款所指的对物诉讼，不得适用欧盟涉外不动产物权专属管辖权规则。然而，海牙国际私法会议上各代表团对该裁决的评析存在分歧。⑤

---

① 何其生：《统一化与分割化：〈海牙判决公约〉下的不动产问题》，载《国际法学刊》2020 年第 1 期，第 33 页。

② Francisco Garcimartín, Geneviève Saumier, *Explanatory Report on the Convention of 2 July 2019 on the Recognition and Enforcement of Foreign Judgments in Civil or Commercial Matters*, 2020, pp. 109-110, https://assets. hcch. net/docs/a1b0b0fc-95b1-4544-935b-b842534a120f. pdf, 2022 年 5 月 1 日访问。

③ Catherine Kessedjian, *Synthesis of the Work of the Special Commission of June 1997 on International Jurisdiction and the Effects of Foreign Judgments in Civil and Commercial Matters*, 1997, para. 38, https:// assets. hcch. net/docs/ecc45930-f5a1-4bd1-b94c-420c44a05954. pdf, 2022 年 5 月 1 日访问。

④ Case C-294/92 George Lawrence Webb v. Lawrence Desmond Webb [1994] ECR I-01717, para. 19.

⑤ Catherine Kessedjian, *Synthesis of the Work of the Special Commission of June 1997 on International Jurisdiction and the Effects of Foreign Judgments in Civil and Commercial Matters*, 1997, para. 40, https://assets. hcch. net/docs/ecc45930-f5a1-4bd1-b94c-420c44a05954. pdf, 2022 年 5 月 1 日访问。

第四节　涉外不动产专属管辖权之中国法上的回应

2021 年我国《民事诉讼法》和 2022 年《民事诉讼法司法解释》涉外民事诉讼程序编仍无涉外不动产专属管辖权的直接规定,我国主要通过直接援引我国国际民商事司法协助条约和补缺适用纯国内不动产专属管辖权规则以确定涉外不动产管辖权。不同于《国际私法示范法》第 46 条第 1 款,2021 年《民事诉讼法》和 2022 年《民事诉讼法司法解释》对纯国内不动产专属管辖权范围秉持分割制。在 2023 年修正的我国《民事诉讼法》第 279 条涉外民商事专属管辖权条款中,涉外不动产事项的管辖权性质和管辖权连结点暂付阙如。

我国纯国内不动产专属管辖权分割制的特征如下。

第一,不动产物权纠纷在我国具有专属管辖权性质。我国法院对物权纠纷项下的恢复原状纠纷[①]、涉案标的为不动产的占有物返还纠纷[②]、不动产排除妨害纠纷[③]适用专属管辖权规则。

第二,我国对不动产租赁专属管辖权秉持"标的二分说",不同于海牙"期限二分说"和"目的二分说"。2022 年《民事诉讼法司法解释》第 28 条第 2 款基于租赁标的的不同,仅允许房屋租赁适用专属管辖权规则,其他不动产租赁除外。

第三,我国将专属管辖权延伸至不动产合同纠纷,但仅限于农村土地承包经营合同纠纷、房屋租赁合同纠纷、建设工程施工合同纠纷和政策性房屋买卖合同纠纷四种。其他与不动产存在联系的纠纷,诸如不动产买卖合同纠纷[④]和不动产侵权纠纷[⑤]均不得适用专属管辖权规则。与 2022 年《民事诉讼法司

[①]　例如,贵州环宇恒达建设工程有限公司、韦朝芝恢复原状纠纷案,参见贵州省黔西南布依族苗族自治州中级人民法院(2020)黔 23 民辖终 16 号民事裁定书。

[②]　例如,林丹晴、莆田市秀屿区笏石苏塘小学返还原物纠纷案,参见福建省莆田市中级人民法院(2020)闽 03 民辖终 134 号民事裁定书。

[③]　例如,河南宇隆建材股份有限公司、汝州市小屯镇长营村村民委员会排除妨害纠纷案,参见河南省平顶山市中级人民法院(2020)豫 04 民辖终 126 号民事裁定书。

[④]　例如,韩白香、韩英房屋买卖合同纠纷案,参见云南省曲靖市中级人民法院(2019)云 03 民辖终 38 号民事裁定书。

[⑤]　例如,黄甫山财产损害赔偿纠纷案,参见广西壮族自治区南宁市中级人民法院(2020)桂 01 民终 7416 号民事裁定书。与我国的规定相比,黑山《民事诉讼法》第 42 条规定,不动产侵权由不动产所在地法院专属管辖。

法解释》第 28 条第 2 款相近似的林业土地承包合同纠纷①、建设工程设计合同纠纷②、房屋抵押合同纠纷③和非政策性的普通房屋买卖合同纠纷④等均被排除出专属管辖权范围。具体阐述如下。

首先,农村土地承包经营合同纠纷和土地承包经营权的设立、权属、效力、使用、收益等物权关系引发纠纷,由土地所在地法院行使专属管辖权。⑤ 林业土地承包合同纠纷虽亦涉及土地承包,但我国法院将此排除出专属管辖权范围,认为此应依据被告住所地或合同履行地确定管辖法院。⑥

其次,建设工程施工合同包括建筑和安装两方面的合同,有时二者合二为一。建筑是指对工程进行营造的行为,安装主要指与工程有关的线路、管道、设备等设施的安装。⑦ 建设工程施工合同专属管辖权不受涉案工程是否开工的影响,不受合法与否的影响。⑧ 2022 年《民事诉讼法司法解释》第 28 条第 2 款专属管辖权项下的建设工程施工合同纠纷不限于《民事案件案由规定》规定的建设工程施工合同纠纷,还包括建设工程价款优先受偿权纠纷、建筑工程中的劳务分包合同纠纷、建设工程监理合同纠纷、建筑物装饰装修合同纠纷、铁路修建合同纠纷和农村建房施工合同纠纷。⑨ 虽然建设施工合同从广义而言

---

① 例如,窦世斌与蔡勤林业承包合同纠纷案,参见新疆生产建设兵团第八师中级人民法院(2021)兵08 民辖终 8 号民事裁定书。

② 例如,重庆迪赛、张掖天域绿谷农业开发有限责任公司建设工程设计合同纠纷案,参见四川省成都市中级人民法院(2021)川 01 民辖终 101 号民事裁定书。

③ 例如,上诉人韩卿诉祁晓华抵押合同纠纷案,参见江苏省南京市中级人民法院(2020)苏 01 民终7673 号民事裁定书。

④ 例如,虞城县农村信用合作联社、王成立房屋买卖合同纠纷案,参见河南省商丘市中级人民法院(2021)豫 14 民辖终 24 号民事裁定书。

⑤ 例如,刘杭先与张丽生等确认合同无效纠纷案,参见北京市第一中级人民法院(2021)京 01 民辖终149 号民事裁定书;张掖聚鑫农牧有限责任公司与杨某租赁合同纠纷案,参见甘肃省张掖市中级人民法院(2021)甘 07 民辖终 7 号民事裁定书。

⑥ 例如,窦世斌与蔡勤林业承包合同纠纷案,参见新疆生产建设兵团第八师中级人民法院(2021)兵08 民辖终 8 号民事裁定书。

⑦ 例如,陕西德林建设工程有限公司诉李斌等建设工程合同纠纷案,参见陕西省榆林市中级人民法院(2017)陕 08 民辖终 74 号民事裁定书。

⑧ 例如,胡鹏、张能志与建设工程施工合同纠纷案,参见陕西省咸阳市中级人民法院(2021)陕 04 民终 1829 号民事裁定书;平邑县凯胜建筑劳务有限公司与胡智勇、冠鲁建设股份有限公司等建设工程施工合同纠纷案,参见内蒙古自治区通辽市中级人民法院(2021)内 05 民辖终 41 号民事裁定书。

⑨ 例如,江苏富然德电力科技有限公司、江苏日兆综合能源有限公司建设工程施工合同纠纷案,参见天津市第一中级人民法院(2020)津 01 民辖终 402 号民事裁定书。

系一种承揽合同,[1]但承揽合同纠纷不属于专属管辖权范围,[2]后者应由被告住所地法院或合同履行地法院行使管辖权。[3] 不动产专属管辖权项下的建设工程合同纠纷,专指施工性质的建设工程合同引起的纠纷,因此勘察、设计性质的建设工程合同引起的纠纷不适用不动产专属管辖权规则,建设工程设计合同纠纷应当适用一般合同管辖权规则。[4] 此外,建设工程收益分配纠纷不适用专属管辖权规则。[5]

再次,房屋租赁合同纠纷应按照不动产纠纷确定管辖法院。[6] 房屋抵押合同纠纷虽亦涉及房屋,但我国法院认为此不属于上述司法解释规定的不动产纠纷范畴,而应由被告住所地法院或合同履行地法院行使管辖权。[7] 此外,关于房屋租赁合同专属管辖权,我国法院在实践中采取以下特殊立场。即如果当事人对房屋租赁合同纠纷协议选择由不动产所在地法院行使管辖权,那么此管辖权协议将被认定为有效。[8] 然而,在理论上,专属管辖权乃排他性管辖权,本应不仅排除了任何域外法院对诉讼的管辖权,而且排除了诉讼当事人明示或默示协议选择管辖法院。

最后,关于房屋买卖合同纠纷,第 28 条第 2 款仅将政策性房屋买卖合同纠纷纳入专属管辖权范围,一般商品房屋买卖合同纠纷不得适用专属管辖权规则。政策性房屋买卖合同纠纷的标的物系政府为公共政策目的建造的具有

---

[1]　例如,武汉大禹阀门股份有限公司与湖北中南钢结构有限公司建设工程合同纠纷上诉案,参见湖北省黄冈市中级人民法院(2016)鄂 11 民终 165 号民事裁定书。

[2]　例如,北京利德衡环保工程有限公司、江苏庆峰工程集团有限公司与北京利德衡环保工程有限公司、江苏庆峰工程集团有限公司案,参见江苏省扬州市中级人民法院(2021)苏 10 民辖终 89 号民事裁定书。

[3]　例如,呼和浩特市祥和建筑工程有限责任公司与呼和浩特市金纬铆焊加工有限责任公司承揽合同纠纷上诉案,参见内蒙古自治区呼和浩特市中级人民法院(2016)内 01 民辖终 451 号民事裁定书。

[4]　例如,重庆迪赛、张掖天域绿谷农业开发有限责任公司建设工程设计合同纠纷案,参见四川省成都市中级人民法院(2021)川 01 民辖终 101 号民事裁定书。

[5]　例如,广西中投创新能源科技股份有限公司等诉广西南宁竞创机电设备有限公司技术合同纠纷案,参见广西壮族自治区南宁市中级人民法院(2017)桂 01 民辖终 512 号民事裁定书。

[6]　例如,朱凯伟与无锡食连天餐饮管理有限公司案,参见江苏省镇江市中级人民法院(2021)苏 11 民辖终 91 号民事裁定书。

[7]　例如,上诉人韩卿诉祁晓华抵押合同纠纷案,参见江苏省南京市中级人民法院(2020)苏 01 民终 7673 号民事裁定书;李爱红、闫洪忠侵权责任纠纷案,参见河南省新乡市中级人民法院(2020)豫 07 民辖终 147 号民事裁定书。

[8]　例如,黄成全与北京市煤炭总公司房山区公司房屋租赁合同纠纷案,参见北京市第二中级人民法院(2021)京 02 民辖终 167 号民事裁定书。

特殊优惠政策的房屋。[①] 一般性房屋买卖合同纠纷的标的物虽亦为房屋，但法官应依据合同纠纷确定管辖权，不适用上述专属管辖权规则。[②]

一、我国涉外不动产专属管辖权范围之内部不对称性

除存在法律渊源的碎片化局限外，我国涉外不动产专属管辖权范围具有内部和外部的双重不对称性。内部不对称性表现为，我国国际民商事司法协助条约对涉外不动产专属管辖权范围的规定不完全一致，存在以下三种不同的规定。

第一，仅涉外不动产物权纠纷属于涉外不动产专属管辖权范围。例如，根据 1992 年《中华人民共和国和西班牙王国关于民事、商事司法协助的条约》第 21 条第 1 款第 10 项的规定，若诉讼对象是位于作出裁决的缔约一方境内的不动产的物权，则判决来源国法院被视为对案件具有管辖权。

第二，仅涉外不动产权利确认纠纷属于涉外不动产专属管辖权范围。例如，2004 年《中华人民共和国和阿拉伯联合酋长国关于民事和商事司法协助的协定》第 18 条和 2007 年《中华人民共和国和科威特国关于民事和商事司法协助的协定》第 18 条均规定，不动产所在地法院有权确定与该不动产有关的权利。

第三，诉讼标的物为涉外不动产的纠纷均属于涉外不动产专属管辖权范围。例如，1999 年《中华人民共和国和突尼斯共和国关于民事和商事司法协助的条约》第 23 条第 1 款第 8 项、2008 年《中华人民共和国和秘鲁共和国关于民事和商事司法协助的条约》第 25 条第 1 款第 8 项、2012 年《中华人民共和国和波斯尼亚和黑塞哥维那关于民事和商事司法协助的条约》第 24 条第 1 款第 8 项以及 2014 年《中华人民共和国和埃塞俄比亚联邦民主共和国关于民事和商事司法协助的条约》第 25 条第 1 款第 8 项均规定，若作为诉讼标的物的不动产位于判决来源国境内，则判决来源国法院被视为具有管辖权。

[①] 例如，叶德福、王秀华确认合同无效纠纷案，参见浙江省杭州市中级人民法院（2021）浙 01 民辖终 130 号民事裁定书。

[②] 例如，虞城县农村信用合作联社、王成立房屋买卖合同纠纷案，参见河南省商丘市中级人民法院（2021）豫 14 民辖终 24 号民事裁定书；贵州百丰房地产开发有限公司、周丽房屋买卖合同纠纷案，参见四川省泸州市中级人民法院（2021）川 05 民辖终 8 号民事裁定书；兴化新华医院、吉佑华买卖合同纠纷案，参见浙江省温州市中级人民法院（2020）浙 03 民辖终 184 号民事裁定书。

虽然我国国际民商事司法协助条约对涉外不动产专属管辖权存在上述零星规定,但大多数条约补充规定条约不影响缔约双方的国内专属管辖权规则,而且双方应当在条约生效后及时通过各自的中央机关,以书面形式相互通知本国法律关于专属管辖权的规定。[①] 可见,虽然国际条约和国际惯例等国际统一实体法能够避免法律冲突的产生,[②]但条约适用的主体范围、地域范围和事项范围有限,而且上述保留性规定使得我国签订的国际民商事司法协助条约无法解决涉外不动产专属管辖权范围不统一的困境。

二、我国涉外不动产专属管辖权范围之外部不对称性

外部不对称性表现为,我国国际民商事司法协助条约和 2022 年《民事诉讼法司法解释》对涉外不动产专属管辖权范围的规定不对称,我国传统涉外不动产物权专属管辖权规则下物权的外延与《民法典》下物权的外延不完全对称。

第一,我国国际民商事司法协助条约和 2022 年《民事诉讼法司法解释》对不动产专属管辖权范围的规定不对称。若涉外不动产纠纷涉及国际民商事司法协助条约之外的国家,则我国将补缺适用 2022 年《民事诉讼法司法解释》第28 条纯国内不动产专属管辖权的解释标准。与本节第一目我国国际民商事司法协助条约的涉外不动产专属管辖权范围相比,2022 年《民事诉讼法司法解释》第 28 条规定以下两类不动产纠纷适用专属管辖权规则。该条第 1 款规定了不动产物权纠纷专属管辖权。该条第 2 款规定了四种不动产合同纠纷专属管辖权,但后者仅限于农村土地承包经营合同纠纷、房屋租赁合同纠纷、建设工程施工合同纠纷和政策性房屋买卖合同纠纷。其他与不动产存在联系的纠纷,诸如不动产买卖合同纠纷[③]和不动产侵权纠纷[④]均不得适用专属管辖权规则。与 2022 年《民事诉讼法司法解释》第 28 条第 2 款相近似的林业土地承

---

① 参见 1992 年《中华人民共和国和西班牙王国关于民事、商事司法协助的条约》第 21 条第 2 款、1999 年《中华人民共和国和突尼斯共和国关于民事和商事司法协助的条约》第 23 条第 2 款、2012 年《中华人民共和国和波斯尼亚和黑塞哥维那关于民事和商事司法协助的条约》第 24 条第 2 款、2014 年《中华人民共和国和埃塞俄比亚联邦民主共和国关于民事和商事司法协助的条约》第 25 条第 2 款的规定。

② 刘仁山:《国际私法》(第 6 版),中国法制出版社 2019 年版,第 7 页。

③ 例如,韩白香、韩英房屋买卖合同纠纷案,参见云南省曲靖市中级人民法院(2019)云 03 民辖终 38 号民事裁定书。

④ 例如,黄甫山财产损害赔偿纠纷案,参见广西壮族自治区南宁市中级人民法院(2020)桂 01 民终 7416 号民事裁定书。

包合同纠纷①、建设工程设计合同纠纷②、房屋抵押合同纠纷③和非政策性的普通房屋买卖合同纠纷④等均被排除出不动产专属管辖权范围。

第二，我国传统涉外不动产物权专属管辖权规则下物权的外延与《民法典》下物权的外延不完全对称。2020年我国《民法典》第二编将"物权"的概念界定为因物的归属和利用而产生的民事关系。⑤ 根据该定义，除无法适用于不动产的质权和留置权外，所有权（包括国家集体和私人所有权、业主的建筑物区分所有权、相邻关系、共有）、用益物权（包括土地承包经营权、建设用地使用权、宅基地使用权、居住权、地役权）、担保物权（包括一般和最高额抵押权）以及占有均属于不动产物权的范畴。另外，2020年《民法典物权编司法解释》第1条规定，不动产物权纠纷是指不动产物权的归属纠纷、不动产买卖纠纷、不动产赠与纠纷和不动产抵押纠纷等。这意味着涉外专属管辖权领域不动产物权涵盖我国《民法典》第二编规定的物权类型，⑥而且《民法典物权编司法解释》第1条不动产物权纠纷皆可援引我国传统涉外不动产物权专属管辖权规则。然而，根据我国法院的解释，2022年《民事诉讼法司法解释》第28条第1款不动产物权专属管辖权范围仅限于部分物权纠纷。⑦ 不动产权利确认纠纷、不动产分割纠纷和不动产相邻关系纠纷以外的其他不动产物权纠纷皆不得适用专属管辖权规则。⑧ 此外，即便诉讼性质属于不动产权利确认纠纷、不动产分割纠纷和不动产相邻关系纠纷，但若未导致不动产权利变更或分割等后果，或者不动产所在地无法查明，则亦禁止适用专属管辖权规则。⑨ 这是我

---

① 例如，窦世斌与蔡勤林业承包合同纠纷案，参见新疆生产建设兵团第八师中级人民法院(2021)兵08民辖终8号民事裁定书。

② 例如，重庆迪赛、张掖天域绿谷农业开发有限责任公司建设工程设计合同纠纷案，参见四川省成都市中级人民法院(2021)川01民辖终101号民事裁定书。

③ 例如，上诉人韩卿诉祁晓华抵押合同纠纷案，参见江苏省南京市中级人民法院(2020)苏01民终7673号民事裁定书。

④ 例如，虞城县农村信用合作联社、王成立房屋买卖合同纠纷案，参见河南省商丘市中级人民法院(2021)豫14民辖终24号民事裁定书。

⑤ 参见2020年我国《民法典》第205条的规定。

⑥ 何其生：《统一化与分割化：〈海牙判决公约〉下的不动产问题》，载《国际法学刊》2020年第1期，第53页。

⑦ 例如，刘伟鹏、安徽省地质矿产勘查局322地质队探矿权转让合同纠纷案，参见安徽省高级人民法院(2020)皖民申1565号民事裁定书。

⑧ 例如，浙江瑞明节能科技股份有限公司(浙江瑞明节能门窗股份有限公司)、谭作斌合同纠纷案，参见辽宁省葫芦岛市中级人民法院(2020)辽14民辖终22号民事裁定书。

⑨ 例如，南昌市第一建筑工程公司、江西省华茂投资开发有限公司因申请诉中财产保全损害责任纠纷案，参见江西省宜春市中级人民法院(2019)赣09民辖终29号民事裁定书。

国法院在实践中对不动产物权专属管辖权新增的考量因素。《民法典物权编司法解释》第 1 条所述不动产买卖纠纷、不动产赠与纠纷和不动产抵押纠纷，我国法院根据 2022 年《民事诉讼法司法解释》第 28 条第 1 款的规定而将不动产买卖合同纠纷[①]、房屋抵押合同纠纷[②]、非政策性的普通房屋买卖合同纠纷[③]排除出专属管辖权范围。因侵害不动产物权导致的损害赔偿纠纷，我国法院认为此乃侵权纠纷，不具有专属管辖权性质。[④]

　　综上所述，我国涉外不动产专属管辖权范围如下。我国国际民商事司法协助条约有的采取狭义论，仅将涉外不动产物权纠纷或仅将涉外不动产权利确认纠纷纳入涉外不动产专属管辖权范围；有的采取广义论，将所有类型的涉外不动产纠纷皆纳入涉外不动产专属管辖权范围。2023 年我国《民事诉讼法》第 279 条涉外不动产专属管辖权规则暂付阙如，无从可知我国当代涉外不动产专属管辖权范围。我国传统涉外不动产专属管辖权范围同于国内不动产专属管辖权范围。2022 年我国《民事诉讼法司法解释》第 28 条规定仅以下两类不动产纠纷能够适用不动产专属管辖权规则：不动产物权纠纷和四种不动产合同纠纷。首先，关于不动产物权专属管辖权范围，不动产物权专属管辖权规则下物权的外延理应涵盖《民法典》第二编和《民法典物权编司法解释》第 1 条规定的物权类型，但我国专属管辖权囊括的不动产物权纠纷仅限于部分物权纠纷，即不动产权利确认纠纷、分割纠纷和相邻关系纠纷等引起的物权纠纷。除此以外的其他不动产物权纠纷不适用不动产物权专属管辖权规则。此外，即便诉讼性质属于不动产权利确认纠纷、不动产分割纠纷和不动产相邻关系纠纷，但若未导致不动产权利变更或分割等后果，或者不动产所在地无法查明，则亦被排除出专属管辖权范围。其次，关于不动产合同专属管辖权范围，2022 年我国《民事诉讼法司法解释》第 28 条将之限定为以下四种：农村土地承包经营合同纠纷、房屋租赁合同纠纷、建设工程施工合同纠纷和政策性房屋买卖合同纠纷。前述之外的不动产合同纠纷和其他不动产纠纷在我国皆不具有专属管辖权性质。

---

　　① 例如，韩白香、韩英房屋买卖合同纠纷案，参见云南省曲靖市中级人民法院(2019)云 03 民辖终 38号民事裁定书。

　　② 例如，上诉人韩卿诉祁晓华抵押合同纠纷案，参见江苏省南京市中级人民法院(2020)苏 01 民终7673 号民事裁定书。

　　③ 例如，虞城县农村信用合作联社、王成立房屋买卖合同纠纷案，参见河南省商丘市中级人民法院(2021)豫 14 民辖终 24 号民事裁定书。

　　④ 例如，黄甫山财产损害赔偿纠纷案，参见广西壮族自治区南宁市中级人民法院(2020)桂 01 民终7416 号民事裁定书。

三、欧盟经验下我国涉外不动产专属管辖权范围的解释

我国传统涉外不动产专属管辖权规则囊括的事项范围总体上广于欧盟《布鲁塞尔条例 I(修订版)》第 24 条第 1 款的规定。欧盟基于"三要素识别说"仅允许部分涉外不动产物权纠纷适用涉外专属管辖权规则,而且基于"期限二分说"将六个月以下涉外不动产短期租赁权纠纷排除出涉外专属管辖权范围,其他涉外不动产纠纷皆不得援引第 24 条第 1 款欧盟涉外不动产专属管辖权规则。此外,欧盟对涉外不动产物权专属管辖权采取的标准整体上严苛于涉外不动产租赁权纠纷专属管辖权标准。例如,欧盟将对人诉讼下的涉外不动产物权纠纷排除出专属管辖权范围,但允许对人诉讼下的涉外不动产租赁权纠纷适用涉外专属管辖权规则。不动产对物诉讼管辖权比其他诉讼管辖权的条件和要求更严格,是基于不动产价值更大的古老传统理念和私人资本稳定要素的考虑。①

虽然我国传统涉外不动产专属管辖权范围与欧盟涉外不动产专属管辖权范围存在显著差异,但是我国涉外不动产专属管辖权立场与欧盟涉外不动产专属管辖权立场近似,即诉讼与涉外不动产存在联系不足以援引涉外不动产专属管辖权规则,涉外不动产专属管辖权范围逐渐呈现分割制发展趋向。

第一,我国涉外不动产物权专属管辖权有待完善。2023 年我国《民事诉讼法》第 279 条涉外民商事专属管辖权规则缺失涉外不动产物权专属管辖权条款。不动产物权专属管辖权是我国国际民商事司法协助条约和 2022 年《民事诉讼法司法解释》共同认可的专属管辖权事项。欧盟对涉外不动产物权专属管辖权范围采取以下三要素识别标准:目的因素识别标准、权利因素识别标准和边际因素识别标准。目的因素识别标准,即只有符合公共秩序目的的涉外不动产物权纠纷才属于涉外不动产物权专属管辖权范围。权利因素识别标准,即仅对物诉讼下的涉外不动产物权才属于涉外不动产物权专属管辖权范围。边际因素识别标准,即涉外不动产物权争议应是诉讼的主要对象,否则不得援引涉外不动产物权专属管辖权规则。只有当同时满足目的标准、权利标准和边际标准的涉外不动产物权纠纷才具有涉外专属管辖权性质。欧盟对涉外不动产物权专属管辖权采取的"三要素识别说"契合涉外专属管辖权的根本

---

① Pierre Hébraud, *Real Actions in France*, 29 (4) Tulane Law Review 673,675 (1954).

宗旨,亦符合涉外专属管辖权的审慎性。与欧盟"三要素识别说"相比,我国传统涉外不动产物权专属管辖权规则忽略了对不动产物权专属管辖权的目的因素考量。涉外专属管辖权的根本目的是保护国家利益和公共政策,[①]涉外专属管辖权的其他传统目的已不足以支撑和保证它的专属性。换言之,虽然由不动产所在地国法院行使专属管辖权存在诸多优势,其不仅可避免不动产所有权人在遥远的法院维护所有权和占有权,[②]而且便于不动产造价评估、调查取证和判决执行,[③]但是我国有必要将非公共秩序保护目的下的涉外不动产物权纠纷排除出涉外专属管辖权范围,以契合涉外民商事专属管辖权的根本宗旨。欧盟边际识别标准可予以借鉴,以提高涉外专属管辖权规则的援引门槛,并避免该规则的滥用。权利因素识别主要通过诉讼效力的比较,决定诉争的涉外不动产物权纠纷能否适用涉外专属管辖权规则。我国法院对专属管辖权领域不动产物权采取的认定方法偏重文义解释方法,以确定诉讼标的是否构成不动产权利确认关系、不动产分割关系或不动产相邻关系。权利因素识别的运作主要围绕对人权与对物权、对人诉讼与对物诉讼的区分,但我国并无对人诉讼和对物诉讼的本土规定,而且对物诉讼中的"对物权"与"物权"不完全等同,前者是后者的上位概念,[④]故我国不宜直接照搬权利因素识别标准。

　　第二,我国涉外不动产租赁专属管辖权有待完善。2023年我国《民事诉讼法》第279条涉外民商事专属管辖权规则亦无涉外不动产租赁专属管辖权条款。我国传统涉外不动产租赁专属管辖权规则存在以下局限。首先,术语有待修正。2022年我国《民事诉讼法司法解释》第28条第2款将不动产租赁合同专属管辖权直接等同于房屋租赁合同专属管辖权欠妥,房屋仅为不动产的类型之一。其次,立场可予修正。涉外不动产专属管辖权规则的国际新趋势是六个月以下涉外不动产短期租赁不再具有涉外专属管辖权性质。例如,2012年,海牙国际私法会议常设局指出,涉外不动产租赁专属管辖权规则的适用条件是,涉外不动产租赁期限为六个月以上,而且承租人惯常居住在不动

---

　　①　秦伟、李娜:《论不动产纠纷专属管辖》,载《学习论坛》2010年第11期,第72页。

　　②　Arvo Van Alstyne,*Venue of Mixed Actions in California*,44 (4) California Law Review 685,686 (1956).

　　③　例如,四川居艺建筑工程有限公司、谭孝中合同纠纷案,参见四川省南充市中级人民法院(2019)川13民终2081号民事判决书。

　　④　冉昊:《对物权与对人权的区分及其实质》,载《法学研究》2005年第3期,第105页。

产所在地国以外的国家。① 2015 年,海牙判决项目第五工作组将判决来源国法院侵犯被请求国专属管辖权作为拒绝承认与执行租期超过六个月的外国不动产租赁判决的条件。② 涉外不动产短期租赁专属管辖权不利于不动产短期租赁判决的跨国承认与执行,亦将妨碍当事人跨国诉诸司法权,因此我国可借鉴欧盟"期限二分说"弱化涉外不动产租赁专属管辖权性质。

　　第三,我国涉外不动产合同专属管辖权有待完善。例如,2022 年我国《民事诉讼法司法解释》第 28 条第 2 款仅规定了政策性房屋买卖合同专属管辖权,将非政策性的普通房屋买卖合同排除在专属管辖权范围之外。③ 我国传统涉外不动产合同专属管辖权亦参照该规定。上述两类合同本质上同为房屋买卖合同法律关系,但管辖权性质截然相反,不符合平等原则。总之,我国传统涉外不动产合同专属管辖权规则的目的并非保护公共秩序,而旨在贯彻行政政策。2023 年我国《民事诉讼法》第 279 条涉外民商事专属管辖权规则未澄清涉外不动产合同专属管辖权性质。因涉外不动产合同纠纷实乃涉外合同纠纷,而且涉外专属管辖权阻碍不动产跨境交易,故政策性房屋买卖合同在内的所有涉外不动产合同均不应具备涉外专属管辖权性质。

本章小结

　　综上所述,欧盟涉外不动产专属管辖权规则的发展趋势如下。虽然欧盟涉外不动产专属管辖权的地域范围逐渐延伸至第三国,但其事项范围却呈缩小趋势。欧盟基于"三要素识别说"仅允许部分涉外不动产物权纠纷适用涉外专属管辖权规则,而且基于"期限二分说"将涉外不动产短期租赁纠纷排除出涉外专属管辖权范围,其他涉外不动产纠纷皆不得援引涉外不动产专属管辖权规则。"三要素识别说"契合涉外专属管辖权的根本宗旨,"期限二分说"使涉外不动产短期租赁管辖权具有更大的灵活性,而且符合国际趋势。

---

　　① Permanent Bureau, *Background Note* , 2012, p. 36, https://assets. hcch. net/docs/d2355e5c-fd79-4366-9caa-8a434367ba84. pdf,2022 年 5 月 1 日访问。

　　② Hague Conference on Private International Law, *Report of the Fifth Meeting of the Working Group on the Judgments Project* (26-31 October 2015) *and Proposed Draft Text Resulting from the Meeting* , 2015, p. 10, https://assets. hcch. net/docs/06811e9c-dddf-4619-81af-71e8836c8d3e. pdf,2022 年 5 月 1 日访问。

　　③ 例如,贵州百丰房地产开发有限公司、周丽房屋买卖合同纠纷案,参见四川省泸州市中级人民法院(2021)川 05 民辖终 8 号民事裁定书。

早在 2000 年我国《国际私法示范法》第 46 条中便已存在将涉外不动产纠纷纳入我国涉外专属管辖权范围的提议,但 2023 年我国《民事诉讼法》第 279 条涉外不动产专属管辖权规则暂付阙如。我国传统涉外不动产专属管辖权规则存在以下局限。一方面,我国国际民商事司法协助条约和 2022 年《民事诉讼法司法解释》对涉外不动产专属管辖权范围的规定不对称;另一方面,我国传统涉外专属管辖权规则下不动产物权与我国《民法典》第二编不动产物权和《民法典物权编司法解释》第 1 条不动产物权不完全对称。

欧盟涉外不动产专属管辖权规则对我国的启示如下。首先,对于涉外不动产物权专属管辖权,若涉外不动产物权问题仅属于诉讼次要问题或涉外不动产物权纠纷不影响我国公共秩序,则禁止适用涉外不动产物权专属管辖权规则。然而,我国不宜完全照搬欧盟"三要素识别说",因为权利因素识别的运作主要围绕对人权与对物权、对人诉讼与对物诉讼的区分,我国并无对人诉讼和对物诉讼的本土规定,但目的因素识别和边际因素识别可予借鉴,以贯彻涉外专属管辖权的根本宗旨和避免涉外专属管辖权的滥用。其次,对于涉外不动产租赁专属管辖权,我国可借鉴欧盟"期限二分说"对涉外不动产租赁专属管辖权立场予以改进,将六个月以下涉外不动产短期租赁置于涉外专属管辖权范围之外,以使涉外不动产短期租赁管辖权具有更大的灵活性,并减少不动产短期租赁判决跨国自由流动的阻碍。最后,2022 年我国《民事诉讼法司法解释》第 28 条第 2 款在术语上将不动产租赁合同专属管辖权直接等同于房屋租赁合同专属管辖权,在立场上仅允许政策性房屋买卖合同适用专属管辖权规则,而将非政策性的普通房屋买卖合同纠纷排除在外等亦须修正。

未来我国涉外不动产专属管辖权规则的条文设计建议如下:1.涉外不动产物权纠纷应由不动产所在地国法院行使专属管辖权,但涉外不动产物权问题仅属于诉讼次要问题和涉外不动产物权纠纷不影响我国公共秩序除外。2.涉外不动产长期租赁纠纷亦由不动产所在地国法院行使专属管辖权。3.然而,不动产所在地国法院对政策性房屋买卖合同在内的所有涉外不动产合同纠纷和其他涉外不动产纠纷皆不具有涉外专属管辖权。

第四章 涉外公司诉讼专属管辖权：分歧与因应

关于涉外公司诉讼是否适用涉外专属管辖权规则，国际社会尚未完全达成一致。2019 年《海牙判决公约》第 2 条第 1 款第 9 项将涉外公司诉讼排除出公约的适用范围，因为涉外公司纠纷往往适用涉外专属管辖权规则，此类判决通常不被其他国家承认与执行。[①] 欧盟《布鲁塞尔条例Ⅰ（修订版）》第 24 条第 2 款和一些主权国家国内法确立了涉外公司诉讼专属管辖权，以确保将管辖权授予与案件具有密切联系的法院和避免作出国际矛盾判决。然而，由于涉外公司诉讼专属管辖权被视为与公司设立自由原则（the principle of freedom of establishment）相冲突，[②]因此一些国家破除了涉外公司诉讼的专属管辖权性质，依据默示同意原则[③]、最低限度联系原则[④]、在场理论（the presence theory）[⑤]抑或其他标准确定涉外公司诉讼管辖法院。

涉外公司诉讼与涉外自然人诉讼的管辖权基础存在区别。公司是一个独立于员工和股东的法律实体，而且公司不是物理上的实体（physical entity），

---

① Francisco Garcimartín, Geneviève Saumier, *Explanatory Report on the Convention of 2 July 2019 on the Recognition and Enforcement of Foreign Judgments in Civil or Commercial Matters*, 2020, p. 61, https://assets. hcch. net/docs/a1b0b0fc-95b1-4544-935b-b842534a120f. pdf, 2022 年 5 月 1 日访问。

② Peter Stone, Youseph Farah, *Research Handbook on EU Private International Law*, Edward Elgar Publishing Limited, 2015, p. 362.

③ William A. Stone, *Jurisdiction over the Foreign Corporation*, 26 (1) Albany Law Review 61, 62 (1962).

④ Murray E. Knudsen, *Jurisdiction over a Corporation Based on the Contacts of a Related Corporation*: *Time for a Rule of Attribution*, 92 (4) Dickinson Law Review 917, 918-919 (1988).

⑤ Arloe W. Mayne, *Solicitation as a Basis of Jurisdiction over a Foreign Corporation*, 39 (3) Kentucky Law Journal 357, 362 (1951).

故其不物理出现（physical presence）于任何具体地域。① 涉外公司诉讼管辖权标准侧重考量纠纷与受诉法院的商业联系（business connections），而涉外自然人诉讼管辖权标准侧重考虑纠纷与受诉法院的地域联系（territorial connections）。② 另外，法人独立原则将公司确立为完全独立于其背后自然人的法人，因此公司住所的概念不同于自然人住所。③ 许多大陆法系国家甚至否认法人具有自然人意义上的住所（domicile）或居所（residence），而只关注法人的所在地（seat）。④ 在跨国公司所在地这一管辖权连结点的确定上，欧盟借助国际私法冲突规范对跨国公司所在地进行认定，突破了传统直接列举式的认定方法。

我国涉外公司诉讼管辖权规则可分为以下两个阶段。首先，同一制阶段，是指在 2023 年《民事诉讼法》颁布前，我国将纯国内公司诉讼管辖权规则直接等同于涉外公司诉讼管辖权规则，国内外公司诉讼皆由公司住所地法院行使特别管辖权。其次，区别制阶段，是指在 2023 年《民事诉讼法》颁布后，纯国内公司诉讼管辖权规则异于涉外公司诉讼管辖权规则。纯国内公司诉讼由公司住所地法院行使特别管辖权，但涉外公司诉讼由公司设立地法院行使专属管辖权。我国涉外公司诉讼专属管辖权规则的发展历程漫长。多年来，涉外公司诉讼专属管辖权规则在我国暂付阙如。⑤ 我国国际私法学界普遍建议，涉外公司诉讼应增补至我国涉外民商事专属管辖权范围。⑥ 2000 年我国《国际私法示范法》第 46 条第 3 款提议，因法人或者其他非法人组织成立的有效性、解散、清算或者该法人与股东之间、股东与公司董事或者经理人员相互之间就

①　Daniel G. Brown, *Jurisdiction over a Corporation on the Basis of the Contacts of an Affiliated Corporation: Do You Have to Pierce the Corporate Veil?*, 61 (2) University of Cincinnati Law Review 595, 596 (1992); Murray E. Knudsen, *Jurisdiction over a Corporation Based on the Contacts of a Related Corporation: Time for a Rule of Attribution*, 92 (4) Dickinson Law Review 917, 917 (1988).

②　J. J. Fawcett, *A New Approach to Jurisdiction over Companies in Private International Law*, 37 (3) International and Comparative Law Quarterly 645, 645 (1988).

③　Peter Stone, Youseph Farah, *Research Handbook on EU Private International Law*, Edward Elgar Publishing Limited, 2015, p. 356.

④　李双元、欧福永：《国际私法学》（第 3 版），北京大学出版社 2015 年版，第 186 页。

⑤　李旺：《国际民事诉讼中的冲突与程序》，清华大学出版社 2022 年版，第 221 页。

⑥　肖永平、朱磊：《批准〈选择法院协议公约〉之考量》，法律出版社 2017 年版，第 97 页；丁伟：《我国涉外民商事诉讼管辖权制度的完善》，载《政法论坛》2006 年第 6 期，第 161 页；秦建荣：《论我国涉外案件专属管辖范围之合理确定——以比较研究为视角》，载《重庆工商大学学报（社会科学版）》2009 年第 1 期，第 112 页；向在胜：《中国国际民事管辖权的立法体例研究》，载《法律科学（西北政法大学学报）》2019 年第 4 期，第 189 页。

公司事务提起的诉讼,由该法人或该组织的登记注册地国法院或者主要办事机构所在地国法院行使专属管辖权。2023 年修正的我国《民事诉讼法》第 279 条正式确立涉外公司诉讼专属管辖权性质。如何理解涉外公司诉讼的管辖权性质、管辖权对象和管辖权连结点是值得我国反思的问题。

第一节　管辖权性质分歧：公司专属管辖权的确立抑或破除

涉外公司诉讼管辖权性质之争在于,此类纠纷应归属于涉外民商事专属管辖权的情形,抑或被理解为国际民商事特别管辖权的范畴。欧盟和一些主权国家将涉外公司特定事项作为涉外专属管辖权的法定情形。虽然涉外专属管辖权与涉外特别管辖权在管辖权结果上皆体现了涉外公司管辖权的特别化,但二者的管辖权效力和管辖权对象截然不同。在管辖权效力上,涉外专属管辖权减损涉外一般管辖权的效力,[①]但涉外特别管辖权不排斥涉外一般管辖权规则的适用。[②]在管辖权对象上,涉外专属管辖权对象通常被严格解释,以避免外延过宽而影响当事人的诉诸司法权和限制当事人选择管辖法院的自由。

一、涉外公司专属管辖权的确立

1998 年格鲁吉亚《关于调整国际私法的法律》第 10 条第 2 款、1999 年斯洛文尼亚《关于国际私法与国际诉讼的法律》第 60 条、2005 年保加利亚《关于国际私法的法典》第 19 条和 2007 年马其顿《关于国际私法的法律》第 65 条皆规定,公司的设立、解散、法律地位变更和其机构所作决定的效力的诉讼具有涉外专属管辖权性质。[③]在韩国,若公司依韩国法成立,则韩国法院对公司章程效力、公司解散和组织决定的效力具有专属管辖权。[④]俄罗斯将俄罗斯联

---

① Catherine Kessedjian, *International Jurisdiction and Foreign Judgments in Civil and Commercial Matters*, 1997, p. 27, https://assets. hcch. net/docs/76852ce3-a967-42e4-94f5-24be4289d1e5. pdf, 2022 年 5 月 1 日访问。

② 例如,甘肃凯凯农业科技发展股份有限公司与甘肃生物医药产业创业投资基金有限公司、李恺公司增资纠纷案,参见甘肃省高级人民法院(2020)甘民辖终 21 号民事裁定书。

③ 邹国勇译注：《外国国际私法立法选译》,武汉大学出版社 2017 年版,第 171、202、218、275 页。

④ 〔新加坡〕张瑞苓主持：《外国判决在亚洲的承认与执行》,郭玉军等译,法律出版社 2020 年版,第 134 页。

邦境内法律实体的设立、解散和对这些实体的决定提出异议的国际争端纳入专属管辖权范围。①

在国际民商事管辖权领域,对以章程有效性,以及法人无效、解散或其机构决定有效性为标的之诉,欧盟规定此由公司所在地国法院行使专属管辖权。② 尽管股东协议中载有管辖协议,但当事人和法院不得违反涉外公司诉讼专属管辖权规则。③ 在外国判决承认与执行领域,虽然欧盟禁止间接管辖权审查,④但涉外公司诉讼专属管辖权属于允许审查的对象,⑤判决来源国法院侵犯欧盟涉外公司诉讼专属管辖权成为欧盟拒绝承认与执行外国判决的理由。⑥

1998 年,海牙国际私法会议常设局在《协助拟订关于国际管辖权和外国民商事判决效力公约的初步草案》中指出,以章程效力,以及公司的无效、解散或机构决议的有效性为标的之诉,适用涉外专属管辖权规则。⑦ 2020 年《海牙判决公约解释报告》指出,之所以《海牙判决公约》第 2 条第 1 款第 9 项将法人或没有法人资格的实体的有效、无效、解散和其机构所作决定的效力等排除出公约的适用范围,是因为涉外公司纠纷适用涉外专属管辖权规则,此类判决通常不被其他国家承认与执行,但与《公司法》有关的其他问题,诸如董事责任、股息支付、股东出资义务、公司合同和公司侵权纠纷所作判决的承认与执行仍属于公约的适用范围。⑧

---

① Milana Karayanidi, *Adjudicative Jurisdiction in Civil and Commercial Matters in Russia: Analysis and Commentary*, 64 (4) American Journal of Comparative Law 981, 1009 (2016).

② Lydia Lundstedt, *International Jurisdiction over Cross-border Private Enforcement Actions under the GDPR*, 65 Scandinavian Studies in Law 213, 241 (2018).

③ Paul Torremans, et al. *Cheshire, North & Fawcett Private International Law (Fifteenth Edition)*, Oxford University Press, 2017, p. 466.

④ 刘阳:《欧盟"禁止间接管辖权审查"规则的适用》,载《大连海事大学学报(社会科学版)》2021 年第 2 期,第 44 页。

⑤ Vesna Lazić, Steven Stuijeds., *Brussels Ibis Regulation Changes and Challenges of the Renewed Procedural Scheme*, T. M. C. Asser Press, 2017, p. 67.

⑥ Andrew Dickinson, Eva Lein, *The Brussels Ⅰ Regulation Recast*, Oxford University Press, 2015, p. 532.

⑦ Permanent Bureau, *Preliminary Draft Outline to Assist in the Preparation of a Convention on International Jurisdiction and the Effects of Foreign Judgments in Civil and Commercial Matters*, 1998, p. 19, https://assets. hcch. net/docs/0cbb3742-8964-4c0d-9dd4-3e4e186138d8. pdf, 2022 年 5 月 1 日访问。

⑧ Francisco Garcimartín, Geneviève Saumier, *Explanatory Report on the Convention of 2 July 2019 on the Recognition and Enforcement of Foreign Judgments in Civil or Commercial Matters*, 2020, p. 61, https://assets. hcch. net/docs/a1b0b0fc-95b1-4544-935b-b842534a120f. pdf, 2022 年 5 月 1 日访问。

涉外公司诉讼专属管辖权的确立源于多种因素,主要法理基础如下。

第一,涉外公司诉讼专属管辖权的确立受密切联系原则影响,而且涉外公司诉讼专属管辖权被视为有利于实现诉讼便利和提高诉讼效率。① 例如,在 E. ON Czech Holding AG *v.* Michael Dědouch and Others 案②中,欧洲法院指出,《布鲁塞尔条例Ⅰ(修订版)》第 24 条第 2 款欧盟涉外公司诉讼专属管辖权体现了真实联系原则的要求,力求确保将管辖权授予与案件具有密切联系的法院。

第二,涉外公司诉讼专属管辖权的确立意在防止产生矛盾判决。欧盟《布鲁塞尔条例Ⅰ(修订版)》涉外公司诉讼专属管辖权的基本目标是集中管辖权,为涉外公司争端提供单一法院,以避免产生国际矛盾判决,近似于美国法律中的内部事务原则(the internal affairs doctrine)。③ 例如,在 Nicole Hassett *v.* South Eastern Health Board 案④中,欧洲法院指出,公司信息通常在公司所在地国通知和公布,因而其最适宜处理涉外公司纠纷,由公司所在地国法院行使专属管辖权有利于避免出现国际矛盾判决。

第三,涉外公司诉讼专属管辖权的确立亦基于法律选择的考虑。公司所在地国法律决定涉外公司能力、公司机构组成、手续和公司责任等事项,⑤而且公司所在地国通常对法人内部事务制定强制性规则,因此需要由所在地国法院行使专属管辖权以保证强制性规则的适用。⑥

二、涉外公司专属管辖权的破除

由于涉外公司诉讼专属管辖权被视为与公司设立自由原则相冲突,⑦而且继续接受涉外公司诉讼专属管辖权可能构成对外国公司的直接歧视,⑧因

---

① 邢钢:《公司法律问题的比较法与国际私法评判》,中国法制出版社 2018 年版,第 64 页。

② Case C-560/16 E. ON Czech Holding AG *v.* Michael Dědouch and Others [2018] ECR,para. 30.

③ Andrew Dickinson,Eva Lein,*The Brussels Ⅰ Regulation Recast*,Oxford University Press,2015,p. 549.

④ Case C-372/07 Nicole Hassett *v.* South Eastern Health Board [2008] ECR I-07403,paras. 20-21.

⑤ Peter Stone, *EU Private International Law (Second Edition)*,Edward Elgar Publishing Limited,2010,p. 150.

⑥ Ulrich Magnus, Peter Mankowski, *European Commentaries on Private International Law: Brussels Ⅰ Regulation*,Sellier. European Law Publishers,2007,p. 357.

⑦ Peter Stone,Youseph Farah,*Research Handbook on EU Private International Law*,Edward Elgar Publishing Limited,2015,p. 362.

⑧ Dimitris Liakopoulos,*Recognition and Enforcement of Foreign Judgments in Accordance with Turkish International Private Law*,4 (2) International Comparative Jurisprudence 117,127 (2018).

此一些国家破除了涉外公司诉讼的专属管辖权性质。例如，在 BCE Consulting Engineers *v.* Nigerian National Petroleum Corporation 案[①]中，尼日利亚最高法院指出，虽然外国公司未在尼日利亚注册，但可以在尼日利亚法院起诉。

为了满足外国公司在住所地国以外的法院诉诸司法的实际需要，学界提出了各种理论。[②] 有的根据公司的意思自治来确定涉外公司诉讼的管辖权。[③] 默示同意原则（the implied consent doctrine）主张，一旦外国公司在法院地国进行业务交易，则将被视为默示同意该国管辖。[④] 有的规定涉外公司诉讼由行为完成地国法院行使管辖权。[⑤] 有的主张对涉外公司诉讼管辖权适用在场理论。[⑥] 最低限度联系理论（minimum contacts theory）、另一个自我和代理理论（the alter ego and agency theories）是美国涉外公司诉讼管辖权的重要理论，但在确定必要的最低限度联系时，美国联邦最高法院没有直接解决哪一主体的联系可能归于公司被告的问题。[⑦]

三、折中：选择性管辖权连结点＋强制管辖权

跨国公司的商业活动可能影响到多种人权，但国际民商事管辖权规则不足以处理跨国公司侵犯人权问题。[⑧] 跨国商业活动，是指法人从事的营利性经济活动或其他活动，以及包括通过电子手段开展的活动，条件是在两个管辖

---

① BCE Consulting Engineers *v.* Nigerian National Petroleum Corporation，（2021）All FWLR（Pt. 1083）359.

② Arloe W. Mayne，*Solicitation as a Basis of Jurisdiction over a Foreign Corporation*，39（3）Kentucky Law Journal 357，357（1951）.

③ 邢钢：《公司法律问题的比较法与国际私法评判》，中国法制出版社 2018 年版，第 66 页。

④ William A. Stone，*Jurisdiction over the Foreign Corporation*，26（1）Albany Law Review 61，62（1962）.

⑤ 王慧：《对跨国公司管辖权冲突的分析》，载《法学杂志》1998 年第 1 期，第 15 页。

⑥ Arloe W. Mayne，*Solicitation as a Basis of Jurisdiction over a Foreign Corporation*，39（3）Kentucky Law Journal 357，362（1951）.

⑦ Murray E. Knudsen，*Jurisdiction over a Corporation Based on the Contacts of a Related Corporation：Time for a Rule of Attribution*，92（4）Dickinson Law Review 917，918-919（1988）.

⑧ María Fernanda Espinosa，Report on the First Session of the Open-ended Intergovernmental Working Group on Transnational Corporations and Other Business Enterprises with Respect to Human Rights，with the Mandate of Elaborating an International Legally Binding Instrument，2016，p. 13，https://documents-dds-ny. un. org/doc/UNDOC/GEN/G16/018/22/PDF/G1601822. pdf？OpenElement，2022 年 5 月 1 日访问。

法域或两个国家进行,或者商业活动在一国进行,但准备、规划、指导、控制、设计、加工、制造、储存或分销的大部分活动在另一国进行,或者商业活动在一国进行,但对另一国具有实质性影响。跨国公司侵犯人权,是指工商企业在跨国商业活动中通过作为或不作为对任何个人或群体造成的损害,妨碍包括环境权在内国际公认的基本人权和自由。①

2021 年《在国际人权法中规范跨国公司和其他工商企业活动的具有法律约束力的文书第三版修订草案》(以下简称《第三版修订草案》)第 9 条第 1 款规定,受害人对跨国公司侵犯人权而提起的诉讼,应由以下法院管辖:(a)人权侵权结果和/或影响发生地(the human rights abuse occurred and/or produced effect);或(b)导致侵犯人权的作为或不作为实施地(an act or omission contributing to the human rights abuse occurred);或(c)被控在跨国商业活动中侵犯人权的自然人或法人住所地;或(d)受害人的国籍或住所地。②

《第三版修订草案》第 9 条第 1 款旨在确保受害人有足够的渠道在跨国公司侵犯人权纠纷中诉诸司法,③避免跨国公司和其他工商企业通过质疑法院管辖权逃避责任,④确保尊重和执行国际人权法与人道主义法。⑤

---

① Oeigwg Chairmanship Second Revised Draft Legally Binding Instrument to Regulate, in International Human Rights Law, the Activities of Transnational Corporations and Other Business Enterprises Explanatory Notes (Key Issues and Structure of the Second Revised Draft, Recommendations of the Chair Rapporteur, Paragraph (g), 5th Session), p. 5, https://previous. ohchr. org/Documents/HRBodies/HRCouncil/WGTransCorp/Session6/igwg-key-issues-2nd-revised-draft. pdf,2022 年 5 月 1 日访问。

② Oeigwg Chairmanship Third Revised Draft Legally Binding Instrument to Regulate, in International Human Rights Law, the Activities of Transnational Corporations and Other Business Enterprises, 2021, p. 12, https://previous. ohchr. org/Documents/HRBodies/HRCouncil/WGTransCorp/Session6/LBI3rdDRAFT. pdf, 2022 年 5 月 1 日访问。

③ Oeigwg Chairmanship Second Revised Draft Legally Binding Instrument to Regulate, in International Human Rights Law, the Activities of Transnational Corporations and Other Business Enterprises Explanatory Notes (Key Issues and Structure of the Second Revised Draft, Recommendations of the Chair Rapporteur, Paragraph (g), 5th Session), p. 18, https://previous. ohchr. org/Documents/HRBodies/HRCouncil/WGTransCorp/Session6/igwg-key-issues-2nd-revised-draft. pdf,2022 年 5 月 1 日访问。

④ Guillaume Long, *Report on the Third Session of the Open-ended Intergovernmental Working Group on Transnational Corporations and Other Business Enterprises with Respect to Human Rights*,2018,p. 17,https://documents-dds-ny. un. org/doc/UNDOC/GEN/G18/017/50/PDF/G1801750. pdf? OpenElement,2022 年 5 月 1 日访问。

⑤ Secretariat, *Annex to the Report on the Fifth Session of the Open-ended Intergovernmental Working Group on Transnational Corporations and Other Business Enterprises with Respect to Human Rights* (A/HRC/43/55), p. 27, https://previous. ohchr. org/Documents/HRBodies/HRCouncil/WGTransCorp/Session5/Annex_CompilationStatements_5th_session. pdf,2022 年 5 月 1 日访问。

关于第 9 条第 1 款的管辖权性质，从条文内容可以看出，跨国公司侵犯人权案件的管辖权性质本应理解为涉外特别管辖权而非专属管辖权。专属性意味着在数量上仅受诉法院唯一具有管辖权，①而 2021 年《第三版修订草案》对跨国公司侵犯人权之诉规定了四个管辖权连结点。另外，2020 年《在国际人权法中规范跨国公司和其他工商企业活动的具有法律约束力的文书第二版修订草案》第 9 条第 3 款规定，如果受害人根据第 9 条第 1 款向法院提起诉讼，那么受诉法院的管辖权具有强制性（obligatory），不得以不方便法院原则为由拒绝管辖。② 2021 年《第三版修订草案》第 9 条第 3 款延续了此禁止性规定。跨国公司侵犯人权之诉禁止适用不方便法院原则的目的在于，一方面确保上述条文规定的管辖权具有强制性。③ 另一方面确保受害者能够诉诸司法和获得救济。④ 总之，跨国公司侵犯人权案件管辖权虽然特别规定了四种选择性管辖权连结点，但管辖权后果具有与涉外专属管辖权类似的强制性，因此构成涉外公司诉讼专属管辖权的"立"与"破"之折中。

《第三版修订草案》第 9 条司法管辖权的新发展如下。第一，管辖权连结点的数量发生转变。2018 年《在国际人权法中规范跨国公司和其他工商企业活动的具有法律约束力的文书零草案》第 5 条第 1 款对跨国公司人权侵权管辖权仅规定了以下两个连结点：跨国公司侵犯人权之作为或不作为实施地、侵权行为人住所地。⑤ 2019 年《在国际人权法中规范跨国公司和其他工商企业

---

① Andrew Dickinson, Eva Lein, *The Brussels Ⅰ Regulation Recast*, Oxford University Press, 2015, p. 532.

② Oeigwg Chairmanship Second Revised Draft Legally Binding Instrument to Regulate, in International Human Rights Law, the Activities of Transnational Corporations and Other Business Enterprises, 2020, p. 11, https://previous. ohchr. org/Documents/HRBodies/HRCouncil/WGTransCorp/Session6/OEIGWG_Chair-Rapporteur_second_revised_draft_LBI_on_TNCs_and_OBEs_with_respect_to_Human_Rights. pdf, 2022 年 5 月 1 日访问。

③ Secretariat, *Annex to the Report on the Sixth Session of the Open-ended Intergovernmental Working Group on Transnational Corporations and Other Business Enterprises with Respect to Human Rights*（A/HRC/46/73）, p. 49, https://previous. ohchr. org/Documents/HRBodies/HRCouncil/WGTransCorp/Session6/igwg-6th-statement-compilation-annex. pdf, 2022 年 5 月 1 日访问。

④ Secretariat, *Addendum to the Report on the Fourth Session of the Open-ended Intergovernmental Working Group on Transnational Corporations and Other Business Enterprises with Respect to Human Rights*, 2019, p. 84, https://previous. ohchr. org/Documents/HRBodies/HRCouncil/WGTransCorp/Session4/igwg-4th-statement-compilation-addendum. pdf, 2022 年 5 月 1 日访问。

⑤ Legally Binding Instrument to Regulate, in International Human Rights Law, the Activities of Transnational Corporations and Other Business Enterprises Zero Draft, 2018, p. 3, https://previous. ohchr. org/Documents/HRBodies/HRCouncil/WGTransCorp/Session3/DraftLBI. pdf, 2022 年 5 月 1 日访问。

活动的具有法律约束力的文书修订草案》(以下简称《第一版修订草案》)第 7 条将管辖权连结点数量增加为以下三个:跨国公司侵犯人权之作为或不作为实施地、受害人住所地、侵权行为人住所地。[①] 为增加受害人诉诸司法的机会,[②]2021 年《第三版修订草案》除规定上述管辖权连结点外,新增跨国公司人权侵权结果或影响发生地国管辖权连结点以及受害人国籍国管辖权连结点。第二,管辖权连结点的顺序发生转变。2021 年《第三版修订草案》将人权侵权结果或影响发生地管辖权连结点置于首位,并调换 2019 年《第一版修订草案》受害人住所地管辖权连结点和侵权行为人住所地管辖权连结点的顺位。

　　《第三版修订草案》第 9 条司法管辖权的局限性如下。首先,第 9 条司法管辖权的适用范围没有明确区分民事、刑事、行政案件。[③] 其次,原告国籍和住所属于国际民商事过度管辖权依据,[④]而且跨国公司侵犯人权之诉中的受害人并非绝对构成国际私法上的弱者,因此第 9 条第 1 款(d)项受害人的国籍或住所地是两项不合理的域外管辖权标准,体现了对受害人的过度偏向性保护,可能造成受害人任意选择管辖法院的情形。[⑤]

---

　　① Oeigwg Chairmanship Revised Draft Legally Binding Instrument to Regulate, in *International Human Rights Law*, the Activities of Transnational Corporations and Other Business Enterprises, 2019, p. 10, https:// previous. ohchr. org/Documents/HRBodies/HRCouncil/WGTransCorp/OEIGWG_RevisedDraft_LBI. pdf, 2022 年 5 月 1 日访问。

　　② Emilio Rafael Izquierdo Miño, *Report on the Fifth Session of the Open-ended Intergovernmental Working Group on Transnational Corporations and Other Business Enterprises with Respect to Human Rights*, 2020, p. 13, https://documents-dds-ny. un. org/doc/UNDOC/GEN/G20/003/88/PDF/G2000388. pdf? OpenElement, 2022 年 5 月 1 日访问。

　　③ Secretariat, *Annex to the Report on the Sixth Session of the Open-ended Intergovernmental Working Group on Transnational Corporations and Other Business Enterprises with Respect to Human Rights* (A/HRC/46/73), p. 61, https://previous. ohchr. org/Documents/HRBodies/HRCouncil/ WGTransCorp/Session6/igwg-6th-statement-compilation-annex. pdf, 2022 年 5 月 1 日访问。

　　④ 刘仁山:《国际私法》(第 6 版),中国法制出版社 2019 年版,第 443 页。

　　⑤ Secretariat, *Annex to the Report on the Fifth Session of the Open-ended Intergovernmental Working Group on Transnational Corporations and Other Business Enterprises with Respect to Human Rights* (A/HRC/43/55), p. 46, https://previous. ohchr. org/Documents/HRBodies/HRCouncil/ WGTransCorp/Session5/Annex_CompilationStatements_5th_session. pdf, 2022 年 5 月 1 日访问。

第二节　管辖权对象分歧：狭义抑或广义解释

是否所有涉外公司纠纷皆适用涉外专属管辖权规则？国际上倾向于对涉外公司诉讼专属管辖权对象采取狭义解释。例如，在 flyLAL-Lithuanian Airlines AS *v.* Starptautiskā lidosta Rīga VAS and Air Baltic Corporation AS 案①中，柯科特法官指出，涉外公司诉讼专属管辖权规则构成一般管辖权规则的减损，必须严格解释。

一、肯定对象

2017 年爱沙尼亚《民事诉讼法(修订版)》第 101 条规定，法人团体撤销决定或确定其无效的诉讼，由法人所在地法院行使专属管辖权。《布鲁塞尔条例 Ⅰ(修订版)》第 24 条第 2 款欧盟涉外公司诉讼专属管辖权对象仅涵盖以下两类诉讼：以章程的有效性、公司本身的无效或解散为标的之诉，以董事会等机构决定的有效性为标的之诉。② 例如，在 E. ON Czech Holding AG *v.* Michael Dědouch and Others 案③中，瓦泰莱法官指出，欧盟涉外公司诉讼专属管辖权范围仅限于公司章程效力、公司的无效、解散或其机构决定的有效性问题。在 Nicole Hassett *v.* South Eastern Health Board 案④中，欧洲法院指出，涉外专属管辖权领域公司机构决议仅限于原告根据《公司法》或章程中的职能规定质疑公司机构决定的有效性，原告对董事会拒绝赔偿的决定提起诉讼不适用涉外专属管辖权规则。

2020 年《海牙判决公约解释报告》指出，公约第 2 条第 1 款第 9 项法人或非法人实体的有效、无效、解散和其机关所作决定的效力适用涉外专属管辖权规则。⑤

①　Opinion of Advocate General Kokott，Delivered on 3 July 2014，Case C-302/13 flyLAL-Lithuanian Airlines AS *v.* Starptautiskā lidosta Rīga VAS and Air Baltic Corporation AS［2014］ECR，para. 68.

②　Andrew Dickinson，Eva Lein，*The Brussels* Ⅰ *Regulation Recast*，Oxford University Press，2015，p. 549.

③　Opinion of Advocate General Wathelet，Delivered on 16 November 2017，Case C-560/16 E. ON Czech Holding AG *v.* Michael Dědouch and Others［2018］ECR，para. 22.

④　Case C-372/07 Nicole Hassett *v.* South Eastern Health Board［2008］ECR I-07403，para. 31.

⑤　Francisco Garcimartín，Geneviève Saumier，*Explanatory Report on the Convention of 2 July* 2019 *on the Recognition and Enforcement of Foreign Judgments in Civil or Commercial Matters*，2020，p. 61，https://assets. hcch. net/docs/a1b0b0fc-95b1-4544-935b-b842534a120f. pdf，2022 年 5 月 1 日访问。

二、否定对象

并非所有针对公司的诉讼均属于涉外公司诉讼专属管辖权范围。^①《布鲁塞尔条例Ⅰ（修订版）》第 24 条第 2 款欧盟涉外公司诉讼专属管辖权范围不包括董事挪用公司资金或公司合同之诉。^② 由于《布鲁塞尔条例Ⅰ（修订版）》第 1 条第 2 款（b）项将公司破产程序排除出条例的适用范围，因此与公司解散存在密切关联的公司破产事项不属于第 24 条第 2 款涉外公司诉讼专属管辖权对象。^③ 2015 年欧洲议会和欧盟理事会《关于破产程序的第 2015/848 号（欧盟）条例（修订版）》第 3 条第 1 款规定涉外公司破产程序由债务人主要利益重心（the centre of the debtor's main interests）所在地国法院行使管辖权，而且第 66 条规定涉外破产集体诉讼可适用排他性协议管辖。^④ 以上条文表明欧盟涉外破产程序的管辖权性质不具有专属性。因此，在涉外公司专属管辖权规则的适用过程中，法院地国有必要对公司解散和破产事项予以识别和区分。^⑤ 另外，公司针对股东提起的追缴股款、超额支付股息或其他款项的诉讼不属于《布鲁塞尔条例Ⅰ》第 22 条第 2 款欧盟涉外公司诉讼专属管辖权对象。^⑥ 不仅如此，在 Berliner Verkehrsbetriebe（BVG）v. JPMorgan Chase Bank NA，Frankfurt Branch 案^⑦中，欧洲法院指出，原告附带提起的跨国公司诉讼不适用涉外公司专属管辖权规则。

2023 年瑞士《关于国际私法的联邦法（修订版）》第 151 条规定，涉外公司

---

① Stephan Rammeloo, *Jurisdiction Clauses in Transnational Company Relationships*, 1（4）Maastricht Journal of European and Comparative Law 426,430（1994）.

② Paul Torremans, et al. *Cheshire, North ＆ Fawcett Private International Law（Fifteenth Edition）*,Oxford University Press,2017,p. 466.

③ Andrew Dickinson,Eva Lein,*The Brussels Ⅰ Regulation Recast*,Oxford University Press,2015,p. 550.

④ European Parliament and the Council of the European Union,*Regulation（EU）2015/848 of the European Parliament and of the Council of 20 May 2015 on Insolvency Proceedings（Recast）*,2015,pp. 31, 51, https://eur-lex. europa. eu/legal-content/EN/TXT/PDF/? uri ＝ CELEX：32015R0848＆qid ＝ 1635422572515＆from＝EN,2022 年 5 月 1 日访问。

⑤ Ulrich Magnus, Peter Mankowski, *European Commentaries on Private International Law：Brussels Ⅰ Regulation*,Sellier. European Law Publishers,2007,p. 358.

⑥ Peter Stone,*EU Private International Law Harmonization of Laws*,Edward Elgar Publishing Limited,2006,pp. 140-141.

⑦ Case C-144/10 Berliner Verkehrsbetriebe（BVG）v. JPMorgan Chase Bank NA,Frankfurt Branch [2011] ECR I-03961,paras. 25-26.

争议由公司所在地国法院行使管辖权,但对涉外股东或其他责任人提起的诉讼,亦可由被告住所地国法院或被告惯常居所地国法院行使管辖权。因涉外公司公开发行股票和债券而引起的纠纷由发行地国法院行使管辖权,而且发行地国法院的管辖权不得通过管辖协议加以排除。在 Berliner Verkehrsbetriebe (BVG) $v.$ JPMorgan Chase Bank NA,Frankfurt Branch 案中,英国高等法院裁定,在商业合同诉讼中,即使争议事项涉及公司达成的交易或公司高级管理人员经公司章程的授权签署合同 ,二者均不得适用《布鲁塞尔条例Ⅰ》第 22 条第 2 款。①

2020 年《海牙判决公约解释报告》指出,虽然《海牙判决公约》第 2 条第 1 款第 9 项将法人或非法人实体的有效、无效、解散和其机构所作决定的效力等排除出公约的适用范围,前述事项适用涉外专属管辖权规则,但其他涉外公司问题,诸如董事责任、股息支付、股东出资义务、公司合同和公司侵权纠纷所作判决的跨国承认与执行仍属于公约的适用范围。② 换言之,董事责任、股息支付、股东出资义务、公司合同和公司侵权纠纷不属于涉外公司诉讼专属管辖权范围。

第三节　管辖权连结点分歧：直接抑或间接认定方法

法人独立原则将公司确立为完全独立于其背后自然人的法人,因此公司住所的概念不同于自然人住所。③ 许多大陆法系国家甚至否认法人具有自然人意义上的住所(domicile)或居所(residence),而只关注法人的所在地(seat)。④《布鲁塞尔条例Ⅰ(修订版)》第 24 条第 2 款将跨国公司所在地(company seat)作为涉外公司诉讼专属管辖权连结点。欧盟涉外公司诉讼专

---

① Peter Stone,*EU Private International Law (Second Edition)*,Edward Elgar Publishing Limited,2010,p.150.

② Francisco Garcimartín,Geneviève Saumier,*Explanatory Report on the Convention of 2 July 2019 on the Recognition and Enforcement of Foreign Judgments in Civil or Commercial Matters*,2020,p.61,https://assets.hcch.net/docs/a1b0b0fc-95b1-4544-935b-b842534a120f.pdf,2022 年 5 月 1 日访问。

③ Peter Stone,Youseph Farah,*Research Handbook on EU Private International Law*,Edward Elgar Publishing Limited,2015,p.356.

④ 李双元、欧福永:《国际私法学》(第 3 版),北京大学出版社 2015 年版,第 186 页。

属管辖权条款的不足是专属管辖法院（公司所在地国法院）的判断标准不明。[①] 关于公司所在地与公司住所地概念的逻辑关系，《布鲁塞尔条例Ⅰ（修订版）》第 63 条第 1 款规定，二者属于包含关系，公司住所地的外延囊括公司法定所在地（statutory seat）。[②]

长久以来，我国将公司住所地作为纯国内公司诉讼和涉外公司诉讼管辖权连结点。直至 2023 年修正的《民事诉讼法》第 279 条第 1 款颁布，我国方将涉外公司诉讼专属管辖权连结点转换为公司设立地。然而，公司设立地管辖权连结点无法充分体现与公司之间的真实联系。[③] 在涉外公司诉讼管辖权领域，采取何种判断方法认定公司住所地是亟待解决的难题。

一、跨国公司住所地之直接判断方法

传统上，公司住所地主要采取直接判断方法，是指主权国家在《民事诉讼法》或《公司法》中直接就何处可作为公司住所地予以规定。公司住所地的认定本质上是一个事实问题，主要营业地、注册登记地、分支或代理机构所在地等均可能被作为公司住所地的判断标准。[④] 公司住所地的解释分歧如下。有的主张跨国公司住所地位于其中央管理和控制（central management and control）所在地；[⑤]有的主张将有效管理地（place of effective management）作为公司住所地的判断标准；[⑥]有的主张根据营业中心所在地说或章程规定说确定跨国公司住所地，[⑦]主营业地代表公司职能的重心（center of gravity），[⑧]

---

① 邢钢：《公司法律问题的比较法与国际私法评判》，中国法制出版社 2018 年版，第 84 页。

② European Parliament and the Council of the European Union, *Regulation（EU）No 1215/2012 of the European Parliament and of the Council of 12 December 2012 on Jurisdiction and the Recognition and Enforcement of Judgments in Civil and Commercial Matters（Recast）*, 2012, p. 18, https://eur-lex. europa. eu/legal-content/EN/TXT/PDF/? uri=CELEX:32012R1215&from=EN, 2022 年 5 月 1 日访问。

③ 邢钢：《公司法律问题的比较法与国际私法评判》，中国法制出版社 2018 年版，第 66 页。

④ Kathleen Van Der Linde, Trix Van Der Merwe, *Company Residence and Jurisdiction*, 111（4）South African Law Journal 780, 783（1994）.

⑤ Jack Boultbee, Douglas Ewens, *Change of Residence and Continuance*, 32（4）Canadian Tax Journal 792, 792（1984）.

⑥ BA van der Merwe, *Residence of a Company—The Meaning of Effective Management*, 14（1）South African Mercantile Law Journal 79, 89（2002）.

⑦ 李双元、欧福永：《国际私法学》（第 3 版），北京大学出版社 2015 年版，第 186 页。

⑧ Alan D. Berlin, *A Corporation's Principal Place of Business for Federal Diversity Jurisdiction*, 38（1）New York University Law Review 148, 154（1963）.

因此法人的真实所在地(real seat)是开展业务的主要地点。[1]

在我国,2022 年民事诉讼法司法解释第 3 条规定,优先将主要办事机构所在地作为公司住所地。若公司主要办事机构所在地无法确定或存在认定分歧,则将公司注册登记地作为公司住所地。另外,2010 年我国《涉外民事关系法律适用法》第 14 条第 2 款规定,公司主营业地不属于我国公司住所地的认定标准,而被视作公司经常居所地。经常居所地与住所地的语义和构成要素存在差异。[2] 与欧盟《布鲁塞尔条例Ⅰ(修订版)》第 63 条第 1 款相比,我国对公司住所地采取的直接判断方法具有以下特征。

第一,在顺序上,我国对公司住所地采取有序性认定标准。2022 年我国《民事诉讼法司法解释》第 3 条第 2 款将主要办事机构所在地作为公司住所地的第一顺位判断标准。我国法院在实践中对第 3 条第 2 款公司主要办事机构所在地的认定新增了以下两项要求。首先,地域要求。公司主要办事机构所在地,系指执行法人或者其他组织的业务活动、决定和处理组织事务的机构所在地。[3] 工商信息中的企业通信地址不等于主要办事机构所在地。[4] 其次,时间要求。第 3 条第 2 款是指起诉时法人的主要办事机构所在地。[5] 若主要办事机构所在地无法确定或存在认定分歧,第 3 条第 2 款将公司注册地或登记地作为公司住所地的第二顺位判断标准。依法登记的地点具有公示公信的效力,[6]对当事人而言具有可预见性。与之相反,欧盟《布鲁塞尔条例Ⅰ(修订版)》第 63 条第 1 款对跨国公司住所地采取无序性认定标准,即法定所在地、管理中心地或主营业地均可被作为跨国公司住所地,无适用上的先后次序。

第二,在范围上,我国对公司住所地采取有限性认定标准。2022 年我国民事诉讼法司法解释第 3 条第 2 款仅允许主要办事机构所在地和公司注册登

①　Paul Rose, *EU Company Law Convergence Possibilities after Centros*, 11 (1) Transnational Law & Contemporary Problems 121,126 (2001).

②　Lauren Clayton-Helm, *Out with the Old and in with the New: Bringing the Law of Domicile into the Twenty-First Century*, 7 (1) Journal of International and Comparative Law 199,223 (2020).

③　例如,北京昌盛投资有限公司等与北京鸿高置业发展有限公司等合同纠纷案,参见北京市高级人民法院(2020)京民辖终 24 号民事裁定书。

④　例如,亚洲商务航空有限公司、盛虹集团有限公司服务合同纠纷案,参见广东省广州市中级人民法院(2018)粤 01 辖终 2938 号民事裁定书。

⑤　例如,中国城市建设控股集团有限公司与吉祥人寿保险股份有限公司证券交易合同纠纷案,参见北京市第一中级人民法院(2018)京 01 民辖终 226 号民事裁定书。

⑥　例如,上海倾听信息技术有限公司诉北京青藤文化股份有限公司等侵害作品信息网络传播权纠纷案,参见上海知识产权法院(2017)沪 73 民辖终 837 号民事裁定书。

记地作为公司住所地的认定标准。主营业地不属于我国公司住所地的识别标准,而被作为公司经常居所地的判断标准。与之相反,欧盟《布鲁塞尔条例Ⅰ(修订版)》第 63 条第 1 款将法定所在地、管理中心地、主营业地均作为跨国公司住所地的判断标准。

二、跨国公司住所地之冲突法认定方法

跨国公司住所地之冲突法认定方法,又称间接判断方法,是指法官根据法院地国冲突规范的指引决定将何国法作为适用的准据法,进而根据准据法确定何地为跨国公司住所地。总之,该方法对公司住所地的认定问题秉持国际私法自体主义。① 欧盟虽然对跨国公司住所地暂未采取冲突法认定方法,但对涉外公司专属管辖权领域公司所在地的认定方法进行了突破和革新,即对跨国公司所在地引入统一的国际私法定义。② 《布鲁塞尔条例Ⅰ(修订版)》第 24 条第 2 款后半句规定,为决定公司所在地,法院将适用其本国的国际私法规则。关于如何处理间接判断方法和直接判断方法的关系,涉外公司诉讼专属管辖权视域下公司所在地的认定不适用该条例第 63 条的直接判断方法,而应根据法院地的国际私法规则确定。③

虽然公司住所地与公司所在地的语义不尽相同,但欧盟对公司住所地的判断亦有必要引入间接判断方法。之所以如此,是因为欧盟成员国对公司住所地的确定存在法律冲突,一些成员国遵循公司成立地理论,另一些成员国适用公司管理所在地理论。为统一跨国公司住所地的认定标准,条例第 63 条对公司住所地规定了以下三个选择性判断标准:法定所在地、管理中心地(central administration)、主营业地(principal place of business)。涉外公司诉讼专属管辖权意指只能由单一法院行使管辖权,而第 63 条任由原告在公司所在的三个地点进行选择,难以满足专属管辖权的要求。欧盟若将公司住所地作为涉外公司诉讼专属管辖权连结点,则有必要对公司住所地采取冲突法认

---

① 李旺:《国际民事诉讼中的冲突与程序》,清华大学出版社 2022 年版,第 51 页。

② Peter Stone, *EU Private International Law*(*Second Edition*), Edward Elgar Publishing Limited, 2010, p. 152.

③ Peter Stone, *EU Private International Law Harmonization of Laws*, Edward Elgar Publishing Limited, 2006, p. 140; Ulrich Magnus, Peter Mankowski, *European Commentaries on Private International Law: Brussels Ⅰ Regulation*, Sellier. European Law Publishers, 2007, p. 73; Peter Stone, *EU Private International Law*(*Second Edition*), Edward Elgar Publishing Limited, 2010, p. 149.

定方法。换言之,法院必须根据法院地冲突规范确定适用于公司的准据法,然后根据该实体法以查明公司所在地的位置。[①]

本书认为,在涉外公司诉讼专属管辖权情形下,跨国公司住所地的冲突法认定方法弊大于利。该方法的优点如下:公司住所地的最终认定结果具有中立性和客观性。该方法的局限如下:首先,运用的方式缺乏统一性。例如,欧盟内部没有统一的公司国际私法,因此不同成员国法院可能会以不同方式确定准据法和跨国公司住所地。[②]　其次,运用的结果具有不可预见性。由于冲突规范不直接规定公司住所地,因此不利于保护当事人对国际民商事管辖权的可预见性。再次,运用的系属具有不明确性。《布鲁塞尔条例Ⅰ(修订版)》第 24 条第 2 款跨国公司所在地冲突规范对未规定具体的系属,跨国公司住所地冲突规范的系属亦暂付阙如。关于住所地确定问题的冲突规范,除了适用法院地法外,常见的系属还包括适用当事人协议选择的法律抑或当事人本国法。[③]　最后,运用的逻辑具有不合理性。如果不事先确定公司住所地,那么法院无法确定对跨国公司特定事项是否行使管辖权。在不确定由何国法院行使管辖权的前提下,又何谈援引法院地国冲突规范确定跨国公司住所地。

第四节　涉外公司专属管辖权之中国法上的回应

就涉外公司诉讼专属管辖权而言,早在 2000 年我国《国际私法示范法》第 46 条中便已萌芽将此纳入我国涉外民商事专属管辖权范围的提议。在管辖权性质上,2021 年我国《民事诉讼法》和司法解释没有将涉外公司诉讼由特别管辖权性质变更为专属管辖权性质。2023 年修正的我国《民事诉讼法》第 279 条正式确立涉外公司诉讼专属管辖权性质。然而,我国涉外公司诉讼专属管辖权范围没有充分考虑《公司法》与国际私法的联系,亦忽略涉外公司强制性规则的影响。具体阐述如下。

[①] Andrew Dickinson, Eva Lein, *The Brussels Ⅰ Regulation Recast*, Oxford University Press, 2015, pp. 552-553.

[②] Andrew Dickinson, Eva Lein, *The Brussels Ⅰ Regulation Recast*, Oxford University Press, 2015, p. 553.

[③] 李双元、欧福永:《国际私法学》(第 3 版),北京大学出版社 2015 年版,第 181 页。

一、萌芽：《国际私法示范法》第 46 条第 3 款

2000 年我国《国际私法示范法》第 46 条第 3 款提议，因法人或者其他非法人组织成立的有效性，解散，清算，法人与股东之间、股东与公司董事或者经理人员相互之间就公司事务提起的诉讼，适用本条涉外专属管辖权规则。在理论上，涉外公司专属管辖权得到我国国际私法学界的广泛认可。[①]

二、转变：《民事诉讼法》和司法解释的传统规定

在我国，2012 年修正的《民事诉讼法》第 26 条、2017 年修正的《民事诉讼法》第 26 条和 2021 年修正的《民事诉讼法》第 27 条已对公司诉讼管辖权进行了特别规定，而且将公司住所地作为管辖权连结点，但管辖权性质和管辖权对象不同于境外法和《国际私法示范法》第 46 条第 3 款。

传统上，我国对涉外公司诉讼管辖权与纯国内公司诉讼管辖权采取同一制，而且二者均仅具有特别管辖权性质。我国 2021 年《民事诉讼法》第 27 条和 2022 年民事诉讼法司法解释第 22 条规定，公司设立、确认股东资格、分配利润、解散、股东名册记载、变更公司登记、股东知情权、公司决议、公司合并、公司分立、公司减资和公司增资等纠纷由公司住所地法院行使管辖权。虽然其主要适用于纯国内纠纷，但基于 2021 年《民事诉讼法》第 266 条的规定，我国确定涉外公司诉讼管辖权亦可适用上述规定。在沈阳绿厦爵仕房地产开发有限公司与徐持理股东知情权纠纷案[②]中，辽宁省沈阳市中级人民法院曾以2017 年修正的《民事诉讼法》第 26 条仅适用于纯国内案件为由拒绝对涉外公司诉讼适用此条，属于误解。另外，我国法院普遍认为，上述公司诉讼管辖权条款的性质应理解为特别管辖权而非专属管辖权。[③]

---

① 肖永平、朱磊：《批准〈选择法院协议公约〉之考量》，法律出版社 2017 年版，第 97 页；丁伟：《我国涉外民商事诉讼管辖权制度的完善》，载《政法论坛》2006 年第 6 期，第 161 页；秦建荣：《论我国涉外案件专属管辖范围之合理确定——以比较研究为视角》，载《重庆工商大学学报（社会科学版）》2009 年第 1 期，第 112 页；向在胜：《中国国际民事管辖权的立法体例研究》，载《法律科学（西北政法大学学报）》2019 年第 4 期，第 189 页。

② 参见辽宁省沈阳市中级人民法院(2020)辽 01 民辖终 223 号民事裁定书。

③ 例如，湖北同济堂投资控股有限公司等与杭州迦明资产管理有限公司合同纠纷案，参见北京市高级人民法院(2020)京民辖终 151 号民事裁定书；沈百军、杭州百城汽车配件有限公司合伙协议纠纷案，参见浙江省杭州市中级人民法院(2020)浙 01 民辖终 1004 号民事裁定书；新疆平界信息科技股份有限公司与乌鲁木齐隆泰信息技术咨询有限公司、乌鲁木齐水业集团有限公司股权转让纠纷案，参见新疆维吾尔自治区乌鲁木齐市中级人民法院(2021)新 01 民辖终 111 号民事裁定书。

虽然专属管辖权与特别管辖权皆体现了涉外公司诉讼管辖权分配标准具有特殊性，但两者在管辖权效力的强弱程度和管辖权对象的宽窄程度等方面均存在较大差异。相较于涉外特别管辖权规则，涉外专属管辖权规则的适用无须考虑被告的住所，效力优先于涉外保险事项、涉外消费者合同和涉外雇佣合同特别管辖权规则，[①]而且当事人不得通过法院选择协议背离专属管辖权规则。[②]

我国涉外公司诉讼传统管辖权规则仅属于涉外特别管辖权规则，因此管辖权对象整体上宽于境外，包括纯公司事项和股东权利义务两类诉讼。

第一，我国公司诉讼特别管辖权规则调整的公司事项如下：公司设立纠纷[③]、公司利润分配纠纷[④]、公司变更登记纠纷[⑤]、公司决议效力纠纷（包括公司决议效力确认纠纷[⑥]和公司决议撤销纠纷[⑦]）、公司合并与分立纠纷、公司增资与减资纠纷[⑧]、公司解散纠纷[⑨]。另外，还应囊括 2023 年修订的我国《公司法》第 6 条新增规定的公司名称权。除上述法定对象外，我国法院认为，公司侵权纠纷关乎公司利益，法律适用亦涉及《公司法》，故应延伸由公司住所地法院行使管辖权。[⑩] 公司清算责任纠纷亦可考虑纳入公司诉讼特别管辖权范围。[⑪]

---

① Vesna Lazić, *Procedural Justice for Weaker Parties in Cross-border Litigation under the EU Regulatory Scheme*, 10 (4) Utrecht Law Review 100, 102 (2014).

② Alberto M. Aronovitz, *May Private Claims Be Advanced through the European Court of Human Rights? — A Study of Cross-border Procedural Law Based on a Case of International Child Abduction*, 37 Israel Yearbook on Human Rights 165, 171 (2007).

③ 例如，汪媛媛与邱安健公司设立纠纷案，参见北京市第三中级人民法院(2021)京 03 民辖终 266 号民事裁定书。

④ 例如，大连泰安物业管理有限公司、张连成公司盈余分配纠纷案，参见辽宁省大连市中级人民法院(2019)辽 02 民辖终 167 号民事裁定书。

⑤ 例如，武汉鑫泽资产管理有限公司、程建华请求变更公司登记纠纷案，参见湖北省武汉市中级人民法院(2020)鄂 01 民辖终 758 号民事裁定书。

⑥ 例如，北京佳隆房地产开发集团有限公司等与王爽公司决议效力确认纠纷案，参见北京市第三中级人民法院(2021)京 03 民辖终 403 号民事裁定书。

⑦ 例如，江苏中标节能科技发展股份有限公司与傅良娟案，参见江苏省苏州市中级人民法院(2020)苏 05 民辖终 932 号民事裁定书。

⑧ 例如，北京正达丰益投资发展中心(有限合伙)等诉安徽绿雨农业有限责任公司异议案，参见安徽省蚌埠市中级人民法院(2017)皖 03 民辖终 33 号民事裁定书。

⑨ 例如，北京安富大厦物业发展有限公司等与新盛辉国际有限公司公司解散纠纷案，参见北京市高级人民法院(2020)京民辖终 123 号民事裁定书。

⑩ 例如，昆山龙梦电子科技有限公司、铜陵铜峰精密科技有限公司损害公司利益责任纠纷案，参见安徽省铜陵市中级人民法院(2020)皖 07 民辖终 57 号民事裁定书。

⑪ 例如，无锡安特诺精密机械有限公司清算责任纠纷案，参见江苏省无锡市中级人民法院(2020)苏 02 民终 2992 号民事裁定书。

公司证照返还纠纷由公司住所地法院行使管辖权,公司证照对外代表公司意志,涉及公司经营管理权、控制权和公司利益。① 然而,若纠纷不具有公司组织法上的性质,则回归适用一般管辖权规则。② 公司组织诉讼多为形成之诉,判决效力具有对世性。③

第二,我国公司诉讼特别管辖权规则调整的股东权利义务事项如下:股东资格确认纠纷④、股东名册记载登记和变更纠纷⑤、股东知情权纠纷⑥。除上述法定对象外,我国法院认为,股东侵权纠纷⑦、股东出资纠纷⑧和股权转让纠纷⑨亦应延伸由公司住所地法院行使管辖权。

三、定型:2023 年《民事诉讼法》涉外公司专属管辖权的确立

直至 2023 年,涉外公司诉讼管辖权与纯国内公司诉讼管辖权转向区别制。二者分别规定于 2023 年修正的我国《民事诉讼法》第 27 条和第 279 条第 1 款。2023 年我国《民事诉讼法》第 27 条规定,纯国内公司诉讼(诸如公司设立、股东资格确认、利润分配和公司解散等纠纷),由公司住所地法院行使特别管辖权。2023 年我国《民事诉讼法》第 279 条第 1 款正式确立涉外公司诉讼专属管辖权性质。涉外公司的设立、解散、清算和公司决议效力等事项,应由公司设立地国法院行使专属管辖权。由此可见,我国涉外公司诉讼专属管辖权具有以下特征。第一,第 279 条第 1 款对涉外公司诉讼专属管辖权对象采取

---

① 例如,李翠文、武汉市东兴房地产开发有限公司公司证照返还纠纷案,参见湖北省武汉市中级人民法院(2021)鄂 01 民辖终 384 号民事裁定书。

② 例如,闫普等与山东银联企业管理服务有限公司等损害公司利益责任纠纷案,参见山东省济南市中级人民法院(2021)鲁 01 民辖终 113 号民事裁定书。

③ 例如,孙某诉洪某损害公司利益责任纠纷案,参见北京市第二中级人民法院(2014)二中民终字第 5499 号民事裁定书。

④ 例如,山东瑞融投资有限公司与崔世庆股东资格确认纠纷案,参见山东省济南市中级人民法院(2021)鲁 01 民辖终 167 号民事裁定书。

⑤ 例如,金余乾与叶成贤股权转让纠纷案,参见江西省赣州市中级人民法院(2017)赣 07 民辖终 19 号民事裁定书。

⑥ 例如,张华荣、陈萍股东知情权纠纷案,参见贵州省贵阳市中级人民法院(2021)黔 01 民辖终 156 号民事裁定书。

⑦ 例如,张允志损害股东利益责任纠纷案,参见广西壮族自治区柳州市中级人民法院(2021)桂 02 民终 2621 号民事裁定书。

⑧ 例如,赵伟娣与郭森股东出资纠纷案,参见北京市第三中级人民法院(2017)京 03 民辖终 238 号民事裁定书。

⑨ 例如,傅美玲、祝祥青股权转让纠纷案,参见浙江省衢州市中级人民法院(2020)浙 08 民辖终 52 号民事裁定书。

狭义解释。该条款仅将涉外公司的设立、解散、清算、公司决议效力和其他类似事项纳入涉外公司诉讼专属管辖权范围。第二,第 279 条第 1 款将公司设立地国法院作为涉外公司诉讼专属管辖法院,舍弃了公司住所地之管辖权连结点。在涉外公司诉讼管辖权领域,公司设立地和公司住所地两种管辖权连结点各有利弊。[①] 公司设立地与公司住所地的关系如下。首先,二者存在潜在关联,即二者均具有确定公司国籍的功能。在国际私法中,各国将公司设立地和公司住所地作为确定公司国籍的重要标准。[②] 不仅如此,英国国际私法曾将公司住所地等同于公司设立地。[③] 其次,公司设立地与公司住所地的语义和考量因素截然不同。2020 年修正的《最高人民法院关于适用〈中华人民共和国涉外民事关系法律适用法〉若干问题的解释(一)》第 14 条将国际私法公司设立地界定为公司登记地。2010 年我国《涉外民事关系法律适用法》第 14 条仅规定了国际私法公司经常居所地的内涵,公司经常居所地指公司主营业地,但国际私法公司住所地的认定标准暂付阙如。目前,我国国内法对公司住所地采取直接判断方法,具有明确性和可预见性。然而,我国国内法对公司住所地的解释尚不统一,无法为我国国际私法语境下公司住所地的识别提供精准定位。例如,2020 年我国《民法典》第 63 条和 2023 年修订的我国《公司法》第 8 条将公司住所地界定为公司主要办事机构所在地。2022 年修正的我国民事诉讼法司法解释第 3 条基本延续前述标准,但将公司注册地和公司登记地作为公司住所地的辅助判断标准。[④]

　　本书认为,我国上述涉外公司诉讼专属管辖权条款存在两点不足,仍须改进。其一,专属管辖权性质仍需改进。我国涉外公司诉讼专属管辖权性质的重构应充分考虑《公司法》与国际私法的联系、涉外公司强制性规则的影响。本节第四目将对之进行具体阐述。其二,专属管辖权连结点亦需改进。公司设立地管辖权连结点无法充分体现与公司之间的真实联系,[⑤]因此 2023 年修正的我国《民事诉讼法》第 279 条第 1 款将公司设立地作为涉外公司诉讼专属管辖权连结点有待商榷。目前,涉外公司诉讼专属管辖权连结点暂不统一。

---

① 邢钢:《公司法律问题的比较法与国际私法评判》,中国法制出版社 2018 年版,第 64-66 页。
② 刘仁山:《国际私法》(第 6 版),中国法制出版社 2019 年版,第 111 页。
③ 〔英〕P. 斯马特:《英国国际私法中的法人住所和公司多重设立》,金宁、储育明译,载《环球法律评论》1991 年第 3 期,第 67 页。
④ 李政辉:《公司住所的功能、挑战与制度应对》,载《北方法学》2022 年第 2 期,第 106 页。
⑤ 邢钢:《公司法律问题的比较法与国际私法评判》,中国法制出版社 2018 年版,第 66 页。

如前所述,欧盟将公司所在地作为涉外公司诉讼专属管辖权连结点。2020 年《海牙判决公约解释报告》将公司准据法所属地作为涉外公司诉讼专属管辖权连结点。① 《国际私法示范法》第 46 条第 3 款将登记注册地或主要办事机构所在地作为涉外公司诉讼专属管辖权连结点。2023 年《民事诉讼法》第 279 条第 1 款将公司设立地作为涉外公司诉讼专属管辖权连结点。公司所在地的判断标准不明,《布鲁塞尔条例Ⅰ(修订版)》第 24 条第 2 款仅辅之以间接判断方法。② 若我国由之行使专属管辖权,则不符合涉外民商事管辖权之确定性和可预见性价值取向。由准据法所属国法院行使管辖权是涉外民商事管辖权领域"并行理论"的具体内容。并行理论,是指若涉外民商事纠纷的准据法为甲国法,则甲国法院对之行使国际民事裁判管辖权。③ 并行理论的产生源于以下考虑。因涉外民商事管辖权影响程序问题冲突规范和法院地国冲突规范的适用,④故涉外民商事管辖权的确定应将涉外民事法律选择作为考量因素。⑤ 管辖权的确定问题是涉外民商事诉讼的先决问题。只有当法院管辖权确定后,继而方能获知法院地国冲突规范指引的准据法。在管辖权尚未确定阶段,当事人和法官均无从判断适用的涉外公司准据法所属地,故我国不应将该地作为涉外公司诉讼专属管辖权连结点。登记注册地和公司设立地虽称谓有别,但内涵相同,二者均无法充分体现与公司之间的真实联系,故我国不应将二者作为涉外公司诉讼专属管辖权连结点。公司主事务所所在地亦称公司住所地,此地与公司事务存在更密切联系,该地法院便于对公司组织管理等事项进行调查取证。⑥ 我国将公司住所地作为涉外公司诉讼专属管辖权连结点具备私法性法理基础。⑦ 综合以上考虑,2023 年修正的我国《民事诉讼法》第 279 条第 1 款涉外公司诉讼专属管辖权连结点宜改为公司住所地。为减少不确定性,公司住所地宜采取直接判断方法。

---

① Francisco Garcimartín, Geneviève Saumier, *Explanatory Report on the Convention of 2 July* 2019 *on the Recognition and Enforcement of Foreign Judgments in Civil or Commercial Matters*, 2020, p. 61, https://assets. hcch. net/docs/a1b0b0fc-95b1-4544-935b-b842534a120f. pdf,2022 年 5 月 1 日访问。

② 邢钢:《公司法律问题的比较法与国际私法评判》,中国法制出版社 2018 年版,第 84 页。

③ 〔日〕本间靖规、中野俊一郎、酒井一:《国际民事诉讼法》(第 2 版),柴裕红译,商务印书馆 2020 年版,第 67 页。

④ 黄亚英:《中国国际私法学》,厦门大学出版社 2017 年版,第 16 页。

⑤ 甘勇:《论国际民事管辖权的法理基础》,载《武大国际法评论》2015 年第 2 期,第 130 页。

⑥ 邢钢:《公司法律问题的比较法与国际私法评判》,中国法制出版社 2018 年版,第 64 页。

⑦ 关于涉外民事专属管辖之私法性法理基础,参见向在胜:《中国涉外民事专属管辖权的法理检视与规则重构》,载《法商研究》2023 年第 1 期,第 54 页。

四、2023 年《公司法》背景下我国涉外公司专属管辖权的完善

本书认为,我国涉外公司诉讼管辖权性质的完善建议如下。基于公司设立自由原则,涉外公司诉讼原则上具有特别管辖权性质,但以下特定涉外公司事项具有专属管辖权性质。

第一,我国涉外公司诉讼专属管辖权性质的重构,应考虑涉外公司强制性规则的影响。"强制性规则适用确保说",是指由于涉外专属管辖权是一国国内法最终适用的有力保障,因此一国法院通过行使专属管辖权来保证本国强制性规则的适用和维护社会公共利益。"强制性规则适用确保说"属于涉外民商事专属管辖权公法性法理基础的组成部分之一。在司法实践中,不少判例对涉外专属管辖权的说理均援引了"强制性规则适用确保说"。[①] 我国法院在实践中将中外合资和合作经营企业的股权转让纠纷[②]、股东知情权纠纷[③]、股东资格确认纠纷[④]、股东出资纠纷[⑤]、公司解散纠纷[⑥]、公司清算纠纷[⑦]和利润分配纠纷[⑧]等作为我国《涉外民事关系法律适用法》第 4 条"直接适用的法"的适用对象。直接适用的法追求的目的通常具有公共秩序属性。[⑨] 因此,不仅2023 年修正的我国《民事诉讼法》第 279 条所述中外合资和合作经营企业的"合同类"诉讼具有专属管辖权性质,[⑩]而且中外合资和合作经营企业的"公司

[①]　刘阳:《论中国涉外雇佣合同国际民事裁判管辖权规则之重构》,载《国际法研究》2023 年第 3 期,第103 页。

[②]　例如,李明仁、李明哲与胡铠丞、溧阳天目湖乡村俱乐部有限公司等确认合同无效纠纷案,参见江苏省高级人民法院(2019)苏民终 559 号民事判决书。

[③]　例如,海融博信国际融资租赁有限公司与富巴投资有限公司股东知情权纠纷案,参见北京市高级人民法院(2019)京民终 323 号民事判决书。

[④]　例如,北京承乾房地产开发有限责任公司与历山投资有限公司股东资格确认纠纷案,参见北京市高级人民法院(2017)京民初 117 号民事判决书。

[⑤]　例如,张锦洪、广州玺珑珠宝首饰有限公司股东出资纠纷案,参见广东省广州市中级人民法院(2018)粤 01 民终 194 号民事判决书。

[⑥]　例如,北京海曼水产养殖有限公司与北京龙漫生物科技有限公司公司解散纠纷案,参见北京市第四中级人民法院(2019)京 04 民初 325 号民事判决书。

[⑦]　例如,李伟、何锦荣合同纠纷案,参见辽宁省大连市中级人民法院(2019)辽 02 民终 1825 号民事判决书。

[⑧]　例如,东显有限公司与诸城六和东方食品有限公司公司盈余分配纠纷案,参见山东省高级人民法院(2016)鲁民终 740 号民事判决书。

[⑨]　刘仁山:《国际私法》(第 6 版),中国法制出版社 2019 年版,第 167 页。

[⑩]　例如,Raphas Co. Ltd 与乐常思生物科技(上海)有限公司等中外合作经营企业合同纠纷案,参见上海市第一中级人民法院(2021)沪 01 民辖 137 号民事裁定书;创智投资有限公司(Glory Ease Investment Limited)、锐胜企业有限公司(Suregain Properties Ltd.)中外合作经营企业合同纠纷案,参见北京市第四中级人民法院(2018)京 04 民初 61 号民事裁定书。

类"诉讼亦理应被赋予专属管辖权性质。

第二，我国涉外公司诉讼专属管辖权性质的重构，应结合《公司法》与国际私法的联系。虽然国际私法与《公司法》的规范组成、调整对象和调整方法存在显著差异，但不可忽视二者的关联性。在国际私法中，一方面，涉外公司法律选择规则反映了各国《公司法》的冲突。① 另一方面，涉外公司诉讼管辖权范围受法院地国公司实体法概念的影响，而且涉外民商事管辖权牵涉《公司法》上当事人权利义务的实体结果。② 基于 2023 年修订的《公司法》的影响，我国应将该法第 9 条第 2 款须经行政批准的公司事项，第 20 条公司职工、消费者等利益和生态环境保护等社会公共利益事项，以及第 248 条外国公司分支机构损害中国社会公共利益而提起的诉讼纳入涉外公司诉讼专属管辖权对象。国有公司治理不同于普通公司，而且国有资本具有社会性功能，③因此2023 年修订的《公司法》第 169 条国家出资公司纠纷宜适用涉外公司诉讼专属管辖权规则。倘若我国赋予上述公司纠纷专属管辖权性质，则此亦将符合2023 年修订的《公司法》第 1 条规定的维护社会经济秩序之基本宗旨。

本章小结

涉外公司诉讼专属管辖权性质存在"肯定说""否定说"和"折中说"三种立场。欧盟《布鲁塞尔条例Ⅰ（修订版）》第 24 条第 2 款对之采取肯定说。欧盟涉外公司诉讼专属管辖权条款具有以下特征。第一，专属管辖权对象有限。因涉外专属管辖权规则在效力上剥夺当事人选择由其他法院管辖的自由，故仅部分涉外公司事项具有涉外专属管辖权性质。欧盟涉外公司诉讼专属管辖权对象仅限于公司章程效力，公司的无效、解散，公司机构决定的有效性问题，股东权利义务纠纷不属于欧盟涉外公司专属管辖权范围。《海牙判决公约解释报告》对涉外公司诉讼专属管辖权对象亦采取狭义解释，董事责任、股息支付、股东出资义务、公司合同和公司侵权纠纷不属于海牙涉外公司诉讼专属管辖权对象。第二，专属管辖权连结点的认定方法有变。《布鲁塞尔条例Ⅰ（修

---

① Peter Stone，Youseph Farah，*Research Handbook on EU Private International Law*，Edward Elgar Publishing Limited，2015，p. 363.

② 邢钢：《公司法律问题的比较法与国际私法评判》，中国法制出版社 2018 年版，第 63、68 页。

③ 胡改蓉：《〈公司法〉修订中国有公司制度的剥离与重塑》，载《法学评论》2021 年第 4 期，第 130 页。

订版)》第 24 条第 2 款规定,在涉外公司诉讼专属管辖权领域,为决定公司所在地,法院将适用本国国际私法规则。此属于专属管辖权连结点的间接判断方法。该方法源于国际私法语境下公司所在地和公司住所地的语义诠释应秉持国际私法自体主义。间接判断方法的产生是基于特殊背景的考虑,有利于缓解欧盟成员国公司住所地的法律冲突,但该方法具有不可预见性和循环论证的逻辑局限。

公司诉讼由公司住所地法院行使管辖权。此类管辖权规则在我国早已有之,但我国一直将之作为特别管辖权规则。正因我国对公司诉讼管辖权的特别规定在效力上不排除当事人向其他法院起诉的权利,故公司住所地法院的管辖权范围整体上宽于境外做法,其有权管辖纯公司事项和股东权利义务两类诉讼。首先,公司住所地法院对下述公司纠纷具有特别管辖权:公司设立纠纷①、公司利润分配纠纷②、公司变更登记纠纷③、公司决议效力纠纷(包括公司决议效力确认纠纷④和公司决议撤销纠纷⑤)、公司合并与分立纠纷、公司增资与减资纠纷⑥、公司解散纠纷⑦。除上述法定对象外,我国法院认为,公司侵权纠纷关乎公司利益,法律适用亦涉及《公司法》,故应延伸由公司住所地法院行使管辖权。⑧ 公司清算责任纠纷亦可考虑纳入特别管辖权范围。⑨ 公司证照返还纠纷由公司住所地法院行使管辖权,公司证照对外代表公司意志,涉及公

---

① 例如,汪媛媛与邱安健公司设立纠纷案,参见北京市第三中级人民法院(2021)京 03 民辖终 266 号民事裁定书。

② 例如,大连泰安物业管理有限公司、张连成公司盈余分配纠纷案,参见辽宁省大连市中级人民法院(2019)辽 02 民辖终 167 号民事裁定书。

③ 例如,武汉鑫泽资产管理有限公司、程建华请求变更公司登记纠纷案,参见湖北省武汉市中级人民法院(2020)鄂 01 民辖终 758 号民事裁定书。

④ 例如,北京佳隆房地产开发集团有限公司等与王爽公司决议效力确认纠纷案,参见北京市第三中级人民法院(2021)京 03 民辖终 403 号民事裁定书。

⑤ 例如,江苏中标节能科技发展股份有限公司与傅良娟案,参见江苏省苏州市中级人民法院(2020)苏 05 民辖终 932 号民事裁定书。

⑥ 例如,北京正达丰益投资发展中心(有限合伙)等诉安徽绿雨农业有限责任公司异议案,参见安徽省蚌埠市中级人民法院(2017)皖 03 民辖终 33 号民事裁定书。

⑦ 例如,北京安富大厦物业发展有限公司等与新盛辉国际有限公司公司解散纠纷案,参见北京市高级人民法院(2020)京民辖终 123 号民事裁定书。

⑧ 例如,昆山龙梦电子科技有限公司、铜陵铜峰精密科技有限公司损害公司利益责任纠纷案,参见安徽省铜陵市中级人民法院(2020)皖 07 民辖终 57 号民事裁定书。

⑨ 例如,无锡安特诺精密机械有限公司清算责任纠纷案,参见江苏省无锡市中级人民法院(2020)苏 02 民终 2992 号民事裁定书。

司经营管理权、控制权和公司利益。① 其次,公司住所地法院对下述股东权利义务纠纷具有特别管辖权:股东资格确认纠纷②、股东名册记载登记和变更纠纷③、股东知情权纠纷④。除上述法定对象外,我国法院认为,股东侵权纠纷⑤、股东出资纠纷⑥和股权转让纠纷⑦亦应延伸由公司住所地法院行使管辖权。

2000 年我国《国际私法示范法》第 46 条第 3 款亦提议,涉外公司诉讼应由登记注册地国法院或主要办事机构所在地国法院行使专属管辖权。之后,我国涉外公司诉讼专属管辖权规则的重构一直处于停滞状态。2023 年修正的我国《民事诉讼法》第 279 条第 1 款正式确立涉外公司诉讼专属管辖权性质,即涉外公司诉讼由公司设立地国法院行使专属管辖权。然而,我国涉外公司诉讼专属管辖权范围没有充分考虑《公司法》与国际私法的联系,亦忽略涉外公司强制性规则的影响。

我国涉外公司诉讼专属管辖权的完善建议如下。我国应对公司诉讼的管辖权性质秉持二元论。下列涉外公司事项适用涉外专属管辖权规则。第一,2023 年《民事诉讼法》第 279 条第 3 款规定的中外合资和合作经营企业"合同类"诉讼,应适用涉外专属管辖权规则。第二,基于《公司法》与国际私法的联系,2023 年我国《公司法》第 9 条第 2 款规定的需经行政批准的事项,第 20 条公司职工、消费者等利益以及生态环境保护等社会公共利益事项,第 169 条国家出资公司事项与第 248 条外国公司分支机构损害中国社会公共利益而提起的诉讼,应适用涉外专属管辖权规则。第三,基于《涉外民事关系法律适用法》第 4 条之"强制性规则适用确保说",中外合资和合作经营企业"公司类"诉讼,

---

① 例如,李翠文、武汉市东兴房地产开发有限公司公司证照返还纠纷案,参见湖北省武汉市中级人民法院(2021)鄂 01 民终 384 号民事裁定书。

② 例如,山东瑞融投资有限公司与崔世庆股东资格确认纠纷案,参见山东省济南市中级人民法院(2021)鲁 01 辖终 167 号民事裁定书。

③ 例如,金余乾与叶成贤股权转让纠纷案,参见江西省赣州市中级人民法院(2017)赣 07 民辖终 19 号民事裁定书。

④ 例如,张华荣、陈萍股东知情权纠纷案,参见贵州省贵阳市中级人民法院(2021)黔 01 民辖终 156 号民事裁定书。

⑤ 例如,张允志损害股东利益责任纠纷案,参见广西壮族自治区柳州市中级人民法院(2021)桂 02 民终 2621 号民事裁定书。

⑥ 例如,赵伟娣与郭森股东出资纠纷案,参见北京市第三中级人民法院(2017)京 03 民辖终 238 号民事裁定书。

⑦ 例如,傅美玲、祝祥青股权转让纠纷案,参见浙江省衢州市中级人民法院(2020)浙 08 民辖终 52 号民事裁定书。

应适用涉外专属管辖权规则。上述三类情形之外的涉外公司诉讼适用特别管辖权规则。

另外,我国涉外公司诉讼专属管辖权连结点亦应重构。公司设立地管辖权连结点无法充分体现与公司之间的真实联系,故 2023 年修正的我国《民事诉讼法》第 279 条第 1 款规定,涉外公司诉讼专属管辖权连结点宜由公司设立地改为公司住所地。为减少不确定性,公司住所地宜采取直接判断方法。

第五章　国际知识产权有限的专属管辖权

《海牙判决公约》第2条第1款第13项将知识产权判决的跨国承认与执行排除公约的适用范围,因而公约第5条关于间接管辖权的规定无法为国际知识产权管辖权问题的理解提供指引。[①] 国际知识产权传统纠纷的专属管辖权问题和国际数据权之国际知识产权新型纠纷的专属管辖权问题亟待解决。

《布鲁塞尔条例Ⅰ(修订版)》第24条第4款将国际知识产权案件纳入欧盟涉外专属管辖权的法定对象,但国际知识产权专属管辖权规则的适用范围有限,欧盟仅允许涉外知识产权有效性纠纷适用涉外知识产权专属管辖权规则。[②] 例如,在 Gesellschaft für Antriebstechnik mbH & Co. KG v. Lamellen und Kupplungsbau Beteiligungs KG 案[③]中,吉尔霍德法官指出,涉外知识产权侵权原则上与其他涉外民商事纠纷没有区别,尽管被告在涉外知识产权侵权诉讼中质疑专利的有效性,但其不属于欧盟涉外知识产权专属管辖权对象。

涉外知识产权案件在我国所占比重日益增大,[④]我国在国际知识产权全

---

① 2018年《海牙判决公约修订版草案解释报告》第2条第1款第13项将国际知识产权和类似事项(analogous matters)排除出公约的适用范围。由于"类似事项"一词具有模糊性,因此2019年《海牙判决公约》第2条第1款第13项将知识产权排除出公约的适用范围,但未列入"类似事项"。见 Francisco Garcimartín, Geneviève Saumier, *Explanatory Report on the Convention of 2 July 2019 on the Recognition and Enforcement of Foreign Judgments in Civil or Commercial Matters*, 2020, p. 63, https://assets. hcch. net/docs/a1b0b0fc-95b1-4544-935b-b842534a120f. pdf, 2022年5月1日访问。

② 钟丽:《欧盟知识产权跨境侵权案件的司法管辖问题》,载《欧洲研究》2010年第6期,第115页。

③ Opinion of Advocate General Geelhoed, Delivered 16 September 2004, Case C-4/03 Gesellschaft für Antriebstechnik mbH & Co. KG v. Lamellen und Kupplungsbau Beteiligungs KG [2006] ECR I-06509, paras. 43,46.

④ 参见《最高人民法院关于印发〈最高人民法院知识产权案件年度报告(2009)〉的通知》。

球治理体系中的作用凸显,[①]并致力成为国际知识产权诉讼优选地。[②] 2000 年我国《国际私法示范法》第 46 条第 4 款提议,因在我国境内需要履行登记手续的知识产权有效性诉讼,由我国法院行使专属管辖权。《国际私法示范法》不具有法律约束力,2020 年《最高人民法院关于涉外民商事案件诉讼管辖若干问题的规定》和 2021 年我国《民事诉讼法》无涉外知识产权管辖权的规定。2023 年修正的我国《民事诉讼法》第 279 条第 2 款正式确立涉外知识产权有效性事项专属管辖权性质,但缺失涉及国家主权的数据权专属管辖权规则。

国际知识产权专属管辖权面临的疑虑在于:第一,为何涉外知识产权有效性纠纷具有专属管辖权性质? 第二,如何确定涉外知识产权侵权纠纷的管辖权性质和管辖法院? 网络知识产权侵权纠纷适用何种管辖权连结点? 第三,如何判断涉外知识产权合同纠纷由何国法院受理? 第四,如何确定大数据、人工智能等新型知识产权纠纷的管辖法院? 第五,如何解决国际知识产权管辖权冲突问题? 例如,在本田株式会社与双环公司侵犯外观设计专利权纠纷管辖权异议案[③]中,我国最高人民法院将首先受理法院原则作为解决知识产权平行诉讼的方法。然而,2021 年《海牙管辖权项目解释报告》指出,在后受诉法院专属管辖权情形下不得适用首先受理法院原则抑或第一时间规则。[④] 国际知识产权管辖权性质具有混合性,部分事项具有涉外专属管辖权性质,部分事项具有涉外特别管辖权性质,因此首先受理法院原则不足以充分解决国际知识产权管辖权冲突问题。

第一节　国际知识产权有效性纠纷的管辖权

一般而言,知识产权的注册属于国家行为,[⑤]因此国际知识产权有效性纠纷理应属于权利注册地国法院的专属管辖事务,无须考虑当事人住所或其他

---

①　参见 2021 年《国务院关于印发"十四五"国家知识产权保护和运用规划的通知》。

②　参见 2021 年《最高人民法院关于人民法院知识产权审判工作情况的报告》。

③　参见最高人民法院(2012)民三终字第 1 号民事裁定书。

④　Permanent Bureau,*Report on the Jurisdiction Project*,2021,p. 14,https://assets. hcch. net/docs/5fbec58b-d14f-49c6-8719-b1fb68fd6d5b. pdf,2022 年 5 月 1 日访问。

⑤　何艳:《知识产权国际私法保护规则的新发展——〈知识产权:跨国纠纷管辖权、法律选择和判决原则〉述评及启示》,载《法商研究》2009 年第 1 期,第 115 页。

管辖权连结点。①《布鲁塞尔条例Ⅰ（修订版）》第 24 条第 4 款将国际知识产权有效性纠纷作为欧盟涉外民商事专属管辖权的法定对象。2023 年修正的我国《民事诉讼法》第 279 条第 2 款已新增国际知识产权有效性事项专属管辖权条款，国际知识产权有效性纠纷已成为我国涉外民商事专属管辖权对象。

一、不谋而合：专属性管辖权连结点

各国普遍认为，国际知识产权的有效性问题应由权利注册地国法院行使专属管辖权。② 例如，日本法院曾于 2011 年拒绝承认韩国知识产权判决，理由是日本法院对在日本注册的专利权有效性问题具有专属管辖权。③

共建"一带一路"国家亦将知识产权注册地作为涉外知识产权有效性纠纷的专属管辖权连结点。例如，1998 年格鲁吉亚《关于调整国际私法的法律》第 10 条第 4 款、1999 年斯洛文尼亚《关于国际私法与国际诉讼的法律》第 62 条、2007 年斯洛伐克《关于国际私法与国际民事诉讼规则的法律》第 37d 条第 2 款和 2013 年黑山《关于国际私法的法律》第 122 条均规定，以专利、商标或者其他权利的注册有效性为标的之诉，由注册地国法院行使专属管辖权。④ 2002 年俄罗斯联邦《仲裁程序法》第 248 条规定，俄罗斯联邦法院对专利、商标、工业样品、有用模型和其他知识产权的注册和颁发而引起的争端具有专属管辖权。⑤ 2017 年爱沙尼亚《民事诉讼法（修订版）》第 70 条第 4 款规定，爱沙尼亚对涉外知识产权有效性纠纷直接援引《布鲁塞尔条例Ⅰ（修订版）》第 24 条第 4 款欧盟涉外知识产权专属管辖权规则。

欧盟涉外知识产权有效性事项专属管辖权的具体内容早先载于 1968 年《布鲁塞尔公约》，《布鲁塞尔条例Ⅰ》和《布鲁塞尔条例Ⅰ（修订版）》相继对之进行重塑。《布鲁塞尔公约》第 16 条第 4 款规定，涉外知识产权注册或效力纠

　　① Annabelle Bennett, Sam Granata, *When Private International Law Meets Intellectual Property Law a Guide for Judges*, 2019, p. 42, https://www.wipo.int/edocs/pubdocs/en/wipo_pub_1053.pdf, 2022 年 5 月 1 日访问。

　　② 钟丽：《国际知识产权争议解决机制研究》，中国政法大学出版社 2011 年版，第 76 页。

　　③ Permanent Bureau, *Ongoing Work on Judgments—Choice of Court Convention and the Judgments Project*, 2015, p. 3, https://assets.hcch.net/docs/03cf1500-c388-4513-815c-13257f402c80.pdf, 2022 年 5 月 1 日访问。

　　④ 邹国勇译注：《外国国际私法立法选译》，武汉大学出版社 2017 年版，第 171、202、251、367 页。

　　⑤ Permanent Bureau, *Comparative Table on Grounds of Jurisdiction*, 2015, p. 27, https://assets.hcch.net/docs/03c39e9f-878b-400d-a359-e70b7937edde.pdf, 2022 年 5 月 1 日访问。

纷由备案或注册地国法院行使专属管辖权。《布鲁塞尔条例Ⅰ》第 22 条第 4
款一方面保留了涉外知识产权注册或效力纠纷专属管辖权,另一方面新增规
定前款不影响根据 1973 年 10 月 5 日慕尼黑签订的《欧洲专利授予公约》建立
的欧洲专利局的管辖权。各成员国法院对授予该国的欧洲专利的注册或效力
的诉讼具有专属管辖权,而不论住所之所在。由于涉外知识产权侵权案件的
被告通常通过攻击知识产权的有效性而为自己辩护,[①]因而如果在涉外知识
产权侵权之诉中混杂知识产权有效性问题,那么如何确定管辖权?[②] 为解决
此疑虑,2012 年《布鲁塞尔条例Ⅰ(修订版)》第 24 条第 4 款在前述规定的基础
上新增规定,无论涉外知识产权有效性问题作为诉讼标的或仅属于抗辩事由,
均适用涉外专属管辖权规则。换言之,独立型和混杂型涉外知识产权有效性
纠纷在欧盟均适用涉外专属管辖权规则。

　　涉外知识产权有效性纠纷专属管辖权的法理基础在于,知识产权具有明
显的地域性(territorial nature),[③]带有一定的公法属性,[④]而且只有注册地国
法院才有权发出正面或负面禁令。[⑤] 此外,由知识产权注册地国法院行使专
属管辖权符合密切联系原则的要求。[⑥] 例如,在 Hanssen Beleggingen BV v.
Tanja Prast-Knipping 案[⑦]中,欧洲法院指出,国际知识产权专属管辖权旨在确
保受理法院是与知识产权的有效性、备案或登记存在密切联系的法院,这些法
院最适合对此进行裁决。在 Gesellschaft für Antriebstechnik mbH & Co.
KG v. Lamellen und Kupplungsbau Beteiligungs KG 案[⑧]中,欧洲法院指出,

---

①　Yuko Nishitani, *Intellectual Property in Japanese Private International Law* ,48 Japanese Annual
of International Law 87,92 (2005).

②　钟丽:《国际知识产权争议解决机制研究》,中国政法大学出版社 2011 年版,第 77 页。

③　Benedetta Ubertazzi, *Infringement and Exclusive Jurisdiction in Intellectual Property*:A
Comparison for the International Law Association ,3 (3) Journal of Intellectual Property, Information
Technology and Electronic Commerce Law 227,251 (2012).

④　樊婧:《论海牙〈判决公约(草案)〉中知识产权的间接管辖权问题》,载《中国国际私法与比较法年
刊》(第二十三卷),法律出版社 2019 年版,第 323 页。

⑤　Catherine Kessedjian, *Synthesis of the Work of the Special Commission of June* 1997 *on
International Jurisdiction and the Effects of Foreign Judgments in Civil and Commercial Matters* ,1997,
para. 42, https://assets. hcch. net/docs/ecc45930-f5a1-4bd1-b94c-420c44a05954. pdf,2022 年 5 月 1 日
访问。

⑥　Graeme B. Dinwoodie, *Developing a Private International Intellectual Property Law*:*The
Demise of Territoriality* ,51 (2) William and Mary Law Review 711,751 (2009).

⑦　Case C-341/16 Hanssen Beleggingen BV v. Tanja Prast-Knipping [2017] ECR,para. 33.

⑧　Case C-4/03 Gesellschaft für Antriebstechnik mbH & Co. KG v. Lamellen und Kupplungsbau
Beteiligungs KG [2006] ECR I-06509,para. 23.

国际知识产权专属管辖权性质源于国家行政当局的参与。

第一,未注册的涉外知识产权而发生的有效性纠纷是否适用涉外专属管辖权规则? 肯定态度认为,此仍应采用涉外专属管辖权规则,①以平等对待已注册涉外知识产权管辖权和非注册涉外知识产权管辖权。② 否定态度认为,根据国家行为原则(the act of state doctrine),注册的涉外知识产权经公共特许行为授予,意味着国家行政部门的干预,涉及行使国家主权。未注册的涉外知识产权缺少国家行政干预手续,因此涉外知识产权专属管辖权范围不包括未注册的涉外知识产权有效性纠纷。③

第二,涉外知识产权取得问题是否适用涉外专属管辖权规则? 例如,在Ferdinand M. J. J. Duijnstee v. Lodewijk Goderbauer 案④中,欧洲法院指出,欧盟涉外知识产权有效性事项专属管辖权范围刨除涉外专利权人确权问题。

第三,涉外知识产权所有权人确认纠纷是否适用涉外专属管辖权规则? 我国部分学者对此持肯定态度,⑤但在 Hanssen Beleggingen BV v. Tanja Prast-Knipping 案⑥中,欧洲法院指出,涉外注册商标所有权人确认纠纷不属于欧盟涉外知识产权专属管辖权对象。

第四,附带提出的涉外知识产权有效性问题是否适用涉外专属管辖权规则? 海牙国际私法会议上一些代表团认为,在审理涉外知识产权有效性问题时,无论涉外知识产权有效性问题属于诉讼的主要问题抑或作为诉讼的附带问题,权利注册地国法院始终具有专属管辖权。⑦ 欧盟《布鲁塞尔条例Ⅰ(修

---

① Permanent Bureau and the Co-reporters, *Summary of the Outcome of the Discussion in Commission II of the First Part of the Diplomatic Conference* 6-20 *June* 2001 *Interim Text*,2001,p. 13, https://assets. hcch. net/docs/e172ab52-e2de-4e40-9051-11aee7c7be67. pdf,2022 年 5 月 1 日访问。

② Josef Drexl,Annette Kur,*Intellectual Property and Private International Law—Heading for the Future*,Hart Publishing,2005,p. 75.

③ Benedetta Ubertazzi,*Intellectual Property Rights and Exclusive (Subject Matter) Jurisdiction*: *Between Private and Public International Law*,15(2)Marquette Intellectual Property Law Review 357, 371(2011);Peter Stone,Youseph Farah,*Research Handbook on EU Private International Law*,Edward Elgar Publishing Limited,2015,p. 152.

④ Case C-288/82 Ferdinand M. J. J. Duijnstee v. Lodewijk Goderbauer [1983] ECR 03663,para. 26.

⑤ 向在胜:《中国国际民事管辖权的立法体例研究》,载《法律科学(西北政法大学学报)》2019 年第 4 期,第 189 页。

⑥ Case C-341/16 Hanssen Beleggingen BV v. Tanja Prast-Knipping [2017] ECR,para. 39.

⑦ Hague Conference on Private International Law,*International Report Special Committee Q* 153 *on the Envisaged Hague Convention on Jurisdiction and Foreign Judgments in Civil and Commercial Matters*,2001,pp. 4,10,https://assets. hcch. net/upload/wop/jdgm_pd14ip. pdf,2022 年 5 月 1 日访问。

订版)》第 24 条第 4 款补充规定,涉外知识产权有效性事项专属管辖权不受该问题是诉讼主要问题或仅属于辩护事由的影响。[1] 2013 年黑山《关于国际私法的法律》第 122 条规定,涉外知识产权有效性诉讼由权利注册地国法院行使专属管辖权,不论该争议是以起诉的方式抑或以抗辩的方式提出。[2] 然而,涉外知识产权专属管辖权规则将管辖法院的数量限定为单一法院,限制了当事人诉诸法院的权利,违反人权原则。[3] 因此,目前国际社会逐渐趋向于将涉外知识产权专属管辖权范围限制为作为主要事项的涉外知识产权有效性纠纷,[4]作为附带问题提出的涉外知识产权有效性事项仍受涉外普通管辖权规则的规制。[5] 例如,2021 年 12 月,韩国国会新通过的《国际私法修正案》第 10条规定,若知识产权设立、有效性或消灭等仅构成另一诉讼的先决问题,则此属于涉外知识产权专属管辖权例外情形。

二、规范分殊：瑞士《国际私法》第 109 条

瑞士国际私法偏离传统范式,允许涉外知识产权有效性纠纷适用选择性管辖权连结点。例如,2023 年瑞士《关于国际私法的联邦法(修订版)》第 109条第 1 款规定,涉外知识产权有效性事项由被告住所地国法院行使管辖权。被告在瑞士无住所时,由登记册中记录的代表人营业所在地(the place of business of the representative recorded in the register)国法院行使管辖权。当无代表人时,由登记册保管机关所在地(the place where the authority keeping the register has its office)国法院行使管辖权。

---

① European Parliament and the Council of the European Union, *Regulation（EU）No 1215/2012 of the European Parliament and of the Council of 12 December 2012 on Jurisdiction and the Recognition and Enforcement of Judgments in Civil and Commercial Matters（Recast）*, 2012, pp. 10-11, https://eur-lex. europa. eu/legal-content/EN/TXT/PDF/? uri＝CELEX：32012R1215&from＝EN,2022 年 5 月 1 日访问。

② 邹国勇译注：《外国国际私法立法选译》,武汉大学出版社 2017 年版,第 367 页。

③ Benedetta Ubertazzi, *Intellectual Property Rights and Exclusive（Subject Matter）Jurisdiction：Between Private and Public International Law*, 15（2）Marquette Intellectual Property Law Review 357, 416, 442（2011）.

④ Benedetta Ubertazzi,*Intellectual Property Rights and Exclusive（Subject Matter）Jurisdiction：Between Private and Public International Law*,15（2）Marquette Intellectual Property Law Review 357, 376（2011）.

⑤ Peter Nygh,Fausto Pocar,*Report of the Special Commission*, p. 255,https://assets. hcch. net/docs/810aefc4-ab66-457b-8ec7-6049d8793be3. pdf,2022 年 5 月 1 日访问。

三、海牙涉外知识产权有效性管辖权的新进展

海牙涉外知识产权专属管辖权亦存在整体制和分割制之争。① 虽然 2019 年《海牙判决公约》第 2 条第 1 款第 13 项将涉外知识产权排除出公约的适用范围，但早期海牙《国际管辖权和外国民商事判决解释报告》指出，海牙涉外知识产权的专属管辖权性质具有有限性。涉外知识产权有效性事项适用涉外专属管辖权规则，但涉外知识产权转让和许可使用合同不在海牙涉外民商事专属管辖权范围之内，海牙涉外知识产权侵权的专属管辖权性质已逐渐动摇。② 涉外知识产权有效性事项属于海牙涉外知识产权专属管辖权范围，并存在直接管辖权和间接管辖权两种保障机制。

第一，在直接管辖权领域，2001 年海牙《民商事管辖权和外国判决公约关于知识产权问题专家会议报告》提到，美国代表团曾质疑涉外知识产权专属管辖权的必要性，同时美国私营部门亦主张将涉外知识产权置于涉外专属管辖权范围之外，但大多数代表团支持涉外知识产权有效性事项适用涉外专属管辖权规则。③

第二，在间接管辖权领域，海牙判决项目第四工作组曾指出，对于专利、商标、外观设计的注册或有效性事项的外国判决，当且仅当判决来源国法院位于知识产权登记地国时，此判决才能在被请求国承认与执行。④ 然而，《海牙判决公约》无法为涉外知识产权有效性事项专属管辖权提供保护。2018 年《海牙判决公约修订版草案解释报告》第 2 条第 1 款第 13 项将知识产权和类似事

---

① 阮开欣：《海牙判决项目中知识产权条款探析——兼与王迁教授商榷》，载《中国国际私法与比较法年刊》（第二十二卷），法律出版社 2019 年版，第 32 页。

② Catherine Kessedjian, *International Jurisdiction and Foreign Judgments in Civil and Commercial Matters*, 1997, p. 29, https://assets. hcch. net/docs/76852ce3-a967-42e4-94f5-24be4289d1e5. pdf, 2022 年 5 月 1 日访问。

③ Permanent Bureau, *Report of the Experts Meeting on the Intellectual Property Aspects of the Future Convention on Jurisdiction and Foreign Judgments in Civil and Commercial Matters*, 2001, p. 4, https://assets. hcch. net/docs/a0a9a970-f7d4-4987-96f5-a7d8a0ee8cf9. pdf, 2022 年 5 月 1 日访问。

④ Hague Conference on Private International Law, *Report of the Fourth Meeting of the Working Group on the Judgments Project* (3-6 February 2015) *and Preliminary Draft Text Resulting from the Meeting*, 2015, p. 6, https://assets. hcch. net/docs/01fbccec-88e2-460a-9276-a3aa795c605b. pdf, 2022 年 5 月 1 日访问。

项(analogous matters)排除出公约的适用范围。① 由于"类似事项"一词具有模糊性,因此 2019 年《海牙判决公约》第 2 条第 1 款第 13 项将知识产权排除出公约的适用范围,但未列入类似事项。公约排除的知识产权具有广义性,涵盖国际公认的知识产权事项(例如,知识产权的有效性和登记、版权或相关权利的存续、知识产权侵权),以及其他同等保护的事项(例如,传统知识、文化表达和遗传资源)。②

　　另外,涉外未注册的知识产权有效性亦适用涉外专属管辖权规则,但附带提出的知识产权有效性问题不属于涉外专属管辖权范围,③后者受一般管辖权规则的规制。④ 之所以涉外知识产权有效性事项专属管辖权运用限缩解释方法,是因为专属管辖权意味着只有一个特定国家的法院可以对争议作出裁决,⑤涉外专属管辖权规则限制当事人诉诸法院的权利。⑥ 虽然著作权属于知识产权的重要组成部分,但无论著作权是否已登记,海牙国际私法会议暂不认可版权专属管辖权。⑦ 之所以著作权不适用涉外专属管辖权规则,是因为版权注册对权利本身的形成不具有决定性影响,无须国家强制干预。⑧

---

　　① Francisco Garcimartín,*Judgments Convention：Revised Draft Explanatory Report*,2018,p. 15,https://assets. hcch. net/docs/7d2ae3f7-e8c6-4ef3-807c-15f112aa483d. pdf,2022 年 5 月 1 日访问。

　　② Francisco Garcimartín,Geneviève Saumier,*Explanatory Report on the Convention of 2 July 2019 on the Recognition and Enforcement of Foreign Judgments in Civil or Commercial Matters*,2020,p. 63,https://assets. hcch. net/docs/a1b0b0fc-95b1-4544-935b-b842534a120f. pdf,2022 年 5 月 1 日访问。

　　③ Permanent Bureau and the Co-reporters,*Summary of the Outcome of the Discussion in Commission Ⅱ of the First Part of the Diplomatic Conference 6-20 June 2001 Interim Text*,2001,p. 13,https://assets. hcch. net/docs/e172ab52-e2de-4e40-9051-11aee7c7be67. pdf,2022 年 5 月 1 日访问。

　　④ Peter Nygh,Fausto Pocar,*Report of the Special Commission*,p. 255,https://assets. hcch. net/docs/810aefc4-ab66-457b-8ec7-6049d8793be3. pdf,2022 年 5 月 1 日访问。

　　⑤ Annabelle Bennett,Sam Granata,*When Private International Law Meets Intellectual Property Law a Guide for Judges*,2019,p. 42,https://www. wipo. int/edocs/pubdocs/en/wipo_pub_1053. pdf,2022 年 5 月 1 日访问。

　　⑥ Benedetta Ubertazzi,*Intellectual Property Rights and Exclusive（Subject Matter）Jurisdiction：Between Private and Public International Law*,15（2）Marquette Intellectual Property Law Review 357,442（2011）.

　　⑦ Permanent Bureau,*Report of the Experts Meeting on the Intellectual Property Aspects of the Future Convention on Jurisdiction and Foreign Judgments in Civil and Commercial Matters*,2001,p. 7,https://assets. hcch. net/docs/a0a9a970-f7d4-4987-96f5-a7d8a0ee8cf9. pdf,2022 年 5 月 1 日访问。

　　⑧ Andrea Schulz,*Report on the First Meeting of the Informal Working Group on the Judgments Project October* 22-25,2002,p. 11,https://assets. hcch. net/docs/16d309f5-3f52-4f07-a8d7-7b29724eb0f7. pdf,2022 年 5 月 1 日访问。

四、我国国际私法上的回应：缺位与补充

涉外知识产权案件在我国所占比重日益增大。[①] 2020 年《最高人民法院关于涉外民商事案件诉讼管辖若干问题的规定》和 2021 年我国《民事诉讼法》无涉外知识产权管辖权连结点的规定。2023 年我国《民事诉讼法》仅新增规定涉外知识产权有效性事项管辖权连结点（第 279 条第 2 款），但涉外知识产权其他事项管辖权连结点暂付阙如。研究制定符合知识产权诉讼特点与审判规律的特别程序法和涉外知识产权管辖权规则成为当今我国重要议题。[②] 另外，数据权、人工智能、基因技术和网络知识产权侵权等知识产权新型纠纷在我国大量涌现。[③]

知识产权管辖权一般采取分割制模式，即根据纠纷内容的不同分别决定管辖权连结点。我国法院依法受理以下各类知识产权民事纠纷：知识产权权利归属纠纷、知识产权侵权纠纷、不正当竞争纠纷、知识产权合同纠纷以及其他知识产权纠纷。[④] 虽然我国知识产权管辖权进行了"三合一"改革，[⑤]而且成立了北京、上海、广州、海南自由贸易港等知识产权法院，[⑥]但其管辖权对象为纯国内纠纷。我国涉外知识产权管辖权制度亟待完善。[⑦]

我国涉外知识产权管辖权连结点的法理基础和具体目标如下：

首先，便利法院原则、可预见性原则、平等原则和比例原则是我国涉外知识产权管辖权连结点的总体原则。我国对涉外知识产权管辖权连结点的调整与完善以方便当事人诉讼为宗旨，[⑧]同时重视管辖权连结点的确定性和可预见性，使当事人免受管辖权标准不统一的困局。[⑨] 我国涉外知识产权管

---

① 参见《最高人民法院关于印发〈最高人民法院知识产权案件年度报告（2009）〉的通知》。

② 参见 2018 年《中共中央办公厅、国务院办公厅印发〈关于加强知识产权审判领域改革创新若干问题的意见〉》。

③ 参见 2021 年《最高人民法院关于人民法院知识产权审判工作情况的报告》。

④ 参见 1998 年《最高人民法院关于全国部分法院知识产权审判工作座谈会纪要》。

⑤ 参见 2016 年《最高人民法院关于在全国法院推进知识产权民事、行政和刑事案件审判"三合一"工作的意见》。

⑥ 参见 2014 年《全国人民代表大会常务委员会关于在北京、上海、广州设立知识产权法院的决定》、2020 年《全国人民代表大会常务委员会关于设立海南自由贸易港知识产权法院的决定》。

⑦ 参见 2021 年《最高人民法院关于印发〈人民法院知识产权司法保护规划（2021—2025 年）〉的通知》。

⑧ 参见 2012 年《最高人民法院关于知识产权审判工作情况的报告》。

⑨ 参见 2011 年《最高人民法院印发〈关于充分发挥知识产权审判职能作用推动社会主义文化大发展大繁荣和促进经济自主协调发展若干问题的意见〉的通知》。

辖权连结点坚持正确处理本国利益与他国利益的关系,平等保护本国当事人与外国当事人。① 鉴于知识产权涉及的利益关系复杂,我国涉外知识产权管辖权根据比例原则合理平衡私人合法权益和国家利益,统筹兼顾保护权利和激励创新。②

其次,打造国际知识产权诉讼优选地③是我国涉外知识产权管辖权连结点的长远目标。我国在国际知识产权全球治理体系中的作用凸显,通过合理规定管辖权连结点,依法妥善处理国际平行诉讼,推动我国成为涉外知识产权纠纷的重要解决地和诉讼优选地。④ 诉讼优选地除了依靠知识产权实体法上的支撑,亦需完备的知识产权管辖权规则作为基础,我国有必要根据便利法院原则和国际协调原则合理制定涉外知识产权管辖权规则,以推动我国成为涉外知识产权诉讼优选地。另外,虽然推动我国成为涉外知识产权纠纷的重要解决地有利于提升我国知识产权司法保护的国际影响力,但不能忽视诉讼优选地理念的消极影响。诉讼优选地理念不仅可能给法院造成堆积如山的诉讼,而且当事人可能通过人为制造连结点以恶意挑选管辖法院。

2000 年我国《国际私法示范法》第 46 条第 4 款提议,因在我国境内需要履行登记手续的知识产权有效性诉讼,由我国法院行使专属管辖权。换言之,涉外知识产权有效性纠纷是权利注册地国法院专属管辖权事项,无须考虑当事人住所或其他管辖权连结点。⑤ 与《国际私法示范法》的上述规定相比,2021 年我国《民事诉讼法》未将知识产权纳入国内和涉外专属管辖权对象,⑥我国涉外知识产权有效性事项专属管辖权规则缺失,有待补充。⑦ 直至 2023 年 9 月,我国对涉外知识产权管辖权进行了革新,正式确立涉外知识产权有效性事

① 参见 2009 年《最高人民法院关于贯彻实施国家知识产权战略若干问题的意见》。

② 参见 2017 年《最高人民法院关于印发〈中国知识产权司法保护纲要(2016—2020)〉的通知》。

③ 参见 2021 年《最高人民法院关于人民法院知识产权审判工作情况的报告》。

④ 参见 2021 年《最高人民法院关于加强新时代知识产权审判工作为知识产权强国建设提供有力司法服务和保障的意见》。

⑤ Annabelle Bennett, Sam Granata, *When Private International Law Meets Intellectual Property Law：A Guide for Judges*, 2019, p. 42, https://www. wipo. int/edocs/pubdocs/en/wipo_pub_1053. pdf, 2022 年 5 月 1 日访问。

⑥ 张鹏:《跨境知识产权侵权纠纷的民事诉讼管辖规则研究》,载《知识产权》2022 年第 1 期,第 15、20 页。

⑦ 谢石松:《论国际民事案件中的管辖权问题》,载《中山大学学报(社会科学版)》1996 年第 3 期,第 169-170 页;丁伟:《我国涉外民商事诉讼管辖权制度的完善》,载《政法论坛》2006 年第 6 期,第 161 页;杜焕芳:《中国法院涉外管辖权实证研究》,载《法学家》2007 年第 2 期,第 160 页;向在胜:《中国国际民事管辖权的立法体例研究》,载《法律科学(西北政法大学学报)》2019 年第 4 期,第 189 页。

项专属管辖权性质。2023 年修正的我国《民事诉讼法》第 279 条第 2 款规定，涉外知识产权有效性事项，由权利授予地国法院行使专属管辖权。

第二节　国际知识产权侵权纠纷的管辖权

涉外知识产权侵权纠纷的管辖权性质存在较大争议，影响涉外知识产权专属管辖权规则的重构。涉外知识产权侵权管辖权性质的域外现状如下。

第一，涉外知识产权侵权适用涉外专属管辖权规则。例如，2001 年海牙国际私法会议《知识产权工作组报告》对涉外知识产权侵权专属管辖权持肯定态度，涉外专利侵权诉讼由专利授予国法院行使专属管辖权，涉外商标侵权诉讼由商标注册地国法院或产生地国法院行使专属管辖权。[①] 英国和澳大利亚代表团认为，涉外知识产权侵权与涉外知识产权有效性问题相互交织，无法分开处理，既然涉外知识产权有效性事项适用涉外专属管辖权规则，那么涉外知识产权专属管辖权范围理应延伸至涉外知识产权侵权纠纷。[②]

第二，涉外知识产权侵权适用涉外一般管辖权规则。例如，荷兰等代表团认为，混杂型涉外知识产权侵权专属管辖权规则导致侵权诉讼受理法院附带对涉外知识产权有效性事项行使专属管辖权，而附带的涉外知识产权有效性问题通常禁用涉外专属管辖权规则，因此无论涉外知识产权侵权诉讼是否混杂有效性事项，涉外知识产权侵权不应适用涉外专属管辖权规则。[③] 韩国代表团主张，除版权外的涉外知识产权侵权属于涉外普通管辖权事项。[④]

---

① Permanent Bureau, *Informational Note on the Work of the Informal Meetings Held Since October 1999 to Consider and Develop Drafts on Outstanding Items*, 2001, p. 11, https://assets. hcch. net/docs/ f76f699d-0e14-4e1a-aed9-cec296459e10. pdf, 2022 年 5 月 1 日访问。

② Permanent Bureau, *Report of the Experts Meeting on the Intellectual Property Aspects of the Future Convention on Jurisdiction and Foreign Judgments in Civil and Commercial Matters*, 2001, p. 4, https://assets. hcch. net/docs/a0a9a970-f7d4-4987-96f5-a7d8a0ee8cf9. pdf, 2022 年 5 月 1 日访问。

③ Hague Conference on Private International Law, *International Report Special Committee Q 153 on the Envisaged Hague Convention on Jurisdiction and Foreign Judgments in Civil and Commercial Matters*, 2001, p. 5, https://assets. hcch. net/upload/wop/jdgm_pd14ip. pdf, 2022 年 5 月 1 日访问。

④ The Republic of Korea, *Comments on the Preliminary Draft of the Convention on Jurisdiction and Foreign Judgments in Civil and Commercial Matters*, p. 5, https://assets. hcch. net/upload/wop/jdgm_ pd14kr. pdf, 2022 年 5 月 1 日访问。

涉外知识产权侵权事项的管辖权性质在我国不具有专属性。[①] 2020 年我国《最高人民法院关于审理商标民事纠纷案件适用法律若干问题的解释》第 6 条和 2020 年《最高人民法院关于审理著作权民事纠纷案件适用法律若干问题的解释》第 4 条将侵权行为实施地、侵权商品储藏地、查封扣押地、被告住所地作为商标和著作权侵权诉讼的无序选择性管辖权连结点。2020 年《最高人民法院关于审理专利纠纷案件适用法律问题的若干规定》第 2 条将侵权行为地、被告住所地、结果发生地作为专利侵权诉讼的管辖权连结点。与一般侵权管辖权相比，我国对知识产权侵权行为地的地域范围作扩大解释。

一、一般知识产权侵权管辖权问题

国际知识产权侵权专属管辖权阻碍各国司法管辖权的合作，[②]而且知识产权侵权仅涉及私人主体的活动，[③]知识产权侵权判决的效力仅限于当事人之间，因此涉外知识产权侵权逐渐不再具有涉外专属管辖权性质，改由被告住所地国法院或侵权行为地国法院行使管辖权。[④]

欧盟对涉外知识产权侵权纠纷不适用涉外专属管辖权规则。例如，在 Gesellschaft für Antriebstechnik mbH & Co. KG v. Lamellen und Kupplungsbau Beteiligungs KG 案[⑤]中，吉尔霍德法官指出，知识产权侵权原则上与其他民事纠纷没有区别，即便被告在侵权诉讼中质疑专利的有效性，也不属于欧盟涉外知识产权专属管辖权对象。

共建"一带一路"国家知识产权侵权的管辖权连结点存在明显的差异。例如，菲律宾《知识产权侵权民事诉讼中的搜查和扣押规则》(Rule on Search & Seizure in Civil Actions for Infringement of IP Rights)第 3 节规定，知识

---

① 阮开欣：《知识产权侵权专属管辖之驳论》，载《华中科技大学学报（社会科学版）》2018 年第 6 期，第 94 页。

② 何艳：《知识产权国际私法保护规则的新发展——〈知识产权：跨国纠纷管辖权、法律选择和判决原则〉述评及启示》，载《法商研究》2009 年第 1 期，第 112 页。

③ Benedetta Ubertazzi, *Intellectual Property Rights and Exclusive（Subject Matter）Jurisdiction：Between Private and Public International Law*, 15（2）Marquette Intellectual Property Law Review 357, 372（2011）.

④ Peter Nygh, Fausto Pocar, *Report of the Special Commission*, p. 255, https://assets. hcch. net/docs/810aefc4-ab66-457b-8ec7-6049d8793be3. pdf, 2022 年 5 月 1 日访问。

⑤ Opinion of Advocate General Geelhoed, Delivered 16 September 2004, Case C-4/03 Gesellschaft für Antriebstechnik mbH & Co. KG v. Lamellen und Kupplungsbau Beteiligungs KG［2006］ECR I-06509, paras. 43,46.

产权侵权由侵权行为发生地法院行使管辖权。1957 年印度《版权法》第 62 条将当事人住所地、经营业务所在地和工作地作为版权侵权管辖权连结点。2001 年不丹《民事和刑事程序法典》第 20 条将领土、国籍、受害人国籍、国旗和空域作为域外管辖权连结点。2013 年黑山《关于国际私法的法律》第 122 条和黑山《民事诉讼法》第 64 条将知识产权侵权排除出黑山涉外民商事专属管辖权对象，适用互惠型涉外民事管辖权（reciprocal jurisdiction in disputes involving foreign citizens）规则。2019 年新加坡《知识产权（争议解决）法》暂无涉外知识产权管辖权连结点的规定。

我国知识产权侵权管辖权连结点散见于 2020 年《最高人民法院关于审理专利纠纷案件适用法律问题的若干规定》第 2 条、2020 年《最高人民法院关于审理商标民事纠纷案件适用法律若干问题的解释》第 6 条和 2020 年《最高人民法院关于审理著作权民事纠纷案件适用法律若干问题的解释》第 4 条。根据前述规定，知识产权侵权事项管辖权在我国不具有专属管辖权性质。我国知识产权侵权管辖权具有以下特征，即我国不仅对知识产权侵权管辖权规则的调整对象进行扩大解释，而且对知识产权侵权管辖权规则的适用地域予以广义解释。

（一）知识产权侵权管辖权对象的识别

我国将知识产权侵权管辖权对象延伸至"等同侵权"[1]，而且根据我国法院的解释，发明专利临时保护期使用费纠纷可以参照适用专利侵权管辖权规则。[2] 同样，2023 年瑞士《关于国际私法的联邦法（修订版）》第 109 条第 2 款新增规定，瑞士涉外知识产权侵权管辖权规则的适用对象延伸至知识产权合法使用报酬而发生的纠纷。

鉴于涉外知识产权侵权案件的被告通常通过质疑涉外知识产权的有效性来为自己辩护，[3] 如果在知识产权侵权之诉中混杂有效性问题，那么如何确定

---

[1]　参见 2009 年《最高人民法院关于贯彻实施国家知识产权战略若干问题的意见》。

[2]　例如，浙江杭州鑫富药业股份有限公司诉山东新发药业有限公司、上海爱兮缇国际贸易有限公司发明专利临时保护期使用费纠纷及侵犯发明专利权纠纷管辖权异议申请再审案，参见最高人民法院（2008）民申字第 81 号民事裁定书。

[3]　Yuko Nishitani, *Intellectual Property in Japanese Private International Law*, 48 Japanese Annual of International Law 87, 92（2005）.

管辖权?[①] 涉外知识产权侵权受理法院是否管辖附带提起的知识产权有效性事项? 对此,存在以下两种做法。

首先,混杂式涉外知识产权侵权亦适用涉外专属管辖权规则。若被告在涉外知识产权侵权诉讼中提出涉外知识产权有效性抗辩,则涉外知识产权侵权诉讼变换为涉外知识产权有效性诉讼,故其理应适用涉外专属管辖权规则。[②] 例如,欧盟《布鲁塞尔条例Ⅰ(修订版)》第 24 条第 4 款和 2013 年黑山《关于国际私法的法律》第 122 条均补充规定,涉外知识产权有效性诉讼由权利注册地国法院行使专属管辖权,无论其属于诉讼主要问题抑或仅被作为抗辩事由。起初,欧盟对附带的涉外知识产权有效性事项禁止适用涉外专属管辖权规则。例如,在 Gesellschaft für Antriebstechnik mbH & Co. KG v. Lamellen und Kupplungsbau Beteiligungs KG 案[③]中,吉尔霍德法官指出,原则上涉外知识产权侵权与其他涉外民事纠纷无异,尽管被告在涉外专利侵权诉讼中质疑涉外专利的有效性,但其不属于欧盟涉外知识产权专属管辖权对象。然而,为了同等对待各涉外知识产权事项管辖权,因此欧盟补充规定附带提出的涉外知识产权有效性抗辩亦由涉外知识产权侵权案件受理法院行使专属管辖权。[④]

其次,混杂式涉外知识产权侵权不适用涉外专属管辖权规则。例如,2021 年 12 月韩国国会新通过的《国际私法修正案》第 10 条和第 39 条规定,若涉外知识产权设立、有效性或消灭等构成涉外知识产权侵权诉讼的先决问题,则前述属于专属管辖权的例外情形,宜由结果发生地国法院或主要侵权行为地国法院行使管辖权。

(二)知识产权侵权管辖权连结点的确定

对于一般知识产权侵权管辖权问题,我国将侵权行为地、侵权商品储藏地、查封扣押地和被告住所地作为知识产权侵权诉讼的法定客观性管辖权连

---

① 钟丽:《国际知识产权争议解决机制研究》,中国政法大学出版社 2011 年版,第 77 页。

② Paulius Jurčys, *International Jurisdiction in Intellectual Property Disputes* , 3 (3) Journal of Intellectual Property, Information Technology and Electronic Commerce Law 174, 202 (2012).

③ Opinion of Advocate General Geelhoed, Delivered 16 September 2004, Case C-4/03 Gesellschaft für Antriebstechnik mbH & Co. KG v. Lamellen und Kupplungsbau Beteiligungs KG [2006] ECR I-06509, paras. 43,46.

④ Josef Drexl, Annette Kur, *Intellectual Property and Private International Law—Heading for the Future* , Hart Publishing, 2005, p. 75.

结点。另外,在实践中,零部件使用行为地被我国法院新增为专利侵权管辖权连结点。[①] 由于商标权和专利权的内容主要是财产权利,[②]因此涉外知识产权侵权纠纷曾被提议适用涉外协议管辖制度,[③]但我国立法上暂无涉外知识产权侵权协议管辖规则。[④]

第一,如何判断知识产权侵权行为地? 与一般侵权管辖权相比,我国对知识产权侵权行为地的地域范围作扩大解释。例如,2020 年《最高人民法院关于审理专利纠纷案件适用法律问题的若干规定》第 2 条第 2 款规定,以下地点可作为知识产权侵权行为实施地的判断标准:被诉侵犯发明、实用新型专利权的产品的制造、使用、许诺销售、销售、进口等行为的实施地;专利方法使用行为的实施地;依照该专利方法直接获得的产品的使用、许诺销售、销售、进口等行为的实施地;外观设计专利产品的制造、许诺销售、销售、进口等行为的实施地;假冒他人专利的行为实施地。此外,根据我国法院的解释,知识产权侵权结果发生地应理解为侵权行为直接产生的结果发生地,而非原告住所地。[⑤]

第二,如何判断知识产权侵权商品储藏地? 侵权商品储藏地是指大量或者经常性储存、隐匿侵权商品所在地。[⑥]

第三,如何判断知识产权查封扣押地? 查封扣押地是指海关等行政机关依法查封、扣押侵权商品所在地,[⑦]但不包括消费者使用被诉侵权商品所在地。[⑧]

---

① 例如,上诉人深圳市贝纳太阳能技术有限公司与被上诉人上海钧正网络科技有限公司、江苏永安行低碳科技有限公司侵害实用新型专利权纠纷管辖权异议上诉案,参见最高人民法院(2019)最高法知民辖终 201 号民事裁定书。

② 美国法学会编:《知识产权冲突法原则》,杜涛译,北京大学出版社 2020 年版,第 6 页。

③ Paulius Jurčys, *International Jurisdiction in Intellectual Property Disputes*, 3 (3) Journal of Intellectual Property, Information Technology and Electronic Commerce Law 174, 202 (2012).

④ 王煜:《中国涉外知识产权侵权协议管辖制度之完善》,载《出版发行研究》2017 年第 11 期,第 74 页。

⑤ 参见 1998 年《最高人民法院关于全国部分法院知识产权审判工作座谈会纪要》和 2014 年《最高人民法院知识产权案件年度报告(2013 年)摘要》。

⑥ 参见 2020 年《最高人民法院关于审理商标民事纠纷案件适用法律若干问题的解释》第 6 条第 2 款和 2020 年《最高人民法院关于审理著作权民事纠纷案件适用法律若干问题的解释》第 4 条第 2 款的规定。

⑦ 参见 2020 年《最高人民法院关于审理商标民事纠纷案件适用法律若干问题的解释》第 6 条第 2 款和 2020 年《最高人民法院关于审理著作权民事纠纷案件适用法律若干问题的解释》第 4 条第 2 款的规定。

⑧ 例如,金通公司与金杯股份公司、金杯集团公司侵犯商标专用权纠纷管辖权异议案,参见最高人民法院(2012)民提字第 109 号民事裁定书。

　　第四,如何判断知识产权侵权之被告住所地?国际私法领域的住所始于"法则区别说"时代,是国际民商事管辖权和涉外法律选择领域的一个重要连结点。[①] 被告住所地管辖最早出现于 1877 年德国《民事诉讼法》,并一直沿用至今。根据德国《民事诉讼法》的规定,德国法院将被告住所地在德国作为行使管辖权的基本理由。[②] 被告住所地国管辖权的法理基础是密切联系原则和保护人权原则。例如,在 A v. B and Others 案[③]中,博特法官指出,被告住所地国法院被推定与涉外民商事纠纷存在密切联系。在 Mærsk Olie & Gas A/S v. Firma M. de Haan en W. de Boer 案[④]中,莱格(Léger)法官指出,涉外民商事纠纷由被告住所地国法院行使管辖权源于被告在外国法院为自己辩护比较困难。住所地虽然是一个普遍的法律概念,但却非容易界定的概念。[⑤] 若被告住所地国无法确定,则该管辖权规则将宛若黑色清单中的"短暂出现"等过度管辖权依据。[⑥] 从文义解释的角度看,被告住所地国管辖权的内涵由以下两部分组成。首先,它将住所地作为确定国际民商事管辖权的基本标志。住所地作为连结点的优势在于个人的居住意图是住所的主要考量因素,体现个人与该地具有密切联系。[⑦] 传统上,住所地是指个人拥有真实的、固定的、永久性的家或主要机构的地域。[⑧] 居住和居住意图是住所的两个基本要素。[⑨]虽然前述两项基本要素早在罗马法中就已确立,而且为现代世界各国所广泛

---

① 杜焕芳:《国际私法学关键问题》,中国人民大学出版社 2012 年版,第 64 页。

② 高智华:《国际私法学》,中国人民公安大学出版社 2011 年版,第 296-297 页。

③ Opinion of Advocate General Bot, Delivered on 2 April 2014, Case C-112/13 A v. B and Others [2014] ECR, para. 37.

④ Opinion of Advocate General Léger, Delivered on 13 July 2004, Case C-39/02 Mærsk Olie & Gas A/S v. Firma M. de Haan en W. de Boer [2004] ECR I-09657, para. 36.

⑤ Anthony O. Nwafor, *The Requisite Intention for the Acquisition of Domicile of Choice: Permanent or Indefinite—A Comparative Perspective*, 21 (3) African Journal of International and Comparative Law 327, 327 (2013).

⑥ 李广辉:《〈民商事管辖权及外国判决公约〉研究》,中国法制出版社 2008 年版,第 54 页。

⑦ Lauren Clayton-Helm, *Out with the Old and in with the New: Bringing the Law of Domicile into the Twenty-First Century*, 7 (1) Journal of International and Comparative Law 199, 213 (2020).

⑧ W. W. Vickers, *Jurisdiction Founded on Domicil*, 19 (12) Canadian Law Times 285, 288 (1900); Wendy P. Daknis, *Home Sweet Home: A Practical Approach to Domicile*, 177 Military Law Review 49, 51 (2003).

⑨ Alfredo Etcheberry Orthusteguy, *American-Chilean Private International Law*, 10 Bilateral Studies in Private International Law 20, 25 (1960); Nikolaos A. Davrados, *Louisiana My Home Sweet Home: Decodifying Domicile*, 64 (2) Loyola Law Review 287, 289 (2018).

认同，但法院地国如何确定居住意图一直困扰住所概念的运用。① 法官需要深入探索个人生活的所有情况，以证明被告具有在一国永久居住的意图。② 其次，它将被告而非原告的住所作为管辖权连结点。这主要源于法律保守精神。原告是挑衅者和现状的破坏者，而且原告通常被推定在程序上占据优势，涉外民商事纠纷由被告住所地国法院行使管辖权用于对抗此种优势，以实现原被告管辖权利益的平衡。③ 然而，被告住所地国管辖权表达了对被告利益的偏向性保护，④不符合矫正正义原则，而且各国法律对住所的取得与丧失存在不同的规定，可能发生住所的积极或消极冲突，⑤因此在当代国际私法中住所逐渐向惯常居所转换。惯常居所是指个人习惯居住的某一处所，仅要求居住的事实而不强调个人的主观居住意图。⑥ 惯常居所地成为国际民商事管辖权连结点，可以避开住所概念下个人居住意图的确定难题，并为国际民商事管辖权提供更大的确定性。⑦ 例如，2023 年瑞士《关于国际私法的联邦法（修订版）》第 109 条第 2 款规定，涉外知识产权侵权诉讼由被告住所地的瑞士法院行使管辖权。若被告无住所地，则该诉讼由被告惯常居住的瑞士法院行使管辖权。

二、知识产权侵权临时措施管辖权问题

知识产权侵权临时措施管辖权连结点具有独立性。例如，在 Solvay SA v. Honeywell Fluorine Products Europe BV and Others 案⑧中，欧洲法院指出，《布鲁塞尔条例Ⅰ》第 31 条专利侵权临时措施管辖权规则独立于第 22 条第 4 款涉外知识产权专属管辖权规则，第 22 条第 4 款不构成对第 31 条涉外知识产权临时措施管辖权的减损事由。

---

① 杜新丽：《国际民事诉讼与商事仲裁》，中国政法大学出版社 2009 年版，第 58 页。

② Nicholas Rafferty, *Domicile—The Need for Reform*, 7 (3) Manitoba Law Journal 203, 205 (1977).

③ 〔德〕马丁·沃尔夫：《国际私法（上）》（第 2 版），李浩培、汤宗舜译，北京大学出版社 2009 年版，第 69 页；〔美〕阿瑟·冯迈伦：《国际私法中的司法管辖权之比较研究》，李晶译，法律出版社 2015 年版，第 141 页。

④ 〔比〕海尔特·范·卡尔斯特：《欧洲国际私法》，许凯译，法律出版社 2016 年版，第 99 页。

⑤ 沈涓：《国际私法的振扬之路》，社会科学文献出版社 2019 年版，第 130-131 页。

⑥ 李双元、欧福永：《国际私法学》（第 3 版），北京大学出版社 2015 年版，第 182 页。

⑦ Lauren Clayton-Helm, *Out with the Old and in with the New：Bringing the Law of Domicile into the Twenty-First Century*, 7 (1) Journal of International and Comparative Law 199, 223 (2020).

⑧ Case C-616/10 Solvay SA v. Honeywell Fluorine Products Europe BV and Others〔2012〕ECR, para. 40.

三、网络知识产权侵权管辖权问题

网络已成为知识产权侵权的重要方式或手段。网络侵权行为,是指侵权行为人在信息网络上完整实施的侵权行为。若侵权行为仅部分环节在网络实施,则该行为不构成网络侵权。[①] 与线下侵权相比,网络知识产权侵权更加隐蔽和复杂,影响涉及面更为广泛,收集固定证据更加困难,权利人维权难度亦更大。[②]

涉外网络知识产权管辖权问题是否仍应回归适用传统管辖权规则?[③] 我国将网络侵权行为实施地和侵权结果发生地作为网络知识产权侵权的管辖权连结点。关于网络侵权行为地的判断标准,2022 年《民事诉讼法司法解释》第25 条规定,信息网络侵权行为实施地包括实施被诉侵权行为的计算机等信息设备所在地,侵权结果发生地包括被侵权人住所地。另外,网络销售商的销售行为地亦属于网络知识产权侵权管辖权连结点。根据我国最高人民法院的解释,在网络环境下,知识产权侵权案件中的销售行为地包括不以网络购买者意志为转移的网络销售商主要经营地、被诉侵权产品储藏地、发货地和查封扣押地。[④] 然而,在上诉人广东马内尔服饰有限公司、周乐伦与被上诉人新百伦贸易(中国)有限公司、南京东方商城有限责任公司不正当竞争纠纷管辖异议案[⑤]中,我国最高人民法院指出,网络购物收货地不构成网络知识产权侵权行为地,故不属于网络知识产权管辖权连结点。

第三节　国际知识产权合同纠纷的管辖权

涉外知识产权转让和许可使用合同不在海牙涉外知识产权专属管辖权范

---

①　例如,上诉人杭州米欧仪器有限公司与被上诉人宁波拓普森科学仪器有限公司侵害实用新型专利权纠纷管辖权异议上诉案,参见最高人民法院(2019)最高法知民辖终 13 号民事裁定书。

②　参见 2021 年《最高人民法院关于人民法院知识产权审判工作情况的报告》。

③　孙尚鸿:《试析欧盟〈布鲁塞尔民商事管辖权规则〉有关涉网知识产权案件管辖问题的实践》,载《比较法研究》2009 年第 5 期,第 100 页。

④　例如,上诉人宁波奥克斯空调有限公司与被上诉人珠海格力电器股份有限公司、一审被告广州晶东贸易有限公司侵害实用新型专利权纠纷管辖权异议案,参见最高人民法院(2018)最高法民辖终 93 号民事裁定书。

⑤　参见最高人民法院(2016)最高法民辖终 107 号民事裁定书。

围内，①其系涉外合同纠纷，因此回归适用涉外一般合同客观性管辖权连结点和主观性管辖权连结点。

一、知识产权合同客观性管辖权连结点

因知识产权转让和许可属于合同中的行为，故法院应适用合同管辖权规则。② 2020 年《海牙判决公约解释报告》指出，如果外国知识产权合同判决基于判决来源国《合同法》作出，该判决仅间接涉及知识产权事项，那么被请求国法院可以适用《海牙判决公约》涉外合同管辖权连结点。反之，若外国知识产权合同判决直接基于判决来源国《知识产权法》作出，或者合同争议仅是该判决的次要问题，则禁止被请求国法院援引《海牙判决公约》。③

合同签订地和履行地是我国对知识产权合同纠纷适用的客观性管辖权连结点。例如，在广州梦爵网络科技有限公司与英卓游戏有限公司计算机软件著作权许可合同纠纷上诉案④中，我国最高人民法院指出，区际知识产权合同纠纷由合同签订地法院行使管辖权。在长城汽车股份有限公司与考泰斯（上海）塑料制品有限公司技术委托开发合同纠纷管辖权异议申请再审案⑤中，我国最高人民法院指出，知识产权合同履行地管辖权连结点参照一般合同履行地的判断标准。

然而，上述客观性管辖权连结点不适用于知识产权合同作为诉讼次要事项的情形。例如，在上诉人荣阳铝业（中国）有限公司与被上诉人宝纳丽金门窗系统（苏州工业园区）有限公司专利权转让合同纠纷管辖权异议上诉案⑥中，我国最高人民法院指出，包含专利权转让条款的股权转让合同纠纷不宜识别为专利案件确定管辖权。

---

① Andrea Schulz, *Reflection Paper to Assist in the Preparation of a Convention on Jurisdiction and Recognition and Enforcement of Foreign Judgments in Civil and Commercial Matters*, 2002, p. 13, https://assets. hcch. net/docs/760c3e3e-c40a-4644-8892-188afe402692. pdf, 2022 年 5 月 1 日访问。

② Catherine Kessedjian, *International Jurisdiction and Foreign Judgments in Civil and Commercial Matters*, 1997, p. 29, https://assets. hcch. net/docs/76852ce3-a967-42e4-94f5-24be4289d1e5. pdf, 2022 年 5 月 1 日访问。

③ Francisco Garcimartín, Geneviève Saumier, *Explanatory Report on the Convention of 2 July 2019 on the Recognition and Enforcement of Foreign Judgments in Civil or Commercial Matters*, 2020, p. 64, https://assets. hcch. net/docs/a1b0b0fc-95b1-4544-935b-b842534a120f. pdf, 2022 年 5 月 1 日访问。

④ 参见最高人民法院（2020）最高法知民辖终 190 号民事裁定书。

⑤ 参见最高人民法院（2008）民申字第 46 号民事裁定书。

⑥ 参见最高人民法院（2019）最高法知民辖终 158 号民事裁定书。

二、知识产权合同主观性管辖权连结点

知识产权合同可以适用协议管辖之主观性管辖权依据。[①] 例如,海牙国际私法会议允许涉外知识产权合同事项适用《选择法院协议公约》。[②] 2015 年越南《民事程序法典》第 26 条第 4 款和第 39 条规定,非牟利性知识产权和技术转让纠纷可以适用被告住所地管辖、工作地管辖和协议管辖。

我国处理知识产权合同纠纷时充分尊重当事人意思自治。[③] 为保护当事人诉权,我国对知识产权协议管辖持较为宽容的司法态度,充分尊重权利人对知识产权合同纠纷管辖法院的选择权。[④] 外国当事人自愿选择我国为诉讼地的涉外知识产权案件不断增多。[⑤] 例如,在天地阳光通信科技(北京)有限公司诉陈捷、王运芝清算责任纠纷案[⑥]中,我国最高人民法院指出,当事人在技术开发合同中明确约定的管辖权条款未违反我国法律,故该条款成为确定法院管辖权的依据。

知识产权合同协议管辖面临的疑虑在于,如何设置协议管辖规则的适用条件? 是否完全照搬一般合同协议管辖的形式条件和实质条件? 例如,在上诉人康文森无线许可有限公司与被上诉人中兴通讯股份有限公司标准必要专利许可纠纷管辖权异议上诉案[⑦]中,我国最高人民法院指出,知识产权合同协议管辖应符合实际联系原则,法院选择范围限于协议选择专利许可标的所在地、专利实施地、合同签订地、合同履行地等实际联系地法院。此案仅阐述了知识产权合同协议管辖实质条件,但形式条件和时间条件不明确。2022 年《民事诉讼法司法解释》第 29 条和第 529 条对国内协议管辖和涉外协议管辖的形式条件予以限制,二者均要求有效的管辖权协议必须以书面形式表达,而且应当在诉讼前订立。为方便当事人解决涉外知识产权合同纠纷,我国宜对涉外知识产权合同协议管辖淡化形式条件和时间条件。

---

① 何其生:《〈海牙排他性法院选择协议公约(草案)〉有关知识产权问题的建议》,载《武汉大学学报(哲学社会科学版)》2005 年第 1 期,第 63 页。

② Francisco Garcimartin, *Judgments Convention: Revised Draft Explanatory Report*, 2018, p. 15, https://assets. hcch. net/docs/7d2ae3f7-e8c6-4ef3-807c-15f112aa483d. pdf,2022 年 5 月 1 日访问。

③ 参见 2009 年《最高人民法院关于贯彻实施国家知识产权战略若干问题的意见》。

④ 参见 2020 年《最高人民法院知识产权法庭年度报告(2019)》。

⑤ 参见 2017 年《最高人民法院关于知识产权法院工作情况的报告》。

⑥ 参见最高人民法院(2019)最高法民辖 56 号民事判决书。

⑦ 参见最高人民法院(2019)最高法知民辖终 157 号民事裁定书。

第四节　国际数据权的管辖权①

国际数据权与国际知识产权的逻辑关系存在三种观点。第一，数据权与知识产权属于全异关系。第二，知识产权与数据权属于包含与被包含关系，"知识产权"一词应广义地解释为囊括数据权。第三，数据权与知识产权属于交叉关系。在不同的逻辑关系下国际数据权管辖权存在差异，数据权和知识产权的相互关系影响国际数据权管辖权连结点的设定。

欧盟《布鲁塞尔条例Ⅰ（修订版）》第 24 条第 4 款没有回答国际数据权管辖权问题，我国立法上对国际数据权管辖权暂无明确规定，在实践中亦无相关案例。

一、数据权与知识产权全异关系下的管辖

全异关系模式，是指数据权构成一项兼具财产性、人身性和国家主权属性的新型独立民事权利，②数据权的权属定位不以知识产权为逻辑起点。③ 例如，2020 年《海牙判决公约解释报告》指出，虽然国际知识产权被排除出公约的适用范围，但是个人数据持有者与服务提供商之间就使用数据达成的合同受本公约的保护，外国法院对数据合同作出的判决将适用公约第 5 条规定的管辖权审查标准。④ 可见，数据权和知识产权不宜相互混淆，⑤数据权不具备知识产权的特性，⑥而且个人仅为数据的来源者而非创制者和权利人。⑦

---

① 刘阳：《海牙管辖权项目涉外专属管辖之争及中国因应》，载《时代法学》2022 年第 5 期，第 97 页。

② 李爱君：《数据权利属性与法律特征》，载《东方法学》2018 年第 3 期，第 64 页。

③ 邓刚宏：《大数据权利属性的法律逻辑分析——兼论个人数据权的保护路径》，载《江海学刊》2018 年第 6 期，第 144 页。

④ Francisco Garcimartín, Geneviève Saumier, *Explanatory Report on the Convention of 2 July 2019 on the Recognition and Enforcement of Foreign Judgments in Civil or Commercial Matters*, 2020, p. 63, https://assets.hcch.net/docs/a1b0b0fc-95b1-4544-935b-b842534a120f.pdf, 2022 年 5 月 1 日访问。

⑤ 文禹衡：《数据确权的范式嬗变、概念选择与归属主体》，载《东北师大学报（哲学社会科学版）》2019 年第 5 期，第 72 页。

⑥ 李爱君：《数据权利属性与法律特征》，载《东方法学》2018 年第 3 期，第 71-72 页。

⑦ 许可：《数据权利：范式统合与规范分殊》，载《政法论坛》2021 年第 4 期，第 88、93 页。

全异关系意味着国际数据权不得类推适用国际知识产权管辖权连结点，而应单独制定相应的管辖权规则。例如，2023 年瑞士《关于国际私法的联邦法（修订版）》第 130a 条新增规定，行使知情权或访问个人数据的诉讼（actions to enforce the right to information or access in connection with the processing of personal data），由本法第 129 条所述法院（被告住所地国法院、被告惯常居所地国法院、侵权行为地国法院、损害结果发生地国法院、营业地国法院）管辖。上述个人数据国际民事裁判管辖权规则与该法第 109 条国际知识产权管辖权规则截然不同。不仅如此，2022 年瑞士《民事诉讼法（修订版）》第 20 条规定，个人隐私和数据保护纠纷由任意一方当事人住所地法院或注册机构所在地法院行使管辖权。美国以数据控制者为标准确定域外数据管辖权。[①] 欧盟数据管辖权兼采经营场所标准和目标指向标准。[②] 2019 年《海牙判决公约》第 5 条第 1 款第 7 项规定，包括数据合同在内的外国合同义务判决应由合同义务履行地国法院或应当履行地国法院作出，否则将在被请求国拒绝承认与执行。[③]

二、数据权与知识产权被包含关系下的管辖

被包含关系模式，是指个人数据的生成过程与文学创作类似，[④]在原始数据基础上经过分析加工而产生的衍生数据构成智力成果，因此数据权可以成为知识产权客体，[⑤]数据权益保护直接适用《著作权法》。[⑥]

被包含关系意味着数据权直接适用著作权管辖权连结点。首先，关于著作权有效性纠纷的管辖权连结点，著作权可在无行政审查的情况下产生，无须登记或注册就可以自动获得，因此其不适用专属管辖权规则，而应根据一般管

[①] 杨永红：《美国域外数据管辖权研究》，载《法商研究》2022 年第 2 期，第 146 页。

[②] 俞胜杰：《〈通用数据保护条例〉第 3 条（地域范围）评注——以域外管辖为中心》，载《时代法学》2020 年第 2 期，第 96 页。

[③] Hague Conference on Private International Law, *Convention on the Recognition and Enforcement of Foreign Judgments in Civil or Commercial Matters*（Concluded 2 July 2019），p. 4, https://assets. hcch. net/docs/806e290e-bbd8-413d-b15e-8e3e1bf1496d. pdf，2022 年 5 月 1 日访问。

[④] 于浩：《我国个人数据的法律规制——域外经验及其借鉴》，载《法商研究》2020 年第 6 期，第 149 页。

[⑤] 李德恩：《数据权利之法律性质与分段保护》，载《理论月刊》2020 年第 3 期，第 117 页。

[⑥] 田小楚、高山行：《论大数据在著作权法保护中的冲突与协调》，载《重庆大学学报（社会科学版）》2021 年第 1 期，第 141 页。

辖权规则和特别管辖权规则确定受理法院。[①] 鉴于此，数据权有效性事项不属于专属管辖权对象。其次，关于著作权侵权纠纷的管辖权连结点，2020 年《最高人民法院关于审理著作权民事纠纷案件适用法律若干问题的解释》第 4 条规定，著作权侵权由侵权行为实施地法院、侵权复制品储藏地法院、查封扣押地法院或被告住所地法院行使管辖权。鉴于此，数据侵权纠纷的管辖权连结点为前述四者。

三、数据权与知识产权交叉关系下的管辖

交叉关系模式，是指数据权的部分内容属于著作权和商业秘密的范畴，部分内容归于《人格权法》和《债法》领域。[②] 交叉关系意味着数据权应根据法律基础的不同分别适用不同的管辖权连结点。

四、我国国际数据权管辖权的抉择

2023 年修正的我国《民事诉讼法》和 2022 年《民事诉讼法司法解释》并无国际数据权管辖权连结点的专门规定。本书认为，鉴于《民法典》第 127 条已将数据权视为一项受保护的法定权利，我国应根据数据权的属性制定相应的管辖权规则。数据权兼具财产性、人身性和国家主权属性，[③]因此数据权管辖权连结点宜采取分割制，并将数据权利保护与数据跨境自由流动作为数据权管辖权的综合价值取向。

首先，对于涉外个人数据，国际数据财产权可类推适用 2023 年我国《民事诉讼法》第 276 条和第 277 条涉外一般财产权益管辖权规则，由被告住所或经常居所地法院、标的物所在地法院、数据财产所在地法院行使管辖权，亦可由当事人协议选择的密切联系地法院行使管辖权。保护个人数据根源于其居民身份的信息自决权，[④]因此涉外个人数据协议管辖权制度体现了个人数据自决权。国际数据人身权可将体现人的身份关系的数据权利当事人住所地、经常居所地作为管辖权连结点。

---

① 美国法学会编：《知识产权冲突法原则》，杜涛译，北京大学出版社 2020 年版，第 6 页。

② 朱宝丽：《数据产权界定：多维视角与体系建构》，载《法学论坛》2019 年第 5 期，第 85 页。

③ 李爱君：《数据权利属性与法律特征》，载《东方法学》2018 年第 3 期，第 64 页。

④ 戴激涛：《作为宪法权利的个人数据受保护权》，载《人权》2021 年第 5 期，第 116 页。

其次,对于涉外国家数据,该类数据攸关国家主权,故理应适用涉外专属管辖权规则。[①]

本章小结

司法管辖权的协调是国际知识产权司法合作的重要程序保障。涉外知识产权管辖权问题不仅在于如何分别确定涉外知识产权有效性事项、涉外知识产权侵权诉讼和涉外知识产权合同纠纷的管辖法院,而且在当今大数据时代下面临国际数据权管辖权的新困境。

欧盟涉外知识产权专属管辖权范围有限,《布鲁塞尔条例Ⅰ(修订版)》第24条第4款仅允许涉外知识产权有效性纠纷适用涉外知识产权专属管辖权规则,无论其属于诉讼主要问题抑或仅被作为抗辩事由。欧盟涉外知识产权专属管辖权规则的局限在于,没有回答如何确定大数据、人工智能等新型知识产权管辖权问题。

海牙《国际管辖权和外国民商事判决解释报告》曾指出,涉外知识产权有效性事项具有专属权性质,但涉外知识产权转让和许可使用合同不在海牙涉外专属管辖权范围之内,涉外知识产权侵权事项的专属管辖权性质已逐渐动摇。[②] 2019年《海牙判决公约》第2条第1款第13项将国际知识产权排除出公约的适用范围,无法为涉外知识产权有效性事项专属管辖权性质提供保护,涉外知识产权管辖权在各成员国的协调问题留待海牙管辖权项目上解决。

2021年《最高人民法院关于加强新时代知识产权审判工作为知识产权强国建设提供有力司法服务和保障的意见》指出,我国应公正审理涉外知识产权纠纷,妥善处理国际知识产权平行诉讼,平等保护中外权利人合法权益,将我国打造为国际知识产权诉讼优选地。诉讼优选地除了依靠知识产权实体法的支撑,亦需完备的知识产权管辖权规则作为基础。我国有必要根据便利法院原则和国际协调原则合理制定涉外知识产权管辖权规则,并根据数据权利的属性确定国际数据权管辖权。

---

① 万方、赵琳琳:《数据域外管辖趋势及我国的立法应对》,载《图书情报知识》2021年第4期,第141页。

② Catherine Kessedjian, *International Jurisdiction and Foreign Judgments in Civil and Commercial Matters*, 1997, p. 29, https://assets. hcch. net/docs/76852ce3-a967-42e4-94f5-24be4289d1e5. pdf, 2022年5月1日访问。

在我国涉外知识产权管辖权规则体系下,各类事项的管辖权性质如下。

第一,涉外知识有效性事项在我国已具有专属管辖权性质。2023 年修正的我国《民事诉讼法》第 279 条第 2 款对涉外知识产权有效性事项管辖权性质进行了革新,正式确立涉外知识产权有效性事项专属管辖权性质。

第二,涉外知识产权侵权事项在我国不具有专属管辖权性质。对于商标和著作权侵权纠纷,我国将侵权行为实施地、侵权商品储藏地、查封扣押地、被告住所地作为商标和著作权侵权诉讼的管辖权连结点。对于专利侵权纠纷,我国将侵权行为地、被告住所地、结果发生地作为专利侵权诉讼的管辖权连结点。对于网络知识产权侵权纠纷,我国将网络侵权行为实施地和侵权结果发生地作为网络知识产权侵权诉讼的管辖权连结点。信息网络侵权行为实施地包括实施被诉侵权行为的计算机等信息设备所在地,侵权结果发生地包括被侵权人住所地,但网络购物收货地不宜作为知识产权侵权行为地。知识产权侵权临时措施管辖权连结点具有独立性。总之,与一般侵权管辖权领域侵权行为地相比,我国对知识产权侵权管辖权领域侵权行为地作扩大解释。

第三,涉外知识产权合同在我国不具有专属管辖权性质。我国不仅允许涉外知识产权合同纠纷适用合同签订地和履行地的客观性管辖权连结点,而且充分尊重当事人意思自治,保障权利人对知识产权合同纠纷管辖法院的选择权。涉外知识产权合同协议管辖须满足实际联系的实质条件和相应的形式条件。

第四,部分国际数据权在我国具有专属管辖权性质。国际数据权兼具财产性、人身性和国家主权属性,涉及国家主权的数据权应具有专属管辖权性质,但数据财产权和数据人身权除外。

第六章 外国判决执行事项专属管辖权

关于外国判决执行问题,《布鲁塞尔条例Ⅰ(修订版)》第 24 条第 5 款将专属管辖权赋予执行地国法院,但第 24 条第 5 款的适用范围难以界定。第 24 条第 5 款体现了执行地国对外国判决执行事项的垄断权,但可能导致判决债务人无法阻止强制执行而必须在另一国法院重新寻求救济的不利后果。[①]

外国判决执行事项专属管辖权旨在尊重执行地国主权,并使执行地国法院能够对执行行为适用本国规则,但第 24 条第 5 款不适用于被请求国承认与执行非成员国判决的诉讼。[②]

第一节 外国判决执行事项专属管辖权的性质问题

关于外国判决执行事项是否有必要规定由执行地国法院行使专属管辖权,存在"赘余说"和"维持说"两种立场。欧盟《布鲁塞尔条例Ⅰ(修订版)》第 24 条第 5 款将外国判决执行事项作为涉外民商事专属管辖权的法定情形。

一、执行事项专属管辖权的赘余

1997 年,海牙国际私法会议特别委员会在协商起草《国际管辖权和外国民商事判决效力公约草案》时指出,外国判决执行事项专属管辖权赘余。若位

① Andrew Dickinson, Eva Lein, *The Brussels Ⅰ Regulation Recast*, Oxford University Press, 2015, pp. 559-560,563.

② Peter Stone, *EU Private International Law Harmonization of Laws*, Edward Elgar Publishing Limited, 2006, p. 154.

于执行地国的财产不足以执行判决,则外国判决需要在执行地国场域外执行,因而不宜对之适用涉外专属管辖权规则。①

2019 年《海牙判决公约》未将外国判决执行事项纳入海牙涉外民商事专属管辖权的法定对象,公约仅在第 13 条第 2 款规定,被请求国法院不得以外国判决应在另一国承认或执行为由而拒绝承认或执行外国判决。②

二、执行事项专属管辖权的维持

欧盟对外国判决执行事项专属管辖权的规定最早源于 1968 年《布鲁塞尔公约》第 16 条第 5 款,即外国判决执行事项由执行地国法院行使专属管辖权。③ 2012 年欧盟《布鲁塞尔条例Ⅰ(修订版)》第 24 条第 5 款承袭公约第 16 条第 5 款,规定外国判决执行事项由判决业已执行地国法院或将要执行地国法院行使专属管辖权,不论当事人住所何在。④ 虽然公约第 16 条第 5 款与条例第 24 条第 5 款均将外国判决执行事项作为欧盟涉外民商事专属管辖权的法定对象,并授予执行地国法院专属管辖权,但二者对受诉法院范围的限定存在细微差别。前者将受诉法院限定为执行地国法院,后者将受诉法院扩充为已执行或将要执行地国法院。

除此之外,一些主权国家亦规定外国判决执行事项有必要适用涉外专属管辖权规则。例如,格鲁吉亚《关于调整国际私法的法律》第 10 条第 5 款规定,强制执行措施之诉,若此类措施应在格鲁吉亚予以执行或已被请求执行,则格鲁吉亚法院具有国际专属管辖权。马其顿《关于国际私法的法律》第 68

① Catherine Kessedjian, *Synthesis of the Work of the Special Commission of June* 1997 *on International Jurisdiction and the Effects of Foreign Judgments in Civil and Commercial Matters*, 1997, para. 45, https://assets. hcch. net/docs/ecc45930-f5a1-4bd1-b94c-420c44a05954. pdf, 2022 年 5 月 1 日访问。

② Hague Conference on Private International Law, *Convention on the Recognition and Enforcement of Foreign Judgments in Civil or Commercial Matters* (*Concluded* 2 *July* 2019), p. 7, https://assets. hcch. net/docs/806e290e-bbd8-413d-b15e-8e3e1bf1496d. pdf, 2022 年 5 月 1 日访问。

③ High Contracting Parties to the Treaty Establishing the European Economic Community, 1968 *Brussels Convention on Jurisdiction and the Enforcement of Judgments in Civil and Commercial Matters*, 1968, p. 7, https://eur-lex. europa. eu/legal-content/EN/TXT/HTML/? uri = CELEX：41968A0927(01) &from=EN, 2022 年 5 月 1 日访问。

④ European Parliament and the Council of the European Union, *Regulation* (*EU*) *No* 1215/2012 *of the European Parliament and of the Council of* 12 *December* 2012 *on Jurisdiction and the Recognition and Enforcement of Judgments in Civil and Commercial Matters* (*Recast*), 2012, p. 11, https://eur-lex. europa. eu/legal-content/EN/TXT/PDF/? uri=CELEX：32012R1215&from=EN, 2022 年 5 月 1 日访问。

条规定,对于执行的批准和实施,若该项执行在马其顿境内进行,则由法院或依法行使公共权力者行使专属管辖权。斯洛文尼亚《关于国际私法与国际诉讼的法律》第 63 条规定,对于执行的批准与实施,若在斯洛文尼亚境内进行,则由斯洛文尼亚法院行使专属管辖权。在执行程序与破产程序期间发生的诉讼,如果该程序在斯洛文尼亚法院进行,那么仍适用本条第 1 款的规定。① 西班牙《司法法》第 22 条第 1 款规定,在西班牙执行外国判决或仲裁裁决的程序中,由西班牙法院行使专属管辖权。② 埃及对位于埃及的临时措施或强制执行争端具有专属管辖权。③ 匈牙利法院对在匈牙利执行或强制执行的诉讼具有专属管辖权。④ 2021 年韩国《国际私法(修订版)》第 10 条第 1 款第 5 项规定,欲在韩国执行的外国判决,由韩国法院行使专属管辖权。在 Owens Bank Ltd v. Fulvio Bracco and Bracco Industria Chimica SpA 案⑤ 中,伦茨法官指出,英国法院在决定是否在英国执行外国判决具有专属管辖权的问题上,意大利法院在判断外国判决能否在意大利执行的问题上具有专属管辖权。

外国判决执行事项专属管辖权的主要法理基础如下。

一方面,外国判决执行事项专属管辖权旨在尊重执行地国主权,并确保适用执行地国规则。⑥ 例如,在 FX v. GZ 案⑦ 中,博贝克法官指出,执行地国法院专属管辖权体现了国家主权原则的要求,因为只有执行地国当局才有权对外国判决执行问题作出裁决,而且执行措施只能由执行财产所在地国或人员所在地国执行。《布鲁塞尔条例Ⅰ(修订版)》第 24 条第 5 款外国判决执行事项专属管辖权不因外国判决存在弱者而改变。

另一方面,外国判决执行事项专属管辖权归因于该问题需要执行地国在

---

① 邹国勇译注:《外国国际私法立法选译》,武汉大学出版社 2017 年版,第 171、202、275 页。

② Permanent Bureau, *Comparative Table on Grounds of Jurisdiction*, 2015, p. 31, https://assets. hcch. net/docs/03c39e9f-878b-400d-a359-e70b7937edde. pdf, 2022 年 5 月 1 日访问。

③ Abdel-Moneem Zamzam, *Bankruptcy Jurisdiction and Enforcement of Foreign Bankruptcy Judgments in Egypt*, 6 (3) Journal of Private International Law 623, 631 (2010).

④ Zoltán Csehi, *Residual Jurisdiction in Civil and Commercial Disputes in Connection with Article 4 of Brussels Ⅰ Regulation in Hungary*, 48 Annales Universitatis Scientiarum Budapestinensis de Rolando Eotvos Nominatae: Sectio Iuridica 215, 232 (2007).

⑤ Opinion of Advocate General Lenz, Delivered on 16 September 1993, Case C-129/92 Owens Bank Ltd v. Fulvio Bracco and Bracco Industria Chimica SpA [1994] ECR I-00117, para. 65.

⑥ Peter Stone, *EU Private International Law Harmonization of Laws*, Edward Elgar Publishing Limited, 2006, p. 154.

⑦ Opinion of Advocate General Bobek, Delivered on 27 February 2020, Case C-41/19 FX v. GZ [2020] ECR, paras. 44, 71.

其领土内使用强制力。^① 例如，在 Supreme Site Services GmbH and Others *v*. Supreme Headquarters Allied Powers Europe 案^②中，欧洲法院指出，第 24 条第 5 款专属管辖权旨在确保需要对被执行财产采取法律强制、限制或扣押的外国判决和公证文书得到有效执行。

三、中国法上的回应：执行事项管辖权基础的选择性

外国民商事判决执行在中国法上不具有涉外专属管辖权性质。例如，2000 年我国《国际私法示范法》第 46 条未将外国民商事判决执行作为涉外专属管辖权对象。2021 年我国《民事诉讼法》第 288 条规定，若外国判决需要在我国承认与执行，则可以由当事人向我国有管辖权的中级人民法院提出申请。^③ 何为第 288 条所指的"有管辖权"？此条仅对级别管辖权进行了限定，如何判断我国对此具有地域管辖权？与之毗邻的第 287 条和第 290 条提到了被执行人住所地和执行财产所在地两种管辖权连结点，以解决我国判决在域外的承认与执行以及外国仲裁裁决在我国的承认与执行。据此推断，外国判决执行事项在我国不具有涉外专属管辖权性质，可择一适用被执行人住所地或执行财产所在地之管辖权连结点。2023 年，我国虽然对涉外专属管辖权进行了全面修订，但没有将外国判决执行事项纳入涉外专属管辖权范围，外国判决执行事项的管辖权问题仍然沿用传统范式。^④

区际民商事判决执行在中国法上亦不具有涉外专属管辖权性质。例如，2022 年《最高人民法院关于内地与香港特别行政区法院相互认可和执行婚姻家庭民事案件判决的安排》（以下简称《安排》）第 4 条第 1 款规定，区际民事判决执行，由申请人所在地（住所地或经常居所地）法院、被申请人所在地（住所地或经常居所地）法院或执行财产所在地法院行使管辖权。^⑤ 不仅如此，《安排》第 13 条第 1 款规定，若被申请人在内地和香港特别行政区均有可供执行

① Andrew Dickinson, Eva Lein, *The Brussels Ⅰ Regulation Recast*, Oxford University Press, 2015, p. 560.

② Case C-186/19 Supreme Site Services GmbH and Others *v*. Supreme Headquarters Allied Powers Europe [2020] ECR, para. 72.

③ 宋渝玲：《涉外民事诉讼法律实务》，厦门大学出版社 2017 年版，第 405 页。

④ 参见 2023 年修正的我国《民事诉讼法》第 279 条和第 298 条的规定。

⑤ 2015 年《最高人民法院关于认可和执行台湾地区法院民事判决的规定》第 4 条对区际判决执行事项管辖权的规定与《安排》第 4 条第 1 款的内容近似。

财产,则申请人可以分别向两地法院申请执行。为避免区际判决执行事项管辖权冲突,《安排》第 13 条第 2 款规定,两地法院应当相互提供区际判决执行情况。总之,外国民商事判决执行和区际民商事判决执行均不属于我国涉外民商事专属管辖权的法定类型,两者的管辖权基础均具有选择性。

第二节　外国判决执行事项专属管辖权的范围问题

涉外专属管辖权领域外国判决执行事项具有特定的外延,欧盟《布鲁塞尔条例Ⅰ(修订版)》第 24 条第 5 款的适用范围如下。

一、执行事项专属管辖权的法定范围

外国判决执行事项专属管辖权规则调整的法定事项范围为"外国判决执行程序",而且外国判决执行事项专属管辖权范围的认定不受执行地国法院对外国判决当事人在执行程序中单独提起的诉求缺乏管辖权的影响。例如,在 AS-Autoteile Service GmbH *v*. Pierre Malhé 案[1]中,欧洲法院指出,虽然当事人提出的反对强制执行的申请属于《布鲁塞尔公约》第 16 条第 5 款执行地国法院专属管辖权范围,但是该规定不允许在申请强制执行的权利与执行地国法院对当事人独立提出的诉求缺乏管辖权之间进行抵销。然而,根据欧洲法院判例法,以下事项不得由执行地国法院行使专属管辖权。

第一,外国判决承认程序不适用涉外专属管辖权规则。虽然外国判决的承认与外国判决的执行存在密切的关联性,但根据《布鲁塞尔条例Ⅰ(修订版)》第 24 条第 5 款的规定,外国判决执行事项专属管辖权规则的调整范围是"与判决执行有关的诉讼",不包括与判决承认有关的程序。

第二,无须对被执行财产采取法律强制、限制或扣押措施的外国判决,不属于外国判决执行事项专属管辖权规则的调整范围。例如,Mario Reichert and Others *v*. Dresdner Bank AG 案[2]争议的焦点在于,债权人根据《法国民

---

[1]　Case C-220/84 AS-Autoteile Service GmbH *v*. Pierre Malhé[1985] ECR 02267, para. 19.

[2]　Case C-261/90 Mario Reichert and Others *v*. Dresdner Bank AG [1992] ECR I-02149,paras. 27-28.

法典》第 1167 条起诉申请撤销债务人以欺诈债权人权利为目的对外转让不动产物权，此种情形是否受《布鲁塞尔公约》第 16 条第 5 款涉外专属管辖权规则的规制？欧洲法院认为，由判决执行地国法院行使专属管辖权源于仅该法院才能适用执行地国的诉讼规则。公约第 16 条第 5 款"与判决执行有关的程序"宜理解为对被执行财产采取法律强制、限制或扣押，以确保判决和公证文书有效执行而产生的程序。由于本案涉及债权人诉请法院使债务人以欺诈手段处分债权的交易对债权人归于无效，其目的并非对被执行财产采取法律强制、限制或扣押以确保判决和公证文书的有效执行，因此不属于公约第 16 条第 5 款的适用范围。

第三，临时措施的执行不属于外国判决执行事项专属管辖权规则的调整范围。[①] 例如，在 Supreme Site Services GmbH and Others *v.* Supreme Headquarters Allied Powers Europe 案[②]中，欧洲法院指出，本案一方当事人向成员国法院提起临时救济诉讼，另一方作为国际组织援引豁免权向执行地国法院申请撤销临时扣押禁令。由于临时措施的执行完全异于《布鲁塞尔条例Ⅰ（修订版）》第 24 条第 5 款外国判决的执行，前者不属于此条的适用范围，因此执行临时扣押令的成员国法院不具有专属管辖权。

第四，执行程序中的财产分配争议不属于外国判决执行事项专属管辖权规则的调整范围。例如，在 Norbert Reitbauer and Others *v.* Enrico Casamassima 案[③]中，坦切夫（Tanchev）法官和欧洲法院指出，虽然涉外债权纠纷和涉外侵权纠纷掺杂于外国判决执行程序中，但两者的诉讼地位具有独立性。若两者由执行地国法院行使专属管辖权，则此情形将违反《布鲁塞尔条例Ⅰ（修订版）》第 24 条第 5 款的要求和目标。本案涉及司法拍卖所得的收益分配争议，不得适用第 24 条第 5 款，不属于执行财产所在地国法院或执行地国法院专属管辖权的范围。

非成员国判决的域外执行不属于《布鲁塞尔条例Ⅰ（修订版）》第 24 条第 5 款外国判决执行事项专属管辖权规则的调整范围。[④]

---

① 〔比〕海尔特·范·卡尔斯特：《欧洲国际私法》，许凯译，法律出版社 2016 年版，第 68 页。

② Case C-186/19 Supreme Site Services GmbH and Others *v.* Supreme Headquarters Allied Powers Europe［2020］ECR，paras. 73-75.

③ Case C-722/17 Norbert Reitbauer and Others *v.* Enrico Casamassima［2019］ECR，para. 62；Opinion of Advocate General Tanchev，Delivered on 3 April 2019，paras. 37，42.

④ Peter Stone，*EU Private International Law Harmonization of Laws*，Edward Elgar Publishing Limited，2006，p. 154.

二、执行事项专属管辖权范围的外溢

欧盟将外国判决执行事项专属管辖权规则调整的事项范围扩大至其他与外国判决执行存在密切关联的程序。例如,AS-Autoteile Service GmbH v. Pierre Malhé 案[①]争议的另一焦点在于,德国《民事诉讼法》第 767 款所指的反对强制执行的申请是否属于《布鲁塞尔公约》第 16 条第 5 款执行地国法院专属管辖权范围？欧洲法院指出,德国《民事诉讼法》第 767 条规定的程序与执行程序密切相关,故属于《布鲁塞尔公约》第 16 条第 5 款外国判决执行事项专属管辖权规则的适用范围。

与此类似,2020 年 FX v. GZ 案[②]争议的焦点在于,外国扶养判决拒绝执行申请是否构成《布鲁塞尔条例Ⅰ(修订版)》第 24 条第 5 款所指的"与判决强制执行相关的程序"？博贝克法官指出,外国判决执行事项由执行地国法院行使专属管辖权应满足以下两个要素。第一,与执行程序密切相关,达到就近执行的程度(degree of proximity to enforcement)。第二,判决来源国法院作出的外国判决应以与被请求国相同的方式处理。最终,欧洲法院指出,尽管欧盟理事会《第 4/2009 号条例》对外国扶养义务判决的承认与执行存在系统规定,但此条例没有制定执行地国法院专属管辖权规则。虽然涉外扶养事项被排除在《布鲁塞尔条例Ⅰ(修订版)》的适用范围之外,但是由于当事人提出的拒绝执行外国扶养判决的申请与执行程序密切相关,因此外国扶养判决执行问题可类推适用《布鲁塞尔条例Ⅰ(修订版)》第 24 条第 5 款的规定,由执行地国法院行使专属管辖权。

本章小结

欧盟《布鲁塞尔条例Ⅰ(修订版)》第 24 条第 5 款对涉外民商事专属管辖权的类别明确增补了外国判决执行事项专属管辖权,并将执行地国法院专属管辖权范围扩大至其他与外国判决执行存在密切联系的程序。格鲁吉亚《关于调整国际私法的法律》第 10 条第 5 款、马其顿《关于国际私法的法律》第 68

---

① Case C-220/84 AS-Autoteile Service GmbH v. Pierre Malhé [1985] ECR 02267,para. 11.

② Case C-41/19 FX v. GZ [2020] ECR,paras. 36,51;Opinion of Advocate General Bobek,Delivered on 27 February 2020,paras. 58-59.

条、斯洛文尼亚《关于国际私法与国际诉讼的法律》第 63 条、西班牙《司法法》第 22 条以及 2021 年韩国《国际私法（修订版）》第 10 条第 1 款第 5 项均规定外国判决执行事项有必要适用涉外专属管辖权规则。英国、意大利、埃及和匈牙利等国亦认为外国判决执行事项具有涉外专属管辖权性质。

　　早期海牙《国际管辖权和外国民商事判决效力公约草案》指出，外国判决执行事项专属管辖权赘余。根据《海牙判决公约》第 13 条第 2 款的规定，此公约未认可外国判决执行事项的专属管辖性。外国民商事判决执行事项不属于我国涉外民商事专属管辖权的法定类型，此由被执行人住所地法院或执行财产所在地法院行使管辖权。区际民商事判决执行事项亦不属于我国涉外民商事专属管辖权的法定类型，由申请人所在地（住所地或经常居所地）法院、被申请人所在地（住所地或经常居所地）法院或执行财产所在地法院行使管辖权。

第七章　涉外专属管辖权冲突的解决

　　如前所述,涉外专属管辖权冲突可分为涉外虚假专属管辖权冲突和涉外真实专属管辖权冲突。第一,虚假或不真正专属管辖权冲突,是指在发生国际民商事管辖权竞合的两国法院中,一国法院依据一般管辖权规则受理的诉讼,另一国法院应有专属管辖权,而发生的管辖权冲突。第二,真实专属管辖权冲突,是指两国法院均对案件享有专属管辖权而发生的管辖权竞合。[①]

　　之所以涉外专属管辖权冲突有必要区分以上情形,是因为不同情形下涉外专属管辖权冲突的解决方法不完全一致。根据《布鲁塞尔条例Ⅰ(修订版)》第 27 条和第 31 条第 1 款的规定,欧盟对涉外虚假或不真正专属管辖权冲突采取的解决办法是依据效力位阶原则,支持由具有专属管辖权的法院行使管辖权,而对涉外真实专属管辖权冲突采取的解决办法是依据首先受理法院原则,支持由时间上受理在先的法院行使专属管辖权。

　　我国现有规定不利于涉外专属管辖权冲突的解决。一方面,首先受理法院原则无法用于解决我国涉外民商事专属管辖权冲突。我国对首先受理法院原则的规定具有跛足性。我国虽然对国内民事诉讼援引首先受理法院原则持肯定态度,但是对涉外民事诉讼援引首先受理法院原则持否定态度,放任国际平行诉讼。[②] 放任平行诉讼固然使得一方当事人获得更多的诉讼机会,但会造成重复诉讼、浪费司法资源和不公正,而且影响当事人的私人利益和政府公共利益,并将给判决的跨国承认与执行带来诸多难题。[③] 另一方面,不方便法

---

　　① 刘阳:《涉外不动产专属管辖研究:以欧洲法院判例为视角》,载《南海法学》2022 年第 2 期,第 73 页。

　　② 刘仁山、陈杰:《我国面临的国际平行诉讼问题与协调对策》,载《东岳论丛》2019 年第 12 期,第 148 页。

　　③ 李双元、欧福永:《国际私法学》(第 3 版),北京大学出版社 2015 年版,第 371 页。

院原则无法用于解决我国涉外民商事专属管辖权冲突。虽然不方便法院原则在理论上确系预防涉外民商事管辖权冲突的制度，但是其对涉外民商事专属管辖权冲突的解决收效甚微。例如，我国 2022 年《民事诉讼法司法解释》第530 条和 2023 年《民事诉讼法》第 282 条皆规定涉外专属管辖权案件适用不方便法院原则。总之，我国涉外专属管辖权冲突的解决方法有待澄清和完善。

第一节　涉外虚假专属管辖权冲突的解决

涉外虚假或不真正专属管辖权冲突本质上属于不同位阶的涉外一般管辖权和涉外专属管辖权之间的效力冲突，效力位阶原则是解决此类涉外专属管辖权冲突的常见原则。

一、涉外虚假（或不真正）专属管辖权冲突的界定

在发生国际民商事管辖权竞合的两国法院中，一国法院依据涉外一般管辖权规则受理的诉讼涉及的主要争点，另一国法院具有涉外专属管辖权，此种情形下产生的涉外管辖权冲突即为涉外虚假或不真正专属管辖权冲突。

涉外虚假专属管辖权冲突不断涌现。例如，涉外知识产权虚假专属管辖权冲突（涉外知识产权有效性事项专属管辖权与涉外知识产权侵权特别管辖权的冲突）以及涉外离婚不动产财产分割纠纷虚假专属管辖权冲突（涉外不动产专属管辖权与涉外离婚一般管辖权的冲突）等。

二、解决方法：效力位阶原则

鉴于涉外专属管辖权的效力具有排他性和优先性，涉外专属管辖权减损其他涉外管辖权的效力，[①]因此对于存在涉外虚假专属管辖权冲突的案件，一般最终由具有专属管辖权的法院行使管辖权。

《布鲁塞尔公约》第 19 条、《布鲁塞尔条例Ⅰ》第 25 条和《布鲁塞尔条例Ⅰ

---

① Catherine Kessedjian, *International Jurisdiction and Foreign Judgments in Civil and Commercial Matters*, 1997, p. 27, https://assets. hcch. net/docs/76852ce3-a967-42e4-94f5-24be4289d1e5. pdf, 2022 年 5 月 1 日访问。

（修订版）》第 27 条均规定，如果成员国法院受理的某一诉讼涉及的主要争点，另一成员国法院对之具有专属管辖权，那么该国法院应依职权宣布无管辖权。例如，在 Ferdinand M. J. J. Duijnstee v. Lodewijk Goderbauer 案①中，欧洲法院指出，即使成员国国内程序规则对涉外专属管辖权存在不同的规定，但《布鲁塞尔公约》第 19 条要求成员国法院在发现另一成员国法院根据公约第 16 条具有专属管辖权时自行宣布没有管辖权。在 Irmengard Weber v. Mechthilde Weber 案②中，耶斯基宁法官指出，在涉外民商事诉讼由两成员国同时受理的情形下，如果后受诉法院是根据《布鲁塞尔条例Ⅰ》第 22 条具有专属管辖权的唯一法院，那么在首先受理法院确定管辖权之前，后受诉法院不应中止待决的诉讼。在此情况下，后受诉法院只需审查自身专属管辖权问题，无须考虑首先受理法院本应具有的管辖权优先性。

与此类似，2021 年《海牙管辖权项目解释报告》指出，当属于后受诉法院专属管辖权情形时，法官不得首先受理法院原则或第一时间规则。③ 换言之，在属于后受诉法院专属管辖权情形下，侵犯专属管辖权的首先受理法院应当主动拒绝行使管辖权。④ 可见，欧盟和海牙管辖权项目对涉外虚假或不真正专属管辖权冲突的解决方法具有一致性。即尽管依据一般管辖权规则行使管辖权的法院属于首先受理法院，但涉外虚假专属管辖权冲突最终由享有专属管辖权的法院行使管辖权。

第二节　涉外真实专属管辖权冲突的解决

发生管辖权竞合的两国法院均对案件具有专属管辖权，此种情形下产生的涉外管辖权冲突即为涉外真实专属管辖权冲突，具体分为不同事项下涉外

---

① Case C-288/82 Ferdinand M. J. J. Duijnstee v. Lodewijk Goderbauer [1983] ECR 03663, para. 15.

② Opinion of Advocate General Jääskinen, Delivered on 30 January 2014, Case C-438/12 Irmengard Weber v. Mechthilde Weber [2014] ECR, paras. 35-42.

③ Permanent Bureau, *Report on the Jurisdiction Project*, 2021, p. 14, https://assets. hcch. net/docs/5fbec58b-d14f-49c6-8719-b1fb68fd6d5b. pdf, 2022 年 5 月 1 日访问。

④ Anna Gardella, Luca G. Radicati di Brozolo, *Civil Law, Common Law and Market Integration: The EC Approach to Conflicts of Jurisdiction*, 51 (3) American Journal of Comparative Law 611, 625 (2003).

真实专属管辖权冲突和同一事项下涉外真实专属管辖权冲突。

　　第一，不同事项下涉外真实专属管辖权冲突，是指某一诉讼涉及两种不同类型的涉外专属管辖权而发生的涉外专属管辖权竞合。例如，2021 年我国《民事诉讼法》第 34 条第 1 款和第 3 款分别规定不动产纠纷和继承纠纷适用专属管辖权规则，因此同时混合不动产因素和继承因素的涉外不动产继承纠纷则会发生不同事项下涉外真实专属管辖权冲突。对此，存在以下两种解决方法。首先，不动产继承纠纷的诉讼标的牵涉不动产，故该纠纷应由不动产所在地法院行使专属管辖权。其次，不动产继承纠纷隶属于继承遗产纠纷，故前者应由被继承人死亡时住所地或主要遗产所在地法院行使专属管辖权。① 涉外不动产公共登记纠纷将发生涉外不动产专属管辖权和涉外公共登记事项专属管辖权的重叠和冲突，②亦为涉外真实专属管辖权冲突。

　　第二，同一事项下涉外真实专属管辖权冲突，是指某一诉讼仅涉及单一的涉外专属管辖权类型而发生的涉外专属管辖权冲突。例如，R. O. E. Scherrens v. Maria G. Maenhout and Others 案③争议的焦点在于，如果租赁的不动产分别位于两国，那么应由何国法院行使专属管辖权，以避免作出相互矛盾的判决？曼奇尼法官和欧洲法院指出，只有当两地不动产相邻、属于一个整体单元而且几乎完全位于一国，才可由该国法院单独行使专属管辖权。然而，本案两处不动产既非彼此相邻，又非几乎完全位于其中一国，因此应由两国分别行使专属管辖权，即便伴随着同一租赁协议下的不动产将分别受到不同国家的评估，两国可能作出国际矛盾判决以及判决的效力不被其他国家承认的风险。可见，此案放任涉外真实专属管辖权冲突的发生，由两国法院分别行使专属管辖权。在涉外真实专属管辖权冲突情形下，由两国同时行使专属管辖权的并行做法将导致多元诉讼，无益于管辖权冲突的解决。④

　　涉外真实专属管辖权冲突本质上属于同一位阶的涉外专属管辖权之间的冲突，首先受理法院原则是解决此类涉外专属管辖权冲突的常见原则。欧盟

---

　　① 宋渝玲：《涉外民事诉讼法律实务》，厦门大学出版社 2017 年版，第 215 页。

　　② Peter Stone, *EU Private International Law Harmonization of Laws*, Edward Elgar Publishing Limited, 2006, p. 142.

　　③ Case C-158/87 R. O. E. Scherrens v. Maria G. Maenhout and Others [1988] ECR 03791, paras. 14-16; Opinion of Advocate General Mancini, Delivered on 19 April 1988, para. 2.

　　④ Stephen Lee, *Title to Foreign Real Property in Transnational Money Claims*, 32 (3) Columbia Journal of Transnational Law 607, 637 (1995).

对涉外真实专属管辖权冲突的解决没有区分不同事项下涉外真实专属管辖权冲突和同一事项下涉外真实专属管辖权冲突,而是统一根据首先受理法院原则予以解决。《布鲁塞尔公约》第 23 条、《布鲁塞尔条例Ⅰ》第 29 条和《布鲁塞尔条例Ⅰ(修订版)》第 31 条第 1 款均规定,若数法院对涉外民商事诉讼皆具有管辖权,则其他法院应放弃管辖权,由首先受理法院审理。例如,在 Land Oberösterreich v. čEZ a. s. 案①中,波瓦雷斯·马杜罗法官指出,如果两份不动产在法律上不可分割并分别位于不同国家,导致两国同时具有专属管辖权,那么法官应援引《布鲁塞尔公约》第 23 条以确定管辖法院,从而避免两国法院作出相互矛盾的判决。

一、国际未决诉讼规则的语义诠释

未决诉讼这一术语具有多重含义和功能。在美国普通法中,未决诉讼是在公共记录中的一种通知,②美国大多数州对土地交易问题颁布了《未决诉讼法》(lis pendens statutes)。③ 例如,在新泽西州,当诉讼标的为不动产所有权时,原告必须提起未决诉讼,以告知即将到来的诉讼,防止被告在判决前转移财产,④并提醒潜在买者注意可能影响土地所有权的未决诉讼。⑤

在国际私法中,国际未决诉讼规则的语义诠释尚不统一,⑥存在以下三种解释。第一,国际未决诉讼规则与首先受理法院原则属于全同关系。例如,《布鲁塞尔条例Ⅰ(修订版)》第 29 条的名称是 lis pendens,而此条的具体内容和适用条件与首先受理法院原则无异。基于《海牙判决公约》第 7 条第 2 款的条文内容,海牙国际未决诉讼规则的语义亦近似于首先受理法院原则,但适用条件不同于传统首先受理法院原则。第 7 条第 2 款将国际未决

---

① Opinion of Advocate General Poiares Maduro, Delivered on 11 January 2006, Case C-343/04 Land Oberösterreich v. čEZ a. s. [2006] ECR I-04557, para. 81.

② James P. George, *International Parallel Litigation—A Survey of Current Conventions and Model Laws*, 37 (3) Texas International Law Journal 499, 537 (2002).

③ Janice Gregg Levy, *Lis Pendens and Procedural Due Process: A Closer Look after Connecticut v. Doehr*, 51 (4) Maryland Law Review 1054, 1058 (1992).

④ Michael C. Urciuoli, *Constitutional Law—Lis Pendens—New Jersey's Lis Pendens Statute Not Violative of Due Process*, 13 (1) Seton Hall Law Review 115, 115 (1982).

⑤ Tracy M. Miller, *A Due Process Analysis of the Alabama Lis Pendens Statutes*, 26 (1) American Journal of Trial Advocacy 185, 185 (2002).

⑥ Opinion of Advocate General Léger, Delivered on 5 December 2002, Case C-111/01 Gantner Electronic GmbH v. Basch Exploitatie Maatschappij BV [2003] ECR I-04207, para. 43.

诉讼单独作为外国判决承认与执行的消极条件，即如果相同当事人关于相同标的的诉讼在被请求国法院正在进行，被请求国法院先于判决来源国法院受理案件，而且争议和被请求国存在密切联系，那么被请求国可以拒绝或延迟承认与执行外国判决。① 第二，国际未决诉讼规则与首先受理法院原则属于包含与被包含关系，前者广义地解释为囊括首先受理法院原则，后者属于前者的表现形态之一。② 第三，国际未决诉讼规则与首先受理法院原则属于全异关系，二者的考量因素存在差异。③

欧盟国际私法对国际未决诉讼规则和首先受理法院原则的关系秉持上述第一种态度。欧盟国际未决诉讼规则亦被称为第一时间规则或先到先得规则，是指一国法院为支持首先在他国进行的涉及相同当事人和争议事项的诉讼，而依职权中止本国诉讼的程序性规则。④ 国际未决诉讼规则是针对国际平行诉讼的一种预防和协调机制，⑤旨在避免发生同时管辖和作出国际矛盾判决。⑥ 例如，在 Erich Gasser GmbH v. MISAT Srl 案⑦中，欧洲法院指出，《布鲁塞尔公约》第 21 条国际未决诉讼规则的目的是贯彻欧盟适当司法原则，避免在不同成员国法院引发平行诉讼和产生国际矛盾判决。第 21 条旨在自始就尽可能排除出现公约第 27 条第 3 款所述情况，即被请求国法院拒绝承认与执行与本国法院就相同当事人所作判决相矛盾的外国判决。为实现这些目

---

① 孙笑非、吴琼：《〈承认与执行外国民商事判决公约〉评介与展望》，载《国际法学刊》2019 年第 1 期，第 158 页。

② 崔勇、徐随：《海牙管辖权公约（草案）条件下的未决诉讼》，载《现代法学》2003 年第 6 期，第 168 页。

③ 刘仁山：《国际私法》（第 6 版），中国法制出版社 2019 年版，第 449 页。

④ Rajko Knez, *Torpedo Litigations under Regulation* 44/2001, 7 (2) Review of European Law 17, 17 (2005).

⑤ Gilberto Boutin Icaza, *The Concurrence of Forain the Panamanian International Procedural Law and the Convention Bustamante : Forum Non Conviniens and International Lis Pendens*, 9 Anuario Espanol de Derecho Internacional Privado 551, 552 (2009).

⑥ Catherine Kessedjian, *International Jurisdiction and Foreign Judgments in Civil and Commercial Matters*, 1997, p. 42, https://assets. hcch. net/docs/76852ce3-a967-42e4-94f5-24be4289d1e5. pdf, 2022 年 5 月 1 日访问。

⑦ Case C-116/02 Erich Gasser GmbH v. MISAT Srl [2003] ECR I-14693, para. 41. 以下案例也存在类似的表述：Opinion of Advocate General Lenz, Delivered on 16 September 1993, Case C-129/92 Owens Bank Ltd v. Fulvio Bracco and Bracco Industria Chimica SpA [1994] ECR I-00117, para. 59；Case C-163/95 Elsbeth Freifrau von Horn v. Kevin Cinnamond [1997] ECR I-05451, para. 13；Case C-351/89 Overseas Union Insurance Limited and Others v. New Hampshire Insurance Company [1991] ECR I-03317, para. 16；Case C-351/96 Drouot Assurances SA v. Consolidated Metallurgical Industries (CMI Industrial Sites) and Others [1998] ECR I-03075, para. 17；Case C-296/10 Bianca Purrucker v. Guillermo Vallés Pérez [2010] ECR I-11163, para. 64.

标,第 21 条应采取广义解释,以便涵盖成员国法院国际未决诉讼的所有情况,而不论当事人的住所为何。在 Overseas Union Insurance Limited and Others v. New Hampshire Insurance Company 案①中,欧洲法院指出,国际未决诉讼规则的另一目的是避免消极管辖权冲突。如果首先受理法院拒绝行使国际民商事裁判管辖权,那么当事人不必提起新的诉讼。

国际未决诉讼规则的适用呈现以下趋势:适用方式具有二元性,适用范围具有广泛性,适用效力具有强制性,适用过程具有条件性。

二、国际未决诉讼规则适用方式的二元性

国际未决诉讼规则适用方式的二元性表现为,此规则既可适用于直接管辖权领域以解决涉外民商事管辖权冲突,亦可在间接管辖权领域影响外国判决承认与执行。关于国际未决诉讼是否构成拒绝承认与执行外国判决的理由,②存在以下两种做法。

第一,肯定说,即基于国内程序优先法(the domestic proceedings preference approach),将国际未决诉讼增补为外国判决承认与执行条件。国内程序优先法,是指即便外国判决在先作出,但若被请求国存在国际未决诉讼,则外国判决在被请求国将不会得到承认与执行,以保护被请求国国内程序。此种做法的局限在于,若国际未决诉讼构成拒绝承认与执行外国判决的理由,则它可能被判决债务人恶意操纵以拖延承认与执行外国判决,而且存在国际未决诉讼规则适用条件的确定困境。③

第二,否定说,即基于外国程序优先法(the foreign judgment preference approach),禁止将国际未决诉讼作为外国判决承认与执行条件。例如,《布鲁塞尔条例Ⅰ(修订版)》没有明确将国际未决诉讼作为拒绝承认与执行外国判决的理由,即使被请求国法院存在未决的国内判决,其不能据此拒绝承认与执

---

① Case C-351/89 Overseas Union Insurance Limited and Others v. New Hampshire Insurance Company [1991] ECR I-03317,para. 22.

② Permanent Bureau, *Annotated Checklist of Issues to Be Discussed by the Working Group on Recognition and Enforcement of Judgments*, 2013, p. 28, https://assets. hcch. net/docs/23710baf-121a-42e9-a824-89c2396f9688. pdf,2022 年 5 月 1 日访问。

③ Permanent Bureau, *Comparative Note on Lis Pendens in the Recognition and Enforcement of Foreign Judgments*, 2015, p. 11, https://assets. hcch. net/docs/0b10dd22-a15e-4b8a-b72b-2df1df712007. pdf,2022 年 5 月 1 日访问。

行外国判决。此种做法被称为外国判决优先法,体现了对外国判决既判力的尊重,旨在促进判决的跨国自由流动和当事人权利的确定性,但无法有效防止重复诉讼。① 2018 年欧盟《婚姻事项、父母责任事项和国际诱拐儿童的管辖权及判决承认与执行条例(修订版)草案》规定,本条例所列举的拒绝承认与执行外国判决的理由详尽无遗,其中未提及的理由诸如违反国际未决诉讼规则,不构成拒绝承认与执行外国判决的理由。② 2019 年欧盟理事会《第 2019/1111 号条例》序言第(56)条规定,被请求国法院不得以判决来源国法院违反未决诉讼规则等本条例未列举的理由拒绝承认与执行外国判决。③

2019 年《海牙判决公约》第 7 条第 2 款秉持折中说。一方面,第 7 条第 2 款将国际未决诉讼单独作为外国判决承认与执行条件,④体现了国内程序优先理念。第 7 条第 2 款规定,如果相同当事人关于相同标的的诉讼在被请求国法院正在进行,被请求国法院先于判决来源国法院受理案件,而且争议和被请求国存在紧密联系,那么被请求国可以拒绝或延迟承认与执行外国判决。⑤另一方面,第 7 条第 2 款对国际未决诉讼规则新增密切联系条件,提高国际未决诉讼规则的援引门槛,促进判决的跨国承认,实现国内程序优先理念与外国判决优先理念相协调。

根据 2020 年《海牙判决公约解释报告》的诠释,公约第 7 条第 2 款与第 7 条第 1 款(e)项、第 7 条第 1 款(f)项的关系在于,虽然三者均属于竞合判决(competing judgments)的审查,但三者的适用条件不同。第 7 条第 1 款(e)项

---

① Permanent Bureau, *Comparative Note on Lis Pendens in the Recognition and Enforcement of Foreign Judgments*, 2015, pp. 8-9, 12, https://assets. hcch. net/docs/0b10dd22-a15e-4b8a-b72b-2df1df712007. pdf,2022 年 5 月 1 日访问。

② Council of the European Union, *Proposal for a Council Regulation on Jurisdiction, the Recognition and Enforcement of Decisions in Matrimonial Matters and the Matters of Parental Responsibility, and on International Child Abduction (Recast)—General Approach*, 2018, p. 49, https://eur-lex. europa. eu/legal-content/EN/TXT/PDF/? uri=CONSIL:ST_14784_2018_INIT&from=EN,2022 年 5 月 1 日访问。

③ Council of the European Union, *Council Regulation (EU) 2019/1111 of 25 June 2019 on Jurisdiction, the Recognition and Enforcement of Decisions in Matrimonial Matters and the Matters of Parental Responsibility, and on International Child Abduction (Recast)*, 2019, p. 10, https://eur-lex. europa. eu/legal-content/EN/TXT/PDF/? uri=CELEX:32019R1111&qid=1563189419722&from=EN, 2022 年 5 月 1 日访问。

④ 孙笑非、吴琼:《〈承认与执行外国民商事判决公约〉评介与展望》,载《国际法学刊》2019 年第 1 期,第 158 页。

⑤ Hague Conference on Private International Law, *Convention on the Recognition and Enforcement of Foreign Judgments in Civil or Commercial Matters (Concluded 2 July 2019)*, p. 6, https://assets. hcch. net/docs/806e290e-bbd8-413d-b15e-8e3e1bf1496d. pdf,2022 年 5 月 1 日访问。

不要求被请求国判决在发生竞合的外国判决之前作出,不要求具有相同标的,仅当事人相同即可。第 7 条第 1 款(f)项对拒绝承认执行与第三国判决相冲突的外国判决附加了以下三项条件。第一,时间条件,第三国判决在来源国判决之前作出,第一时间判决(first-in-time judgment)具有被承认与执行的优先权,但该款项无须考虑第三国法院和判决来源国法院之间哪一法院是首先受理法院。第二,同一性条件,两项判决必须涉及相同当事人和相同标的,相同标的要求两项判决的核心或基本问题必须相同。第三,在先的第三国判决必须有资格在被请求国获得承认与执行,无论其是否已申请承认或执行。第 7 条第 2 款对拒绝承认或执行与被请求国未决诉讼相冲突的外国判决附加了以下条件。首先,时间条件,被请求国法院必须是首先受理法院。只有当被请求国诉讼程序先于判决来源国程序,那么被请求国法院才能援引国际未决诉讼这一拒绝承认与执行外国判决理由。其次,密切联系条件,仅被请求国未决诉讼在时间上受理在先并不足够,争端与被请求国之间必须存在密切联系,以防止一方当事人采取否定性宣告等战略或机会主义行为(strategic or opportunistic behaviour)。然而,《海牙判决公约》没有确定哪些管辖权基础符合密切联系原则,原则上该公约第 5 条所列的所有管辖权依据均符合密切联系原则,但密切联系原则的判断标准不得仅凭原告的国籍或其在被请求国的住所。最后,同一性条件,被请求国未决诉讼必须与申请承认或执行的外国判决涉及相同当事人和相同标的。[①] 可见,虽然国际矛盾判决和国际未决诉讼皆属于外国判决承认与执行之国际诉讼竞合审查的范畴,[②]但国际矛盾判决的性质不应与国际未决诉讼相混同。矛盾判决不仅无须当事人相同、无须诉因相同,而且无须遵守一国法院受理在先之时间要求。[③]

综上所述,国内程序优先理念和外国判决优先理念分别代表两种极端。根据国内程序优先理念,若被请求国存在国际未决诉讼,则该国法院可拒绝承

---

① Francisco Garcimartín, Geneviève Saumier, *Explanatory Report on the Convention of 2 July 2019 on the Recognition and Enforcement of Foreign Judgments in Civil or Commercial Matters*, 2020, pp. 123-124, https://assets. hcch. net/docs/a1b0b0fc-95b1-4544-935b-b842534a120f. pdf, 2022 年 5 月 1 日访问。

② 张淑钿:《论外国民事判决承认与执行中的诉讼竞合审查——兼评 2015 年〈民诉法解释〉第 533 条》,载《武大国际法评论》2017 年第 1 期,第 87 页。

③ Hague Conference on Private International Law, *Preliminary Draft Convention on Jurisdiction and Foreign Judgments in Civil and Commercial Matters Adopted by the Special Commission and Report by Peter Nygh and Fausto Pocar*, 2000, p. 109, https://assets. hcch. net/docs/638883f3-0c0a-46c6-b646-7a099d9bd95e. pdf, 2022 年 5 月 1 日访问。

认与执行外国判决,以保护被请求国国内程序。此举可能被判决债务人恶意操纵以拖延承认与执行外国判决。根据外国判决优先理念,即使被请求国法院存在未决的国内诉讼,不能据此拒绝承认与执行外国判决。此理念体现了对外国判决既判力的尊重,旨在促进判决的跨国自由流动和当事人权利的确定性,但无法有效防止重复诉讼。① 为实现上述两种理念的协调,海牙国际私法会议已重塑《海牙判决公约》第 7 条第 2 款国际未决诉讼规则的适用条件。

三、国际未决诉讼规则适用范围的广泛性

第一,国际未决诉讼规则适用于涉外一般民商事管辖权领域。例如,《布鲁塞尔公约》第 21 条、《布鲁塞尔条例Ⅰ》第 27 条和《布鲁塞尔条例Ⅰ(修订版)》第 29 条皆规定了国际未决诉讼规则。例如,在 Brigitte Schlömp v. Landratsamt Schwäbisch Hall 案②中,斯普纳法官指出,《卢加迦诺公约(修订版)》第 27 条载有先到先得制度(first come first served system),指示后受诉法院中止诉讼,以支持首先受理法院管辖。最终,欧洲法院指出,根据《卢加迦诺公约(修订版)》第 27 条第 1 款的规定,若当事人在不同成员国法院提起涉及相同诉讼标的、相同诉因以及相同当事人的诉讼,则此情形将引发国际未决诉讼。《卢加迦诺公约(修订版)》的这些条款与《布鲁塞尔条例Ⅰ(修订版)》的相应条款相差无几。另外,虽然国际未决诉讼规则调整的事项范围具有广泛性,但受公约本身适用范围的限制。正如在 Skarb Pánstwa Rzeczpospolitej Polskiej-Generalny Dyrektor Dróg Krajowych i Autostrad v. Stephan Riel, acting as liquidator of Alpine Bau GmbH 案③中,欧洲法院指出,涉外破产事项未决诉讼问题不得援引《布鲁塞尔条例Ⅰ(修订版)》第 29 条第 1 款的规定。

第二,国际未决诉讼规则适用于涉外家事管辖权领域。涉外婚姻事项、跨国父母责任事项、涉外扶养事项和涉外继承事项等涉外家事管辖权领域亦存

---

① Permanent Bureau, *Comparative Note on Lis Pendens in the Recognition and Enforcement of Foreign Judgments*, 2015, pp. 11-12, https://assets. hcch. net/docs/0b10dd22-a15e-4b8a-b72b-2df1df712007. pdf,2022 年 5 月 1 日访问。

② Case C-467/16 Brigitte Schlömp v. Landratsamt Schwäbisch Hall [2017] ECR, paras. 44, 46; Opinion of Advocate General Szpunar, Delivered on 18 October 2017, para. 37.

③ Case C-47/18 Skarb Pánstwa Rzeczpospolitej Polskiej-Generalny Dyrektor Dróg Krajowych i Autostrad v. Stephan Riel, acting as liquidator of Alpine Bau GmbH [2019] ECR, para. 46.

在国际未决诉讼的规定。例如,在 A v. B 案①中,欧洲法院指出,《布鲁塞尔条例Ⅱa》第 19 条规定了与《布鲁塞尔条例Ⅰ》第 27 条类似的国际未决诉讼机制。《布鲁塞尔条例Ⅰ》第 27 条的解释标准同样适用于《布鲁塞尔条例Ⅱa》第 19 条第 1 款。欧盟《跨国继承条例草案》对国际未决诉讼问题专门新增的序言第(16a)条规定,如果当事人将同一涉外继承案件交由不同成员国法院管辖,那么国际未决诉讼规则对管辖权分配大有裨益。② 欧盟涉外扶养未决诉讼规则几乎完全延续了《布鲁塞尔条例Ⅰ》第 27 条的规定。③ 正如在 Villiers v. Villiers 案④中,金法官(Lady Justice King)指出,欧盟理事会《第 4/2009 号条例》第 12 条规定了与《布鲁塞尔条例Ⅰ》第 27 条相同的国际未决诉讼规则。如果欧盟涉外扶养未决诉讼规则的条件得到满足,那么后受诉法院将强制中止(mandatory stay)管辖涉外扶养事项。

四、国际未决诉讼规则适用效力的强制性

国际未决诉讼规则不因当事人申请而适用,法院必须依职权尊重此规则。⑤ 若涉外民商事诉讼契合国际未决诉讼规则的前提条件,则该规则将具有强制适用性。⑥ 国际未决诉讼规则的强制性亦表现为,无论当事人的住所地和首先受理法院管辖权依据,国际未决诉讼规则皆应加以运用。⑦ 国际未决诉讼规则具有绝对性,法院缺乏任何自由裁量余地,以实现管辖权的确定性

① Case C-489/14 A v. B［2015］ECR,paras. 27,34.

② Kurt Lechner,*Report on the Proposal for a Regulation of the European Parliament and of the Council on Jurisdiction,Applicable Law,Recognition and Enforcement of Decisions and Authentic Instruments in Matters of Succession and the Creation of a European Certificate of Succession*,2012,p. 12,https://www. europarl. europa. eu/doceo/document/A-7-2012-0045_EN. pdf,2022 年 5 月 1 日访问。

③ Genowefa Grabowska,*Report on the Proposal for a Council Regulation on Jurisdiction,Applicable Law,Recognition and Enforcement of Decisions and Cooperation in Matters Relating to Maintenance Obligations*,2007,p. 17,https://www. europarl. europa. eu/doceo/document/A-6-2007-0468_EN. pdf,2022 年 5 月 1 日访问。

④ Villiers v. Villiers［2018］EWCA Civ 1120,paras. 25,48.

⑤ Wolfgang Kühn, *How to Avoid Conflict Awards:The Lauder and CME Cases*,5 (1) Journal of World Investment & Trade 7,8 (2004).

⑥ Permanent Bureau,*Comparative Note on Lis Pendens in the Recognition and Enforcement of Foreign Judgments*,2015,p. 7,https://assets. hcch. net/docs/0b10dd22-a15e-4b8a-b72b-2df1df712007. pdf,2022 年 5 月 1 日访问。

⑦ Michael Bodgan,*Brussels/Lugano Lis Pendens Rule and the "Italian Torpedo"*,51 Scandinavian Studies in Law 89,92 (2007).

和保护当事人的可预见性。①

在 Gubisch Maschinenfabrik KG v. Giulio Palumbo 案②中,曼奇尼法官指出,《布鲁塞尔公约》第 21 条国际未决诉讼条款是一条非常严格的强制性条款,即使一方当事人没有提出申请,首先受理法院以外的其他法院也必须拒绝管辖。第 21 条的立法目的是尽量避免在欧共体范围内产生冲突判决。在 Stefano Liberato v. Luminita Luisa Grigorescu 案③中,博特法官指出,《布鲁塞尔条例Ⅱa》第 19 条涉外扶养未决诉讼规则具有强制性。在 B v. B 案④中,麦克唐纳(Macdonald)法官指出,当不同成员国法院审理的涉外扶养诉讼涉及相同当事人和相同诉因,欧盟涉外扶养未决诉讼规则对后受理法院赋予中止诉讼的义务,而且涉外扶养未决诉讼规则的效力具有强制性。

五、国际未决诉讼规则适用过程的条件性

国际未决诉讼规则的适用具有条件性。⑤ 国际未决诉讼的定义亦围绕若干实质条件展开。⑥ 例如,在 Gubisch Maschinenfabrik KG v. Giulio Palumbo 案⑦中,曼奇尼法官指出,只有当相同当事人之间涉及相同标的和相同诉因的诉讼在不同成员国法院提起时,才会产生国际未决诉讼。

一般而言,国际未决诉讼规则须满足同一性条件和时间条件,但这些条件在不同法律体系中存在不同理解,妨碍国际未决诉讼规则的适用。⑧ 另外,若由后受诉法院专属管辖,存在涉外协议管辖或纠纷类型属于涉外消费者合同、

---

① European Parliament, *Jurisdiction in Matrimonial Matters—Reflections for the Review of the Brussels Ⅱa Regulation Study for the JURI Committee*, 2016, p. 11, https://www. europarl. europa. eu/RegData/etudes/STUD/2016/571361/IPOL_STU%282016%29571361_EN. pdf,2022 年 5 月 1 日访问。

② Opinion of Advocate General Mancini, Delivered on 11 June 1987, Case C-144/86 Gubisch Maschinenfabrik KG v. Giulio Palumbo [1987] ECR 04861,pp. 4868-4869.

③ Opinion of Advocate General Bot,Delivered on 6 September 2018,Case C-386/17 Stefano Liberato v. Luminita Luisa Grigorescu [2019] ECR,paras. 46,51.

④ B v. B (Maintenance Regulation-Stay) [2017] EWHC 1029 (Fam),para. 61.

⑤ 刘阳:《〈海牙判决公约〉下未决诉讼规则适用条件研究》,载《中国海洋大学学报(社会科学版)》2022 年第 5 期,第 99 页。

⑥ Opinion of Advocate General Bot,Delivered on 6 September 2018,Case C-386/17 Stefano Liberato v. Luminita Luisa Grigorescu [2019] ECR,para. 54.

⑦ Opinion of Advocate General Mancini, Delivered on 11 June 1987, Case C-144/86 Gubisch Maschinenfabrik KG v. Giulio Palumbo [1987] ECR 04861,p. 4870.

⑧ I. V. Getman-Pavlova,M. A. Filatova,*Lis Pendens Principle in International Civil Procedure: Actions and Parties Identity Issues*,2018 (2) Herald of Civil Procedure 240,240 (2018).

涉外雇佣合同、涉外保险合同，则首先受理法院禁止适用国际未决诉讼规则。[1]

2019 年《海牙判决公约》第 7 条第 2 款对国际未决诉讼规则的适用条件进行了突破与革新，即在保留传统同一性条件（相同当事人和相同标的）与时间条件（被请求国法院先于判决来源国法院受理）的基础上，新增密切联系条件。之所以第 7 条第 2 款规定上述条件，理由如下。

第一，价值性理由是为了实现国内程序优先理念和外国判决优先理念的协调。如前所述，国内程序优先理念和外国判决优先理念分别代表两种极端。欧盟侧重贯彻外国判决优先理念。例如，2018 年欧盟理事会《关于婚姻事项、父母责任事项和国际诱拐儿童的管辖权及判决承认与执行条例（修订版）草案》第 27 条[2]和 2019 年欧盟理事会《第 2019/1111 号条例》序言第（56）条[3]均规定，本条例拒绝承认与执行外国判决的理由详尽无遗，国际未决诉讼不得被作为拒绝承认与执行外国判决的理由。《海牙判决公约》第 7 条第 2 款基于国内程序优先理念保留了国际未决诉讼这一拒绝承认与执行外国判决的理由，但通过附加密切联系条件，提高国际未决诉讼规则的援引门槛，促进判决的跨国承认，实现国内程序优先理念与外国判决优先理念相协调。

第二，功能性理由是为了防止国际未决诉讼规则的滥用和减少发生鱼雷诉讼的风险。[4] 鱼雷诉讼，是指恶意当事人故意在诉讼程序缓慢或超负荷的一国法院首先提起诉讼，导致另一方不能寻求平行法院的保护。[5] 第 7 条第 2 款要求首先受理法院必须与争端存在密切联系，有利于遏制一方当事人恶意

---

[1] PB, *Report on the Jurisdiction Project*, 2021, pp. 14-15, https://assets. hcch. net/docs/5fbec58b-d14f-49c6-8719-b1fb68fd6d5b. pdf, 2022 年 5 月 1 日访问。

[2] Council of the European Union, *Proposal for a Council Regulation on Jurisdiction, the Recognition and Enforcement of Decisions in Matrimonial Matters and the Matters of Parental Responsibility, and on International Child Abduction（Recast）-General Approach*, 2018, p. 49, https://eur-lex. europa. eu/legal-content/EN/TXT/PDF/? uri=CONSIL: ST_14784_2018_INIT&from=EN, 2022 年 5 月 1 日访问。

[3] Council of the European Union, *Council Regulation（EU）2019/1111 of 25 June 2019 on Jurisdiction, the Recognition and Enforcement of Decisions in Matrimonial Matters and the Matters of Parental Responsibility, and on International Child Abduction（Recast）*, 2019, p. 10, https://eur-lex. europa. eu/legal-content/EN/TXT/PDF/? uri=CELEX: 32019R1111&qid=1563189419722&from=EN, 2022 年 5 月 1 日访问。

[4] 徐国建：《建立法院判决全球流通的国际法律制度——〈海牙外国判决承认与执行公约草案〉立法资料、观点和述评》，载《武大国际法评论》2017 年第 5 期，第 120 页。

[5] Rajko Knez, *Torpedo Litigations under Regulation* 44/2001, 7（2）Review of European Law 17, 17（2005）.

挑选法院,保护另一方免遭诉讼拖延和其他不利影响。

　　第三,制度性理由是为了合理划分公约第 7 条第 2 款与第 7 条第 1 款(e)项①、第 7 条第 1 款(f)项②的界限。如前所述,上述三项条款均属于国际诉讼竞合审查,但三者的适用条件不同。第 7 条第 1 款(e)项不要求被请求国判决在发生竞合的外国判决之前作出,不要求具有相同标的,仅当事人相同即可。第 7 条第 1 款(f)项对拒绝承认或执行与第三国判决相冲突的外国判决附加了以下三项条件。首先,时间条件。第一时间判决具有被承认与执行的优先权,但该款项仅应考虑作出判决的时间先后顺序,无须比较法院受理的时间先后顺序。其次,同一性条件。两项判决必须涉及相同当事人和相同标的。最后,在先的第三国判决必须有资格在被请求国获得承认与执行。第 7 条第 2 款对拒绝承认或执行与被请求国未决诉讼相冲突的外国判决附加了以下条件。其一,时间条件。被请求国法院必须是首先受理法院。其二,同一性条件。被请求国未决诉讼必须与申请承认或执行的外国判决涉及相同当事人和相同标的。其三,密切联系条件。仅被请求国未决诉讼在时间上受理在先并不足够,争端与被请求国必须存在密切联系,以防止一方当事人采取否定性宣告等战略或机会主义行为。③ 另一方面,国际未决诉讼规则的条件的制度性理由亦旨在合理划分国际未决诉讼规则和国际关联诉讼规则的界限。例如,在 Irmengard Weber *v.* Mechthilde Weber 案④中,耶斯基宁法官指出,国际未决诉讼规则与国际关联诉讼规则的法律后果皆乃后受理法院中止诉讼,但后受理法院在国际关联诉讼案件中具有较大的自由裁量权。如果欧盟对《布鲁塞尔条例Ⅰ》第 27 条的实质适用范围进行扩大解释,那么这将导致难以确定其与条例第 28 条之间的界限,甚至使后一条款的效力丧失。第 28 条第 1 款隐藏的前提是后受理法院先前已根据第 27 条确认诉争的涉外民商事纠纷不

---

　　① 《海牙判决公约》第 7 条第 1 款(e)项规定,如果外国判决与被请求国法院就相同当事人间争议作出的判决相冲突,那么被请求国可以拒绝承认或执行外国判决。

　　② 《海牙判决公约》第 7 条第 1 款(f)项规定,如果外国判决与较早前第三国法院就相同当事人间就相同标的所作出的判决相冲突,且较早判决满足在被请求国得到承认所必需的条件,那么被请求国可以拒绝承认或执行外国判决。

　　③ Francisco Garcimartín,Geneviève Saumier,*Explanatory Report on the Convention of 2 July* 2019 *on the Recognition and Enforcement of Foreign Judgments in Civil or Commercial Matters*,2020,pp. 123-124,https://assets. hcch. net/docs/a1b0b0fc-95b1-4544-935b-b842534a120f. pdf,2022 年 5 月 1 日访问。

　　④ Opinion of Advocate General Jääskinen,Delivered on 30 January 2014,Case C-438/12 Irmengard Weber *v.* Mechthilde Weber [2014] ECR,paras. 72,97,99.

满足国际未决诉讼规则的适用条件,故才援引国际关联诉讼规则。在 Mærsk Olie & Gas A/S v. Firma M. de Haan en W. de Boer 案①中,欧洲法院指出,虽然本案不符合《布鲁塞尔公约》第 21 条国际未决诉讼规则的适用条件,但由于诸份诉讼请求密切关联,因此本案可援引第 22 条国际关联诉讼规则。在 Drouot Assurances SA v. Consolidated Metallurgical Industries (CMI Industrial Sites) and Others 案②中,芬内利法官指出,若法院对《布鲁塞尔公约》第 21 条采取过于宽泛的解释,则该解释可能导致国际未决诉讼规则与国际关联诉讼规则发生混淆的风险。同一性条件是国际未决诉讼规则和国际关联诉讼规则的重要区分标志。当事人的同一性是国际未决诉讼规则的基本要求,而国际关联诉讼规则没有添加相同当事人条件。③

(一)国际未决诉讼规则适用条件的组成

传统上,大多数国家对国际未决诉讼规则秉持二要件说,即时间(timing)条件和同一性(identity)条件。④ 国际未决诉讼规则的适用条件在当代存在添附。

1. 传统范式:二要件说

在适用条件的数量构成上,传统上国际未决诉讼规则仅需满足时间条件和同一性条件,不得附加其他条件。例如,1968 年《布鲁塞尔公约》具体规定了严格的未决诉讼规则(a strict lis pendens rule)。该规则的适用条件是同一诉讼在不同成员国未决且同一诉讼均涉及相同的当事人和相同的诉因。⑤ 在

---

① Case C-39/02 Mærsk Olie & Gas A/S v. Firma M. de Haan en W. de Boer〔2004〕ECR I-09657, para. 40.

② Opinion of Advocate General Fennelly, Delivered on 15 January 1998, Case C-351/96 Drouot Assurances SA v. Consolidated Metallurgical Industries (CMI Industrial Sites) and Others〔1998〕ECR I-03075, para. 30.

③ PB, *Report on the Jurisdiction Project*, 2021, p. 9, https://assets. hcch. net/docs/5fbec58b-d14f-49c6-8719-b1fb68fd6d5b. pdf, 2022 年 5 月 1 日访问。

④ Permanent Bureau, *Comparative Note on Lis Pendens in the Recognition and Enforcement of Foreign Judgments*, 2015, p. 5, https://assets. hcch. net/docs/0b10dd22-a15e-4b8a-b72b-2df1df712007. pdf, 2022 年 5 月 1 日访问。

⑤ Martine Stückelberg, *Lis Pendens and Forum Non Conveniens at the Hague Conference*, 26 (3) Brooklyn Journal of International Law 949, 959 (2001).

Irmengard Weber $v.$ Mechthilde Weber 案①中，耶斯基宁法官指出，尽管原告在首先受理法院起诉属于滥用诉讼程序，但这并非后受理法院适用第 27 条国际未决诉讼规则时需要考虑的因素。基于成员国司法相互信任原则，《布鲁塞尔条例Ⅰ》第 27 条除规定审查当事人、诉因和标的相同外，没有添加其他适用条件。在 Aannemingsbedrijf Aertssen NV and Aertssen Terrassements SA $v.$ VSB Machineverhuur BV and Others 案②中，欧洲法院提出了类似的观点。在 Gubisch Maschinenfabrik KG $v.$ Giulio Palumbo 案③中，欧洲法院指出，《布鲁塞尔公约》第 21 条适用于相同当事人之间涉及相同诉因和相同标的的两项诉讼，但没有进一步规定任何其他适用条件。

(1)国际未决诉讼规则之时间条件

为防止国际平行诉讼的发生，国际未决诉讼规则按时间顺序赋予首先受理法院管辖优先权，④因此，国际未决诉讼规则的核心是确定法院受理的时间先后顺序。⑤例如，在 A $v.$ B 案⑥中，欧洲法院指出，《布鲁塞尔条例Ⅱa》第 19 条跨国父母责任事项未决诉讼机制基于法院受理的时间顺序。在 B $v.$ B 案⑦中，麦克唐纳法官指出，涉外扶养未决诉讼规则的运用不仅必须考虑两国诉讼是否涉及相同当事人和相同诉因，亦应判断另一国法院是否为首先受理法院。在 HanseYachts AG $v.$ Port D' Hiver Yachting SARL and Others 案⑧中，索格曼斯加德（Saugmandsgaard Øe）法官指出，《布鲁塞尔条例Ⅰ》第 27 条欧盟国际未决诉讼规则的基本目的是基于相关法院受理的时间顺序将管辖优先权授予首先受理法院，该程序规则非为区别对待该条例不同管辖权基础或建立管辖权等级（hierarchy）制度。

---

① Opinion of Advocate General Jääskinen, Delivered on 30 January 2014, Case C-438/12 Irmengard Weber $v.$ Mechthilde Weber [2014] ECR, paras. 80,82.

② Case C-523/14 Aannemingsbedrijf Aertssen NV and Aertssen Terrassements SA $v.$ VSB Machineverhuur BV and Others [2015] ECR, para. 40.

③ Case C-144/86 Gubisch Maschinenfabrik KG $v.$ Giulio Palumbo [1987] ECR 04861, para. 14.

④ Jonas Steinle, Evan Vasiliades, *The Enforcement of Jurisdiction Agreements under the Brussels Ⅰ Regulation: Reconsidering the Principle of Party Autonomy*, 6 (3) Journal of Private International Law 565,567 (2010).

⑤ Ville de Bauge $v.$ China [2014] EWHC 3975 (Fam), para. 10.

⑥ Case C-489/14 A $v.$ B [2015] ECR, para. 30.

⑦ B $v.$ B (Maintenance Regulation-Stay) [2017] EWHC 1029 (Fam), para. 53.

⑧ Opinion of Advocate General Saugmandsgaard Øe, Delivered on 26 January 2017, Case C-29/16 HanseYachts AG $v.$ Port D' Hiver Yachting SARL and Others [2017] ECR, para. 33.

《海牙判决公约》第 7 条第 2 款(a)项保留了国际未决诉讼规则之时间条件,规定被请求国法院必须先于判决来源国法院受理案件。时间条件具有合理性,理由如下。

第一,理论意义在于,时间顺序测试旨在确保国际平行诉讼情形下管辖权分配的中立性、可预测性和确定性,①并保护首先受理法院判决的预期既判力。既判力原则(the principle of res judicata)源于罗马法之法律安全和判决终局性理念。国际未决诉讼规则的产生源于既判力原则的影响,②未决诉讼规则对既判力原则具有补充作用。③例如,在 Irmengard Weber *v.* Mechthilde Weber 案④中,耶斯基宁法官指出,国际未决诉讼实际上是首先受理法院判决既判力的一种预先形式。Bianca Purrucker *v.* Guillermo Vallés Pérez 案⑤裁决书也提到,国际未决诉讼的概念与既判力权威密切相关,国际未决诉讼规则对保护首先受理法院判决的既判力具有积极作用。国际未决诉讼规则按时间顺序将管辖权优先授予首先受理法院契合既判力原则的要求。《海牙判决公约》第 7 条第 2 款(a)项的疑虑在于,判决来源国法院现已作出最终判决,被请求国法院援引国际未决诉讼规则是否逾越时间终点要求?国际未决诉讼规则潜藏的时间终点是两国诉讼均处于未决之中,尚未作出最终判决。⑥例如,在 A *v.* B 案⑦中,欧洲法院指出,在相同当事人向两国法院提起涉外司法别居和涉外离婚诉讼的情况下,若后受诉法院受理时首先受理法院的程序已截止,则这将无法符合《布鲁塞尔条例Ⅱa》第 19 条的适用条件。在 E *v.* E

---

① Justin P. Cook, *Pragmatism in the European Union：Recasting the Brussels Ⅰ Regulation to Ensure the Effectiveness of Exclusive Choice-of-Court Agreements*, 4 Aberdeen Student Law Review 76, 79 (2013).

② August Reinisch, *The Use and Limits of Res Judicata and Lis Pendens as Procedural Tools to Avoid Conflicting Dispute Settlement Outcomes*, 3 (1) Law and Practice of International Courts and Tribunals 37, 43, 50 (2004).

③ Lennart Pålsson, *Institute of Lis Pendens in International Civil Procedure*, 14 Scandinavian Studies in Law 59, 68 (1970).

④ Opinion of Advocate General Jääskinen, Delivered on 30 January 2014, Case C-438/12 Irmengard Weber *v.* Mechthilde Weber [2014] ECR, para. 49.

⑤ Opinion of Advocate General Jääskinen, Delivered on 4 October 2010, Case C-296/10 Bianca Purrucker *v.* Guillermo Vallés Pérez [2010] ECR I-11163, paras. 66, 73.

⑥ 肖凯:《国际民事诉讼中未决诉讼问题比较研究》,载《中国国际私法与比较法年刊》(第四卷),法律出版社 2001 年版,第 472 页。

⑦ Case C-489/14 A *v.* B [2015] ECR, para. 45.

案①中，莫依兰（Moylan）法官指出，如果其他法院受理时首先受理法院诉讼程序已结束，那么未决诉讼的标准将无法得到满足。在外国判决承认与执行领域，虽然判决来源国法院已作出最终判决，但由于其暂未在被请求国生效，因此第 7 条第 2 款（a）项没有逾越国际未决诉讼规则之时间终点要求。

第二，实践意义在于，时间条件是公约第 7 条第 2 款与第 7 条第 1 款（e）项、第 7 条第 1 款（f）项的重要区分标准。根据 2020 年《海牙判决公约解释报告》的诠释，第 7 条第 1 款（e）项不要求被请求国判决在发生竞合的外国判决之前作出。第 7 条第 1 款（f）项规定第一时间判决具有被承认与执行的优先权，但该款项仅应考虑作出判决的时间先后顺序，无须比较法院受理的时间先后顺序。然而，与上述两款相比，第 7 条第 2 款规定被请求国法院必须是首先受理法院。

（2）国际未决诉讼规则之同一性条件

一般而言，国际未决诉讼规则之同一性条件要求当事人、诉因和标的必须相同，即"三重同一性测试"（triple identity test）。② 例如，在 Gantner Electronic GmbH v. Basch Exploitatie Maatschappij BV 案③中，莱格法官指出，若要成立国际未决诉讼，则发生管辖权竞合的两国诉讼必须具有三重同一性：当事人同一、诉因同一和标的同一。若其中一个要素不相同，则不构成国际未决诉讼。

虽然哥斯达黎加、德国等个别国家对国际未决诉讼规则舍弃了相同诉因和相同当事人的适用限制，但是大多数国家法律制度对此规定了严格的同一性条件，④因为只有当管辖权竞合的两国诉讼之当事人、诉因和标的均保持相同，那么二者才会产生国际矛盾判决的结果和背离一事一诉原则，而且同一性条件也是国际未决诉讼规则和国际关联诉讼规则的重要区分标志。当事人的同一性是国际未决诉讼规则的基本要求，而国际关联诉讼规则没有附加相同当事人条件。⑤

---

① E v. E（Art 19 and Seising BIIa）［2015］EWHC 3742（Fam），para. 39.

② Wolfgang KühnKohn, *How to Avoid Conflict Awards：The Lauder and CME Cases*，5（1）Journal of World Investment & Trade 7，8（2004）.

③ Opinion of Advocate General Léger, Delivered on 5 December 2002，Case C-111/01 Gantner Electronic GmbH v. Basch Exploitatie Maatschappij BV［2003］ECR I-04207，para. 38.

④ Permanent Bureau, *Comparative Note on Lis Pendens in the Recognition and Enforcement of Foreign Judgments*，2015，p. 6，https：//assets. hcch. net/docs/0b10dd22-a15e-4b8a-b72b-2df1df712007. pdf，2022 年 5 月 1 日访问。

⑤ PB, *Report on the Jurisdiction Project*，2021，p. 9，https：//assets. hcch. net/docs/5fbec58b-d14f-49c6-8719-b1fb68fd6d5b. pdf，2022 年 5 月 1 日访问。

2019 年《海牙判决公约》第 7 条第 2 款仅保留部分同一性条件（相同当事人和相同标的），舍弃了相同诉因。之所以第 7 条第 2 款将相同诉因排除出海牙国际未决诉讼规则同一性条件的内容，是因为公约第 4 条第 2 款规定被请求国不得对外国判决的事实认定和法律适用进行实质审查，[①]而相同诉因之"诉因"的概念由作为诉讼基础的事实和法律规则两部分组成。[②] 被请求国如若对两国诉讼的诉因是否相同进行审查，则将违反第 4 条第 2 款所述的禁止实质审查原则。

诉求相同不再被作为国际未决诉讼规则同一性条件的内容。例如，在 Drouot Assurances SA *v.* Consolidated Metallurgical Industries（CMI Industrial Sites）and Others 案[③]中，芬内利法官指出，《布鲁塞尔公约》第 21 条国际未决诉讼规则的实质条件是两国诉讼必须涉及相同当事人、相同诉因和相同标的，但相同诉因的概念不能被限制为两个完全相同的主张。

在涉外家事诉讼中，欧盟保留了涉外家事未决诉讼规则之同一性条件。

第一，欧盟保留了涉外扶养领域未决诉讼规则之同一性条件。2002 年欧洲共同体委员会《关于扶养义务事项的管辖权、法律适用、判决承认与执行及合作的条例草案》第 7 条第 1 款将两国相同扶养义务作为涉外扶养义务未决诉讼规则的适用条件。[④] 2007 年《关于扶养义务事项管辖权、法律适用、判决承认与执行及合作的条例解释报告》指出，草拟的欧盟涉外扶养事项未决诉讼规则沿袭了《布鲁塞尔条例Ⅰ》第 27 条，因此在措辞上应修改为直接援引后者的规定和解释标准。换言之，在涉外扶养事项未决诉讼中，欧盟应继续适用《布鲁塞尔条例Ⅰ》第 27 条。[⑤] 2009 年欧盟理事会《第 4/2009 号条例》第 12

---

① 刘阳、向在胜：《论〈海牙判决公约〉中的禁止实质性审查条款》，载《武大国际法评论》2020 年第 5 期，第 45 页。

② Case C-523/14 Aannemingsbedrijf Aertssen NV and Aertssen Terrassements SA *v.* VSB Machineverhuur BV and Others [2015] ECR，para. 43.

③ Opinion of Advocate General Fennelly, Delivered on 15 January 1998, Case C-351/96 Drouot Assurances SA *v.* Consolidated Metallurgical Industries (CMI Industrial Sites) and Others [1998] ECR I-03075，para. 25.

④ Commission of the European Communities, *Proposal for a Council Regulation on Jurisdiction, Applicable Law, Recognition and Enforcement of Decisions and Cooperation in Matters Relating to Maintenance Obligations（Presented by the Commission）*，2005，p. 17，https://eur-lex. europa. eu/legal-content/EN/TXT/PDF/? uri＝CELEX：52005PC0649&qid＝1644045603514&from＝EN，2022 年 5 月 1 日访问。

⑤ Genowefa Grabowska, *Report on the Proposal for a Council Regulation on Jurisdiction, Applicable Law, Recognition and Enforcement of Decisions and Cooperation in Matters Relating to Maintenance Obligations*，2007，p. 17，https://www. europarl. europa. eu/doceo/document/A-6-2007-0468_EN. pdf，2022 年 5 月 1 日访问。

条第 1 款将草拟的欧盟涉外扶养事项未决诉讼规则之相同扶养义务诉讼细化为相同诉因和相同当事人之间的扶养义务诉讼。① 例如,在 B v. B 案②中,麦克唐纳法官指出,欧盟涉外扶养未决诉讼规则须满足以下适用条件。其一,两国诉讼具有相同的诉因。在确定诉讼是否具有相同的诉因时,法院必须参考各诉讼中原告的主张而非被告的抗辩意见,查明基本事实以及思量各方声称的基本权利和义务,以确定两国诉讼是否存在共同关系(co-incidence)和相同的目的,而且最为关键的是判断二者是否为彼此的镜像。第 12 条相同诉因具有独立含义,两个独立的事项可能仍然构成相同诉因。其二,两国诉讼程序涉及相同的当事人。其三,两国诉讼分别在不同成员国的法院提起。其四,其中一成员国的法院是首先受理法院。

　　第二,欧盟保留了涉外继承领域未决诉讼规则之同一性条件。2012 年《罗马条例Ⅳ》第 17 条第 1 款对涉外继承事项未决诉讼规则规定了相同诉因和相同当事人条件。③

　　第三,欧盟保留了涉外夫妻财产和涉外注册伴侣财产领域未决诉讼规则之同一性条件。2016 年欧盟理事会《第 2016/1103 号条例》第 17 条第 1 款对涉外夫妻财产制事项未决诉讼规则规定了相同诉因和相同当事人条件。④ 与之类似,2016 年欧盟理事会《第 2016/1104 号条例》第 17 条第 1 款对涉外注册伴侣财产制事项未决诉讼规则规定了相同当事人和相同诉因条件。⑤

---

① Council of the European Union, *Council Regulation(EC)No 4/2009 of 18 December 2008 on Jurisdiction, Applicable Law, Recognition and Enforcement of Decisions and Cooperation in Matters Relating to Maintenance Obligations*, 2009, p. 8, https://eur-lex. europa. eu/legal-content/EN/TXT/PDF/? uri=CELEX:32009R0004&qid=1578569615137&from=EN, 2022 年 5 月 1 日访问。

② B v. B (Maintenance Regulation-Stay) [2017] EWHC 1029 (Fam), para. 58.

③ European Parliament and the Council of the European Union, *Regulation(EU)No 650/2012 of the European Parliament and of the Council of 4 July 2012 on Jurisdiction, Applicable Law, Recognition and Enforcement of Decisions and Acceptance and Enforcement of Authentic Instruments in Matters of Succession and on the Creation of a European Certificate of Succession*, 2012, p. 120, https://eur-lex. europa. eu/legal-content/EN/TXT/PDF/? uri=CELEX:32012R0650&from=EN, 2022 年 5 月 1 日访问。

④ Council of the European Union, *Council Regulation (EU) 2016/1103 of 24 June 2016 Implementing Enhanced Cooperation in the Area of Jurisdiction, Applicable Law and the Recognition and Enforcement of Decisions in Matters of Matrimonial Property Regimes*, 2016, p. 15, https://eur-lex. europa. eu/legal-content/EN/TXT/PDF/? uri=CELEX:32016R1103&qid=1634390031353&from=EN, 2022 年 5 月 1 日访问。

⑤ Council of the European Union, *Council Regulation (EU) 2016/1104 of 24 June 2016 Implementing Enhanced Cooperation in the Area of Jurisdiction, Applicable Law and the Recognition and Enforcement of Decisions in Matters of the Property Consequences of Registered Partnerships*, 2016, p. 43, https://eur-lex. europa. eu/legal-content/EN/TXT/PDF/? uri = CELEX:32016R1104&qid = 1634390238922&from=EN, 2022 年 5 月 1 日访问。

然而，与上述规定相反，欧盟分别对涉外婚姻事项和跨国父母责任事项未决诉讼规则舍弃了相同诉因和相同当事人要求，称之为"错误未决诉讼"（false lis pendens）。① 具体阐述如下。

首先，欧盟删除涉外婚姻领域未决诉讼规则之相同诉因条件。"1999 年草案"第 11 条第 1 款将相同诉因和相同当事人之同一性条件作为涉外家事未决诉讼规则的适用条件，但第 11 条第 2 款弱化了涉外婚姻事项未决诉讼规则之相同诉因要求。第 11 条第 2 款规定，如果相同当事人在不同成员国法院提起不具有相同诉因的离婚、合法分居或婚姻无效诉讼，那么后受诉法院应主动中止诉讼，直到首先受理法院的管辖权确立为止。② 2000 年欧盟理事会《关于婚姻事项和对配偶双方子女之父母责任事项的管辖权及判决承认与执行的第 1347/2000 号（欧共体）条例》第 11 条第 2 款③、2002 年欧盟理事会《关于婚姻事项和父母责任事项的管辖权及判决承认与执行并废除第 1347/2000 号（欧共体）条例和修正第 44/2001 号（欧共体）条例中关于扶养事项的理事会条例草案》第 19 条第 1 款④和 2003 年《布鲁塞尔条例Ⅱa》第 19 条第 1 款⑤均对涉外婚姻事项未决诉讼规则舍弃了相同诉因的要求。2016 年欧盟委员会《关于

① Alegría Borrás, *Explanatory Report on the Convention*, *Drawn up on the Basis of Article K. 3 of the Treaty on European Union*, *on Jurisdiction and the Recognition and Enforcement of Judgments in Matrimonial Matters*, 1998, p. 46, https://eur-lex. europa. eu/legal-content/EN/TXT/PDF/? uri＝CELEX:51998XG0716&qid＝1652014399422&from＝EN,2022 年 5 月 1 日访问。

② Council of the European Union, *Commission Proposal for a Council Regulation (EC) on Jurisdiction and the Recognition and Enforcement of Judgments in Matrimonial Matters and in Matters of Parental Responsibility for Joint Children*, 1999, p. 4, https://eur-lex. europa. eu/legal-content/EN/TXT/PDF/? uri＝CELEX:51999PC0220&from＝EN,2022 年 5 月 1 日访问。

③ Council of the European Union, *Council Regulation (EC) No 1347/2000 of 29 May 2000 on Jurisdiction and the Recognition and Enforcement of Judgments in Matrimonial Matters and in Matters of Parental Responsibility for Children of Both Spouses*, 2000, p. 23, https://eur-lex. europa. eu/legal-content/EN/TXT/PDF/? uri＝CELEX:32000R1347&from＝EN,2022 年 5 月 1 日访问。

④ Council of the European Union, *Proposal for a Council Regulation Concerning Jurisdiction and the Recognition and Enforcement of Judgments in Matrimonial Matters and in Matters of Parental Responsibility Repealing Regulation (EC) No 1347/2000 and Amending Regulation (EC) No 44/2001 in Matters Relating to Maintenance*, 2002, pp. 160-161, https://eur-lex. europa. eu/legal-content/EN/TXT/PDF/? uri＝CELEX:52002PC0222&from＝EN,2022 年 5 月 1 日访问。

⑤ Council of the European Union, *Council Regulation (EC) No 2201/2003 of 27 November 2003 Concerning Jurisdiction and the Recognition and Enforcement of Judgments in Matrimonial Matters and the Matters of Parental Responsibility*, *Repealing Regulation (EC) No 1347/2000*, 2003, p. 9, https://eur-lex. europa. eu/legal-content/EN/TXT/PDF/? uri ＝ CELEX: 32003R2201&qid ＝ 1563193229798&from＝EN,2022 年 5 月 1 日访问。

婚姻事项、父母责任事项和国际诱拐儿童的管辖权及判决承认与执行条例（修订版）草案》第 19 条涉外婚姻事项未决诉讼规则的具体内容和适用条件与《布鲁塞尔条例Ⅱa》第 19 条相同，仅在措辞上将"court"一词修改为"authority"，并将"action"一词修改为"proceedings"。① 2019 年欧盟理事会《第 2019/1111 号条例》第 20 条第 1 款对涉外婚姻事项未决诉讼规则舍弃了相同诉因的要求。② 例如，在 A v. B 案③中，克鲁兹·维拉隆（Cruz Villalón）法官指出，如果当事人在一成员国提起离婚诉讼，并同时在另一成员国提起司法别居诉讼，那么这将构成第 19 条含义范围内的国际未决诉讼。第 19 条仅要求双方当事人相同，而非要求诉讼涉及完全相同的诉因。最终，欧洲法院指出，与《布鲁塞尔条例Ⅰ》第 27 条第 1 款涉外一般民商事未决诉讼规则相反，《布鲁塞尔条例Ⅱa》第 19 条第 1 款涉外婚姻事项未决诉讼规则的适用条件不需要具备相同的诉因，第 19 条第 2 款跨国父母责任事项未决诉讼规则的适用才受制于相同诉因条件。与此类似，在 Stefano Liberato v. Luminita Luisa Grigorescu 案④中，博特法官指出，如果一成员国法院受理涉外司法别居案件，另一成员国法院受理涉外离婚诉讼，或者两国法院均受理涉外离婚案件，那么上述两种情形均构成国际未决诉讼。最终，欧洲法院指出，涉外司法别居、离婚或婚姻无效领域未决诉讼规则的适用不要求具有完全相同的诉因，如果一成员国受理涉外司法别居诉讼，另一成员国法院受理涉外离婚诉讼，那么此亦可能发生《布鲁塞尔条例Ⅱa》第 19 条所指的未决诉讼情形。

其次，欧盟删除跨国父母责任领域未决诉讼规则之相同当事人条件。欧盟跨国父母责任事项未决诉讼规则之同一性条件历经以下演变。

---

① European Commission, *Proposal for a Council Regulation on Jurisdiction, the Recognition and Enforcement of Decisions in Matrimonial Matters and the Matters of Parental Responsibility, and on International Child Abduction* (Recast), 2016, p. 42, https://eur-lex. europa. eu/legal-content/EN/TXT/PDF/? uri=CELEX:52016PC0411&from=EN, 2022 年 5 月 1 日访问。

② Council of the European Union, *Council Regulation (EU) 2019/1111 of 25 June 2019 on Jurisdiction, the Recognition and Enforcement of Decisions in Matrimonial Matters and the Matters of Parental Responsibility, and on International Child Abduction* (Recast), 2019, p. 25, https://eur-lex. europa. eu/legal-content/EN/TXT/PDF/? uri=CELEX:32019R1111&qid=1563189419722&from=EN, 2022 年 5 月 1 日访问。

③ Case C-489/14 A v. B [2015] ECR, para. 33; Opinion of Advocate General Cruz Villalón, Delivered on 8 September 2015, para. 76.

④ Case C-386/17 Stefano Liberato v. Luminita Luisa Grigorescu [2019] ECR, para. 35; Opinion of Advocate General Bot, Delivered on 6 September 2018, para. 55.

一方面,对同一性条件予以恪守。"1999 年草案"第 11 条①和 2000 年欧盟理事会《关于婚姻事项和对配偶双方子女之父母责任事项的管辖权及判决承认与执行的第 1347/2000 号(欧共体)条例》第 11 条②将相同当事人和相同诉因作为欧盟跨国父母责任事项未决诉讼规则的适用条件,没有对跨国父母责任未决诉讼规则弱化相同当事人要求。

另一方面,对同一性条件尤其是相同当事人要求予以舍弃。这是目前欧盟的主流立场。虽然 2002 年欧盟理事会《关于婚姻事项和父母责任事项的管辖权及判决承认与执行并废除第 1347/2000 号(欧共体)条例和修正第 44/2001 号(欧共体)条例中关于扶养事项的理事会条例草案》第 19 条第 2 款对跨国父母责任事项未决诉讼规则未添加相同诉因条件,③但未得到支持。2003 年《布鲁塞尔条例Ⅱa》第 19 条第 2 款对跨国父母责任事项未决诉讼规则舍弃了相同当事人的要求。④ 2019 年欧盟理事会《第 2019/1111 号条例》第 20 条第 2 款对跨国父母责任事项未决诉讼规则舍弃了相同当事人要求,并新增规定保护措施等临时措施不得援引跨国父母责任事项未决诉讼规则。⑤ 例如,

---

① Council of the European Union, *Commission Proposal for a Council Regulation (EC) on Jurisdiction and the Recognition and Enforcement of Judgments in Matrimonial Matters and in Matters of Parental Responsibility for Joint Children*, 1999, p. 4, https://eur-lex. europa. eu/legal-content/EN/TXT/PDF/? uri=CELEX:51999PC0220&from=EN,2022 年 5 月 1 日访问。

② Council of the European Union, *Council Regulation (EC) No 1347/2000 of 29 May 2000 on Jurisdiction and the Recognition and Enforcement of Judgments in Matrimonial Matters and in Matters of Parental Responsibility for Children of Both Spouses*, 2000, p. 23, https://eur-lex. europa. eu/legal-content/EN/TXT/PDF/? uri=CELEX:32000R1347&from=EN,2022 年 5 月 1 日访问。

③ Council of the European Union, *Proposal for a Council Regulation Concerning Jurisdiction and the Recognition and Enforcement of Judgments in Matrimonial Matters and in Matters of Parental Responsibility Repealing Regulation (EC) No 1347/2000 and Amending Regulation (EC) No 44/2001 in Matters Relating to Maintenance*, 2002, pp. 160-161, https://eur-lex. europa. eu/legal-content/EN/TXT/PDF/? uri=CELEX:52002PC0222&from=EN,2022 年 5 月 1 日访问。

④ Council of the European Union, *Council Regulation (EC) No 2201/2003 of 27 November 2003 Concerning Jurisdiction and the Recognition and Enforcement of Judgments in Matrimonial Matters and the Matters of Parental Responsibility, Repealing Regulation (EC) No 1347/2000*, 2003, p. 9, https://eur-lex. europa. eu/legal-content/EN/TXT/PDF/? uri = CELEX: 32003R2201&qid = 1563193229798&from=EN,2022 年 5 月 1 日访问。

⑤ Council of the European Union, *Council Regulation (EU) 2019/1111 of 25 June 2019 on Jurisdiction, the Recognition and Enforcement of Decisions in Matrimonial Matters and the Matters of Parental Responsibility, and on International Child Abduction (Recast)*, 2019, p. 25, https://eur-lex. europa. eu/legal-content/EN/TXT/PDF/? uri=CELEX:32019R1111&qid=1563189419722&from=EN, 2022 年 5 月 1 日访问。

在 Bianca Purrucker v. Guillermo Vallés Pérez 案①中,耶斯基宁法官指出,国际未决诉讼规则通常仅适用于涉及相同当事人的诉讼。然而,《布鲁塞尔条例Ⅱa》第 19 条跨国父母责任事项未决诉讼规则的适用条件未提及双方当事人在跨国父母责任诉讼中保持一致,只要求此类诉讼涉及同一子女。最终,欧洲法院指出,《布鲁塞尔条例Ⅱa》第 19 条第 2 款跨国父母责任事项未决诉讼规则仅强调两国诉因相同,未要求两国诉讼当事人相同。在 Stefano Liberato v. Luminita Luisa Grigorescu 案②中,博特法官指出,与涉外婚姻事项未决诉讼规则的适用条件相反,跨国父母责任事项未决诉讼规则要求诉因必须相同,涉外扶养事项未决诉讼规则的适用亦必须具备相同的诉因和相同当事人。

(3)国际未决诉讼规则其他适用条件的剔除

第一,人权不属于国际未决诉讼规则的适用条件。例如,Irmengard Weber v. Mechthilde Weber 案③争议的焦点在于,后受诉法院援引《布鲁塞尔条例Ⅰ》第 27 条时是否需要将当事人司法保护权(right to judicial protection)或公正权(entitlement to justice)纳入考量因素? 保护跨国诉诸司法权是否允许减损国际未决诉讼规则的适用? 耶斯基宁法官指出,基于成员国司法相互信任原则,第 27 条除规定审查当事人、诉因和标的相同外,没有附加其他适用条件。虽然将公正审判权纳入第 27 条国际未决诉讼规则的考量因素符合《欧洲人权公约》第 6 条和《欧盟基本权利宪章》第 47 条保护人权原则,但是由于第 27 条的适用条件具有封闭性,后受诉法院没有自由裁量权,因此保护当事人跨国诉诸司法权不属于国际未决诉讼规则的考量因素。法院为保护当事人跨国诉诸司法权可通过援引条例第 28 条。当事人在首先受理法院起诉属于滥用诉讼程序(abuse of process),以及当事人获得有效司法保护的权利,均不属于后受诉法院根据第 27 条中止诉讼的考量因素。Erich Gasser GmbH v. MISAT Srl 案④争议的焦点在于,如果首先受理法院拖延诉讼导致诉讼持续时间过长,那么后受诉法院能否克减《布鲁塞尔公约》第 21 条的要求? 莱格法

---

① Case C-296/10 Bianca Purrucker v. Guillermo Vallés Pérez [2010] ECR I-11163,para. 65;Opinion of Advocate General Jääskinen,Delivered on 4 October 2010,para. 75.

② Opinion of Advocate General Bot,Delivered on 6 September 2018,Case C-386/17 Stefano Liberato v. Luminita Luisa Grigorescu [2019] ECR,para. 58.

③ Opinion of Advocate General Jääskinen,Delivered on 30 January 2014,Case C-438/12 Irmengard Weber v. Mechthilde Weber [2014] ECR,paras. 80-115.

④ Opinion of Advocate General Léger,Delivered on 9 September 2003,Case C-116/02 Erich Gasser GmbH v. MISAT Srl [2003] ECR I-14693,paras. 89-90.

官指出,受成员国司法相互信任原则的影响,《布鲁塞尔公约》未将首先受理法院的诉讼持续时间过长作为停止适用国际未决诉讼规则的考量因素。因此,即便首先受理缔约国法院的诉讼期限过长,亦不能减损第 21 条。可见,欧盟国际未决诉讼规则不受《欧洲人权公约》第 6 条的影响。① 虽然首先受理法院诉讼时间过长构成违反《欧洲人权公约》第 6 条,②但相互信任原则和时间优先性优先于其他考量因素,③成员国法院对国际未决诉讼规则的解释不应考虑人权原则。④ 然而,上述做法被诟病可能产生违反《人权法》的后果。⑤ 本书认为,基于相互信任原则、禁止实质审查原则的客观限制和为实现国际民商事管辖权分配的中立性,首先受理法院能否充分保护人权不宜被纳入国际未决诉讼规则的适用条件和考量因素。

第二,后受诉法院无须权衡首先受理法院是否为更适当的管辖法院。⑥ 2003 年,国际法研究所通过的《布鲁日决议》(Bruges Resolution)规定,若首先受理法院进行的诉讼旨在阻挠更适当的后受诉法院管辖,则法官不得适用第一时间规则。⑦ 虽然立法者将方便法院因素纳入国际未决诉讼规则的考量因素旨在联合大陆法系国际未决诉讼规则之可预测性要素与普通法系不方便法院原则之公正性要素,⑧但这将造成国际未决诉讼规则和不方便法院原则之间的界限消失。二者是相互平行的国际民商事管辖权冲突解决方法,不存在效力高低之分,不方便法院原则不构成对国际未决诉讼规则的减损。此外,若立法者将方便法院因素纳入国际未决诉讼规则的适用条件,则该规则将被赋

---

① Rajko Knez, *Torpedo Litigations under Regulation* 44/2001, 7 (2) Review of European Law 17, 25 (2005).

② Rolf A. Schütze, *Lis Pendens and Related Actions*, 4 (1) European Journal of Law Reform 57, 65 (2002).

③ Julia Suderow, *New Standards of Lis Pendens and Related Actions for Europe: The End of the Italian Torpedo Flexibility versus Predictability*, 5 (1) Cuadernos Derecho Transnacional 184, 184 (2013).

④ Michael Bodgan, *Brussels/Lugano Lis Pendens Rule and the "Italian Torpedo"*, 51 Scandinavian Studies in Law 89, 97 (2007).

⑤ 黄志慧:《人权保护对欧盟国际私法的影响》,法律出版社 2018 年版,第 134 页。

⑥ Masato Dogauchi, Trevor C. Hartley, *Preliminary Draft Convention on Exclusive Choice of Court Agreements Explanatory Report*, 2004, p. 20, https://assets. hcch. net/upload/wop/jdgm_pd25e. pdf, 2022 年 5 月 1 日访问。

⑦ Permanent Bureau, *Issues Paper on Matters of Jurisdiction (Including Parallel Proceedings)*, 2013, p. 13, https://assets. hcch. net/docs/edf2f696-2ac2-4553-afa5-d13c942b8f0d. pdf, 2022 年 5 月 1 日访问。

⑧ Ronald A. Brand, *Comparative Forum Non Conveniens and the Hague Convention on Jurisdiction and Judgments*, 37 (3) Texas International Law Journal 467, 494 (2002).

予过多自由裁量因素,增加被滥用的风险,不符合管辖权的可预见性价值取向,并背离国际未决诉讼规则的初衷与意旨。

第三,即便首先受理法院存在对后受诉法院不利的其他事项,后受诉法院依据国际未决诉讼规则中止诉讼时不应予以考虑。例如,在 B v. B 案①中,麦克唐纳法官指出,虽然首先受理法院明显存在对后受诉法院不利的事项,但前述不属于涉外扶养未决诉讼规则的考量因素。

综上所述,在适用条件的构成上,传统国际未决诉讼规则仅应满足时间条件和同一性条件,不得附加其他条件。② 正如在 Irmengard Weber v. Mechthilde Weber 案③中,耶斯基宁法官指出,尽管原告在首先受理法院起诉属于滥用诉讼程序,但这并非欧盟国际未决诉讼规则的禁止性适用条件。基于成员国司法相互信任原则,《布鲁塞尔条例Ⅰ》第27条除规定审查当事人、诉因和标的相同外,没有添加其他适用条件。在 Aannemingsbedrijf Aertssen NV and Aertssen Terrassements SA v. VSB Machineverhuur BV and Others 案④中,欧洲法院指出,第27条适用于相同当事人和相同诉因的两国诉讼,没有规定任何附加条件。

2. 国际未决诉讼规则适用条件的再造

在保留传统二要件说的基础上,当代国际未决诉讼规则的基础性和禁止性适用条件存在修正和调整。

(1)国际未决诉讼规则之密切联系条件的添附

《海牙判决公约》第7条第2款(b)项将密切联系原则新增为国际未决诉讼规则的适用条件。即争议和被请求国必须存在紧密联系,否则被请求国不得以国际未决诉讼为由拒绝承认与执行外国判决,这是海牙国际未决诉讼规则适用条件的突破和创新。

之所以第7条第2款新增密切联系条件,源于价值性理由、功能性理由和制度性理由。此三重理由前文已述,此处不再赘述。然而,国际未决诉讼规则密切联系条件的判断标准暂付阙如。

---

① B v. B (Maintenance Regulation-Stay) [2017] EWHC 1029 (Fam),para. 63.

② Case C-144/86 Gubisch Maschinenfabrik KG v. Giulio Palumbo [1987] ECR 04861,para. 14.

③ Opinion of Advocate General Jääskinen,Delivered on 30 January 2014,Case C-438/12 Irmengard Weber v. Mechthilde Weber [2014] ECR,paras. 80,82.

④ Case C-523/14 Aannemingsbedrijf Aertssen NV and Aertssen Terrassements SA v. VSB Machineverhuur BV and Others [2015] ECR,para. 40.

（2）国际未决诉讼规则之判决预测承认条件的添附

后受诉法院预测承认外国判决逐渐被纳入国际未决诉讼规则的适用条件。换言之，若后受诉法院预测外国首先受理法院未来作出的判决将在后受诉法院被承认，则该法院将不再行使管辖权以支持外国首先受理法院管辖。[①]例如，1998 年海牙《协助拟定关于国际民商事管辖权和外国判决效力公约的初步草案》第 23 条规定，如果相同当事人已在另一缔约国法院就相同标的提起诉讼，后受诉法院预测首先受理法院将在合理时间内根据本公约作出能够被后受诉法院承认的判决，那么后受诉法院将中止诉讼。[②] 2000 年海牙《民商事管辖权和外国判决公约初步草案和解释报告》提到，一国法院首先受理的事实不足以剥夺后受诉法院管辖权，只有当首先受理法院作出符合公约第三章（判决承认规则）的判决时，后受诉法院才有义务拒绝管辖。[③]

外国首先受理法院将在合理时间内作出能够被瑞士承认的判决，亦属于瑞士国际未决诉讼规则的适用条件。[④] 如果未来的外国判决预计将在日本得到承认，那么日本将依据国际未决诉讼规则拒绝管辖涉及相同当事人和相同诉因的诉讼。[⑤] 为了在魁北克法院成功援引国际未决诉讼规则，申请中止诉讼的一方当事人必须证明现存或最终外国判决根据魁北克法律具有可承认性。[⑥] 在 Elsbeth Freifrau von Horn v. Kevin Cinnamond 案[⑦]中，欧洲法院指出，如果首先受理法院的管辖权依据不符合《布鲁塞尔公约》第二编的规定，或违反判决来源国和被请求国之间缔结的其他公约，那么首先受理法院作出的

---

① Lennart Pålsson, *Institute of Lis Pendens in International Civil Procedure*, 14 Scandinavian Studies in Law 59,89 (1970).

② Permanent Bureau, *Preliminary Draft Outline to Assist in the Preparation of a Convention on International Jurisdiction and the Effects of Foreign Judgments in Civil and Commercial Matters*, 1998, p. 25, https://assets. hcch. net/docs/0cbb3742-8964-4c0d-9dd4-3e4e186138d8. pdf, 2022 年 5 月 1 日访问。

③ Hague Conference on Private International Law, *Preliminary Draft Convention on Jurisdiction and Foreign Judgments in Civil and Commercial Matters Adopted by the Special Commission and Report by Peter Nygh and Fausto Pocar*, 2000, p. 91, https://assets. hcch. net/docs/638883f3-0c0a-46c6-b646-7a099d9bd95e. pdf, 2022 年 5 月 1 日访问。

④ Gerhard Walter, *Lis Alibi Pendens and Forum Non Conveniens: From Confrontation via Coordination to Collaboration*, 4 (1) European Journal of Law Reform 69,70 (2002).

⑤ Masato Dogauchi, *Concurrent Litigations in Japan and the United States*, 37 Japanese Annual of International Law 72,93 (1994).

⑥ Geneviève Saumier, *The Recognition of Foreign Judgments in Quebec—The Mirror Crack'd*, 81 (3) Canadian Bar Review 677,696 (2002).

⑦ Case C-163/95 Elsbeth Freifrau von Horn v. Kevin Cinnamond [1997] ECR I-05451, paras. 20-21.

判决不能在后受诉法院所在国得到承认。在此情况下，后受诉法院不得适用第 21 条，而应继续受理诉讼。

然而，国际未决诉讼规则之判决预测承认条件存在诸多局限。该条件不仅预测难度大，而且容易与国际民商事管辖权领域预期承认理论发生混同。预期承认理论，是指外国法院的起诉在先，本国法院的起诉在后，本国法院以未来外国判决能在本国法院得到承认为由限制本国诉讼。①

（3）国际未决诉讼规则之禁止性适用条件的添附

《海牙判决公约》第 7 条第 2 款未将后受诉法院协议管辖、涉外专属管辖权和保护弱者管辖权利益原则作为国际未决诉讼规则的禁止性适用情形，有待修补。

① 后受诉法院协议管辖权情形下的禁止适用。

涉外协议管辖权情形是否禁止适用国际未决诉讼规则？② 传统上，欧盟对此持否定态度。例如，Erich Gasser GmbH v. MISAT Srl 案③争议的焦点在于，《布鲁塞尔公约》第 17 条与第 16 条是否共同构成第 21 条的减损事由？莱格法官指出，如果后受诉法院具有专属管辖权，那么可以减损《布鲁塞尔公约》第 21 条国际未决诉讼规则的要求。第 17 条的效力与第 16 条的相似，当事人协议选择的法院通常具有排他性管辖权。如若仍适用首先受理法院原则，则将严重损害第 17 条涉外排他性协议管辖的效力，并影响法律确定性，因此第 17 条构成对第 21 条的减损。根据管辖权协议具有专属管辖权的后受诉法院可以克减第 21 条，在无须等待首先受理法院宣布其无管辖权的情况下对该案件作出判决，而且首先受理法院无权对后受诉法院的管辖权提出质疑。最终，欧洲法院指出，根据涉外协议管辖权条款具有管辖权的后受诉法院必须中止诉讼，直至首先受理法院宣布自身没有管辖权为止，不得搁置或减损第 21 条。

然而，为了增强涉外排他性协议管辖的效力和避免当事人滥用诉讼策略，主权国家有必要规定国际未决诉讼机制的例外情况。④ 如果未被选定的法院

---

① 李旺：《国际民事诉讼中的冲突与程序》，清华大学出版社 2022 年版，第 183 页。

② Ilona Nurmela, *Sanctity of Dispute Resolution Clauses：Strategic Coherence of the Brussels System*, Journal of Private International Law 115, 131 (2005).

③ Case C-116/02 Erich Gasser GmbH v. MISAT Srl［2003］ECR I-14693, para. 54；Opinion of Advocate General Léger, Delivered on 9 September 2003, paras. 48-83.

④ Tadeusz Zwiefka, *Report on the Proposal for a Regulation of the European Parliament and of the Council on Jurisdiction and the Recognition and Enforcement of Judgments in Civil and Commercial Matters（Recast）*, 2012, p. 18, https://www. europarl. europa. eu/doceo/document/A-7-2012-0320＿EN. pdf, 2022 年 5 月 1 日访问。

首先受理,那么国际未决诉讼规则的时间优先权(priority in time)将让位于涉外排他性协议管辖规则。[①] 目前已有相关立法将涉外协议管辖权情形增添为国际未决诉讼规则禁止性适用情形。例如,2000 年《布鲁塞尔条例Ⅰ》的缺陷在于未合理处理国际未决诉讼规则和涉外协议管辖规则之间的关系,导致当事人滥用诉讼策略。[②] 2010 年欧洲委员会《关于民商事案件管辖权和判决承认与执行的条例(修订版)草案》第 29 条第 1 款新增规定,国际未决诉讼规则不得减损本条例第 32 条第 2 款涉外排他性协议管辖权规则。[③] 2012 年《布鲁塞尔条例Ⅰ(修订版)》第 29 条第 1 款延续了上述草案的做法,将涉外协议管辖权情形新增为欧盟国际未决诉讼规则的禁止性适用情形。[④] 可见,《布鲁塞尔条例Ⅰ(修订版)》取代传统第一时间优先机制(first-in-time priority mechanism),通过在国际未决诉讼规则中引入例外,给予当事人协议选择的法院以管辖权优先。[⑤] 此条例对欧盟国际未决诉讼规则的修正旨在提高法院选择协议的效力,打击滥用诉讼策略和鱼雷诉讼。[⑥] 这是欧盟国际未决诉讼处理方式的重大改进,亦是尊重涉外协议管辖权制度的重要措施。[⑦] 与此类似,2019 年欧盟理事会《第 2019/1111 号条例》序言第(38)条规定,为了提高涉外排他性法院选择协议的有效性,本条例关于国际未决诉讼的规定不应妨碍父母协议选择成员国法院行使排他性管辖权。条例正文第 20 条第 4 款和第 5

---

① Andrea Schulz,*Report on the First Meeting of the Informal Working Group on the Judgments Project-October* 22-25,2002,p. 15,https://assets. hcch. net/docs/16d309f5-3f52-4f07-a8d7-7b29724eb0f7. pdf,2022 年 5 月 1 日访问。

② Lukasz Gorywoda,*The New Design of the Brussels* Ⅰ *Regulation*:*Choice of Court Agreements and Parallel Proceedings*,19 Columbia Journal of European Law Online Supplement 1,1 (2013).

③ European Commission,*Proposal for a Regulation of the European Parliament and of the Council on Jurisdiction and the Recognition and Enforcement of Judgments in Civil and Commercial Matters* (*Recast*), 2010, p. 35, https://eur-lex. europa. eu/legal-content/EN/TXT/PDF/? uri = CELEX: 52010PC0748&from=EN,2022 年 5 月 1 日访问。

④ European Parliament and the Council of the European Union,*Regulation* (*EU*) *No* 1215/2012 *of the European Parliament and of the Council of 12 December* 2012 *on Jurisdiction and the Recognition and Enforcement of Judgments in Civil and Commercial Matters* (*Recast*),2012,p. 12,https://eur-lex. europa. eu/legal-content/EN/TXT/PDF/? uri=CELEX:32012R1215&from=EN,2022 年 5 月 1 日访问。

⑤ Ana-Magdalena Şoptică,*The Operation of the Lis Pendens Rule under the Brussels* Ⅰa *Regulation's Regime*,2015 (2) Revista Romana de Drept al Afacerilor 74,76 (2015).

⑥ Vesna Lazić, *The Revised Lis Pendens-Rule in the Brussels Jurisdiction Regulation*,15 (2) Review of European Law 5,7,14 (2013).

⑦ David Kenny, Rosemary Hennigan,*Choice-of-Court Agreements*,*the Italian Torpedo*,*and the Recast of the Brussels I Regulation*,64 (1) International and Comparative Law Quarterly 197,201 (2015).

款规定，如果第 10 条跨国父母责任事项协议管辖规则授予一成员国法院排他性管辖权，那么另一成员国法院应中止诉讼，直至选定的法院根据协议或承诺宣布自身没有管辖权为止；如果法院根据第 10 条跨国父母责任事项协议管辖规则确立了排他性管辖权，那么另一成员国的任何法院均应拒绝行使管辖权以支持由选定的法院管辖。① 2005 年海牙《选择法院协议公约》将涉外协议管辖的类型和效力限定于排他性法院选择协议，旨在避免选定法院之外的其他法院有权审理案件从而引发国际未决诉讼问题。②

② 后受诉法院专属管辖权情形下的禁止适用。

涉外专属管辖权情形是国际未决诉讼规则的法定除外适用情形。③ 若后受诉法院具有专属管辖权，则不得援引国际未决诉讼规则，④最终由具有专属管辖权的法院受理案件。⑤ 例如，在 Erich Gasser GmbH v. MISAT Srl 案⑥中，莱格法官指出，由于《布鲁塞尔公约》第 21 条的减损事由将滋生国际矛盾判决的风险，并阻碍判决的跨国承认与执行，因此后受诉法院只有在确实具有专属管辖权后才免于遵守第 21 条的要求。

与此类似，在 Irmengard Weber v. Mechthilde Weber 案⑦中，耶斯基宁法官指出，如果后受诉法院具有涉外专属管辖权，那么在首先受理法院就其管辖权作出决定之前，后受诉法院不应中止国际未决诉讼。虽然此种做法损害了首先受理法院原则上的优先权，但若要求具有涉外专属管辖权的后受诉法院

---

① Council of the European Union, *Council Regulation （EU） 2019/1111 of 25 June 2019 on Jurisdiction, the Recognition and Enforcement of Decisions in Matrimonial Matters and the Matters of Parental Responsibility, and on International Child Abduction （Recast）*, 2019, pp. 6, 25, https://eur-lex. europa. eu/legal-content/EN/TXT/PDF/? uri＝CELEX：32019R1111&qid＝1563189419722&from＝EN, 2022 年 5 月 1 日访问。

② Trevor Hartley, Masato Dogauchi, *Convention of 30 June 2005 on Choice of Court Agreements Explanatory Report*, p. 40, https://assets. hcch. net/upload/expl37final. pdf, 2022 年 5 月 1 日访问。

③ Rajko Knez, *Torpedo Litigations under Regulation* 44/2001, 7 （2） Review of European Law 17, 30 （2005）.

④ Chukwudi Ojiegbe, *Choice of Court Agreements and Brussels Ⅰ Recast—The End of "Torpedo" Actions*, 17 Trinity College Law Review 126, 130 （2014）.

⑤ Catherine Kessedjian, *Synthesis of the Work of the Special Commission of March 1998 on International Jurisdiction and the Effects of Foreign Judgments in Civil and Commercial Matters*, 1998, p. 39, https://assets. hcch. net/docs/3385edb5-6f63-4624-934c-4d4245fdcef6. pdf, 2022 年 5 月 1 日访问。

⑥ Opinion of Advocate General Léger, Delivered on 9 September 2003, Case C-116/02 Erich Gasser GmbH v. MISAT Srl [2003] ECR I-14693, paras. 75, 77.

⑦ Opinion of Advocate General Jääskinen, Delivered on 30 January 2014, Case C-438/12 Irmengard Weber v. Mechthilde Weber [2014] ECR, paras. 36-42.

中止诉讼程序,则不符合适当司法的要求,而且首先受理法院违反专属管辖权规则作出的判决将不会在其他成员国得到承认或执行。然而,在涉外专属管辖权情形下,即便后受诉法院认为首先受理法院缺乏管辖权,后受诉法院也只能审查其自身专属管辖权问题。

1999 年海牙《民商事管辖权和外国判决公约初步草案解释报告》[①]和 2021 年《海牙管辖权项目解释报告》[②]均指出,后受诉法院专属管辖权情形属于国际未决诉讼规则的禁止性适用情形。然而,《海牙判决公约》第 7 条第 2 款未将此作为国际未决诉讼规则的禁止性适用条件,不利于保护后受诉法院的专属管辖权利益,有待修补。

③ 保护弱者管辖权利益情形下的禁止适用。

弱者利益保护原则是国际私法的基本原则,并影响国际私法的具体制度设计。[③] 在国际民商事管辖权领域,保护弱者原则要求法官为弱者提供更多的管辖权便利或优势,以填补其弱势之处。投保人(包括被保险人和受益人)、消费者和雇员属于公认的国际民商事管辖权领域之弱者范畴,有权享受特殊管辖权规则带来的便利和偏向性保护。[④]

为避免弱者管辖权利益遭受不利影响,保护弱者原则构成国际未决诉讼规则的正当限制条件。[⑤] 虽然《海牙判决公约》第 7 条第 2 款存在法律漏洞,未作此规定,但 2021 年《海牙管辖权项目解释报告》将涉外消费者合同纠纷、涉外雇佣合同纠纷和涉外保险合同纠纷新增为国际未决诉讼规则禁止性适用情形。换言之,若由首先受理法院行使管辖优先权不利于保护弱者管辖权利益,则禁止适用国际未决诉讼规则。[⑥]

---

① Hague Conference on Private International Law, *Preliminary Draft Convention on Jurisdiction and Foreign Judgments in Civil and Commercial Matters Adopted by the Special Commission and Report by Peter Nygh and Fausto Pocar*, 2000, p. 90, https://assets. hcch. net/docs/638883f3-0c0a-46c6-b646-7a099d9bd95e. pdf, 2022 年 5 月 1 日访问。

② PB, *Report on the Jurisdiction Project*, 2021, p. 14, https://assets. hcch. net/docs/5fbec58b-d14f-49c6-8719-b1fb68fd6d5b. pdf, 2022 年 5 月 1 日访问。

③ 田园:《保护弱者原则对国际私法基本制度的影响》,载《中国国际私法与比较法年刊》(第四卷),法律出版社 2001 年版,第 84 页。

④ 向在胜:《欧盟国际民事诉讼法判例研究》,中国政法大学出版社 2013 年版,第 50、53 页。

⑤ Ana-Magdalena Şoptică, *The Operation of the Lis Pendens Rule under the Brussels la Regulation's Regime*, 2015 (2) Revista Romana de Drept al Afacerilor 74, 78 (2015).

⑥ PB, *Report on the Jurisdiction Project*, 2021, p. 15, https://assets. hcch. net/docs/5fbec58b-d14f-49c6-8719-b1fb68fd6d5b. pdf, 2022 年 5 月 1 日访问。

（二）国际未决诉讼规则适用条件的认定

《海牙判决公约》第 7 条第 2 款没有统一规定国际未决诉讼规则适用条件的判断标准。各国对相同当事人、相同诉因和受理在先等术语存在不同的解释。①

1. 相同当事人的判断标准

当事人的同一性（identity of the parties）是国际未决诉讼规则的一项基本要求。② 与之相反，国际关联诉讼规则的适用没有添加相同当事人条件。③ 例如，在 Drouot Assurances SA *v.* Consolidated Metallurgical Industries（CMI Industrial Sites）and Others 案④中，欧洲法院指出，《布鲁塞尔公约》第 21 条后受诉法院拒绝行使管辖权的前提条件之一是两国诉讼的当事人保持相同。

第一，双方当事人可能在国际平行诉讼中改变其程序角色，⑤那么相同当事人的认定是否受诉讼立场和程序地位的影响？欧盟对此持否定态度。例如，在 Aannemingsbedrijf Aertssen NV and Aertssen Terrassements SA *v.* VSB Machineverhuur BV and Others 案⑥中，欧洲法院指出，双方当事人是否相同的问题不取决于当事人在两国平行诉讼中的程序立场。在 The Owners of the Cargo Lately Laden on Board the Ship "Tatry" *v.* the Owners of the Ship "Maciej Rataj"案⑦中，特绍罗（Tesauro）法官指出，《布鲁塞尔公约》第 21 条的先决条件是在两国法院提起诉讼的当事人应当相同，但不受诉讼双方在

---

① 吴一鸣：《自由裁量权在国际民事诉讼管辖中的作用与表现》，载《湖北社会科学》2008 年第 2 期，第 143-144 页。

② August Reinisch, *The Use and Limits of Res Judicata and Lis Pendens as Procedural Tools to Avoid Conflicting Dispute Settlement Outcomes*, 3（1）Law and Practice of International Courts and Tribunals 37, 55（2004）.

③ PB, *Report on the Jurisdiction Project*, 2021, p. 9, https://assets. hcch. net/docs/5fbec58b-d14f-49c6-8719-b1fb68fd6d5b. pdf, 2022 年 5 月 1 日访问。

④ Case C-351/96 Drouot Assurances SA *v.* Consolidated Metallurgical Industries（CMI Industrial Sites）and Others [1998] ECR I-03075, para. 18.

⑤ I. V. Getman-Pavlova, M. A. Filatova, *Lis Pendens Principle in International Civil Procedure: Actions and Parties Identity Issues*, 2018（2）Herald of Civil Procedure 240, 240（2018）.

⑥ Case C-523/14 Aannemingsbedrijf Aertssen NV and Aertssen Terrassements SA *v.* VSB Machineverhuur BV and Others [2015] ECR, para. 41.

⑦ Opinion of Advocate General Tesauro, Delivered on 13 July 1994, Case C-406/92 The Owners of the Cargo Lately Laden on Board the Ship "Tatry" *v.* the Owners of the Ship "Maciej Rataj" [1994] ECR I-05439, paras. 14, 20.

两国诉讼中的程序地位的影响,即使双方立场在两国诉讼中发生逆转。在 Drouot Assurances SA *v.* Consolidated Metallurgical Industries (CMI Industrial Sites) and Others 案[①]中,芬内利法官指出,双方当事人身份的同一性不取决于双方在两国诉讼中的程序地位。相同当事人不仅是文义上的相同自然人或法人,而且必须以相同的权利出现。若后受诉法院对公约第 21 条相同当事人采取灵活解释方法继而拒绝行使管辖权,则该做法可能严重损害当事人公正审判权并偏离适当司法原则。

第二,如若仅部分当事人相同,那么法官能否援引国际未决诉讼规则?存在以下两种做法。首先,仅重叠当事人之间的涉外民商事诉讼可援引国际未决诉讼规则。例如,The Owners of the Cargo Lately Laden on Board the Ship "Tatry" *v.* the Owners of the Ship "Maciej Rataj"案[②]争议的焦点在于,《布鲁塞尔公约》第 21 条是否适用于涉及相同诉因但并非所有当事人均相同的两项诉讼? 欧洲法院指出,第 21 条的适用条件是两国诉讼程序必须在相同当事人之间进行。如果两项诉讼涉及相同的诉因,但后一诉讼仅部分当事人与首先受理法院审理的诉讼相同,那么后受诉法院仅应在重叠当事人范围内拒绝行使管辖权,其他当事人的诉讼在后受诉法院继续进行。其次,仅重叠利益之间的涉外民商事诉讼可援引国际未决诉讼规则。例如,在 Irmengard Weber *v.* Mechthilde Weber 案[③]中,耶斯基宁法官指出,即使两国诉讼的当事人并非完全相同,此情形亦受国际未决诉讼规则的调整,前提是双方当事人利益存在同一性和不可分割性,两国法院对其中一方当事人作出的判决对另一方当事人具有既判力,以致理应被视为相同当事人。本书认为,在管辖权确立阶段,法官难以对当事人实体利益的不可分割性进行准确评估,裁量难度较大,因此基于简易性的考虑,第一种做法更为可取。

第三,将法定听审权和辩护权的获取作为当事人身份的取得时间。例如,

---

① Opinion of Advocate General Fennelly, Delivered on 15 January 1998, Case C-351/96 Drouot Assurances SA *v.* Consolidated Metallurgical Industries (CMI Industrial Sites) and Others [1998] ECR I-03075, paras. 27, 29, 31.

② Case C-406/92 The Owners of the Cargo Lately Laden on Board the Ship "Tatry" *v.* the Owners of the Ship "Maciej Rataj" [1994] ECR I-05439, paras. 30, 35.

③ Opinion of Advocate General Jääskinen, Delivered on 30 January 2014, Case C-438/12 Irmengard Weber *v.* Mechthilde Weber [2014] ECR, para. 53.

在 Mærsk Olie & Gas A/S *v*. Firma M. de Haan en W. de Boer 案①中,莱格法官指出,《布鲁塞尔公约》第 21 条相同当事人的概念不仅涉及当事人各方是否相同的问题,而且牵涉个人在个案中取得当事人身份的时间问题。相同当事人的定义和认定标准不应与《欧洲人权公约》第 6 条和《欧洲联盟基本权利宪章》第 47 条公正审判权相冲突。当事人身份的获得取决于两个核心要素:个人有权辩护和被传唤参加诉讼。第 21 条相同当事人的解释不能放弃人权价值考量,受诉法院只有在完成传唤被告参加诉讼的手续后,诉讼主体才能被视为诉讼的一方或多方。

2. 相同诉因的判断标准

相同诉因(the same cause of action)是国际未决诉讼规则同一性条件的重要内容。例如,在 Re T *v*. T 案②中,莫依兰法官指出,法国的诉因是涉外扶养关系,英格兰的诉因是其他涉外婚姻家庭权利义务关系,二者不具有相同诉因,故本案不得援引国际未决诉讼规则。

如何界定相同诉因是国际未决诉讼规则面临的一项疑虑,③"不论寻求何种救济"使"相同诉因"一词的外延具有广泛性。④

(1)相同诉因之"诉因"的解释

相同诉因之"诉因"(cause of action)的内容由作为诉讼基础的事实和法律规则两部分组成。⑤ 具体阐述如下。

第一,若两国平行诉讼非基于相同事实,则不具备相同诉因。例如,在 Gantner Electronic GmbH *v*. Basch Exploitatie Maatschappij BV 案⑥中,莱格法官指出,相同法律事实是国际未决诉讼规则相同诉因的重要组成部分。

---

① Opinion of Advocate General Léger, Delivered on 13 July 2004, Case C-39/02 Mærsk Olie & Gas A/S *v*. Firma M. de Haan en W. de Boer [2004] ECR I-09657, paras. 35-37.

② Re T *v*. T (Occupation Orders, Brussels I and Protective Measures) [2010] EWHC 3776 (Fam), para. 84.

③ Vesna Lazić, Steven Stuij eds., *Brussels Ibis Regulation Changes and Challenges of the Renewed Procedural Scheme*, T. M. C. Asser Press, 2017, p. 12.

④ Martine Stückelberg, *Lis Pendens and Forum Non Conveniens at the Hague Conference*, 26 (3) Brooklyn Journal of International Law 949, 976-977 (2001).

⑤ Case C-523/14 Aannemingsbedrijf Aertssen NV and Aertssen Terrassements SA *v*. VSB Machineverhuur BV and Others [2015] ECR, para. 43.

⑥ Opinion of Advocate General Léger, Delivered on 5 December 2002, Case C-111/01 Gantner Electronic GmbH *v*. Basch Exploitatie Maatschappij BV [2003] ECR I-04207, para. 39.

第二,若两国平行诉讼依据的法律规则不一致,则不具备相同诉因。例如,在 Irmengard Weber *v.* Mechthilde Weber 案^①中,耶斯基宁法官指出,由于诉因的概念包括作为申请依据的事实和法律规则,因此尽管两项争端基于相同的事实,但若诉讼程序基于不同的法律文件,则可认定两国诉讼的诉因并不相同。在 Mærsk Olie & Gas A/S *v.* Firma M. de Haan en W. de Boer 案^②中,欧洲法院指出,《布鲁塞尔公约》第 21 条诉因包括作为诉讼基础的事实和法律规则。即便两国诉讼的事实相同,但若构成每一项申请依据的法律规则不同,则不具有相同诉因。

第三,相同诉因应考虑国际平行诉讼各原告的诉求,而且不要求诉求完全相同。尽管基于同一法律关系的两国程序处理不同类型的诉求,但其符合《布鲁塞尔条例Ⅰ》第 27 条国际未决诉讼规则之相同诉因条件。^③ 例如,在 Drouot Assurances SA *v.* Consolidated Metallurgical Industries（CMI Industrial Sites）and Others 案^④中,芬内利法官指出,相同诉因的概念不能被限制为两个完全相同的主张。在 The Owners of the Cargo Lately Laden on Board the Ship "Tatry" *v.* the Owners of the Ship "Maciej Rataj"案^⑤中,欧洲法院指出,原告提起的要求被告承担损害赔偿责任并支付损害赔偿金的诉讼,其诉因和标的与被告诉称对损失不承担责任的早期诉讼相同。Gantner Electronic GmbH *v.* Basch Exploitatie Maatschappij BV 案^⑥争议的焦点在于,《布鲁塞尔公约》第 21 条相同诉因的认定是否需要将被告的辩护意见纳入审查标准? 莱格法官指出,为了确定诉讼是否具有公约第 21 条所指的相同诉因,两国受理法院应仅将原告的观点视为决定性因素,但不得考虑被告提出的抵销异议(an

---

　　① Opinion of Advocate General Jääskinen,Delivered on 30 January 2014,Case C-438/12 Irmengard Weber *v.* Mechthilde Weber［2014］ECR,para. 71.

　　② Case C-39/02 Mærsk Olie & Gas A/S *v.* Firma M. de Haan en W. de Boer［2004］ECR I-09657, para. 38.

　　③ Michael Bodgan,*Brussels/Lugano Lis Pendens Rule and the "Italian Torpedo"*,51 Scandinavian Studies in Law 89,91（2007）.

　　④ Opinion of Advocate General Fennelly, Delivered on 15 January 1998, Case C-351/96 Drouot Assurances SA *v.* Consolidated Metallurgical Industries（CMI Industrial Sites）and Others［1998］ECR I-03075,para. 25.

　　⑤ Case C-406/92 The Owners of the Cargo Lately Laden on Board the Ship "Tatry" *v.* the Owners of the Ship "Maciej Rataj"［1994］ECR I-05439,para. 45.

　　⑥ Case C-111/01 Gantner Electronic GmbH *v.* Basch Exploitatie Maatschappij BV［2003］ECR I-04207,para. 32;Opinion of Advocate General Léger,Delivered on 5 December 2002,para. 57.

objection of set-off)。最终，欧洲法院指出，如果诉求的内容和性质可以结合被告未来递交的异议加以修改，那么公约第 21 条的目标将受阻，而且可能导致最初管辖法院随后只得拒绝审理案件。因此，第 21 条相同诉因的判断只应考虑各原告的诉求，不包括被告提出的辩护意见。

第四，否定性宣告诉讼与实质性救济诉讼不存在相同诉因，否定性宣告救济通常被排除在国际未决诉讼规则的适用范围之外。① 例如，在 Nipponkoa Insurance Co. (Europe) Ltd v. Inter-Zuid Transport BV 案②中，欧洲法院指出，一成员国的否定性宣告诉讼与另一成员国受理的相同当事人之损害赔偿诉讼不具有相同诉因。被告偶尔可能提起否定性宣告诉讼以恶意选择诉讼地，此属于滥用权利。鉴于此，如果首先受理法院审理的诉讼是要求作出否定性宣告的诉讼，后受诉法院审理的诉讼是寻求实质性救济的诉讼，那么不得适用国际未决诉讼规则。③

第五，相同诉因之其他考量因素。例如，在 Bianca Purrucker v. Guillermo Vallés Pérez 案④中，欧洲法院指出，相同诉因的定义应考虑《布鲁塞尔条例Ⅱa》第 19 条第 2 款防止国际矛盾判决的目标。在 Irmengard Weber v. Mechthilde Weber 案⑤中，耶斯基宁法官指出，两国诉讼是否具有相同的诉因和相同的标的，必须特别考虑首先受理法院未来判决的潜在既判力和预期法律后果。

（2）相同诉因之"相同"的解释

国际未决诉讼规则适用于涉及相同当事人、相同诉因和相同标的之国际

---

① European Commission, *Commission Staff Working Paper Impact Assessment Accompanying Document to the Proposal for a Regulation of the European Parliament and of the Council on Jurisdiction and the Recognition and Enforcement of Judgments in Civil and Commercial Matters (Recast)*, 2010, p. 31, https://eur-lex. europa. eu/legal-content/EN/TXT/PDF/? uri＝CELEX：52010SC1547&from＝EN，2022 年 5 月 1 日访问。

② Case C-452/12 Nipponkoa Insurance Co. (Europe) Ltd v. Inter-Zuid Transport BV [2013] ECR, para. 49.

③ Hague Conference on Private International Law, *Preliminary Draft Convention on Jurisdiction and Foreign Judgments in Civil and Commercial Matters Adopted by the Special Commission and Report by Peter Nygh and Fausto Pocar*, 2000, p. 91, https://assets. hcch. net/docs/638883f3-0c0a-46c6-b646-7a099d9bd95e. pdf，2022 年 5 月 1 日访问。

④ Case C-296/10 Bianca Purrucker v. Guillermo Vallés Pérez [2010] ECR I-11163，para. 67.

⑤ Opinion of Advocate General Jääskinen, Delivered on 30 January 2014, Case C-438/12 Irmengard Weber v. Mechthilde Weber [2014] ECR, para. 67.

平行诉讼,那么达到多大程度的相同才能中止诉讼?[①] 存在以下两种立场。

第一,相同诉因之相同的程度须达到镜像。例如,在 B v. B 案[②]中,麦克唐纳法官指出,在确定两国诉讼是否具有相同诉因时,法院必须参考每一诉讼中原告的诉求而非被告的抗辩意见,查明基本事实以及思量各方声称的基本权利和义务,以确定两国诉讼是否存在共同关系和相同标的,而且最为关键的是判断二者是否为彼此的镜像(a mirror image of each other)。

第二,管辖权竞合的两国诉讼当事人和争议事项达到类似程度,法官即可援引国际未决诉讼规则。[③]

本书认为,相同是指彼此无差异,两种事物对比其中一方没有任何变化,因此镜像标准更契合同一性条件之"相同"一词的语义。

3. 相同标的之判断标准

国际未决诉讼规则面临的疑虑在于,如何确定外国和国内诉讼具有相同标的(same subject matter)?[④] 关于相同标的和相同诉因的区分,存在以下三种观点。

第一,相同标的和相同诉因属于全同关系。例如,在 The Owners of the Cargo Lately Laden on Board the Ship "Tatry" v. the Owners of the Ship "Maciej Rataj"案[⑤]中,欧洲法院指出,《布鲁塞尔公约》第 21 条没有明确区分诉讼标的(object of action)和诉因的概念。Gubisch Maschinenfabrik KG v. Giulio Palumbo 案[⑥]争议的焦点在于,一方当事人向一成员国法院起诉申请宣告合同无效,而另一方当事人向另一成员国法院提起诉讼以强制执行合同,此种情形是否满足《布鲁塞尔公约》第 21 条国际未决诉讼规则之相同标的要求? 欧洲法院指出,第 21 条的德文版本没有明确区分"标的"和"诉因"。相同标的的概念不能被限制为意味着两项完全相同的主张。在本案中,虽然前一诉讼申请强制执行合同,后一诉讼申请撤销和解除合同,但合

---

① James P. George, *International Parallel Litigation—A Survey of Current Conventions and Model Laws*, 37(3) Texas International Law Journal 499, 530(2002).

② B v. B(Maintenance Regulation-Stay)[2017] EWHC 1029(Fam), para. 58.

③ 刘仁山:《国际私法》(第 6 版),中国法制出版社 2019 年版,第 449 页。

④ Lennart Pålsson, *Institute of Lis Pendens in International Civil Procedure*, 14 Scandinavian Studies in Law 59, 100(1970).

⑤ Case C-406/92 The Owners of the Cargo Lately Laden on Board the Ship "Tatry" v. the Owners of the Ship "Maciej Rataj"[1994] ECR I-05439, para. 38.

⑥ Case C-144/86 Gubisch Maschinenfabrik KG v. Giulio Palumbo[1987] ECR 04861, paras. 14-19.

同约束力问题是两国诉讼的共同核心，具有相同标的，因此可适用国际未决诉讼规则。

第二，相同标的和相同诉因属于全异关系。例如，在 Irmengard Weber v. Mechthilde Weber 案①中，耶斯基宁法官指出，诉因的概念包括作为诉讼基础的事实和法律规则，而诉讼标的概念是指诉讼目的（the end the action has in view）抑或诉讼的预期结果（the desired outcome of the proceedings）。相同标的不限于原告在两国同时进行的诉讼中提出的诉求内容完全相同。为了确定两国诉讼是否具有相同的标的，应仅考虑各自原告的诉求，而无须考虑被告提出的辩护意见。在 Brigitte Schlömp v. Landratsamt Schwäbisch Hall 案②中，斯普纳法官指出，诉因包括作为诉讼基础的事实和法律规则，诉讼标的是诉讼的目的。不同的诉求不意味着两国诉讼的标的不同。在 Aannemingsbedrijf Aertssen NV and Aertssen Terrassements SA v. VSB Machineverhuur BV and Others 案③中，欧洲法院指出，《布鲁塞尔条例Ⅰ》第 27 条相同诉讼标的是指诉讼的目的，此概念不局限于形式上相同的诉求。在 Bianca Purrucker v. Guillermo Vallés Pérez 案④中，欧洲法院指出，诉因的概念包括作为诉讼基础的事实和法律规则，而诉讼标的是指诉讼的目的。为了确定两国诉讼是否具有相同的标的，必须考虑原告在各诉讼中的主张。

第三，相同诉因和相同标的属于包含与被包含关系，"诉因"一词应广义地解释为包含诉讼标的。⑤ 例如，在 B v. B 案⑥中，麦克唐纳法官指出，欧盟《第 4/2009 号条例》第 12 条第 1 款相同诉因，是指具有相同的标的（same object）和相同的原因（same cause）。原因的同一性（identity of cause）是指诉讼依据的事实和法律规则均相同。标的的同一性（identity of object）是指诉讼必须具有相同的目的。

---

① Opinion of Advocate General Jääskinen, Delivered on 30 January 2014, Case C-438/12 Irmengard Weber v. Mechthilde Weber [2014] ECR, para. 66.

② Opinion of Advocate General Szpunar, Delivered on 18 October 2017, Case C-467/16 Brigitte Schlömp v. Landratsamt Schwäbisch Hall [2017] ECR, para. 31.

③ Case C-523/14 Aannemingsbedrijf Aertssen NV and Aertssen Terrassements SA v. VSB Machineverhuur BV and Others [2015] ECR, para. 45.

④ Case C-296/10 Bianca Purrucker v. Guillermo Vallés Pérez [2010] ECR I-11163, para. 68.

⑤ Peter Nygh, Fausto Pocar, *Report of the Special Commission*, p. 275, https://assets.hcch.net/docs/810aefc4-ab66-457b-8ec7-6049d8793be3.pdf, 2022 年 5 月 1 日访问。

⑥ B v. B (Maintenance Regulation-Stay) [2017] EWHC 1029 (Fam), para. 50.

诉讼标的理论起源于罗马法时代,^①但诉讼标的的识别标准至今仍存在理论分歧和冲突,^②并在实务中呈现纷乱状态。^③《海牙判决公约》第 7 条第 2 款基于公约第 4 条第 2 款禁止实质审查原则的考虑,将相同诉因(相同诉讼事实＋相同法律规则)排除出国际未决诉讼规则同一性条件的内容,仅保留相同当事人和相同标的。这意味着"全异关系说"更为合理,相同标的属于一项独立概念,不构成相同诉因一词的同义语,而且相同标的的识别不涉及审查外国判决中的事实认定和法律适用,否则将违反第 4 条第 2 款。

4. 首先受理的判断标准

国际未决诉讼规则通过简单的时间顺序优先权测试(simple test of chronological priority),将管辖优先权授予首先受理法院,以防止国际平行诉讼和国际矛盾判决。时间顺序测试旨在确保国际平行诉讼情形下管辖权分配的中立性、可预测性和确定性。^④ 那么,如何判断已受理和受理顺序在先?

(1)首先受理之"已受理"的含义

受理的标志是什么?国际未决诉讼规则的适用需要对法院受理的概念进行定义。^⑤ 不同国家法律制度在法院"受理"的概念上存在差异,导致难以准确界定首先受理法院(court first seized)的含义。^⑥

法院受理的概念存在以下认定标准和分歧。首先,一旦提起诉讼的文件在法院登记处备案,即视为法院已受理。其次,在被告被传唤出庭并将诉讼提交法院之后,才构成受理。^⑦ 例如,1998 年海牙《协助拟定关于国际民商事管

---

① 巢志雄:《诉讼标的理论的知识史考察——从罗马法到现代法国法》,载《法学论坛》2017 年第 6 期,第 63 页。

② 包冰锋、陈今玉:《诉讼标的与法官阐明权的行使》,载《理论月刊》2010 年第 10 期,第 120 页。

③ 严仁群:《诉讼标的之本土路径》,载《法学研究》2013 年第 3 期,第 91 页。

④ Justin P. Cook, *Pragmatism in the European Union: Recasting the Brussels Ⅰ Regulation to Ensure the Effectiveness of Exclusive Choice-of-Court Agreements*, 4 Aberdeen Student Law Review 76, 79 (2013).

⑤ Catherine Kessedjian, *Synthesis of the Work of the Special Commission of March 1998 on International Jurisdiction and the Effects of Foreign Judgments in Civil and Commercial Matters*, 1998, pp. 40-41, https://assets. hcch. net/docs/3385edb5-5f63-4624-934c-4d4245fdcef6. pdf, 2022 年 5 月 1 日访问。

⑥ Catherine Kessedjian, *International Jurisdiction and Foreign Judgments in Civil and Commercial Matters*, 1997, p. 43, https://assets. hcch. net/docs/76852ce3-a967-42e4-94f5-24be4289d1e5. pdf, 2022 年 5 月 1 日访问。

⑦ Catherine Kessedjian, *Synthesis of the Work of the Special Commission of March 1998 on International Jurisdiction and the Effects of Foreign Judgments in Civil and Commercial Matters*, 1998, pp. 40-41, https://assets. hcch. net/docs/3385edb5-5f63-4624-934c-4d4245fdcef6. pdf, 2022 年 5 月 1 日访问。

辖权和外国判决效力公约的初步草案》第 23 条规定,当法院收到申请且提起诉讼的文件或同等文件已妥为送达被告时,法院即告受理。① 最后,将签发令状的第一行为(the first act for issuing the writ)的时刻作为国际未决诉讼情形下法院已受理的关键时间点。②

为适用国际未决诉讼规则,《布鲁塞尔条例 I(修订版)》第 32 条第 1 款专门对法院被视为已受理规定了以下两项标志。首先,提起诉讼的文书或其他同等文书被提交到法院,前提是原告随后采取应有措施使文书有效送达被告。其次,若文书必须在提交法院前被送达,则文书被负责送达的机构接收,前提是原告随后采取应有措施使文书提交法院。

第一,首先受理法院是否为采取临时措施的法院? 例如,Bianca Purrucker *v.* Guillermo Vallés Pérez 案③争议的焦点在于,如果一方当事人在首先受理法院仅诉请采取临时措施,而其他当事人随后向另一成员国法院基于相同诉因诉请对事项实质作出裁决,那么此情形能否适用《布鲁塞尔条例 II a》第 19 条第 2 款跨国父母责任事项未决诉讼条款? 耶斯基宁法官指出,第 19 条国际未决诉讼规则的适用主体没有区分实质事项受诉法院和临时措施受诉法院。由于第 20 条所述临时措施仅在采取这些措施的法院所在地国具有效力,在其他成员国内不具有约束力,因此不可能存在第 19 条含义范围内的国际未决诉讼。最终,欧洲法院指出,由于条例第 20 条临时措施决定与对事项实质具有管辖权的法院作出的判决不可能相互矛盾,因此若判决中未明确说明采取临时措施的法院对该事项的实质具有管辖权,则受理临时措施的法院与对该案实质具有管辖权的法院之间不构成国际未决诉讼。2019 年欧盟理事会《第 2019/1111 号条例》第 20 条第 2 款新增规定保护措施等临时措施不得援引跨国父母责任事项未决诉讼规则。④ 上述规定表明,首先受理法院不得为采取

---

① Permanent Bureau, *Preliminary Draft Outline to Assist in the Preparation of a Convention on International Jurisdiction and the Effects of Foreign Judgments in Civil and Commercial Matters*, 1998, pp. 25, https://assets. hcch. net/docs/bce612db-6448-4052-aec7-7abc88ac548f. pdf, 2022 年 5 月 1 日访问。

② Kalliope TH. Makridou, *Institutions of Lis Pendens and Related Actions According to Regulation 44/2001（"Brussels I"）*, 55（2）Revue Hellenique de Droit International 441, 445（2002）.

③ Case C-296/10 Bianca Purrucker *v.* Guillermo Vallés Pérez［2010］ECR I-11163, paras. 71, 79; Opinion of Advocate General Jääskinen, Delivered on 4 October 2010, paras. 99, 107.

④ Council of the European Union, *Council Regulation（EU）2019/1111 of 25 June 2019 on Jurisdiction, the Recognition and Enforcement of Decisions in Matrimonial Matters and the Matters of Parental Responsibility, and on International Child Abduction（Recast）*, 2019, p. 25, https://eur-lex. europa. eu/legal-content/EN/TXT/PDF/? uri=CELEX:32019R1111&qid=1563189419722&from=EN, 2022 年 5 月 1 日访问。

临时措施的法院。如果首先受理法院仅属于受理临时措施的法院，而后受诉法院属于对案件实质具有管辖权的法院，那么此种情形禁止适用国际未决诉讼规则。①

第二，首先受理法院能否为第三国法院？欧盟传统理念认为，只有当未决诉讼下的两国法院均属于成员国法院时，两国法院才能适用欧盟国际未决诉讼规则。② 换言之，尽管第三国法院可能是更适当的管辖法院，但首先受理成员国法院只能拒绝管辖以支持其他成员国法院，而不能支持第三国法院。③ 例如，在 Owens Bank Ltd *v.* Fulvio Bracco and Bracco Industria Chimica SpA 案④中，欧洲法院指出，《布鲁塞尔公约》第 21 条不适用于非成员国法院之诉。然而，此否定态度随后逐渐发生转换。因成员国法院和第三国法院之间亦可能发生未决诉讼情形，故《布鲁塞尔公约》亟须增补适用于成员国法院和第三国法院之间的国际未决诉讼规则。⑤ 虽然《布鲁塞尔条例Ⅰ》没有规定涉及第三国的未决诉讼规则，但英国法院曾同意中止诉讼以支持由第三国法院行使管辖权，以维护欧盟国际未决诉讼规则的效力。⑥ 2010 年欧洲委员会《关于民商事案件管辖权和判决承认与执行的条例（修订版）草案》引入一项自由裁量式国际未决诉讼规则，适用于欧盟和第三国法院正在审理的涉及相同当事人和相同标的的争端。即如果第三国法院首先受理预期将在合理时间内作出判决，而且该判决能够在后受诉成员国法院得到承认，那么后受诉法院可以例外

---

① European Commission, *Report from the Commission to the European Parliament, the Council and the European Economic and Social Committee on the Application of Council Regulation（EC）No 2201/ 2003 Concerning Jurisdiction and the Recognition and Enforcement of Judgments in Matrimonial Matters and the Matters of Parental Responsibility, Repealing Regulation（EC）No 1347/2000*, 2014, p. 7, https://eur-lex. europa. eu/legal-content/EN/TXT/PDF/? uri ＝ CELEX：52014DC0225&qid ＝ 1643975948570&from＝EN,2022 年 5 月 1 日访问。

② Catherine Kessedjian, *International Jurisdiction and Foreign Judgments in Civil and Commercial Matters*, 1997, p. 19, https://assets. hcch. net/docs/76852ce3-a967-42e4-94f5-24be4289d1e5. pdf, 2022 年 5 月 1 日访问。

③ Peter Nygh, Fausto Pocar, *Report of the Special Commission*, p. 277, https://assets. hcch. net/ docs/810aefc4-ab66-457b-8ec7-6049d8793be3. pdf, 2022 年 5 月 1 日访问。

④ Case C-129/92 Owens Bank Ltd *v.* Fulvio Bracco and Bracco Industria Chimica SpA［1994］ECR I-00117, para. 37.

⑤ Catherine Kessedjian, *Synthesis of the Work of the Special Commission of March* 1998 *on International Jurisdiction and the Effects of Foreign Judgments in Civil and Commercial Matters*, 1998, p. 15, https://assets. hcch. net/docs/3385edb5-6f63-4624-934c-4d4245fdcef6. pdf, 2022 年 5 月 1 日访问。

⑥ Chukwudi Ojiegbe, *Choice of Court Agreements and Brussels* Ⅰ *Recast—The End of "Torpedo" Actions*, 17 Trinity College Law Review 126, 137（2014）.

地中止诉讼,以避免欧盟内外平行诉讼的发生。[①] 2012 年《布鲁塞尔条例Ⅰ(修订版)》保留了第一时间受理机制(first-in-time seized mechanism),并重铸国际未决诉讼规则。[②]《布鲁塞尔条例Ⅰ(修订版)》第 33 条新引入涉及第三国的国际未决诉讼规则,即在第三国首先受理的情形下,成员国法院应中止诉讼以支持由第三国法院行使管辖权,但须满足以下条件。首先,相互冲突的程序必须首先在第三国启动。其次,第三国法院预期作出的判决能够在后受诉成员国法院得到承认。最后,为了实现适当司法目的,后受诉法院有必要中止诉讼。[③] 此外,第 33 条对后受诉成员国法院的管辖权依据进行了限制,要求后受诉成员国法院的管辖权取自该条例第 4 条、第 7 条、第 8 条或第 9 条。[④] 这是欧盟国际未决诉讼规则的新发展,[⑤]该规则有利于解决欧盟成员国与第三国法院的国际平行诉讼问题。[⑥] 在涉外家事管辖权领域,《布鲁塞尔条例Ⅱa》亦无适用于成员国法院和第三国法院之间的国际未决诉讼规则。[⑦] 例如,在 AB v. CB 案[⑧]中,博迪(Body)法官指出,《布鲁塞尔条例Ⅱa》第 19 条首先受理机制仅用于解决各成员国之间的涉外家事管辖权冲突。成员国和第三国之间的涉外家事平行诉讼规则暂付阙如。鉴于此,2016 年欧盟委员会专家组提议在涉外家事管辖权领域引入一项针对第三国的自由裁量式涉外家事未决诉讼规则,以减少国际平行诉讼和国际矛盾判决的风险,前提是首先受理的第三国法

---

  ① European Commission, *Proposal for a Regulation of the European Parliament and of the Council on Jurisdiction and the Recognition and Enforcement of Judgments in Civil and Commercial Matters* (*Recast*), 2010, p. 8, https://eur-lex. europa. eu/legal-content/EN/TXT/PDF/? uri = CELEX:52010PC0748&from=EN,2022 年 5 月 1 日访问。

  ② Ana-Magdalena Şoptică, *The Operation of the Lis Pendens Rule under the Brussels la Regulation's Regime*,2015 (2) Revista Romana de Drept al Afacerilor 74,84 (2015).

  ③ Justin P. Cook, *Pragmatism in the European Union: Recasting the Brussels Ⅰ Regulation to Ensure the Effectiveness of Exclusive Choice-of-Court Agreements*,4 Aberdeen Student Law Review 76,83 (2013).

  ④ Marta Requejo Isidro, *Business and Human Rights Abuses: Claiming Compensation under the Brussels Ⅰ Recast*,10 (1) Human Rights &. International Legal Discourse 72,87 (2016).

  ⑤ Antonio Durán Ayago, *Pending Proceedings before Courts of Third States and Regulation* (EU) *No. 1215/2012: Toast to the Sun*,13 Anuario Espanol de Derecho Internacional Privado 171,171 (2013).

  ⑥ 肖雯:《欧盟〈布鲁塞尔条例Ⅰ(重订)〉关于"未决诉讼"修订之评介》,载《大连海事大学学报(社会科学版)》2019 年第 5 期,第 45 页。

  ⑦ European Parliament, *Jurisdiction in Matrimonial Matters—Reflections for the Review of the Brussels Ⅱa Regulation Study for the JURI Committee*,2016, p. 17, https://www. europarl. europa. eu/RegData/etudes/STUD/2016/571361/IPOL_STU%282016%29571361_EN. pdf,2022 年 5 月 1 日访问。

  ⑧ AB v. CB [2012] EWHC 3841 (Fam),para. 20.

院作出的判决预期能够在后受诉成员国法院得到承认。① 总之,欧盟国际未决诉讼情形下的首先受理法院不再限于成员国法院。②

（2）受理"在先"的时间标准

对国际未决诉讼规则而言,重要的是确定法院受理的时间先后顺序。③例如,在 Re V 案④中,帕克·DBE（Parker DBE）法官指出,何国诉讼程序最先开始是至关重要的问题。欧盟涉外扶养未决诉讼规则规定,如果两国程序的诉因相同,那么除首先受理法院以外的其他法院应主动宣布没有管辖权,而且在首先受理法院确立管辖权期间后受理法院必须中止该程序。

不同国家法律在法院受理的概念上存在差异,导致难以准确界定首先受理法院。⑤ 受理在先应通过客观标准加以识别,其时间起算点始于诉状送达被告之时。⑥ 例如,1998 年海牙《协助拟定关于国际民商事管辖权和外国判决效力公约初步草案》第 23 条规定,当法院收到申请且提起诉讼的文件或同等文件已妥善送达被告时,法院即告受理。⑦

起初,《布鲁塞尔公约》和《卢加诺公约》没有对国际未决诉讼情形下法院受理"在先"规定统一的时间判断标准,⑧而是根据法院地法原则由成员国国内法确定。例如,在 B v. B 案⑨中,麦克唐纳法官指出,《布鲁塞尔公约》第 21

---

① European Commission, *Commission Staff Working Document Impact Assessment Accompanying the Document Proposal for a Council Regulation on Jurisdiction*, *the Recognition and Enforcement of Decisions in Matrimonial Matters and the Matters of Parental Responsibility*, *and on International Child Abduction* (*Recast*), 2016, pp. 25-26, https://eur-lex. europa. eu/legal-content/EN/TXT/PDF/? uri = CELEX:52016SC0207&qid=1644118461952&from=EN,2022 年 5 月 1 日访问。

② Justin P. Cook, *Pragmatism in the European Union*: *Recasting the Brussels Ⅰ Regulation to Ensure the Effectiveness of Exclusive Choice-of-Court Agreements*,4 Aberdeen Student Law Review 76,83 (2013).

③ Ville de Bauge *v*. China [2014] EWHC 3975 (Fam),para. 10.

④ Re V [2016] EWHC 668 (Fam),para. 42.

⑤ Catherine Kessedjian, *International Jurisdiction and Foreign Judgments in Civil and Commercial Matters*,1997,p. 43,https://assets. hcch. net/docs/76852ce3-a967-42e4-94f5-24be4289d1e5. pdf,2022 年 5 月 1 日访问。

⑥ Opinion of Advocate General Mancini,Delivered on 11 April 1984,Case C-129/83 Siegfried Zelger *v*. Sebastiano Salinitri [1984] ECR 02397,p. 2416.

⑦ Permanent Bureau, *Preliminary Draft Outline to Assist in the Preparation of a Convention on International Jurisdiction and the Effects of Foreign Judgments in Civil and Commercial Matters*,1998, p. 25,https://assets. hcch. net/docs/bce612db-6448-4052-aec7-7abc88ac548f. pdf,2022 年 5 月 1 日访问。

⑧ Gerhard Walter, *Lis Alibi Pendens and Forum Non Conveniens*: *From Confrontation via Co-ordination to Collaboration*,4 (1) European Journal of Law Reform 69,75 (2002).

⑨ B *v*. B (Maintenance Regulation-Stay) [2017] EWHC 1029 (Fam),para. 55.

条之所以没有规定国际未决诉讼是否始于两国法院收到申请之时或向有关当事人送达之时或通知该申请之时,是因为公约的目的不是统一这些手续。这些手续与各国的司法程序组织密切相关。法院受理的时间问题应根据各法院地国的国内法确定。在 Siegfried Zelger *v.* Sebastiano Salinitri 案[①]中,欧洲法院指出,欧盟各成员国程序规则对法院受理日期的规定不尽相同。在法国、意大利、卢森堡和荷兰,从提起诉讼的文件送达被告之时起,即视为法院受理。在比利时,当诉讼登记在册时,才构成法院受理。

根据欧盟立法规定和欧洲法院判例法,判断受理在先的时间标准和客观标志如下。

第一,起诉文书或同等文书提交到法院的日期即为法院受理的日期,前提是原告随后按要求采取应有措施使文书有效送达被告。

第二,如果起诉文书或同等文书必须在提交法院之前进行送达,那么负责送达的机构收到文书之时视为法院受理的日期,前提是原告随后按要求采取应有措施使文书提交法院。例如,Siegfried Zelger *v.* Sebastiano Salinitri 案[②]争议的焦点在于,《布鲁塞尔公约》第 21 条法院受理在先的时间判断基准以提起诉讼的文件提交法院登记处时为准,抑或以向被告送达诉状时为准? 曼奇尼法官认为,在不同成员国法院提起的涉及相同诉因和相同当事人的两组或多组诉讼中,受理顺序必须通过客观标准加以判别,而且法院受理的时间不得始于提起诉讼的文件送达被告之前。在 Bianca Purrucker *v.* Guillermo Vallés Pérez 案[③]中,耶斯基宁法官指出,《布鲁塞尔条例Ⅱa》第 16 条对法院受理日期采取的判断标准如下:法院受理的时间是指提起诉讼的文件提交法院或负责送达的当局收到的日期。

第三,对于上述两项情形外无须提交起诉文书的情形下,原告提起申诉的时间即为法院受理的时间。例如,在 Aannemingsbedrijf Aertssen NV and Aertssen Terrassements SA *v.* VSB Machineverhuur BV and Others 案[④]中,欧洲法院指出,如果个人提起申诉且无须提交文件,那么提起申诉的时间即为

①　Case C-129/83 Siegfried Zelger *v.* Sebastiano Salinitri[1984] ECR 02397,paras. 10-11.

②　Opinion of Advocate General Mancini,Delivered on 11 April 1984,Case C-129/83 Siegfried Zelger *v.* Sebastiano Salinitri[1984] ECR 02397,p. 2416.

③　Opinion of Advocate General Jääskinen,Delivered on 4 October 2010,Case C-296/10 Bianca Purrucker *v.* Guillermo Vallés Pérez[2010] ECR I-11163,para. 98.

④　Case C-523/14 Aannemingsbedrijf Aertssen NV and Aertssen Terrassements SA *v.* VSB Machineverhuur BV and Others[2015] ECR,para. 60.

地方执法官(magistrate)受理的时间。

第四,基于功能分析下"法院"一词的扩大解释,调解机构受理的日期可视为法院受理的日期。例如,2019 年欧盟理事会《第 2019/1111 号条例》序言第(35)条规定,在国际未决诉讼中,国家调解机构受理强制性调解事项的日期应视为法院受理的日期。[①] 在 Brigitte Schlömp v. Landratsamt Schwäbisch Hall 案[②]中,斯普纳法官指出,基于功能分析方法(functional approach),调解机构(Schlichtungsbehörde)受理的时刻可视为《卢加诺公约(修订版)》第 27 条之法院受理的时刻。最终,欧洲法院指出,调解机构(conciliation authority)根据瑞士法律受理强制性调解事项的日期是本案法院受理的日期。

第五,法院受理的日期不应追溯至调查措施程序开始的日期。例如,HanseYachts AG v. Port D′ Hiver Yachting SARL and Others 案[③]争议的焦点在于,在国际未决诉讼中,启动取证程序的文件是否构成《布鲁塞尔条例Ⅰ》第 30 条第 1 款所指的提起诉讼的文件或同等文件? 调查措施程序开始的日期是否构成条例第 30 条第 1 款的受理日期? 索格曼斯加德法官指出,条例第 27 条只是根据法院受理的时间顺序制定了一项程序规则,没有规定在何种情况下法院的管辖权应被视为已确立。为便于国际未决诉讼规则的适用和减少受理在先的认定分歧,第 30 条单独统一规定了法院受理时间的判断标准。如果当事人先前已在一成员国提起独立的调查取证程序,并在该调查措施结束之后向该国法院提起了主要诉讼,那么第 30 条法院受理的时间并不追溯至取证程序启动的日期。最终,欧洲法院指出,国际未决诉讼机制以法院受理的时间顺序为基础,条例第 30 条对"已受理"这一术语单独进行了统一规定,以避免成员国出现国际未决诉讼时间的评估差异。根据第 30 条第 1 款的规定,在提起诉讼的文件或同等文件提交法院时,应视为法院已受理,只要原告随后采取应有措施使文书有效送达被告。第 30 条规定的"同等文件"是指提起实质

---

① Council of the European Union, *Council Regulation (EU) 2019/1111 of 25 June 2019 on Jurisdiction, the Recognition and Enforcement of Decisions in Matrimonial Matters and the Matters of Parental Responsibility, and on International Child Abduction (Recast)*, 2019, p. 6, https://eur-lex. europa. eu/legal-content/EN/TXT/PDF/? uri＝CELEX:32019R1111&qid＝1563189419722&from＝EN, 2022 年 5 月 1 日访问。

② Case C-467/16 Brigitte Schlömp v. Landratsamt Schwäbisch Hall [2017] ECR, para. 58；Opinion of Advocate General Szpunar, Delivered on 18 October 2017, para. 50.

③ Case C-29/16 HanseYachts AG v. Port D′ Hiver Yachting SARL and Others [2017] ECR, paras. 28-30,35；Opinion of Advocate General Saugmandsgaard Øe, Delivered on 26 January 2017, paras. 60,67, 82.

性诉讼的文件,不包括提起取证程序的文件。取证程序开始的日期亦不构成法院受理的日期。

为实现判断标准的统一性,1999 年海牙《民商事管辖权和外国判决公约初步草案》第 21 条提议,法院受理的时间基准宜酌情适用世界时间(universal time)。① 世界时间是指格林尼治标准时间(Greenwich mean time)。②

(3)受理在先判断中的合作义务

为便于判断受理顺序,欧盟制定首先受理法院确定管辖权的最后期限,并建立前后受诉法院的交流沟通机制。③

第一,首先受理法院和后受诉法院应在时间层面加强交流与合作。具体内容如下。

一方面,首先受理法院应在合理时间内对其管辖权作出决定,但合理期限的判断标准存在模糊性。④ 例如,在 I(A Child)案⑤中,黑尔(Hale)法官指出,就《布鲁塞尔条例Ⅱa》第 19 条国际未决诉讼规则而言,由于首先受理法院确定管辖权的时间直接影响后受诉法院中止诉讼等后续步骤的实施,因而立法者有必要对时限(time-limit)进行规定,首先受理法院必须在一个固定的时间内受理。在 Irmengard Weber v. Mechthilde Weber 案⑥中,耶斯基宁法官指出,《布鲁塞尔公约》第 21 条的表述是,只有在首先受理法院管辖权受到质疑的情况下,后受诉法院才有权选择中止诉讼。然而,目前具体的实践机制相反。后受诉法院被要求在首先受理法院的管辖权确立之前暂停其诉讼程序。

---

① Hague Conference on Private International Law, *Preliminary Draft Convention on Jurisdiction and Foreign Judgments in Civil and Commercial Matters Adopted by the Special Commission and Report by Peter Nygh and Fausto Pocar*, 2000, p. 11, https://assets. hcch. net/docs/638883f3-0c0a-46c6-b646-7a099d9bd95e. pdf,2022 年 5 月 1 日访问。

② Peter Nygh, Fausto Pocar, *Report of the Special Commission*, p. 277, https://assets. hcch. net/docs/810aefc4-ab66-457b-8ec7-6049d8793be3. pdf,2022 年 5 月 1 日访问。

③ European Commission, *Commission Staff Working Paper Impact Assessment Accompanying Document to the Proposal for a Regulation of the European Parliament and of the Council on Jurisdiction and the Recognition and Enforcement of Judgments in Civil and Commercial Matters* (Recast),2010, p. 31, https://eur-lex. europa. eu/legal-content/EN/TXT/PDF/? uri = CELEX:52010SC1547&from = EN,2022 年 5 月 1 日访问。

④ Hague Conference on Private International Law, *Preliminary Draft Convention on Jurisdiction and Foreign Judgments in Civil and Commercial Matters Adopted by the Special Commission and Report by Peter Nygh and Fausto Pocar*, 2000, p. 90, https://assets. hcch. net/docs/638883f3-0c0a-46c6-b646-7a099d9bd95e. pdf,2022 年 5 月 1 日访问。

⑤ I(A Child)[2009] UKSC 10,para. 24.

⑥ Opinion of Advocate General Jääskinen, Delivered on 30 January 2014, Case C-438/12 Irmengard Weber v. Mechthilde Weber [2014] ECR, paras. 34-35.

6 个月期限通常被认为是首先受理法院裁决是否行使管辖权的合理期限。正如 2010 年欧洲委员会《关于民商事案件管辖权和判决承认与执行的条例（修订版）草案》第 29 条第 2 款新增规定，除特殊情况外，首先受理法院应在 6 个月内确立管辖权。应后受诉法院的请求，首先受理法院应告知该法院其受理的日期，以及其是否已对争议确立管辖权。如果首先受理法院未确立管辖权，那么其应告知预期确立管辖权的时间。① 2011 年欧盟委员会《跨国夫妻财产制条例草案》第 12 条第 2 款新增规定，首先受理法院应在 6 个月内确立其管辖权，除非由于特殊情况无法实现。应后受诉法院的请求，首先受理法院应告知其受理日期和是否已确立对本案的管辖权，否则应告知其确立管辖权所需的预期时间。② 2011 年欧盟委员会《涉外注册伴侣财产制条例草案》第 12 条第 2 款亦新增与前述类似的规定。③

另一方面，后受诉法院应毫不迟延地（without delay）将受理的日期通知首先受理法院。④ 例如，2012 年《布鲁塞尔条例Ⅰ（修订版）》第 29 条第 2 款规定，应首先受理法院的请求，后受理法院均应当依据本条例第 32 条的规定立即通知首先受理法院受理的时间。⑤ 2016 年欧盟理事会《第 2016/1103 号条例》第 17 条第 2 款规定，应首先受理法院的请求，后受理法院应毫不迟延地将

① European Commission, *Proposal for a Regulation of the European Parliament and of the Council on Jurisdiction and the Recognition and Enforcement of Judgments in Civil and Commercial Matters (Recast)*, 2010, p. 35, https://eur-lex. europa. eu/legal-content/EN/TXT/PDF/? uri ＝ CELEX：52010PC0748＆from＝EN,2022 年 5 月 1 日访问。

② European Commission, *Proposal for a Council Regulation on Jurisdiction, Applicable Law and the Recognition and Enforcement of Decisions in Matters of Matrimonial Property Regimes*, 2011, p. 20, https://eur-lex. europa. eu/legal-content/EN/TXT/PDF/? uri＝CELEX：52011PC0126＆rid＝44,2022 年 5 月 1 日访问。

③ European Commission, *Proposal for a Council Regulation on Jurisdiction, Applicable Law and the Recognition and Enforcement of Decisions Regarding the Property Consequences of Registered Partnerships*, 2011, p. 20, https://eur-lex. europa. eu/legal-content/EN/TXT/PDF/? uri ＝ CELEX：52011PC0127＆rid＝50,2022 年 5 月 1 日访问。

④ Tadeusz Zwiefka, *Report on the Proposal for a Regulation of the European Parliament and of the Council on Jurisdiction and the Recognition and Enforcement of Judgments in Civil and Commercial Matters (Recast)*, 2012, p. 56, https://www. europarl. europa. eu/doceo/document/A-7-2012-0320_EN. pdf,2022 年 5 月 1 日访问。

⑤ European Parliament and the Council of the European Union, *Regulation (EU) No 1215/2012 of the European Parliament and of the Council of 12 December 2012 on Jurisdiction and the Recognition and Enforcement of Judgments in Civil and Commercial Matters (Recast)*, 2012, p. 12, https://eur-lex. europa. eu/legal-content/EN/TXT/PDF/? uri＝CELEX：32012R1215＆from＝EN,2022 年 5 月 1 日访问。

受理日期通知前一法院。^① 2016 年欧盟理事会《第 2016/1104 号条例》第 17 条第 2 款的内容与前述规定亦同。^②

　　第二,首先受理法院和后受诉法院应在信息层面加强交流与合作。例如,在 Stefano Liberato v. Luminita Luisa Grigorescu 案^③中,博特法官指出,后受诉法院可以结合国际未决诉讼的反对理由,向当事人询问诉讼存在(the existence of the alleged proceedings)和诉讼内容相关信息。基于《布鲁塞尔条例Ⅱa》成员国司法合作原则和相互信任原则,后受诉法院可通知首先受理法院已向其提起的诉讼以提醒首先受理法院注意国际未决诉讼,并请求首先受理法院向其提供国际未决诉讼的信息,诠释管辖权立场,以及通知其已就此作出的任何判决。在 Bianca Purrucker v. Guillermo Vallés Pérez 案^④中,耶斯基宁法官和欧洲法院指出,《布鲁塞尔条例Ⅱa》国际未决诉讼规则的实际实施需要尽可能解决成员国诉讼程序和立法信息交换的问题。根据该条例第 19 条的规定,后受诉法院一旦知晓存在其他关于该事项的诉讼,且该诉讼似乎正在另一成员国法院进行,则后受诉法院必须核实这些诉讼是否存在,确定其诉因,并尝试与首先受理法院、相关成员国的中央当局或通过欧洲司法网络(European Justice Network)与国家联络法官(national liaison magistrate)联系。后受诉法院可积极加强与各方当事人合作。对国际未决诉讼提出反对理由的一方可能提供证据证明首先受理法院将作出与之相冲突的判决。成员国和中央当局亦须进行合作,首先受理法院应在合理期限内向其他成员国法院提供国际未决诉讼的必要信息。虽然后受诉法院应主动中止诉讼程序,但首先受理法院不宜令后受诉法院过久等候国际未决诉讼信息。为迅速作出裁决

---

　　① Council of the European Union, *Council Regulation (EU) 2016/1103 of 24 June 2016 Implementing Enhanced Cooperation in the Area of Jurisdiction, Applicable Law and the Recognition and Enforcement of Decisions in Matters of Matrimonial Property Regimes*, 2016, p. 15, https://eur-lex. europa. eu/legal-content/EN/TXT/PDF/? uri＝CELEX:32016R1103&qid＝1634390031353&from＝EN, 2022 年 5 月 1 日访问。

　　② Council of the European Union, *Council Regulation (EU) 2016/1104 of 24 June 2016 Implementing Enhanced Cooperation in the Area of Jurisdiction, Applicable Law and the Recognition and Enforcement of Decisions in Matters of the Property Consequences of Registered Partnerships*, 2016, p. 43, https://eur-lex. europa. eu/legal-content/EN/TXT/PDF/? uri ＝ CELEX:32016R1104&qid ＝ 1634390238922&from＝EN,2022 年 5 月 1 日访问。

　　③ Opinion of Advocate General Bot, Delivered on 6 September 2018, Case C-386/17 Stefano Liberato v. Luminita Luisa Grigorescu [2019] ECR, para. 50.

　　④ Case C-296/10 Bianca Purrucker v. Guillermo Vallés Pérez [2010] ECR I-11163, para. 81; Opinion of Advocate General Jääskinen, Delivered on 4 October 2010, paras. 123-126.

和保护儿童最佳利益,《布鲁塞尔条例Ⅱa》有必要对首先受理法院作出答复的期限设定一个时限。虽然德国援引欧洲人权法院的判例法建议选择 6 个月的期限,但鉴于变更前的惯常居所地在 3 个月内具有持续管辖权,故本条例可类推将 3 个月作为首先受理法院确立管辖权的合理期限。如果首先受理法院或中央当局收到请求后的 3 个月内没有提供信息,除非存在不可抗力造成的障碍,否则后受诉法院可以从这种沉默中推断其他成员国没有未决的国际平行诉讼。

5. 禁止实质审查原则下密切联系条件的判断标准

国际未决诉讼语境下的禁止实质审查原则,是指国际未决诉讼规则赋予首先受理法院决定自身管辖权的垄断权,[①]后受诉法院不得审查首先受理法院的管辖权,否则被视为干扰首先受理法院的权限。[②]

之所以规定此种管辖权审查禁止,一方面基于相互信任原则,另一方面基于后受诉法院不熟悉首先受理法院所在地国法律的客观限制,[③]在确定首先受理法院是否具有管辖权方面,后受诉法院不会比首先受理法院处于更好的地位。[④] 例如,在 Irmengard Weber v. Mechthilde Weber 案[⑤]中,耶斯基宁法官指出,虽然后受诉法院须履行《布鲁塞尔条例Ⅰ》第 27 条第 1 款之中止诉讼义务,但该条例不宜要求后受诉法院熟悉首先受理成员国法院适用的《民法》或《民事诉讼法》的具体内容和特点。

第一,一般涉外民商事未决诉讼规则秉持禁止实质审查原则。例如,Overseas Union Insurance Limited and Others v. New Hampshire Insurance Company 案[⑥]争议的焦点在于,《布鲁塞尔公约》第 21 条是否允许后受诉法院审查首先受理法院是否具有或在多大程度上具有管辖权? 范·格文(Van

---

① Michael Bodgan, *Brussels/Lugano Lis Pendens Rule and the "Italian Torpedo"*, 51 Scandinavian Studies in Law 89, 92 (2007).

② Rajko Knez, *Torpedo Litigations under Regulation* 44/2001, 7 (2) Review of European Law 17, 23 (2005).

③ Opinion of Advocate General Jääskinen, Delivered on 30 January 2014, Case C-438/12 Irmengard Weber v. Mechthilde Weber [2014] ECR, para. 49.

④ Case C-116/02 Erich Gasser GmbH v. MISAT Srl [2003] ECR I-14693, para. 48.

⑤ Opinion of Advocate General Jääskinen, Delivered on 30 January 2014, Case C-438/12 Irmengard Weber v. Mechthilde Weber [2014] ECR, para. 49.

⑥ Case C-351/89 Overseas Union Insurance Limited and Others v. New Hampshire Insurance Company [1991] ECR I-03317, paras. 24-25; Opinion of Advocate General Van Gerven, Delivered on 7 March 1991, para. 14.

Gerven)法官指出,虽然首先受理法院的管辖权遭受质疑,但后受诉法院中止诉讼程序时不得审查首先受理法院的管辖权。最终,欧洲法院指出,公约第28条和第34条第2款仅允许在具有强制性或公共政策性质的涉外特别管辖权案件或涉外专属管辖权案件中,被请求国法院可审查判决来源国法院的管辖权。除此有限的例外情况外,公约未授权一国审查另一国法院的管辖权。尽管首先受理法院的管辖权面临质疑,但是后受诉法院不得自行审查首先受理法院的管辖权。与此类似,在 Elsbeth Freifrau von Horn v. Kevin Cinnamond 案①中,雅各布斯(Jacobs)法官指出,即便首先受理法院的管辖权备受质疑,《布鲁塞尔公约》第21条禁止后受诉法院审查首先受理法院的管辖权。若根据《布鲁塞尔公约》第4条首先受理法院的管辖权由首先受理法院所在国法律规定,则首先受理法院更适合就其自身管辖权问题作出裁决。另外,在 Erich Gasser GmbH v. MISAT Srl 案②中,欧洲法院指出,如果首先受理法院的管辖权遭受质疑,那么此应交还首先受理法院审查决定,后受诉法院不得自行审查首先受理法院的管辖权。

第二,涉外家事未决诉讼规则秉持禁止实质审查原则。例如,在 Bianca Purrucker v. Guillermo Vallés Pérez 案③中,耶斯基宁法官指出,《布鲁塞尔条例Ⅱa》第19条承袭了国际未决诉讼中传统的在先临时规则(prior temporis rule),应由首先受理法院决定自身是否具有管辖权。在 B v. B 案④中,麦克唐纳法官指出,后受诉法院援引欧盟涉外扶养未决诉讼规则时不应调查首先受理成员国法院是否具有管辖权的问题。

鉴于禁止实质审查原则,那么首先受理法院和后受诉法院应如何对国际未决诉讼规则的新条件进行判断?

首先,国际未决诉讼规则新适用条件的判断仍须恪守禁止实质审查原则。例如,在 Irmengard Weber v. Mechthilde Weber 案⑤中,耶斯基宁法官指出,尽管后受诉法院认为首先受理法院缺乏管辖权,但该法院应禁止审查首先受理法院的管辖权,而且依据涉外管辖权协议或涉外专属管辖权规则行使

---

① Opinion of Advocate General Jacobs,Delivered on 14 May 1996,Case C-163/95 Elsbeth Freifrau von Horn v. Kevin Cinnamond [1997] ECR I-05451,para. 26.

② Case C-116/02 Erich Gasser GmbH v. MISAT Srl [2003] ECR I-14693,paras. 44,48.

③ Opinion of Advocate General Jääskinen, Delivered on 4 October 2010, Case C-296/10 Bianca Purrucker v. Guillermo Vallés Pérez [2010] ECR I-11163,para. 103.

④ B v. B (Maintenance Regulation-Stay) [2017] EWHC 1029 (Fam),para. 62.

⑤ Opinion of Advocate General Jääskinen,Delivered on 30 January 2014,Case C-438/12 Irmengard Weber v. Mechthilde Weber [2014] ECR,para. 36.

管辖权的后受诉法院只能审查其自身涉外协议管辖权或涉外专属管辖权问题。

其次,形式审查属于容许后受诉法院审查的范围。例如,在 Elsbeth Freifrau von Horn *v.* Kevin Cinnamond 案[①]中,欧洲法院指出,首先受理法院更适合就其自身的管辖权问题作出裁决,后受诉法院仅限于确定首先受理法院的管辖权是否属于《布鲁塞尔公约》或两国缔结的其他公约的范围。

2019 年《海牙判决公约》第 7 条第 2 款(b)项将密切联系原则新增为国际未决诉讼规则的适用条件,即争议和被请求国必须存在密切联系,否则被请求国法院不得以国际未决诉讼为由拒绝承认与执行外国判决。然而,该公约没有确定哪些管辖权基础符合密切联系原则的要求。第 7 条第 2 款(b)项国际未决诉讼规则密切联系条件的判断受以下"双重"禁止实质审查原则的约束。

一方面,源于《海牙判决公约》第 4 条第 2 款的禁止实质审查,是指被请求国裁决是否承认与执行外国判决时,禁止审查外国判决中的事实认定和法律适用。之所以第 4 条第 2 款禁止实质审查,此乃基于公约缔结层面、国际私法层面和法经济学层面多重理由的考虑。[②] 第 7 条第 2 款密切联系条件的判断不得审查外国判决中的事实认定和法律适用,否则将违反第 4 条第 2 款。

另一方面,源于国际未决诉讼规则本身的禁止实质审查,是指后受诉法院不得对首先受理法院的管辖权进行实质审查。根据 2020 年《海牙判决公约解释报告》的诠释,本公约第 5 条列举的管辖权依据可作为海牙国际未决诉讼规则密切联系条件的判断标准,但原告国籍或其在被请求国的住所等过度管辖权依据除外。[③] 换言之,根据形式审查原则,后受理法院无须考虑当事人住所地和首先受理法院的管辖权依据。[④] 只要首先受理法院的管辖权标准出自《海牙判决公约》第 5 条,非属于涉外过度管辖权依据,则可认定案件与该法院存在密切联系。首先受理法院管辖权的合理性与便利性之实质审查属于后受理法院禁止审查的范围。[⑤]

---

① Case C-163/95 Elsbeth Freifrau von Horn *v.* Kevin Cinnamond [1997] ECR I-05451,para. 25.

② 刘阳、向在胜:《论〈海牙判决公约〉中的禁止实质性审查条款》,载《武大国际法评论》2020 年第 5 期,第 51-54 页。

③ Francisco Garcimartín,Geneviève Saumier,*Explanatory Report on the Convention of 2 July 2019 on the Recognition and Enforcement of Foreign Judgments in Civil or Commercial Matters*,2020,p. 124,https://assets. hcch. net/docs/a1b0b0fc-95b1-4544-935b-b842534a120f. pdf,2022 年 5 月 1 日访问。

④ Michael Bodgan,*Brussels/Lugano Lis Pendens Rule and the "Italian Torpedo"*,51 Scandinavian Studies in Law 89,92 (2007).

⑤ 向在胜:《欧盟国际民事诉讼法判例研究》,中国政法大学出版社 2013 年版,第 150 页。

第三节　涉外专属管辖权冲突之中国法上的回应

根据法律渊源的不同，我国涉外专属管辖权冲突包括以下两种解决方法。第一，我国根据国际民商事司法协助条约以避免发生涉外专属管辖权冲突。第二，我国根据 2023 年《民事诉讼法》以解决涉外专属管辖权冲突。然而，我国对首先受理法院原则的规定具有跛足性（2023 年我国《民事诉讼法》第 36 条和第 280 条），无益于解决涉外真实专属管辖权冲突。不仅如此，首先受理法院原则无法用于解决涉外虚假专属管辖权冲突。例如，2023 年我国《民事诉讼法》第 281 条第 1 款规定，外国法院已先于我国法院行使国际民商事裁判管辖权，现当事人书面申请我国法院中止诉讼。因涉外民商事纠纷属于我国法院专属管辖权范围，故我国法院不应中止诉讼。虽然不方便法院原则（2022 年我国《民事诉讼法司法解释》第 530 条）确系解决涉外民商事管辖权冲突的重要原则，但该原则在涉外专属管辖权领域功能失灵（2023 年我国《民事诉讼法》第 282 条）。总之，2022 年我国《民事诉讼法司法解释》和 2023 年我国《民事诉讼法》涉外民商事专属管辖权冲突的解决方法暂付阙如，有待修补。

一、我国国际民商事司法协助条约的方法失灵

1992 年《中华人民共和国和西班牙王国关于民事、商事司法协助的条约》第 21 条第 2 款第 2 项、1999 年《中华人民共和国和突尼斯共和国关于民事和商事司法协助的条约》第 23 条第 2 款第 2 项、2012 年《中华人民共和国和波斯尼亚和黑塞哥维那关于民事和商事司法协助的条约》第 24 条第 2 款和 2014 年《中华人民共和国和埃塞俄比亚联邦民主共和国关于民事和商事司法协助的条约》第 25 条第 2 款皆规定，缔约双方应在本条约生效后，以书面形式相互通知本国专属管辖权规则，以减少发生专属管辖权冲突。

然而，条约的主体适用范围有限，而且条约内容不影响缔约双方国内法关于专属管辖权的规定，因此国际民商事司法协助条约无法解决涉外专属管辖权范围不统一的难题，难以根除涉外民商事专属管辖权冲突。

二、2023 年我国《民事诉讼法》的方法失灵

在国际民商事管辖权冲突的传统解决方法中,我国载有首先受理法院原则(2023 年《民事诉讼法》第 36 条)和不方便法院原则(2022 年我国《民事诉讼法司法解释》第 530 条、2023 年《民事诉讼法》第 282 条)。那么,我国能否援引上述两项原则解决涉外民商事专属管辖权冲突?

(一)我国国际未决诉讼规则的跛足性

在本田株式会社与双环公司侵犯外观设计专利权纠纷管辖权异议案[①]中,我国最高人民法院将首先受理法院原则作为解决国际知识产权平行诉讼的方法。然而,首先受理法院原则无法被用于解决我国涉外专属管辖权冲突。

1. 我国国际未决诉讼规则立场的跛足性

第一,我国跛足性国际未决诉讼规则无益于解决涉外真实专属管辖权冲突。根据 2023 年我国《民事诉讼法》第 36 条和第 280 条的规定,我国不仅对国内平行诉讼和国际平行诉讼的态度截然相反,而且对首先受理法院原则抑或国际未决诉讼规则的立场大不相同。我国对国内平行诉讼持否定态度,并将首先受理法院原则作为国内管辖权冲突的解决方式。与之相比,对于国际平行诉讼,我国放任国际平行诉讼的发生,即使外国法院受理在先,我国法院亦可行使管辖权,偏离首先受理法院原则。[②]换言之,尽管外国法院早已受理案件或亦已作出判决,但当事人基于相同的事实和理由向中国法院起诉,我国法院仍可对此行使管辖权,除非外国判决已被我国承认与执行。[③]此种情形被我国法院认为不构成重复诉讼,[④]不违反一事不再理原则。[⑤]

第二,我国跛足性国际未决诉讼规则无益于解决涉外虚假专属管辖权冲突。即便我国将首先受理法院原则纳入国际平行诉讼领域,但此原则亦无法

---

①　参见最高人民法院(2012)民三终字第 1 号民事裁定书。

②　李双元、欧福永:《国际私法学》(第 3 版),北京大学出版社 2015 年版,第 382-383 页;刘仁山、陈杰:《我国面临的国际平行诉讼问题与协调对策》,载《东岳论丛》2019 年第 12 期,第 154 页。

③　例如,海通国际证券有限公司诉陈洪保证合同纠纷案,参见广东省深圳前海合作区人民法院(2016)粤 0391 民初 1944 号民事判决书;佛山市顺德区汉方萃取卫生用品有限公司、广东顺德彩宏贸易有限公司合同纠纷案,参见广东省佛山市中级人民法院(2019)粤 06 民终 1133 号民事判决书。

④　例如,潘奥普缔斯专利管理有限责任公司、奥普缔斯蜂窝技术有限责任公司专利合同纠纷案,参见广东省高级人民法院(2018)粤民辖终 443 号民事裁定书。

⑤　例如,王威诉徐继辛民间借贷纠纷案,参见浙江省高级人民法院(2017)浙民申 991 号民事裁定书。

解决涉外虚假专属管辖权冲突。在后受诉法院专属管辖权情形下,不得适用首先受理法院原则抑或第一时间规则。[①] 例如,2023 年我国《民事诉讼法》第281 条第 1 款规定,外国法院已先于我国法院行使国际民商事裁判管辖权,现当事人书面申请我国法院中止诉讼。因涉外民商事纠纷属于我国法院专属管辖权范围,故我国法院不应中止诉讼。总之,因涉外专属管辖权冲突的类型具有多样性,部分涉外民商事纠纷的管辖权性质具有混合性,故我国解决涉外专属管辖权冲突不应单依首先受理法院原则。

2. 我国国际未决诉讼规则条件的跛足性

第一,我国国际未决诉讼规则的同一性条件具有跛足性。我国签订的大多数国际民商事司法协助条约将相同当事人和相同标的作为国际未决诉讼规则同一性条件的内容。[②] 2010 年《中华人民共和国和阿尔及利亚民主人民共和国关于民事和商事司法协助的条约》第 22 条第 4 款将相同当事人、相同标的和相同事实三项作为国际未决诉讼规则同一性条件的内容,但 2020 年修正的《最高人民法院关于中国公民申请承认外国法院离婚判决程序问题的规定》(以下简称《外国离婚判决承认规则》)第 12 条第 4 款仅将相同当事人作为国际未决诉讼规则同一性条件的内容。总之,我国国际未决诉讼规则的同一性条件暂不对称。

第二,我国国际未决诉讼规则的时间条件具有跛足性。首先,时间立场存在冲突。持肯定态度一方认为,宜恪守受理在先的时间顺序要求,只有当我国法院先于判决来源国法院受理,我国才能以国际未决诉讼为由拒绝承认与执行外国判决。例如,2004 年《中华人民共和国和阿拉伯联合酋长国关于民事和商事司法协助的协定》第 21 条第 6 款、2007 年《中华人民共和国和科威特国

---

① Permanent Bureau, *Report on the Jurisdiction Project*, 2021, p. 14, https://assets. hcch. net/docs/5fbec58b-d14f-49c6-8719-b1fb68fd6d5b. pdf, 2022 年 5 月 1 日访问。

② 参见 1992 年《中华人民共和国和西班牙王国关于民事、商事司法协助的条约》第 22 条第 6 款、1996 年《中华人民共和国和摩洛哥王国关于民事和商事司法协助的协定》第 20 条第 4 款、1999 年《中华人民共和国和突尼斯共和国关于民事和商事司法协助的条约》第 22 条第 4 款、2001 年《中华人民共和国和阿根廷共和国关于民事和商事司法协助的条约》第 18 条第 4 款、2004 年《中华人民共和国和阿拉伯联合酋长国关于民事和商事司法协助的协定》第 21 条第 6 款、2007 年《中华人民共和国和科威特国关于民事和商事司法协助的协定》第 21 条第 6 款、2008 年《中华人民共和国和秘鲁共和国关于民事和商事司法协助的条约》第 24 条第 4 款、2009 年《中华人民共和国和巴西联邦共和国关于民事和商事司法协助的条约》第 23 条第 4 款、2012 年《中华人民共和国和波斯尼亚和黑塞哥维那关于民事和商事司法协助的条约》第 23 条第 4 款和2014 年《中华人民共和国和埃塞俄比亚联邦民主共和国关于民事和商事司法协助的条约》第 24 条第 4 款的规定。

关于民事和商事司法协助的协定》第 21 条第 6 款和 2009 年《中华人民共和国和巴西联邦共和国关于民事和商事司法协助的条约》第 23 条第 12 条第 4 款皆规定,国际未决诉讼规则在时间条件上是被请求国法院正在审理且先于判决来源国法院受理。持否定态度一方认为,应舍弃受理在先的时间顺序要求。例如,《外国离婚判决承认规则》第 12 条第 4 款国际未决诉讼规则在时间条件上不要求我国比判决来源国法院受理在先,只要我国法院正在审理,我国即可拒绝承认外国离婚判决。其次,时间计算基准存在冲突。2004 年《中华人民共和国和阿拉伯联合酋长国关于民事和商事司法协助的协定》第 21 条第 6 款将提起诉讼的时间先后作为国际未决诉讼受理先后的计算基准。2022 年施行的《最高人民法院关于内地与香港特别行政区法院相互认可和执行婚姻家庭民事案件判决的安排》第 16 条根据判决时间先后决定被请求法院对涉及相同当事人和相同争议的未决诉讼是否中止或拒绝行使管辖权。根据我国现有规定,我国未决诉讼规则适用条件的区别如表 7-1 所示。

表 7-1　我国未决诉讼规则适用条件的比较

具体条文	同一性条件	时间条件	其他条件
2023 年《中华人民共和国民事诉讼法》第 36 条	同一原告	最先立案	无
2020 年《最高人民法院关于中国公民申请承认外国法院离婚判决程序问题的规定》第 12 条第 4 款	相同当事人、相同诉因	被请求国法院正在审理	无
2022 年《最高人民法院关于内地与香港特别行政区法院相互认可和执行婚姻家庭民事案件判决的安排》第 16 条	相同当事人、相同争议	判决时间先后	无
2010 年《中华人民共和国和阿尔及利亚民主人民共和国关于民事和商事司法协助的条约》第 22 条第 4 款	相同当事人、相同标的和相同事实	被请求国法院正在审理	无

续表

具体条文	同一性条件	时间条件	其他条件
2001 年《中华人民共和国和阿根廷共和国关于民事和商事司法协助的条约》第 18 条第 4 款	相同当事人和相同标的	被请求国法院正在审理	无
2004 年《中华人民共和国和阿拉伯联合酋长国关于民事和商事司法协助的协定》第 21 条第 6 款	相同当事人和相同标的	被请求国法院正在审理且先于判决来源国法院受理	无
2014 年《中华人民共和国和埃塞俄比亚联邦民主共和国关于民事和商事司法协助的条约》第 24 条第 4 款	相同当事人和相同标的	被请求国法院已经受理	无
2009 年《中华人民共和国和巴西联邦共和国关于民事和商事司法协助的条约》第 23 条第 4 款	相同当事人和相同标的	被请求国法院正在审理且先于判决来源国法院受理	无
2012 年《中华人民共和国和波斯尼亚和黑塞哥维那关于民事和商事司法协助的条约》第 23 条第 4 款	相同当事人和相同标的	被请求国法院已经受理	无
2007 年《中华人民共和国和科威特国关于民事和商事司法协助的协定》第 21 条第 6 款	相同当事人和相同标的	被请求国法院正在审理且先于判决来源国法院受理	无
2008 年《中华人民共和国和秘鲁共和国关于民事和商事司法协助的条约》第 24 条第 4 款	相同当事人和相同标的	被请求国法院已经受理	无

续表

具体条文	同一性条件	时间条件	其他条件
1996 年《中华人民共和国和摩洛哥王国关于民事和商事司法协助的协定》第 20 条第 4 款	相同当事人和相同标的	被请求国法院正在审理	无
1999 年《中华人民共和国和突尼斯共和国关于民事和商事司法协助的条约》第 22 条第 4 款	相同当事人和相同标的	被请求国法院正在审理	无
1992 年《中华人民共和国和西班牙王国关于民事、商事司法协助的条约》第 22 条第 6 款	相同当事人和相同标的	被请求国法院正在审理	无

　　基于我国现状和域外经验，我国有必要对国际未决诉讼规则适用条件的构成进行协调、修正和统一，以便利此规则的适用。

　　第一，为确保国际民商事管辖权分配的中立性、可预见性和确定性，以及为合理区分外国判决承认与执行之国际未决诉讼条件和国际诉讼竞合条件的界限，我国有必要将时间要求作为国际未决诉讼规则的条件，采取时间顺序优先权测试，将管辖优先权授予首先受理法院。只有当我国法院先于判决来源国法院受理案件，我国才能以国际未决诉讼为由拒绝承认与执行外国判决。受理在先应通过客观标准加以识别，其时间基准不得在启动诉讼的文件送达被告之前。为便于判断受理顺序，我国可以通过设置首先受理法院确定管辖权的最后期限和建立前后受理法院的交流与合作机制。

　　第二，为合理区分国际未决诉讼规则和国际关联诉讼规则的界限，我国应继续保留国际未决诉讼规则之同一性条件，以避免二者出现混同。只有当外国判决与我国未决诉讼的当事人和标的皆相同，我国法院才能以国际未决诉讼为由拒绝承认与执行外国判决。当事人的同一性是国际未决诉讼规则的基本要求，而国际关联诉讼规则的适用没有添加相同当事人条件。[①] 此外，为尊重外国判决承认与执行领域禁止实质审查原则，两国诉因（诉讼事实＋法律规则）相同不宜被纳入同一性条件的内容和考量因素。基于简易性的考虑，如若仅部分当事人相同，那么仅重叠当事人之间可援引国际未决诉讼规则。同一性条件之相同的程度须达到两国诉讼为彼此的镜像，以符合文义解释的要求。

第三，为实现国内程序优先理念和外国判决优先理念的协调，以及为减少鱼雷诉讼的发生，我国可借鉴《海牙判决公约》的经验，将密切联系条件增补为国际未决诉讼规则的适用条件。只有当争议与我国存在密切联系，而且我国先于判决来源国法院受理，那么我国才能以国际未决诉讼为由拒绝承认与执行外国判决。国际未决诉讼规则下密切联系条件的判断须恪守形式审查原则。

第四，为尊重涉外排他性协议管辖的效力、保护法院地国的专属管辖利益和贯彻弱者利益保护原则，当后受诉法院的管辖权隶属于涉外协议管辖权、涉外专属管辖权或纠纷类型涉及涉外消费者合同、涉外雇佣合同、涉外保险合同诉讼时，我国应禁止适用国际未决诉讼规则，将上述情形新增为国际未决诉讼规则禁止性适用情形。

第五，基于禁止实质审查原则的客观限制，以及为实现管辖权分配的中立性和减少被滥用的风险，首先受理法院能否充分保护人权不宜被纳入国际未决诉讼规则的适用条件和考量因素。

(二)涉外专属管辖权冲突下不方便法院原则功能的失灵

虽然不方便法院原则能够解决国际民商事管辖权积极冲突，[②]但不方便法院原则不仅损害法律的确定性、可预见性，而且可能造成国际民商事管辖权消极冲突，产生拒绝司法的后果。[③]

然而，不方便法院原则在发生涉外真实专属管辖权冲突和涉外虚假专属管辖权冲突时功能失灵。在涉外专属管辖权案件中，为保护国家主权、国家利益和公共秩序，本国法院不会以不方便法院为由转而支持由他国法院行使管

---

① PB,*Report on the Jurisdiction Project*,2021,p. 9,https://assets. hcch. net/docs/5fbec58b-d14f-49c6-8719-b1fb68fd6d5b. pdf,2022 年 5 月 1 日访问。

② 刘仁山：《国际私法》(第 6 版)，中国法制出版社 2019 年版，第 461 页。

③ 吴一鸣：《国际民事诉讼中的拒绝管辖问题研究》，法律出版社 2010 年版，第 161-162 页。

辖权。① 不同于 2000 年我国《国际私法示范法》第 51 条，2023 年我国《民事诉讼法》第 282 条和 2022 年我国《民事诉讼法司法解释》第 530 条已将涉外专属管辖权情形作为当前我国不方便法院原则的法定禁止性适用情形。② 例如，在金士顿科技有限公司、金士顿电子股份有限公司侵害发明专利权纠纷案中，我国最高人民法院指出，涉外民商事专属管辖权案件不得适用不方便法院原则。因涉外专属管辖权事项已被禁止适用不方便法院原则，故涉外专属管辖权冲突亦无法援引该原则。

总之，2023 年我国《民事诉讼法》第 281 条和第 282 条均无益于解决涉外虚假专属管辖权冲突和涉外真实专属管辖权冲突。

三、我国涉外专属管辖权冲突解决方法的重构

虽然我国和欧盟对涉外民商事专属管辖权范围的规定不完全一致，但欧盟对涉外专属管辖权冲突采取的分割制解决方法值得我国借鉴，以实现国际民商事管辖权的合理性和可预见性之价值取向。结合欧盟经验和基于我国实际，我国可对涉外专属管辖权冲突的解决方法进行以下修正。

第一，对于涉外一般管辖权和涉外专属管辖权之间发生的涉外虚假（或不真正）专属管辖权冲突，应基于效力位阶原则，最终由具有专属管辖权的法院对案件行使管辖权。

第二，对于涉外专属管辖权和涉外专属管辖权之间发生的涉外真实专属管辖权冲突，应根据实际需要采取区别制。在学理上，涉外真实专属管辖权冲突包括不同事项下涉外真实专属管辖权冲突和同一事项下涉外真实专属管辖权冲突。在立法上，欧盟没有区分二者，而是统一根据国际未决诉讼规则解决涉外真实专属管辖权冲突，无法应对涉外真实专属管辖权冲突的复杂性。我国解决涉外真实专属管辖权冲突的建议如下。首先，就不同事项下涉外真实专属管辖权冲突（诸如涉外不动产继承专属管辖权冲突）而言，我国宜根据更密切联系原则确定管辖法院。其次，就同一事项下涉外真实专属管辖权冲突（诸如分别位于两国的涉外不动产物权专属管辖权冲突）而言，我国宜根据国

---

① 徐伟功：《不方便法院原则在中国的运用》，载《政法论坛》2003 年第 2 期，第 163 页。

② 黄志慧：《人民法院适用不方便法院原则现状反思——从"六条件说"到"两阶段说"》，载《法商研究》2017 年第 6 期，第 162 页；陈南睿：《不方便法院原则在中国法院的适用及完善——以 125 例裁判文书为视角》，载《武大国际法评论》2021 年第 2 期，第 133 页。

际未决诉讼规则确定管辖法院。

本章小结

　　欧盟涉外专属管辖权冲突的解决方法呈现分割制之发展趋向。为避免涉外专属管辖权冲突的发生，欧盟分别根据效力位阶原则和国际未决诉讼规则解决涉外虚假专属管辖权冲突和涉外真实专属管辖权冲突。

　　与纯国内管辖权竞合相反，在国际平行诉讼情形下，2022 年我国《民事诉讼法司法解释》和 2023 年我国《民事诉讼法》涉外民事诉讼程序编皆摒弃首先受理法院原则，但引入不方便法院原则的规定。因涉外民商事专属管辖权纠纷不得援引不方便法院原则，故该原则在发生涉外专属管辖权冲突时功能失灵。总之，2023 年我国《民事诉讼法》涉外专属管辖权冲突的解决方法暂付阙如，有待修补。虽然我国国际民商事司法协助条约对涉外专属管辖权存在零星规定，但大多数条约补充规定该条约不影响缔约双方的国内专属管辖权规则，而且条约适用的主体范围有限，因而无法根除涉外专属管辖权冲突。

　　我国涉外专属管辖权冲突的解决对策如下。首先，对于不同事项下涉外真实专属管辖权冲突，我国宜根据更密切联系原则以确定管辖法院。其次，对于同一事项下涉外真实专属管辖权冲突，我国宜根据国际未决诉讼规则以确定管辖法院。最后，对于涉外虚假专属管辖权冲突，我国应基于效力位阶原则以确定管辖法院。

　　另外，虽然国际未决诉讼规则对解决涉外真实专属管辖权冲突具有重要意义，但该规则具有条件性。尤其是 2019 年《海牙判决公约》第 7 条第 2 款对国际未决诉讼规则的适用条件进行了突破与革新，即在保留传统同一性条件和时间条件的基础上，将密切联系条件新增为国际未决诉讼规则条件。即被请求国法院仅在时间上受理在先并不足够，争端与被请求国必须存在密切联系，否则不得以国际未决诉讼为由拒绝承认与执行外国判决。根据形式审查原则，只要首先受理法院的管辖权标准出自该公约第 5 条，非属于过度管辖权依据，则可认定争端与该法院具有密切联系。《海牙判决公约》对国际未决诉讼规则新增密切联系条件，旨在防止国际未决诉讼规则的滥用，减少发生鱼雷诉讼的风险，以及协调国内程序优先理念和外国判决优先理念。第 7 条第 2 款的不足在于，遗漏了后受诉法院协议管辖、专属管辖权和保护弱者原则等国际未决诉讼规则禁止性适用条件,有待修补。直至 2021 年,《海牙管辖权项目解释报告》对国际未决诉讼规则上述禁止性适用情形进行了补充解释。

我国国际未决诉讼规则适用条件之现状如下。2023 年我国《民事诉讼法》国际未决诉讼规则的条件暂付阙如。不仅如此,我国国际民商事司法协助条约和 2020 年《外国离婚判决承认规则》第 12 条第 4 款对国际未决诉讼规则所附条件不尽一致,有待协调。

我国国际未决诉讼规则适用条件之建议如下。首先,国际未决诉讼规则应符合同一性条件,相同的程度通常须达到二者为彼此的镜像。其次,国际未决诉讼规则应符合时间条件,遵守受理的时间先后顺序,以确保管辖权分配的中立性。再次,国际未决诉讼规则应符合密切联系条件,以避免鱼雷诉讼。最后,国际未决诉讼规则应满足后受诉法院协议管辖、涉外专属管辖权等禁止性适用条件,以尊重涉外排他性协议管辖和涉外专属管辖权规则的效力,并将涉外消费者合同、涉外雇佣合同、涉外保险合同特别管辖权情形等新增为国际未决诉讼规则的减损适用情形,以实现对弱者管辖权利益的倾斜性保护。

结　　论

2019年《海牙判决公约》第2条将涉外公司诉讼、涉外公共登记事项和国际知识产权等涉外专属管辖权事项排除出公约的适用范围,公约仅统一规定涉外不动产专属管辖权。剩余涉外专属管辖权事项在各成员国的协调问题留待海牙管辖权项目上解决,成为海牙管辖权项目的重要争议焦点之一。

反观欧盟《布鲁塞尔条例Ⅰ(修订版)》第24条的规定和欧洲法院判例法,欧盟涉外民商事专属管辖权规则调整的法定对象包括以下五种:涉外不动产物权和涉外不动产长期租赁专属管辖权、涉外公共登记事项专属管辖权、涉外公司诉讼专属管辖权、涉外知识产权有效性事项专属管辖权和外国判决执行事项专属管辖权。另外,2003年欧盟《布鲁塞尔条例Ⅱa》第6条规定涉外离婚诉讼管辖权具有专属性,但2019年欧盟理事会《第2019/1111号条例》正式彻底废除涉外离婚专属管辖权,以促进人的跨国自由流动和方便当事人诉讼。

欧盟涉外民商事专属管辖权的突破与创新之处如下。第一,欧盟涉外不动产物权和租赁专属管辖权的立场存在突破。欧盟打破了涉外不动产物权专属管辖权的绝对性,基于"三要素识别说"仅允许部分涉外不动产物权纠纷适用涉外专属管辖权规则。非公共政策目的下涉外不动产物权纠纷、对人诉讼下涉外不动产物权纠纷以及边际意义下涉外不动产物权纠纷虽与不动产物权有关,但三者均被欧洲法院排除出涉外专属管辖权范围。对于涉外不动产租赁,欧盟采取"期限二分说"将涉外不动产短期租赁纠纷排除出涉外专属管辖权范围,使涉外不动产短期租赁管辖权具有更大的灵活性。第二,欧盟涉外公司专属管辖权连结点(跨国公司所在地)的判断方法存在突破。欧盟根据冲突规范的指引决定适用何国法作为准据法,进而根据该准据法确定何地可作为跨国公司所在地。第三,欧盟彻底打破了涉外继承诉讼专属管辖权性质。《罗马条例Ⅳ》第 5 条和第 9 条不仅允许当事人明示选择管辖法院,而且允许涉外继承事项采用涉外默示协议管辖,以尊重私人和家庭生活权,促进人的跨国自由流动和方便当事人诉讼。在涉外继承事项协议管辖的主体上,欧盟对此进行了革新,符合特定条件的跨国继承公证机构也将受到包括涉外协议管辖在内的欧盟涉外继承管辖权规则的约束。涉外继承事项协议管辖是继欧盟跨国父母责任事项协议管辖之后,意思自治原则向欧盟家事管辖权领域渗透的另一代表,进一步打破了涉外家事诉讼不得援引涉外协议管辖制度的传统立场,丰富了欧盟涉外家事协议管辖的理论体系。第四,欧盟增补了外国判决执行事项专属管辖权,并将执行地国法院专属管辖权范围扩大至其他与外国判决执行存在密切联系的程序。第五,欧盟涉外专属管辖权冲突的解决方法存在突破。欧盟对涉外专属管辖权冲突整体上采取分割式解决方法。欧盟对涉外虚假(或不真正)专属管辖权冲突采取的解决办法乃基于效力位阶原则,支持由具有专属管辖权的法院行使管辖权,而对涉外真实专属管辖权冲突依国际未决诉讼规则解决。

欧盟涉外民商事专属管辖权的局限如下。首先,在涉外专属管辖权的目的上,其旨在保护法院地国家主权、国家利益和公共政策,但从欧洲法院判例法可以看出,密切联系原则(就近原则)、诉讼便利和避免国际矛盾判决等亦被作为涉外民商事专属管辖权的考量因素。国际民商事一般管辖权和特别管辖权亦体现了管辖法院与案件的密切联系,那么上述因素能否足以支撑专属管辖权性质? 例如,在 Wolfgang Schmidt v. Christiane Schmidt 案[①]中,欧洲法院指出,涉外不动产纠纷交由不动产所在地国法院行使专属管辖权源于就近原则,该法院最适合查明事实,而且涉外不动产案件通常需要适用不动产所在地国的规则或惯例。在 Brigitte and Marcus Klein v. Rhodos Management Ltd 案[②]中,吉尔霍德法官指出,《布鲁塞尔公约》第 16 条第 1 款涉外不动产专属管辖权规则是基于不动产所在地国法院具有法律适用和地理上接近争端的特殊优势。在 E. ON Czech Holding AG v. Michael Dědouch and Others 案[③]中,欧洲法院指出,涉外公司事项专属管辖权体现了真实联系原则的要求,力

---

① Case C-417/15 Wolfgang Schmidt v. Christiane Schmidt [2016] ECR,para. 29.

② Opinion of Advocate General Geelhoed,Delivered on 7 April 2005,Case C-73/04 Brigitte and Marcus Klein v. Rhodos Management Ltd [2005] ECR I-08667,para. 30.

③ Case C-560/16 E. ON Czech Holding AG v. Michael Dědouch and Others [2018] ECR,para. 30.

求确保将管辖权授予与案件具有密切联系的法院。在 Nicole Hassett *v.* South Eastern Health Board 案[①]中，欧洲法院指出，公司信息通常在公司所在地国通知和公布，其最适宜处理涉外公司纠纷，而且由公司所在地国法院行使专属管辖权有利于避免产生国际矛盾判决。在 Hanssen Beleggingen BV *v.* Tanja Prast-Knipping 案[②]中，欧洲法院指出，涉外知识产权专属管辖权旨在确保管辖法院是与知识产权的有效性、备案或登记存在密切联系的法院。在 FX *v.* GZ 案[③]中，博贝克法官指出，外国判决执行事项专属管辖权体现了国家主权原则的要求，只有执行地国当局才有权对外国判决的执行作出裁决。其次，在涉外专属管辖权对象上，欧盟涉外专属管辖权规则没有回答如何确定大数据、人工智能等新型知识产权纠纷是否适用涉外专属管辖权规则。最后，在涉外专属管辖权冲突的解决上，不同事项下涉外真实专属管辖权冲突的解决方法在《布鲁塞尔条例Ⅰ（修订版）》中暂付阙如。

我国涉外民商事专属管辖权规则可分为两个发展阶段。首先，准用制阶段，是指将涉外民商事专属管辖权与国内民商事专属管辖权混为一谈，涉外民商事专属管辖权问题直接准用国内民商事专属管辖权规则。代表性例证是2021 年我国《民事诉讼法》涉外民事诉讼程序编和 2022 年我国《民事诉讼法司法解释》涉外民事诉讼程序编。其次，区别制阶段，是指区别对待涉外民商事专属管辖权和国内民商事专属管辖权，二者的实质、功能和范围不尽相同。代表性例证是 2000 年我国《国际私法示范法》第 46 条和 2023 年修正的我国《民事诉讼法》第 279 条。《国际私法示范法》第 46 条提议以下五类纠纷应适用涉外民商事专属管辖权规则：涉外不动产纠纷、涉外港口作业纠纷、涉外公司诉讼、涉外知识产权有效性纠纷和中外合资经营企业合同纠纷、中外合作经营企业合同纠纷、中外合作勘探开发自然资源合同纠纷。相较于《国际私法示范法》第 46条，2023 年《民事诉讼法》第 279 条的涉外民商事专属管辖权对象与之略有不同。该条删除前两类纠纷，仅将后三类纠纷留作涉外民商事专属管辖权对象。

我国涉外民商事专属管辖权规则的新发展如下。相较于 2021 年《民事诉讼法》，2023 年修正的我国《民事诉讼法》第 279 条彻底将涉外继承事项排除

---

① Case C-372/07 Nicole Hassett *v.* South Eastern Health Board [2008] ECR I-07403,paras. 20-21.

② Case C-341/16 Hanssen Beleggingen BV *v.* Tanja Prast-Knipping [2017] ECR,para. 33.

③ Opinion of Advocate General Bobek, Delivered on 27 February 2020, Case C-41/19 FX *v.* GZ [2020] ECR,para. 44.

出涉外民商事专属管辖权范围,正式确立涉外公司诉讼专属管辖权性质,而且新增涉外知识产权有效性事项专属管辖权。

我国涉外民商事专属管辖权规则的局限和困境如下。第一,2023年修正的我国《民事诉讼法》第279条涉外不动产专属管辖权规则暂付阙如,部分涉外不动产物权和部分涉外不动产租赁理应具有涉外专属管辖权性质。第二,我国涉外公司诉讼专属管辖权范围没有充分考虑《公司法》与国际私法的联系,亦忽略涉外公司强制性规则的影响。第三,涉及国家主权的数据权专属管辖权规则在我国暂付阙如。第四,外国判决执行事项地域管辖权标准缺失。第五,我国涉外专属管辖权冲突的解决方法缺失,有待修补。首先,我国对首先受理法院原则的规定呈现跛足性(2023年我国《民事诉讼法》第36条和第280条),导致该原则在解决涉外真实专属管辖权冲突时功能失灵。不仅如此,我国对首先受理法院原则的规定包含例外性(2023年我国《民事诉讼法》第281条第1款),导致该原则在解决涉外虚假专属管辖权冲突时功能失灵。其次,我国对不方便法院原则的规定存在限制性(2023年我国《民事诉讼法》第282条第3款和2022年我国《民事诉讼法司法解释》第530条第3款),导致该原则在解决各类涉外专属管辖权冲突时功能失灵。最后,我国国际民商事司法协助条约对涉外专属管辖权的规定具有非强制性,导致条约在解决涉外专属管辖权冲突时亦功能失灵。

结合欧盟经验和基于我国实际,我国涉外民商事专属管辖权的完善建议如下。

第一,2023年修正的我国《民事诉讼法》第279条应增补涉外不动产物权专属管辖权和部分涉外不动产租赁专属管辖权。首先,关于涉外不动产物权专属管辖权,与欧盟"三要素识别说"相比,我国传统涉外不动产物权专属管辖权规则忽略了对涉外不动产物权专属管辖权的目的因素考量。涉外专属管辖权本质上是为保护国家利益、公共政策和满足公益需求而立,密切联系原则、诉讼便利等传统因素无法足以支撑和保证它的专属性。我国有必要将非公共秩序保护目的下的涉外不动产物权纠纷排除出涉外专属管辖权范围,以契合涉外民商事专属管辖权制度的根本宗旨,并在本质上回归国际民商事专属管辖权制度的本意。欧盟边际识别标准可予以借鉴,以提高专属管辖权规则的援引门槛,避免涉外专属管辖权规则的滥用。由于权利因素识别的运作主要围绕对人权与对物权、对人诉讼与对物诉讼的区分,我国并无对人诉讼和对物诉讼的本土规定,而且对物诉讼中的"对物权"与"物权"不完全等同,前者是后者的上位概念,故我国不宜直接照搬。其次,关于涉外不动产租赁专属管辖权,一方面,术语有待修正。我国《民事诉讼法司法解释》第28条第2款将不动产租赁专属管辖权直接等同于房屋租赁专属管辖权欠妥,房屋仅为不动产的类型之一。另一方面,立场可予修正。基于当前国际趋势,我国借鉴欧盟"期限二分说"对涉外不动产租赁专属管辖权立场予以改进并无不可,将六个月以下涉外不动产短期租赁置于涉外专属管辖权范围之外,以使涉外不动产短期租赁管辖权具有更大的灵活性,并减少不动产短期租赁判决跨国自由流动的阻碍。

第二,以下三类涉外公司诉讼具有涉外专属管辖权性质。首先,2023年《民事诉讼法》第279条第3款规定的中外合资和合作经营企业"合同类"诉讼,应适用涉外专属管辖权规则。其次,基于《公司法》与国际私法的联系,2023年我国《公司法》第9条第2款规定的须经行政批准的事项,第20条公司职工、消费者利益、生态环境保护等社会公共利益事项,第169条国家出资公司事项与第248条外国公司分支机构损害中国社会公共利益而提起的诉讼,应适用涉外专属管辖权规则。再次,基于"强制性规则适用确保说",《涉外民事关系法律适用法》第4条之中外合资和合作经营企业"公司类"诉讼,应适用涉外专属管辖权规则。上述三类情形之外的涉外公司诉讼适用特别管辖权规则。最后,我国涉外公司诉讼专属管辖权连结点亦应重构。公司设立地管辖权连结点无法充分体现与公司之间的真实联系,故2023年修正的我国《民事诉讼法》第279条第1款将公司设立地作为涉外公司诉讼专属管辖权连结点欠妥,宜改为由公司住所地国法院行使专属管辖权。后者与公司事务存在更密切联系,而且公司住所地国法院便于对公司组织管理等事项进行调查取证。为减少不确定性,跨国公司住所地宜采取直接判断方法。

第三,以下两类涉外知识产权事项具有专属管辖权性质。首先,2023年《民事诉讼法》第279条第2款规定的涉外知识产权有效性事项,应适用涉外专属管辖权规则。其次,涉及国家主权的数据权,应适用涉外专属管辖权规则。上述两类情形之外的涉外知识产权诉讼适用特别管辖权规则。

第四,外国判决执行事项和区际判决执行事项不属于2000年我国《国际私法示范法》和2023年修正的我国《民事诉讼法》涉外民商事专属管辖权的法定事项类型。前者由被执行人住所地国法院、执行财产所在地国法院行使管辖权。后者由申请人所在地(住所地或经常居所地)法院、被执行人所在地(住所地或经常居所地)法院、执行财产所在地法院行使管辖权。

　　第五,我国应增补涉外民商事专属管辖权冲突的解决方法,即区分涉外虚假(或不真正)专属管辖权冲突和涉外真实专属管辖权冲突,并基于实际需要将后者进一步细分为不同事项下涉外真实专属管辖权冲突和同一事项下涉外真实专属管辖权冲突,以分别采取不同的解决方法。首先,关于涉外虚假专属管辖权冲突,我国应基于效力位阶原则,最终由具有专属管辖权的法院对案件行使管辖权。其次,关于不同事项下涉外真实专属管辖权冲突,我国可根据更密切联系原则以确定专属管辖法院。最后,关于同一事项下涉外真实专属管辖权冲突,我国应在国际民商事诉讼中恢复国际未决诉讼规则,改变其跛足性。国际未决诉讼规则是解决涉外真实专属管辖权冲突的常见方法,但国际未决诉讼规则的适用具有条件性。2019 年《海牙判决公约》第 7 条第 2 款对国际未决诉讼规则的适用条件进行了突破与革新,即在保留传统同一性条件和时间条件的基础上,新增密切联系条件。其一,为合理划分国际未决诉讼规则和国际关联诉讼规则的界限,我国应继续保留国际未决诉讼规则之同一性条件。其二,为回归国际未决诉讼规则的本义,我国应将时间条件作为国际未决诉讼规则的基本适用条件。其三,为减少鱼雷诉讼,我国可借鉴《海牙判决公约》的经验,将密切联系原则新增为国际未决诉讼规则的适用条件。在判断标准上,根据形式审查原则,只要首先受理法院的管辖权连结点不属于原告国籍或其住所等过度管辖权连结点,则可认定争端与该法院具有密切联系,首先受理法院管辖权的合理性之实质审查属于禁止审查的范围。其四,为尊重涉外排他性协议管辖和涉外专属管辖权的效力,以及为贯彻保护弱者原则,当后受诉法院的管辖权依据基于涉外协议管辖、涉外专属管辖权或纠纷类型涉及涉外消费者合同、涉外雇佣合同、涉外保险合同诉讼时,我国应禁止适用国际未决诉讼规则,将上述情形新增为国际未决诉讼规则的禁止性适用条件。其五,鉴于国际未决诉讼规则下法官自由裁量余地有限,而且充分尊重和信任原则通常禁止后受理法院审查首先受理法院的管辖权,因此我国不宜将欧洲法院判例法提及的人权条件、方便法院因素添附为国际未决诉讼规则的适用条件。

　　总之,虽然 2023 年我国正式制定了涉外民商事专属管辖权规则,但2023 年修正的我国《民事诉讼法》第 279 条涉外民商事专属管辖权范围在未来仍然可能继续发生变更,涉外民商事专属管辖权冲突的解决方法亦将日益完善。

附录 A 本书案例列表

一、域外案例①

[1] AB *v.* CB [2012] EWHC 3841 (Fam), para. 20.

[2] B *v.* B (Maintenance Regulation-Stay) [2017] EWHC 1029 (Fam), paras. 50-63.

[3] Case C-489/14 A *v.* B [2015] ECR, paras. 27-45.

[4] Case C-112/13 A *v.* B and Others [2014] ECR, paras. 47-61.

[5] Case C-523/14 Aannemingsbedrijf Aertssen NV and Aertssen Terrassements SA *v.* VSB Machineverhuur BV and Others [2015] ECR, paras. 40-60.

[6] Case C-630/17 Anica Milivojević *v.* Raiffeisenbank St. Stefan-Jagerberg-Wolfsberg eGen [2019] ECR, paras. 99-105.

[7] Case C-220/84 AS-Autoteile Service GmbH *v.* Pierre Malhé [1985] ECR 02267, paras. 11-19.

[8] Case C-433/16 Bayerische Motoren Werke AG *v.* Acacia Srl [2017] ECR, para. 36.

[9] Case C-144/10 Berliner Verkehrsbetriebe (BVG) *v.* JPMorgan Chase Bank NA, Frankfurt Branch [2011] ECR I-03961, paras. 25-26.

[10] Case C-296/10 Bianca Purrucker *v.* Guillermo Vallés Pérez [2010] ECR I-11163, paras. 64-81.

---

① 按首字母排序。

[11]　Case C-73/04 Brigitte and Marcus Klein *v.* Rhodos Management Ltd [2005] ECR I-08667,paras. 16-26.

[12]　Case C-467/16 Brigitte Schlömp *v.* Landratsamt Schwäbisch Hall [2017] ECR,paras. 44-58.

[13]　Case C-1/13 Cartier parfums-lunettes SAS and Axa Corporate Solutions assurances SA *v.* Ziegler France SA and Others [2014] ECR,para. 45.

[14]　Case C-111/09 Česká Podnikatelská Pojišt' ovna as,Vienna Insurance Group *v.* Michal Bilas [2010] ECR I-04545,paras. 18-33.

[15]　Case C-25/81 C. H. W. *v.* G. J. H. [1982] ECR 01189,p. 1204.

[16]　Case C-8/98 Dansommer A/S *v.* Andreas Götz [2000] ECR I-00393, paras. 25-38.

[17]　Case C-351/96 Drouot Assurances SA *v.* Consolidated Metallurgical Industries (CMI Industrial Sites) and Others [1998] ECR I-03075, paras. 17-18.

[18]　Case C-80/19 E. E. *v.* Kauno miesto 4-ojo notaro biuro notarė Virginija Jarienė and K. -D. E. [2020] ECR,paras. 26-96.

[19]　Case C-150/80 Elefanten Schuh GmbH *v.* Pierre Jacqmain [1981] ECR 01671,pp. 1684-1686.

[20]　Case C-280/90 Elisabeth Hacker *v.* Euro-Relais GmbH [1992] ECR I-01111,paras. 8-10.

[21]　Case C-433/19 Ellmes Property Services Limited *v.* SP [2020] ECR, paras. 24-33.

[22]　Case C-163/95 Elsbeth Freifrau von Horn *v.* Kevin Cinnamond [1997] ECR I-05451,paras. 13-25.

[23]　Case C-560/16 E. ON Czech Holding AG *v.* Michael Dědouch and Others [2018] ECR,para. 30.

[24]　Case C-116/02 Erich Gasser GmbH *v.* MISAT Srl [2003] ECR I-14693,paras. 41-54.

[25]　Case C-241/83 Erich Rösler *v.* Horst Rottwinkel [1985] ECR 00099, paras. 19-29.

[26]　Case C-288/82 Ferdinand M. J. J. Duijnstee *v*. Lodewijk Goderbauer [1983] ECR 03663, paras. 15-26.

[27]　Case C-41/19 FX *v*. GZ [2020] ECR, paras. 36-51.

[28]　Case C-111/01 Gantner Electronic GmbH *v*. Basch Exploitatie Maatschappij BV [2003] ECR I-04207, para. 32.

[29]　Case C-294/92 George Lawrence Webb *v*. Lawrence Desmond Webb [1994] ECR I-01717, paras. 14-19.

[30]　Case C-201/82 Gerling Konzern Speziale Kreditversicherungs-AG and Others *v*. Amministrazione del Tesoro dello Stato [1983] ECR 02503, p. 2517.

[31]　Case C-4/03 Gesellschaft für Antriebstechnik mbH & Co. KG *v*. Lamellen und Kupplungsbau Beteiligungs KG [2006] ECR I-06509, para. 23.

[32]　Case C-144/86 Gubisch Maschinenfabrik KG *v*. Giulio Palumbo [1987] ECR 04861, paras. 14-19.

[33]　Case C-48/84 Hannelore Spitzley *v*. Sommer Exploitation SA [1985] ECR 00787, paras. 13-27.

[34]　Case C-29/16 Hanse Yachts AG *v*. Port D' Hiver Yachting SARL and Others [2017] ECR, paras. 28-35.

[35]　Case C-341/16 Hanssen Beleggingen BV *v*. Tanja Prast-Knipping [2017] ECR, paras. 33-39.

[36]　Case C-438/12 Irmengard Weber *v*. Mechthilde Weber [2014] ECR, paras. 42-46.

[37]　Case C-68/07 Kerstin Sundelind Lopez *v*. Miguel Enrique Lopez Lizazo [2007] ECR I-10403, paras. 16-28.

[38]　Case C-102/18 Klaus Manuel Maria Brisch [2019] ECR, paras. 30-36.

[39]　Case C-343/04 Land Oberösterreich *v*. čEZ a. s. [2006] ECR I-04557, paras. 27-40.

[40]　Case C-115/88 Mario P. A. Reichert and Others *v*. Dresdner Bank AG [1990] ECR I-00027, paras. 5-15.

［41］ Case C-261/90 Mario Reichert and Others *v.* Dresdner Bank AG ［1992］ ECR I-02149,paras. 27-28.

［42］ Case C-39/02 Mærsk Olie & Gas A/S *v.* Firma M. de Haan en W. de Boer ［2004］ ECR I-09657,paras. 38-40.

［43］ Case C-372/07 Nicole Hassett *v.* South Eastern Health Board ［2008］ ECR I-07403,paras. 20-21.

［44］ Case C-452/12 Nipponkoa Insurance Co. （Europe） Ltd *v.* Inter-Zuid Transport BV ［2013］ ECR,para. 49.

［45］ Case C-292/93 Norbert Lieber *v.* Willi S. Göbel and Siegrid Göbel ［1994］ ECR I-02535,paras. 13-22.

［46］ Case C-722/17 Norbert Reitbauer and Others *v.* Enrico Casamassima ［2019］ ECR,para. 62.

［47］ Case C-307/19 Obala i lučice d. o. o. *v.* NLB Leasing d. o. o. ［2021］ ECR,paras. 78-80.

［48］ Case C-351/89 Overseas Union Insurance Limited and Others *v.* New Hampshire Insurance Company ［1991］ ECR I-03317,paras. 16-25.

［49］ Case C-129/92 Owens Bank Ltd *v.* Fulvio Bracco and Bracco Industria Chimica SpA ［1994］ ECR I-00117,para. 37.

［50］ Case C-603/20 PPU SS *v.* MCP ［2021］ ECR,para. 54.

［51］ Case C-518/99 Richard Gaillard *v.* Alaya Chekili ［2001］ ECR I-02771,paras. 15-22.

［52］ Case C-158/87 R. O. E. Scherrens *v.* Maria G. Maenhout and Others ［1988］ ECR 03791,paras. 9-16.

［53］ Case C-386/12 Siegfried János Schneider ［2013］ ECR,para. 21.

［54］ Case C-129/83 Siegfried Zelger *v.* Sebastiano Salinitri ［1984］ ECR 02397,paras. 10-16.

［55］ Case C-47/18 Skarb Pánstwa Rzeczpospolitej Polskiej-Generalny Dyrektor Dróg Krajowych i Autostrad *v.* Stephan Riel,acting as liquidator of Alpine Bau GmbH ［2019］ ECR,para. 46.

［56］ Case C-616/10 Solvay SA *v.* Honeywell Fluorine Products Europe BV and Others ［2012］ ECR,para. 40.

［57］ Case C-386/17 Stefano Liberato *v.* Luminita Luisa Grigorescu［2019］ECR，para. 35.

［58］ Case C-186/19 Supreme Site Services GmbH and Others *v.* Supreme Headquarters Allied Powers Europe［2020］ECR，paras. 72-75.

［59］ Case C-175/15 Taser International Inc. *v.* SC Gate 4 Business SRL and Cristian Mircea Anastasiu［2016］ECR，para. 25.

［60］ Case C-73/77 Theodorus Engelbertus Sanders *v.* Ronald van der Putte［1977］ECR 02383，paras. 12-15.

［61］ Case C-406/92 The Owners of the Cargo Lately Laden on Board the Ship "Tatry" *v.* the Owners of the Ship "Maciej Rataj"［1994］ECR I-05439，paras. 30-45.

［62］ Case C-87/22 TT *v.* AK［2023］ECR，para. 36.

［63］ Case C-20/17 Vincent Pierre Oberle［2018］ECR，paras. 28-59.

［64］ Case C-605/14 Virpi Komu and Others *v.* Pekka Komu and Jelena Komu［2015］ECR，paras. 26-33.

［65］ Case C-658/17 WB *v.* Notariusz Przemysława Bac［2019］ECR，paras. 51-64.

［66］ Case C-417/15 Wolfgang Schmidt *v.* Christiane Schmidt［2016］ECR，paras. 29-43.

［67］ Case C-464/18 ZX *v.* Ryanair DAC［2019］ECR，para. 41.

［68］ DL *v.* EL（Hague Abduction Convention-Effect of Reversal of Return Order on Appeal）［2012］EWHC 49（Fam），para. 58.

［69］ E *v.* E（Art 19 and Seising BIIa）［2015］EWHC 3742（Fam），para. 39.

［70］ I（A Child）［2009］UKSC 10，para. 24.

［71］ Nils Christian Ludwig *v.* Jennifer Dee Ludwig，2019 ONCA 680（CanLⅡ），para. 37.

［72］ Opinion of Advocate General Bobek，Delivered on 27 February 2020，Case C-41/19 FX *v.* GZ［2020］ECR，paras. 44-71.

［73］ Opinion of Advocate General Bot，Delivered on 2 April 2014，Case C-112/13 A *v.* B and Others［2014］ECR，paras. 37-41.

[74] Opinion of Advocate General Bot, Delivered on 6 September 2018, Case C-386/17 Stefano Liberato *v*. Luminita Luisa Grigorescu [2019] ECR, paras. 46-58.

[75] Opinion of Advocate General Campos Sánchez-Bordona, Delivered on 26 March 2020, Case C-80/19 E. E. *v*. Kauno miesto 4-ojo notaro biuro notarė Virginija Jarienė and K. -D. E. [2020] ECR, paras. 32-122.

[76] Opinion of Advocate General Capotorti, Delivered on 15 October 1981, Case C-27/81 Établissements Rohr Société anonyme *v*. Dina Ossberger [1981] ECR 02431, p. 2444.

[77] Opinion of Advocate General Cruz Villalón, Delivered on 8 September 2015, Case C-489/14 A *v*. B [2015] ECR, para. 76.

[78] Opinion of Advocate General Darmon, Delivered on 10 December 1991, Case C-280/90 Elisabeth Hacker *v*. Euro-Relais GmbH [1992] ECR I-01111, paras. 32-35.

[79] Opinion of Advocate General Darmon, Delivered on 8 February 1994, Case C-294/92 George Lawrence Webb *v*. Lawrence Desmond Webb [1994] ECR I-01717, para. 34.

[80] Opinion of Advocate General Darmon, Delivered on 22 March 1994, Case C-292/93 Norbert Lieber *v*. Willi S. Göbel and Siegrid Göbel [1994] ECR I-02535, paras. 10-16.

[81] Opinion of Advocate General Fennelly, Delivered on 15 January 1998, Case C-351/96 Drouot Assurances SA *v*. Consolidated Metallurgical Industries (CMI Industrial Sites) and Others [1998] ECR I-03075, paras. 25-31.

[82] Opinion of Advocate General Geelhoed, Delivered on 7 April 2005, Case C-73/04 Brigitte and Marcus Klein *v*. Rhodos Management Ltd [2005] ECR I-08667, paras. 29-37.

[83] Opinion of Advocate General Geelhoed, Delivered 16 September 2004, Case C-4/03 Gesellschaft für Antriebstechnik mbH & Co. KG *v*. Lamellen und Kupplungsbau Beteiligungs KG [2006] ECR I-06509, paras. 43-46.

[84]　Opinion of Advocate General Gordon Slynn, Delivered on 20 May 1981, Case C-150/80 Elefanten Schuh GmbH *v.* Pierre Jacqmain [1981] ECR 01671, p. 1693.

[85]　Opinion of Advocate General Gordon Slynn, Delivered on 23 October 1984, Case C-241/83 Erich Rösler *v.* Horst Rottwinkel [1985] ECR 00099, pp. 102-108.

[86]　Opinion of Advocate General Gordon Slynn, Delivered on 17 January 1985, Case C-48/84 Hannelore Spitzley *v.* Sommer Exploitation SA [1985] ECR 00787, p. 793.

[87]　Opinion of Advocate General Jääskinen, Delivered on 4 October 2010, Case C-296/10 Bianca Purrucker *v.* Guillermo Vallés Pérez [2010] ECR I-11163, paras. 66-126.

[88]　Opinion of Advocate General Jääskinen, Delivered on 30 January 2014, Case C-438/12 Irmengard Weber *v.* Mechthilde Weber [2014] ECR, paras. 34-115.

[89]　Opinion of Advocate General Jacobs, Delivered on 14 May 1996, Case C-163/95 Elsbeth Freifrau von Horn *v.* Kevin Cinnamond [1997] ECR I-05451, para. 26.

[90]　Opinion of Advocate General Kokott, Delivered on 3 July 2014, Case C-302/13 flyLAL-Lithuanian Airlines AS *v.* Starptautiskā lidosta Rīga VAS and Air Baltic Corporation AS [2014] ECR, para. 68.

[91]　Opinion of Advocate General Kokott, Delivered on 7 July 2016, Case C-417/15 Wolfgang Schmidt *v.* Christiane Schmidt [2016] ECR, paras. 40-46.

[92]　Opinion of Advocate General La Pergola, Delivered on 9 September 1999, Case C-8/98 Dansommer A/S *v.* Andreas Götz [2000] ECR I-00393, paras. 8-10.

[93]　Opinion of Advocate General Léger, Delivered on 9 September 2003, Case C-116/02 Erich Gasser GmbH *v.* MISAT Srl [2003] ECR I-14693, paras. 48-90.

[94] Opinion of Advocate General Léger, Delivered on 5 December 2002, Case C-111/01 Gantner Electronic GmbH *v.* Basch Exploitatie Maatschappij BV [2003] ECR I-04207, paras. 38-57.

[95] Opinion of Advocate General Léger, Delivered on 13 July 2004, Case C-39/02 Mærsk Olie & Gas A/S *v.* Firma M. de Haan en W. de Boer [2004] ECR I-09657, paras. 35-37.

[96] Opinion of Advocate General Lenz, Delivered on 16 September 1993, Case C-129/92 Owens Bank Ltd *v.* Fulvio Bracco and Bracco Industria Chimica SpA [1994] ECR I-00117, paras. 59-65.

[97] Opinion of Advocate General Mancini, Delivered on 11 June 1987, Case C-144/86 Gubisch Maschinenfabrik KG *v.* Giulio Palumbo [1987] ECR 04861, pp. 4868-4870.

[98] Opinion of Advocate General Mancini, Delivered on 19 April 1988, Case C-158/87 R. O. E. Scherrens *v.* Maria G. Maenhout and Others [1988] ECR 03791, para. 2.

[99] Opinion of Advocate General Mancini, Delivered on 11 April 1984, Case C-129/83 Siegfried Zelger *v.* Sebastiano Salinitri [1984] ECR 02397, p. 2416.

[100] Opinion of Advocate General Mayras, Delivered on 23 November 1977, Case C-73/77 Theodorus Engelbertus Sanders *v.* Ronald van der Putte [1977] ECR 02383, pp. 2396-2399.

[101] Opinion of Advocate General Mischo, Delivered on 22 November 1989, Case C-115/88 Mario P. A. Reichert and Others *v.* Dresdner Bank AG [1990] ECR I-00027, paras. 10-23.

[102] Opinion of Advocate General Poiares Maduro, Delivered on 11 January 2006, Case C-343/04 Land Oberösterreich *v.* čEZ a. s. [2006] ECR I-04557, paras. 23-81.

[103] Opinion of Advocate General Saugmandsgaard Øe, Delivered on 26 January 2017, Case C-29/16 HanseYachts AG *v.* Port D' Hiver Yachting SARL and Others [2017] ECR, paras. 33-82.

[104] Opinion of Advocate General Sharpston, Delivered on 16 June 2010, Case C-211/10 PPU Doris Povse *v.* Mauro Alpago [2010] ECR I-06673, para. 51.

[105] Opinion of Advocate General Szpunar, Delivered on 18 October 2017, Case C-467/16 Brigitte Schlömp *v.* Landratsamt Schwäbisch Hall [2017] ECR, paras. 31-50.

[106] Opinion of Advocate General Szpunar, Delivered on 18 June 2020, Case C-433/19 Ellmes Property Services Limited *v.* SP [2020] ECR, paras. 23-64.

[107] Opinion of Advocate General Szpunar, Delivered on 22 February 2018, Case C-20/17 Vincent Pierre Oberle [2018] ECR, paras. 17-21, 58, 120.

[108] Opinion of Advocate General Tanchev, Delivered on 3 April 2019, Case C-722/17 Norbert Reitbauer and Others *v.* Enrico Casamassima [2019] ECR, paras. 37-42.

[109] Opinion of Advocate General Tesauro, Delivered on 13 July 1994, Case C-406/92 The Owners of the Cargo Lately Laden on Board the Ship "Tatry" *v.* the Owners of the Ship "Maciej Rataj" [1994] ECR I-05439, paras. 14-20.

[110] Opinion of Advocate General Van Gerven, Delivered on 7 March 1991, Case C-351/89 Overseas Union Insurance Limited and Others *v.* New Hampshire Insurance Company [1991] ECR I-03317, para. 14.

[111] Opinion of Advocate General Wathelet, Delivered on 16 November 2017, Case C-560/16 E. ON Czech Holding AG *v.* Michael Dědouch and Others [2018] ECR, para. 22.

[112] Re T *v.* T (Occupation Orders, Brussels I and Protective Measures) [2010] EWHC 3776 (Fam), para. 84.

[113] Re V [2016] EWHC 668 (Fam), para. 42.

[114] SJ and Another *v.* JJ and Another [2011] EWHC 3450 (Fam), para. 27.

［115］　SP *v.* EB and KP［2014］EWHC 3964（Fam），para. 24.

［116］　Ville de Bauge *v.* China［2014］EWHC 3975（Fam），para. 10.

［117］　Villiers *v.* Villiers［2018］EWCA Civ 1120，paras. 25-48.

二、中国案例

［1］　北京安富大厦物业发展有限公司等与新盛辉国际有限公司公司解散纠纷案，参见北京市高级人民法院（2020）京民辖终 123 号民事裁定书。

［2］　北京昌盛投资有限公司等与北京鸿高置业发展有限公司等合同纠纷案，参见北京市高级人民法院（2020）京民辖终 24 号民事裁定书。

［3］　北京承乾房地产开发有限责任公司与历山投资有限公司股东资格确认纠纷案，参见北京市高级人民法院（2017）京民初 117 号民事判决书。

［4］　北京海曼水产养殖有限公司与北京龙漫生物科技有限公司公司解散纠纷案，参见北京市第四中级人民法院（2019）京 04 民初 325 号民事判决书。

［5］　北京佳隆房地产开发集团有限公司等与王爽公司决议效力确认纠纷案，参见北京市第三中级人民法院（2021）京 03 民辖终 403 号民事裁定书。

［6］　北京利德衡环保工程有限公司、江苏庆峰工程集团有限公司与北京利德衡环保工程有限公司、江苏庆峰工程集团有限公司案，参见江苏省扬州市中级人民法院（2021）苏 10 民辖终 89 号民事裁定书。

［7］　北京正达丰益投资发展中心（有限合伙）等诉安徽绿雨农业有限责任公司异议案，参见安徽省蚌埠市中级人民法院（2017）皖 03 民辖终 33 号民事裁定书。

［8］　本田株式会社与双环公司侵犯外观设计专利权纠纷管辖权异议案，参见最高人民法院（2012）民三终字第 1 号民事裁定书。

［9］　曹某 1 与曹某 2 等继承纠纷上诉案，参见江苏省徐州市中级人民法院（2018）苏 03 民辖终 44 号民事裁定书。

［10］　岑某 1 等诉岑某 4 等法定继承纠纷案，参见珠海市中级人民法院（2016）粤 04 民辖终 203 号民事裁定书。

［11］　长城汽车股份有限公司与考泰斯（上海）塑料制品有限公司技术委托开发合同纠纷管辖权异议申请再审案，参见最高人民法院（2008）民申字第 46 号民事裁定书。

[12] 陈建云与严起岱民间借贷纠纷案,参见北京市第二中级人民法院(2020)京 02 民终 5003 号民事判决书。

[13] 陈某 1、陈某 2 与伊某、伊某 1、陈某 3 等法定继承纠纷案,参见广东省佛山市中级人民法院(2019)粤 06 民终 6859 号民事裁定书。

[14] 成都通安达现代消防工程有限公司、张云劳务合同纠纷案,参见四川省成都市中级人民法院(2020)川 01 民终 10478 号民事裁定书。

[15] 重庆迪赛、张掖天域绿谷农业开发有限责任公司建设工程设计合同纠纷案,参见四川省成都市中级人民法院(2021)川 01 民辖终 101 号民事裁定书。

[16] 创智投资有限公司(Glory Ease Investment Limited)、锐胜企业有限公司(Suregain Properties Ltd.)中外合作经营企业合同纠纷案,参见北京市第四中级人民法院(2018)京 04 民初 61 号民事裁定书。

[17] 大连泰安物业管理有限公司、张连成公司盈余分配纠纷案,参见辽宁省大连市中级人民法院(2019)辽 02 民辖终 167 号民事裁定书。

[18] 东显有限公司与诸城六和东方食品有限公司公司盈余分配纠纷案,参见山东省高级人民法院(2016)鲁民终 740 号民事判决书。

[19] 窦世斌与蔡勤林业承包合同纠纷案,参见新疆生产建设兵团第八师中级人民法院(2021)兵 08 民辖终 8 号民事裁定书。

[20] 佛山市顺德区汉方萃取卫生用品有限公司、广东顺德彩宏贸易有限公司合同纠纷案,参见广东省佛山市中级人民法院(2019)粤 06 民终 1133 号民事判决书。

[21] 傅美玲、祝祥青股权转让纠纷案,参见浙江省衢州市中级人民法院(2020)浙 08 民辖终 52 号民事裁定书。

[22] 甘肃凯凯农业科技发展股份有限公司与甘肃生物医药产业创业投资基金有限公司、李恺公司增资纠纷案,参见甘肃省高级人民法院(2020)甘民辖终 21 号民事裁定书。

[23] 广西中投创新能源科技股份有限公司等诉广西南宁竞创机电设备有限公司技术合同纠纷案,参见广西壮族自治区南宁市中级人民法院(2017)桂 01 民辖终 512 号民事裁定书。

[24] 广州梦爵网络科技有限公司与英卓游戏有限公司计算机软件著作权许可合同纠纷上诉案,参见最高人民法院(2020)最高法知民辖终 190 号

民事裁定书。

[25] 贵州百丰房地产开发有限公司、周丽房屋买卖合同纠纷案,参见四川省泸州市中级人民法院(2021)川 05 民辖终 8 号民事裁定书。

[26] 贵州环宇恒达建设工程有限公司、韦朝芝恢复原状纠纷案,参见贵州省黔西南布依族苗族自治州中级人民法院(2020)黔 23 民辖终 16 号民事裁定书。

[27] 郭某 1、赵某法定继承纠纷案,参见广东省佛山市中级人民法院(2019)粤 06 民辖终 220 号民事裁定书。

[28] 海通国际证券有限公司诉陈洪保证合同纠纷案,参见广东省深圳前海合作区人民法院(2016)粤 0391 民初 1944 号民事判决书。

[29] 海融博信国际融资租赁有限公司与富巴投资有限公司股东知情权纠纷案,参见北京市高级人民法院(2019)京民终 323 号民事判决书。

[30] 韩白香、韩英房屋买卖合同纠纷案,参见云南省曲靖市中级人民法院(2019)云 03 民辖终 38 号民事裁定书。

[31] 韩文学、王红宇买卖合同纠纷案,参见安徽省阜阳市中级人民法院(2021)皖 12 民辖终 150 号民事裁定书。

[32] 河南宇隆建材股份有限公司、汝州市小屯镇长营村村民委员会排除妨害纠纷案,参见河南省平顶山市中级人民法院(2020)豫 04 民辖终 126 号民事裁定书。

[33] 湖北同济堂投资控股有限公司等与杭州迦明资产管理有限公司合同纠纷案,参见北京市高级人民法院(2020)京民辖终 151 号民事裁定书。

[34] 呼和浩特市祥和建筑工程有限责任公司与呼和浩特市金纬铆焊加工有限责任公司承揽合同纠纷上诉案,参见内蒙古自治区呼和浩特市中级人民法院(2016)内 01 民辖终 451 号民事裁定书。

[35] 胡鹏、张能志与建设工程施工合同纠纷案,参见陕西省咸阳市中级人民法院(2021)陕 04 民终 1829 号民事裁定书。

[36] 黄成全与北京市煤炭总公司房山区公司房屋租赁合同纠纷案,参见北京市第二中级人民法院(2021)京 02 民辖终 167 号民事裁定书。

[37] 黄甫山财产损害赔偿纠纷案,参见广西壮族自治区南宁市中级人民法院(2020)桂 01 民终 7416 号民事裁定书。

[38] 黄某某等与利某 6 共有财产及法定继承纠纷上诉案,参见广东省阳江市中级人民法院(2014)阳中法民一终字第 293 号民事判决书。

[39] 江苏富然德电力科技有限公司、江苏日兆综合能源有限公司建设工程施工合同纠纷案,参见天津市第一中级人民法院(2020)津 01 民辖终402 号民事裁定书。

[40] 江苏中标节能科技发展股份有限公司与傅良娟案,参见江苏省苏州市中级人民法院(2020)苏 05 民辖终 932 号民事裁定书。

[41] 金士顿科技有限公司、金士顿电子股份有限公司侵害发明专利权纠纷案,参见最高人民法院(2021)最高法知民辖终 60 号民事裁定书。

[42] 金通公司与金杯股份公司、金杯集团公司侵犯商标专用权纠纷管辖权异议案,参见最高人民法院(2012)民提字第 109 号民事裁定书。

[43] 金余乾与叶成贤股权转让纠纷案,参见江西省赣州市中级人民法院(2017)赣 07 民辖终 19 号民事裁定书。

[44] 昆山龙梦电子科技有限公司、铜陵铜峰精密科技有限公司损害公司利益责任纠纷案,参见安徽省铜陵市中级人民法院(2020)皖 07 民辖终 57号民事裁定书。

[45] 李爱红、闫洪忠侵权责任纠纷案,参见河南省新乡市中级人民法院(2020)豫 07 民辖终 147 号民事裁定书。

[46] 李翠文、武汉市东兴房地产开发有限公司公司证照返还纠纷案,参见湖北省武汉市中级人民法院(2021)鄂 01 民辖终 384 号民事裁定书。

[47] 李明仁、李明哲与胡铠丞、溧阳天目湖乡村俱乐部有限公司等确认合同无效纠纷案,参见江苏省高级人民法院(2019)苏民终 559 号民事判决书。

[48] 李伟、何锦荣合同纠纷案,参见辽宁省大连市中级人民法院(2019)辽02 民终 1825 号民事判决书。

[49] 林丹晴、莆田市秀屿区笏石苏塘小学返还原物纠纷案,参见福建省莆田市中级人民法院(2020)闽 03 民辖终 134 号民事裁定书。

[50] 刘杭先与张丽生等确认合同无效纠纷案,参见北京市第一中级人民法院(2021)京 01 民辖终 149 号民事裁定书。

[51] 刘某 1 离婚后财产纠纷案,参见江西省九江市中级人民法院(2020)赣04 民终 1001 号民事裁定书。

［52］　刘伟鹏、安徽省地质矿产勘查局 322 地质队探矿权转让合同纠纷案，参见安徽省高级人民法院(2020)皖民申 1565 号民事裁定书。

［53］　罗光隆、干永燕等民间借贷纠纷案，参见福建省三明市中级人民法院(2021)闽 04 民终 556 号民事裁定书。

［54］　罗树政案，参见广东省茂名市中级人民法院(2019)粤 09 民辖终 81 号民事裁定书。

［55］　南昌市第一建筑工程公司、江西省华茂投资开发有限公司因申请诉中财产保全损害责任纠纷案，参见江西省宜春市中级人民法院(2019)赣 09 民辖终 29 号民事裁定书。

［56］　宁德市福宁锅炉有限公司、福建省宁德市惠正建设工程有限公司建设工程施工合同纠纷案，参见福建省宁德市中级人民法院(2020)闽 09 民终 854 号民事裁定书。

［57］　Ong Seng Guan 与张兴国民间借贷纠纷案，参见北京市第二中级人民法院(2020)京 02 民终 6153 号民事判决书。

［58］　潘奥普缔斯专利管理有限责任公司、奥普缔斯蜂窝技术有限责任公司专利合同纠纷案，参见广东省高级人民法院(2018)粤民辖终 443 号民事裁定书。

［59］　平邑县凯胜建筑劳务有限公司与胡智勇、冠鲁建设股份有限公司等建设工程施工合同纠纷案，参见内蒙古自治区通辽市中级人民法院(2021)内 05 民辖终 41 号民事裁定书。

［60］　青岛英联汽车饰件有限公司、中国铁路物资股份有限公司承揽合同纠纷案，参见天津市高级人民法院(2021)津民终 466 号民事裁定书。

［61］　Raphas Co. Ltd 与乐常思生物科技(上海)有限公司等中外合作经营企业合同纠纷案，参见上海市第一中级人民法院(2021)沪 01 民辖 137 号民事裁定书。

［62］　如皋市九华镇百花绳网厂与王云通、王红园买卖合同纠纷案，参见江苏省高级人民法院(2020)苏民辖 222 号民事裁定书。

［63］　山东瑞融投资有限公司与崔世庆股东资格确认纠纷案，参见山东省济南市中级人民法院(2021)鲁 01 民辖终 167 号民事裁定书。

［64］　陕西德林建设工程有限公司诉李斌等建设工程合同纠纷案，参见陕西省榆林市中级人民法院(2017)陕 08 民辖终 74 号民事裁定书。

［65］ 上海倾听信息技术有限公司诉北京青藤文化股份有限公司等侵害作品信息网络传播权纠纷案，参见上海知识产权法院（2017）沪 73 民辖终 837 号民事裁定书。

［66］ 上海瑞新恒捷投资有限公司与辽阳市财政干部教育中心等与公司有关的纠纷案，参见最高人民法院（2020）最高法民辖 79 号民事裁定书。

［67］ 上诉人广东马内尔服饰有限公司、周乐伦与被上诉人新百伦贸易（中国）有限公司、南京东方商城有限责任公司不正当竞争纠纷管辖异议案，参见最高人民法院（2016）最高法民辖终 107 号民事裁定书。

［68］ 上诉人韩卿诉祁晓华抵押合同纠纷案，参见江苏省南京市中级人民法院（2020）苏 01 民终 7673 号民事裁定书。

［69］ 上诉人杭州米欧仪器有限公司与被上诉人宁波拓普森科学仪器有限公司侵害实用新型专利权纠纷管辖权异议上诉案，参见最高人民法院（2019）最高法知民辖终 13 号民事裁定书。

［70］ 上诉人何彩文与被上诉人唐丽娟合伙协议纠纷案，参见广东省肇庆市中级人民法院（2020）粤 12 民辖终 55 号民事裁定书。

［71］ 上诉人蒋某与被上诉人刘某离婚财产纠纷案，参见湖南省益阳市中级人民法院（2019）湘 09 民辖终 127 号民事裁定书。

［72］ 上诉人康文森无线许可有限公司与被上诉人中兴通讯股份有限公司标准必要专利许可纠纷管辖权异议上诉案，参见最高人民法院（2019）最高法知民辖终 157 号民事裁定书。

［73］ 上诉人宁波奥克斯空调有限公司与被上诉人珠海格力电器股份有限公司、一审被告广州晶东贸易有限公司侵害实用新型专利权纠纷管辖权异议案，参见最高人民法院（2018）最高法民辖终 93 号民事裁定书。

［74］ 上诉人荣阳铝业（中国）有限公司与被上诉人宝纳丽金门窗系统（苏州工业园区）有限公司专利权转让合同纠纷管辖权异议上诉案，参见最高人民法院（2019）最高法知民辖终 158 号民事裁定书。

［75］ 上诉人深圳市贝纳太阳能技术有限公司与被上诉人上海钧正网络科技有限公司、江苏永安行低碳科技有限公司侵害实用新型专利权纠纷管辖权异议上诉案，参见最高人民法院（2019）最高法知民辖终 201 号民事裁定书。

[76] 沈百军、杭州百城汽车配件有限公司合伙协议纠纷案,参见浙江省杭州市中级人民法院(2020)浙 01 民辖终 1004 号民事裁定书。

[77] 沈阳绿厦爵仕房地产开发有限公司与徐持理股东知情权纠纷案,参见辽宁省沈阳市中级人民法院(2020)辽 01 民辖终 223 号民事裁定书。

[78] 四川居艺建筑工程有限公司、谭孝中合同纠纷案,参见四川省南充市中级人民法院(2019)川 13 民终 2081 号民事判决书。

[79] 孙某诉洪某损害公司利益责任纠纷案,参见北京市第二中级人民法院(2014)二中民终字第 5499 号民事裁定书。

[80] 孙某、薛某离婚后财产纠纷案,参见山东省聊城市中级人民法院(2021)鲁 15 民辖终 74 号民事裁定书。

[81] 陶某与张某不当得利纠纷案,参见山西省大同市中级人民法院(2020)晋 02 民辖终 75 号民事裁定书。

[82] 天地阳光通信科技(北京)有限公司诉陈捷、王运芝清算责任纠纷案,参见最高人民法院(2019)最高法民辖 56 号民事判决书。

[83] 汪江华与深圳市恒博天下联合咨询企业、肖红文不当得利纠纷案,参见最高人民法院(2020)最高法民辖 10 号民事裁定书。

[84] 王威诉徐继辛民间借贷纠纷案,参见浙江省高级人民法院(2017)浙民申 991 号民事裁定书。

[85] 汪媛媛与邱安健公司设立纠纷案,参见北京市第三中级人民法院(2021)京 03 民辖终 266 号民事裁定书。

[86] 武汉大禹阀门股份有限公司与湖北中南钢结构有限公司建设工程合同纠纷上诉案,参见湖北省黄冈市中级人民法院(2016)鄂 11 民终 165 号民事裁定书。

[87] 武汉鑫泽资产管理有限公司、程建华请求变更公司登记纠纷案,参见湖北省武汉市中级人民法院(2020)鄂 01 民辖终 758 号民事裁定书。

[88] 无锡安特诺精密机械有限公司清算责任纠纷案,参见江苏省无锡市中级人民法院(2020)苏 02 民终 2992 号民事裁定书。

[89] 新疆平畀信息科技股份有限公司与乌鲁木齐隆泰信息技术咨询有限公司、乌鲁木齐水业集团有限公司股权转让纠纷案,参见新疆维吾尔自治区乌鲁木齐市中级人民法院(2021)新 01 民辖终 111 号民事裁定书。

[90]　兴化新华医院、吉佑华买卖合同纠纷案,参见浙江省温州市中级人民法院(2020)浙03民辖终184号民事裁定书。

[91]　邢台虎冰川食品有限公司、石家庄晟康空气净化工程有限公司建设工程施工合同纠纷案,参见河北省邢台市中级人民法院(2020)冀05民终1722号民事判决书。

[92]　亚洲商务航空有限公司、盛虹集团有限公司服务合同纠纷案,参见广东省广州市中级人民法院(2018)粤01民辖终2938号民事裁定书。

[93]　闫普等与山东银联企业管理服务有限公司等损害公司利益责任纠纷案,参见山东省济南市中级人民法院(2021)鲁01民辖终113号民事裁定书。

[94]　叶德福、王秀华确认合同无效纠纷案,参见浙江省杭州市中级人民法院(2021)浙01民辖终130号民事裁定书。

[95]　虞城县农村信用合作联社、王成立房屋买卖合同纠纷案,参见河南省商丘市中级人民法院(2021)豫14民辖终24号民事裁定书。

[96]　张锦洪、广州玺珑珠宝首饰有限公司股东出资纠纷案,参见广东省广州市中级人民法院(2018)粤01民终194号民事判决书。

[97]　张华荣、陈萍股东知情权纠纷案,参见贵州省贵阳市中级人民法院(2021)黔01民辖终156号民事裁定书。

[98]　张某1、张某2等继承纠纷案,参见广西壮族自治区贺州市中级人民法院(2021)桂11民终1024号民事判决书。

[99]　张掖聚鑫农牧有限责任公司与杨某租赁合同纠纷案,参见甘肃省张掖市中级人民法院(2021)甘07民辖终7号民事裁定书。

[100]　张允志损害股东利益责任纠纷案,参见广西壮族自治区柳州市中级人民法院(2021)桂02民终2621号民事裁定书。

[101]　赵伟娣与郭森股东出资纠纷案,参见北京市第三中级人民法院(2017)京03民辖终238号民事裁定书。

[102]　浙江杭州鑫富药业股份有限公司诉山东新发药业有限公司、上海爱分缇国际贸易有限公司发明专利临时保护期使用费纠纷及侵犯发明专利权纠纷管辖权异议申请再审案,参见最高人民法院(2008)民申字第81号民事裁定书。

[103]　浙江瑞明节能科技股份有限公司(浙江瑞明节能门窗股份有限公司)、谭作斌合同纠纷案,参见辽宁省葫芦岛市中级人民法院(2020)辽 14 民辖终 22 号民事裁定书。

[104]　朱凯伟与无锡食连天餐饮管理有限公司案,参见江苏省镇江市中级人民法院(2021)苏 11 民辖终 91 号民事裁定书。

[105]　中国城市建设控股集团有限公司与吉祥人寿保险股份有限公司证券交易合同纠纷案,参见北京市第一中级人民法院(2018)京 01 民辖终 226 号民事裁定书。

[106]　遵义市博大涂装技术工程有限责任公司、陈庆明等追偿权纠纷案,参见贵州省遵义市中级人民法院(2021)黔 03 民终 5867 号民事判决书。

附录 B 涉外专属管辖权国别比较一览表[①]

序号	法律条文	涉外不动产纠纷	涉外公司诉讼	国际知识产权诉讼	外国判决执行	涉外家事诉讼	涉外公共登记事项	其他涉外诉讼
1	2014年《阿根廷民商法典》第2609节	整体专属管辖	无须专属管辖	知识产权有效性纠纷专属管辖	无须专属管辖	无须专属管辖	专属管辖	无须专属管辖
2	2017年《爱沙尼亚共和国民事诉讼法(修订版)》第99—103条	部分专属管辖(包括不动产所有权、不动产分割、不动产占有、不动产一般租赁合同与不动产商业租赁合同)	专属管辖	无须专属管辖	不动产强制执行纠纷专属管辖	婚姻事项专属管辖、亲子关系专属管辖和扶养专属管辖	无须专属管辖	终止适用标准条款的索赔专属管辖

① 此表立法的主要参考来源如下：邹国勇译注：《外国国际私法立法选译》，武汉大学出版社 2017 年版，第 170—376 页；Permanent Bureau，*Comparative Table on Grounds of Jurisdiction*，2015，pp. 1-41，https://assets.hcch.net/docs/03c39e9f-878b-400d-a359-e70b7937edde.pdf，2022 年 5 月 1 日访问。

续表

序号	法律条文	涉外不动产纠纷	涉外公司诉讼	国际知识产权诉讼	外国判决执行	涉外家事诉讼	涉外公共登记事项	其他涉外诉讼
3	2005 年《巴西联邦共和国民事诉讼法》第 89 条	整体专属管辖	破产专属管辖	无须专属管辖	无须专属管辖	继承专属管辖	无须专属管辖	无须专属管辖
4	《德国民事诉讼法》第 24 节、第 29a(2) 节和第 32a 节	部分专属管辖（即临时使用不动产和公用房屋租赁除外）	无须专属管辖	无须专属管辖	无须专属管辖	无须专属管辖	无须专属管辖	环境损害赔偿诉讼专属管辖
5	2002 年《俄罗斯联邦仲裁程序法典》第 248 条	整体专属管辖	专属管辖	知识产权有效性纠纷专属管辖	无须专属管辖	无须专属管辖	专属管辖	俄罗斯国有财产专属管辖
6	1998 年《格鲁吉亚关于调整国际私法的法律》第 10 条	部分专属管辖（包括不动产物权、不动产租赁和不动产抵押）	专属管辖	知识产权有效性纠纷专属管辖	专属管辖	无须专属管辖	专属管辖	无须专属管辖
7	《哥斯达黎加共和国民事诉讼法》第 47 节	整体专属管辖	无须专属管辖	无须专属管辖	无须专属管辖	无须专属管辖	无须专属管辖	无须专属管辖

序号	法律条文	涉外不动产纠纷	涉外公司诉讼	国际知识产权诉讼	外国判决执行	涉外家事诉讼	涉外公共登记事项	其他涉外诉讼
8	2000年《哈萨克斯坦共和国冲突法与国际民事诉讼法》第417条	整体专属管辖	无须专属管辖	无须专属管辖	无须专属管辖	涉外离婚专属管辖	专属管辖	跨国运输合同专属管辖、本法第25—29节纠纷专属管辖
9	2021年《韩国国际私法(修订版)》第10条	部分专属管辖(包括不动产物权和已登记的不动产使用权)	专属管辖	知识产权有效性纠纷专属管辖	专属管辖	无须专属管辖	专属管辖	无须专属管辖
10	2013年《黑山共和国关于国际私法的法律》第111条、第119条和第122条	部分专属管辖(即短期租赁不动产除外)	无须专属管辖	知识产权有效性纠纷专属管辖	无须专属管辖	无须专属管辖	专属管辖	无须专属管辖
11	2007年《马其顿共和国关于国际私法的法律》第65条—第69条	整体专属管辖	专属管辖	工业产权申报和效力纠纷专属管辖	专属管辖	无须专属管辖	专属管辖	无须专属管辖

序号	法律条文	涉外不动产纠纷	涉外公司诉讼	国际知识产权诉讼	外国判决执行	涉外家事诉讼	涉外公共登记事项	其他涉外诉讼
12	《日本民事诉讼法》第 3 条之五第 1 款	无须专属管辖	专属管辖	专属管辖	无须专属管辖	无须专属管辖	专属管辖	无须专属管辖
13	2023 年《瑞士关于国际私法的联邦法（修订版）》第 63 条、第 86 条和第 97 条	部分专属管辖（不动产物权）	无须专属管辖	无须专属管辖	无须专属管辖	养老金补偿专属管辖、不动产继承专属管辖	无须专属管辖	无须专属管辖
14	1982 年《塞尔维亚共和国国际私法典》第 47 条	部分专属管辖（包括不动产物权、不动产租赁和不动产占有）	公私合伙（private-public partner-ships）专属管辖、破产专属管辖	无须专属管辖	无须专属管辖	无须专属管辖	无须专属管辖	国际投资争端专属管辖
15	2007 年《斯洛伐克共和国关于国际私法与国际民事诉讼规则的法律》第 37d 条	部分专属管辖（包括不动产物权和不动产租赁）	无须专属管辖	知识产权有效性纠纷专属管辖	无须专属管辖	无须专属管辖	无须专属管辖	无须专属管辖

续表

序号	法律条文	涉外不动产纠纷	涉外公司诉讼	国际知识产权诉讼	外国判决执行	涉外家事诉讼	涉外公共登记事项	其他涉外诉讼
16	1999 年《斯洛文尼亚共和国关于国际私法与国际诉讼的法律》第60条—第64条	部分专属管辖（地产物权）	专属管辖	知识产权有效性纠纷专属管辖	专属管辖	无须专属管辖	专属管辖	无须专属管辖
17	欧盟《布鲁塞尔条例Ⅰ（修订版）》第24条、《布鲁塞尔条例Ⅱa》第6条	部分专属管辖（包括不动产物权和不动产长期租赁）	专属管辖	知识产权有效性纠纷专属管辖	专属管辖	涉外离婚专属管辖	专属管辖	无须专属管辖
18	西班牙《司法法》第22条第1款	部分专属管辖（包括不动产物权和不动产租赁）	专属管辖	知识产权有效性纠纷专属管辖	专属管辖	无须专属管辖	专属管辖	无须专属管辖
19	2000 年《中华人民共和国国际私法示范法》第46条	整体专属管辖	专属管辖	知识产权注册和有效性纠纷专属管辖	无须专属管辖	无须专属管辖	无须专属管辖	涉外港口作业专属管辖、中外合资与合作经营企业"合同类"纠纷专属管辖

序号	法律条文	涉外不动产纠纷	涉外公司诉讼	国际知识产权诉讼	外国判决执行	涉外家事诉讼	涉外公共登记事项	其他涉外诉讼
20	2023 年《中华人民共和国民事诉讼法》第279 条	涉外不动产专属管辖权规则缺失	专属管辖	知识产权有效性纠纷专属管辖	无须专属管辖	无须专属管辖	无须专属管辖	中外合资与合作经营企业"合同类"纠纷专属管辖

参 考 文 献

一、中文参考文献[①]

(一)著作(含译著)

[1]　阿瑟·冯迈伦.国际私法中的司法管辖权之比较研究[M].李晶,译.北京:法律出版社,2015.

[2]　本间靖规,中野俊一郎,酒井一.国际民事诉讼法:第2版[M].柴裕红,译.北京:商务印书馆,2020.

[3]　邓杰.国际私法分论[M].北京:知识产权出版社,2005.

[4]　杜焕芳.国际私法学关键问题[M].北京:中国人民大学出版社,2012.

[5]　杜涛.国际私法原理:第2版[M].上海:复旦大学出版社,2018.

[6]　杜新丽.国际民事诉讼与商事仲裁[M].北京:中国政法大学出版社,2009.

[7]　杜新丽.国际私法:第2版[M].北京:中国人民大学出版社,2015.

[8]　高智华.国际私法学[M].北京:中国人民公安大学出版社,2011.

[9]　海尔特·范·卡尔斯特.欧洲国际私法[M].许凯,译.北京:法律出版社,2016.

---

① 按姓氏首字母排序。

［10］ 黄亚英.中国国际私法学［M］.厦门:厦门大学出版社,2017.

［11］ 黄志慧.人权保护对欧盟国际私法的影响［M］.北京:法律出版社,2018.

［12］ 霍政欣.国际私法［M］.北京:中国政法大学出版社,2017.

［13］ 理查德·弗林蓬·奥蓬.英联邦非洲国际私法［M］.朱伟东,译.北京:
社会科学文献出版社,2020.

［14］ 李广辉.《民商事管辖权及外国判决公约》研究［M］.北京:中国法制出
版社,2008.

［15］ 李广辉.国际私法［M］.武汉:武汉大学出版社,2010.

［16］ 李双元,欧福永,金彭年等.中国国际私法通论［M］.北京:法律出版
社,2007.

［17］ 李双元,欧福永.国际私法学:第 3 版［M］.北京:北京大学出版
社,2015.

［18］ 李旺.国际民事诉讼法［M］.北京:清华大学出版社,2003.

［19］ 李旺.国际民事诉讼中的冲突与程序［M］.北京:清华大学出版
社,2022.

［20］ 刘仁山.国际私法:第 6 版［M］.北京:中国法制出版社,2019.

［21］ 刘懿彤.国际民事诉讼管辖权与和谐国际社会构建［M］.北京:中国人
民公安大学出版社,2017.

［22］ 马丁·沃尔夫.国际私法(上):第 2 版［M］.李浩培,汤宗舜,译.北京:
北京大学出版社,2009.

［23］ 美国法学会.知识产权冲突法原则［M］.杜涛,译.北京:北京大学出版
社,2020.

［24］ 沈涓.国际私法的振扬之路［M］.北京:社会科学文献出版社,2019.

［25］ 宋建立.国际民商事诉讼管辖权冲突的协调与解决［M］.北京:法律出
版社,2009.

［26］ 宋渝玲.涉外民事诉讼法律实务［M］.厦门:厦门大学出版社,2017.

［27］ 孙平,方杰.国际私法学［M］.北京:法律出版社,2017.

［28］ 王祥修,裴予峰.国际私法学:第 2 版［M］.北京:中国政法大学出版
社,2016.

［29］ 吴一鸣.国际民事诉讼中的拒绝管辖问题研究［M］.北京:法律出版
社,2010.

[30]　向在胜.欧盟国际民事诉讼法判例研究[M].北京:中国政法大学出版社,2013.

[31]　肖永平.国际私法原理:第 2 版[M].北京:法律出版社,2007.

[32]　肖永平,朱磊.批准《选择法院协议公约》之考量[M].北京:法律出版社,2017.

[33]　邢钢.公司法律问题的比较法与国际私法评判[M].北京:中国法制出版社,2018.

[34]　许光耀,孙建.国际私法[M].北京:对外经济贸易大学出版社,2013.

[35]　张瑞苓.外国判决在亚洲的承认与执行[M].郭玉军等,译.北京:法律出版社,2020.

[36]　章尚锦,杜焕芳.国际私法:第 6 版[M].北京:中国人民大学出版社,2019.

[37]　张仲伯.国际私法学[M].北京:中国政法大学出版社,2007.

[38]　赵相林.国际私法[M].北京:中国政法大学出版社,2007.

[39]　赵相林.国际民商事争议解决的理论与实践[M].北京:中国政法大学出版社,2009.

[40]　钟丽.国际知识产权争议解决机制研究[M].北京:中国政法大学出版社,2011.

[41]　志田钾太郎,熊元楷,熊仕昌.国际私法[M].刘晓红,点校.上海:上海人民出版社,2013.

[42]　邹国勇.外国国际私法立法选译[M].武汉:武汉大学出版社,2017.

(二)期刊

[1]　包冰锋,陈今玉.诉讼标的与法官阐明权的行使[J].理论月刊,2010(10).

[2]　蔡彦敏.论国际民事诉讼的管辖权[J].现代法学,1998(05).

[3]　柴裕红,瞿子超.海牙国际私法会议"直接管辖权"项目的发展与未来[J].武大国际法评论,2021,5(05).

[4]　巢志雄.诉讼标的理论的知识史考察——从罗马法到现代法国法[J].法学论坛,2017,32(06).

[5]　陈南睿.不方便法院原则在中国法院的适用及完善——以 125 例裁判文

书为视角[J].武大国际法评论,2021,5(02).

[6] 陈太清.论不动产合同纠纷管辖——以诉讼请求权的性质为中心[J].海南大学学报(人文社会科学版),2011,29(01).

[7] 陈卫佐.欧盟国际私法的最新发展——关于遗产继承的《罗马Ⅳ规则》评析[J].国际法研究,2015(02).

[8] 崔勇,徐随.海牙管辖权公约(草案)条件下的未决诉讼[J].现代法学,2003(06).

[9] 戴激涛.作为宪法权利的个人数据受保护权[J].人权,2021(05).

[10] 邓刚宏.大数据权利属性的法律逻辑分析——兼论个人数据权的保护路径[J].江海学刊,2018(06).

[11] 丁伟.我国涉外民商事诉讼管辖权制度的完善[J].政法论坛,2006(06).

[12] 杜焕芳.中国法院涉外管辖权实证研究[J].法学家,2007(02).

[13] 樊婧.论海牙《判决公约(草案)》中知识产权的间接管辖权问题[J].中国国际私法与比较法年刊,2018,23(02).

[14] 冯兆蕙,冯文生."跨国"侵犯知识产权案件的审判管辖与法律适用[J].河北法学,1999

[15] 甘勇.论国际民事管辖权的法理基础[J].武大国际法评论,2015,18(02).

[16] 高星阁.不动产纠纷专属管辖之冲突及解决——以《民事诉讼法解释》第28条为背景[J].中国不动产法研究,2018,17(01).

[17] 郭玉军,张飞凤.《跨国民事诉讼规则》管辖权规定之研究[J].武大国际法评论,2007,6(01).

[18] 何其生.《海牙排他性法院选择协议公约(草案)》有关知识产权问题的建议[J].武汉大学学报(哲学社会科学版),2005(01).

[19] 何其生.间接管辖权制度的新发展及中国的模式选择[J].法律科学(西北政法大学学报),2020,38(05).

[20] 何其生.统一化与分割化:《海牙判决公约》下的不动产问题[J].国际法学刊,2020(01).

[21] 何其生.海牙管辖权项目的困境与转变[J].武大国际法评论,2022,6(02).

[22] 何其生.间接管辖权制度的新发展及中国的模式选择[J].法律科学(西北政法大学学报),2020,38(05).

[23] 何艳.知识产权国际私法保护规则的新发展——《知识产权:跨国纠纷管辖权、法律选择和判决原则》述评及启示[J].法商研究,2009,26(01).

[24] 胡改蓉.《公司法》修订中国有公司制度的剥离与重塑[J].法学评论,2021,39(04).

[25] 胡宜奎.法经济学视角下的应诉管辖[J].学术界,2015(08).

[26] 黄志慧.人民法院适用不方便法院原则现状反思——从"六条件说"到"两阶段说"[J].法商研究,2017,34(06).

[27] 李爱君.数据权利属性与法律特征[J].东方法学,2018(03).

[28] 李德恩.数据权利之法律性质与分段保护[J].理论月刊,2020(03).

[29] 李刚.论国际民事诉讼中的诉讼竞合[J].法律科学(西北政法学院学报),1997(06).

[30] 李浩.民事诉讼专属管辖制度研究[J].法商研究,2009,26(02).

[31] 李晶.涉外民事管辖权立法完善研究[J].政治与法律,2013(08).

[32] 李双元,郑远明.关于国际民事诉讼法的几个基本问题[J].法学家,1995(03).

[33] 李先波,刘林森.论涉外知识产权诉讼管辖权之协调[J].湖南社会科学,2004(01).

[34] 李先波.论确立国际民事管辖权的基本原则[J].湖南师范大学社会科学学报,1996(02).

[35] 李政辉.公司住所的功能、挑战与制度应对[J].北方法学,2022,16(02).

[36] 刘力.涉外继承案件专属管辖考[J].现代法学,2009,31(02).

[37] 刘仁山,陈杰.我国面临的国际平行诉讼问题与协调对策[J].东岳论丛,2019,40(12).

[38] 刘阳,向在胜.论《海牙判决公约》中的禁止实质性审查条款[J].武大国际法评论,2020,4(05).

[39] 刘阳.论欧盟跨国父母责任事项的协议管辖[J].中国国际私法与比较法年刊,2019,25(02).

［40］ 刘阳.论中国涉外雇佣合同国际民事裁判管辖权规则之重构［J］.国际法研究,2023(03).

［41］ 刘阳.欧盟"禁止间接管辖权审查"规则的适用［J］.大连海事大学学报(社会科学版),2021,20(02).

［42］ 刘阳.涉外不动产专属管辖研究:以欧洲法院判例为视角［J］.南海法学,2022,6(02).

［43］ 刘阳.《海牙判决公约》下未决诉讼规则适用条件研究［J］.中国海洋大学学报(社会科学版),2022(05).

［44］ 刘阳.海牙管辖权项目涉外专属管辖之争及中国因应［J］.时代法学,2022,20(05).

［45］ 刘阳.论涉外继承事项的协议管辖:欧盟经验及对我国的启示［J］.山东科技大学学报(社会科学版),2023,25(01).

［46］ 刘振江.国际民事管辖权冲突及其解决［J］.法律科学(西北政法学院学报),1990(02).

［47］ 卢泰岳.韩国的涉外诉讼管辖及与中国管辖制度比较［J］.中国国际私法与比较法年刊,2013,16(00).

［48］ P.斯马特.英国国际私法中的法人住所和公司多重设立［J］.金宁、储育明,译.环球法律评论,1991(03).

［49］ 濮云涛.中外双边司法协助协定间接管辖权条款的模式和规则［J］.华东政法大学学报,2020,23(01).

［50］ 乔雄兵,王怡文."一带一路"倡议下外国判决承认与执行中的间接管辖权问题研究［J］.武大国际法评论,2017,1(05).

［51］ 秦建荣.论我国涉外案件专属管辖范围之合理确定——以比较研究为视角［J］.重庆工商大学学报(社会科学版),2009,26(01).

［52］ 秦伟,李娜.论不动产纠纷专属管辖［J］.学习论坛,2010,26(11).

［53］ 冉昊.对物权与对人权的区分及其实质［J］.法学研究,2005(03).

［54］ 阮开欣.海牙判决项目中知识产权条款探析——兼与王迁教授商榷［J］.中国国际私法与比较法年刊,2018,22(01).

［55］ 阮开欣.论侵犯境外知识产权的管辖权［J］.云南师范大学学报(哲学社会科学版),2020,52(01).

［56］ 阮开欣.知识产权侵权专属管辖之驳论[J].华中科技大学学报(社会科学版),2018,32(06).

［57］ 沈红雨.我国法的域外适用法律体系构建与涉外民商事诉讼管辖权制度的改革——兼论不方便法院原则和禁诉令机制的构建[J].中国应用法学,2020(05).

［58］ 孙尚鸿.试析欧盟《布鲁塞尔民商事管辖权规则》有关涉网知识产权案件管辖权问题的实践[J].比较法研究,2009(05).

［59］ 孙笑非,吴琼.《承认与执行外国民商事判决公约》评介与展望[J].国际法学刊,2019(01).

［60］ 田小楚,高山行.论大数据在著作权法保护中的冲突与协调[J].重庆大学学报(社会科学版),2021,27(01).

［61］ 田园.保护弱者原则对国际私法基本制度的影响[J].中国国际私法与比较法年刊,2001,4(00).

［62］ 佟小鄂.论国际民事诉讼中的协议管辖权[J].现代法学,1984(04).

［63］ 万方,赵琳琳.数据域外管辖趋势及我国的立法应对[J].图书情报知识,2021,38(04).

［64］ 王慧.对跨国公司管辖权冲突的分析[J].法学杂志,1998(01).

［65］ 王吉文.我国涉外协议管辖制度限制条件的正当性探讨[J].武大国际法评论,2011,14(02).

［66］ 王磊.论英国法上违反管辖权协议之损害赔偿规则[J].中国国际私法与比较法年刊,2016,19(00).

［67］ 王煜.中国涉外知识产权侵权协议管辖制度之完善[J].出版发行研究,2017(11).

［68］ 文禹衡.数据确权的范式嬗变、概念选择与归属主体[J].东北师大学报(哲学社会科学版),2019(05).

［69］ 吴小平,欧福永.欧盟2012年第650号涉外继承条例研究[J].湖南科技大学学报(社会科学版),2015,18(01).

［70］ 吴一鸣.自由裁量权在国际民事诉讼管辖中的作用与表现[J].湖北社会科学,2008(02).

［71］ 向在胜.中国国际民事管辖权的立法体例研究[J].法律科学(西北政法大学学报),2019,37(04).

[72] 向在胜.中国涉外民事专属管辖权的法理检视与规则重构[J].法商研究,2023,40(01).

[73] 肖凯.国际民事诉讼中未决诉讼问题比较研究[J].中国国际私法与比较法年刊,2001,4(00).

[74] 肖雯.欧盟《布鲁塞尔条例Ⅰ(重订)》关于"未决诉讼"修订之评介[J].大连海事大学学报(社会科学版),2019,18(05).

[75] 谢石松.论国际民事案件中的管辖权问题[J].中山大学学报(社会科学版),1996(S3).

[76] 徐国建.建立法院判决全球流通的国际法律制度——《海牙外国判决承认与执行公约草案》立法资料、观点和述评[J].武大国际法评论,2017,1(05).

[77] 徐伟功.不方便法院原则在中国的运用[J].政法论坛,2003(02).

[78] 许可.数据权利:范式统合与规范分殊[J].政法论坛,2021,39(04).

[79] 严仁群.诉讼标的之本土路径[J].法学研究,2013,35(03).

[80] 杨灵一.论欧盟继承法律适用规则的新发展:以 2012 年《继承条例》为中心[J].中国国际私法与比较法年刊,2016,19(00).

[81] 杨永红.美国域外数据管辖权研究[J].法商研究,2022,39(02).

[82] 杨育文.《承认与执行外国判决公约》(草案)第 5 条第 1 款第 6 项评析——兼论我国应诉管辖制度之完善[J].中国国际私法与比较法年刊,2017,20(01).

[83] 于浩.我国个人数据的法律规制——域外经验及其借鉴[J].法商研究,2020,37(06).

[84] 俞胜杰.《通用数据保护条例》第 3 条(地域范围)评注——以域外管辖为中心[J].时代法学,2020,18(02).

[85] 袁发强,孙锦怡,张柽柳等.2017—2018 年国际私法涉外家事年度研究报告[J].中国国际私法与比较法年刊,2019,24(01).

[86] 张鹏.跨境知识产权侵权纠纷的民事诉讼管辖规则研究[J].知识产权,2022(01).

[87] 张淑钿.论外国民事判决承认与执行中的诉讼竞合审查——兼评 2015 年《民诉法解释》第 533 条[J].武大国际法评论,2017,1(01).

[88] 章晶.论美国对跨境公司管辖标准的变革[J].中国国际私法与比较法

年刊,2019,24(01).

[89] 钟丽.欧盟知识产权跨境侵权案件的司法管辖问题[J].欧洲研究,
2010,28(06).

[90] 朱宝丽.数据产权界定：多维视角与体系建构[J].法学论坛,2019,34
(05).

[91] 朱伟东.马普所《知识产权冲突法原则》简述——欧洲跨境知识产权诉
讼的最新发展[J].国际经济法学刊,2013,20(03).

[92] 朱志晟,张淑钿.国际民事诉讼中的管辖权审查[J].政治与法律,2003
(02).

二、外文参考文献

(一)著作

[1] CREMONA M,MICKLITZ H-W. Private Law in the External Relations of the EU[M]. Oxford：Oxford University Press,2016.

[2] DICKINSON A. The Brussels Ⅰ Regulation Recast[M]. Oxford：Oxford University Press,2015.

[3] DREXL J,KUR A. Intellectual Property and Private International Law—Heading for the Future[M]. Oxford：Hart Publishing,2005.

[4] LAZIC V,STUIJ S eds. Brussels Ibis Regulation Changes and Challenges of the Renewed Procedural Scheme[M]. The Hague：T. M. C. Asser Press,2017.

[5] MAGNUS U,MANKOWSKI P. European Commentaries on Private International Law：Brussels Ⅰ Regulation[M]. Munich：Sellier. European Law Publishers,2007.

[6] STONE P,FARAH Y. Research Handbook on EU Private International Law[M]. Cheltenham：Edward Elgar Publishing Limited,2015.

[7] STONE P. EU Private International Law Harmonization of Laws[M]. Cheltenham：Edward Elgar Publishing Limited,2006.

[8] STONE P. EU Private International Law[M]. 2nd edn. Cheltenham：Edward Elgar Publishing Limited,2010.

［9］ TORREMANS P. Cheshire，North & Fawcett Private International Law［M］. 15th eds. Oxford：Oxford University Press，2017.

（二）期刊

［1］ A. BRAND R. Comparative Forum Non Conveniens and the Hague Convention on Jurisdiction and Judgments［J］. Texas International Law Journal，2002，37（3）.

［2］ A. BRAND R. Intellectual Property，Electronic Commerce and the Preliminary Draft Hague Jurisdiction and Judgments Convention［J］. University of Pittsburgh Law Review，2001，62（4）.

［3］ A. DAVRADOS N. Louisiana My Home Sweet Home：Decodifying Domicile［J］. Loyola Law Review，2018，64（2）.

［4］ A. OSWALD F. Sovereign Immunity—Immovable Property Exception of the Foreign Sovereign Immunities Act of 1976—Association de Reclamantes v. United Mexican States［J］. New York Law School Journal of International and Comparative Law，1986，7（1）.

［5］ A. SCHÜTZE R. Lis Pendens and Related Actions［J］. European Journal of Law Reform，2002，4（1）.

［6］ A. STONE W. Jurisdiction over the Foreign Corporation［J］. Albany Law Review，1962，26（1）.

［7］ AKEHURST M. Jurisdiction in International Law［J］. British Year Book of International Law，1972，46.

［8］ ANGELO LUPOI M. A Report of Recent ECJ Cases on Regulation （EU）No. 44/2001［J］. International Journal of Procedural Law，2014，4（2）.

［9］ B. DINWOODIE G. Developing a Private International Intellectual Property Law：The Demise of Territoriality［J］. William and Mary Law Review，2009，51（2）.

［10］ B. FRASER JR. G. Actions in Rem［J］. Cornell Law Quarterly，1948，34（1）.

［11］ BERTINI PASQUOT POLIDO F. How Far Can Private International Law Interact with Intellectual Property Rights—A Dialogue with Benedetta Ubertazzi's Book Exclusive Jurisdiction in Intellectual Property[J]. Journal of Private International Law,2013,9 (1).

［12］ BLOM J. The Court Jurisdiction and Proceedings Transfer Act and the Hague Conference's Judgments and Jurisdiction Projects [J]. Osgoode Hall Law Journal,2018,55 (1).

［13］ BOGDAN M. Brussels/Lugano Lis Pendens Rule and the "Italian Torpedo"[J]. Scandinavian Studies in Law,2007,51.

［14］ BONACORSI K. Not at Home with at-Home Jurisdiction [J]. Fordham International Law,2014,37 (6).

［15］ BOULTBEE J,EWENS D. Change of Residence and Continuance[J]. Canadian Tax Journal,1984,32 (4).

［16］ BOUTIN ICAZA G. The Concurrence of Forain the Panamanian International Procedural Law and the Convention Bustamante: Forum Non Conviniens and International Lis Pendens[J]. Anuario Espanol de Derecho Internacional Privado,2009,9.

［17］ C. URCIUOLI M. Constitutional Law—Lis Pendens—New Jersey's Lis Pendens Statute Not Violative of Due Process[J]. Seton Hall Law Review,1982,13 (1).

［18］ CLAYTON-HELM L. Out with the Old and in with the New: Bringing the Law of Domicile into the Twenty-First Century[J]. Journal of International and Comparative Law,2020,7 (1).

［19］ CODREANU A-L. National and International Jurisdiction of Romanian Courts[J]. Law Annals from Titu Maiorescu University,2016.

［20］ CSEHI Z. Residual Jurisdiction in Civil and Commercial Disputes in Connection with Article 4 of Brussels Ⅰ Regulation in Hungary[J]. Annales Universitatis Scientiarum Budapestinensis de Rolando Eotvos Nominatae: Sectio Iuridica,2007,48.

［21］ D. BERLIN A. A Corporation's Principal Place of Business for Federal Diversity Jurisdiction[J]. New York University Law Review,1963,38 (1) .

［22］ DOGAUCHI M. Concurrent Litigations in Japan and the United States［J］. Japanese Annual of International Law,1994,37.

［23］ DOGAUCHI M. Jurisdiction over Foreign Infringement from a Japanese Perspective in Consideration of the Hague Draft Convention on Jurisdiction and Foreign Judgments in Civil and Commercial Matters as of June 2001［J］. Japanese Annual of International Law, 2001,44.

［24］ DOGAUCHI M. New Japanese Rules on International Jurisdiction: General Observation［J］. Japanese Yearbook of International Law, 2011,54.

［25］ ĐORĐEVIC S. Some Remarks on Prevention and Resolution of Positive Jurisdiction Conflicts between Croatian (Member State) and Serbian Courts in Cross—border Succession Cases—From Croatian (EU) and Serbian Point of View［J］. Pravni Vjesnik,2020,36 (2).

［26］ DURÁN AYAGO A. Pending Proceedings before Courts of Third States and Regulation (EU) No. 1215/2012: Toast to the Sun［J］. Anuario Espanol de Derecho Internacional Privado,2013,13.

［27］ E. KNUDSEN M. Jurisdiction over a Corporation Based on the Contacts of a Related Corporation: Time for a Rule of Attribution［J］. Dickinson Law Review,1988,92 (4).

［28］ E. O'BRIAN JR W. Hague Convention on Jurisdiction and Judgments: The Way Forward［J］. Modern Law Review,2003,66 (4).

［29］ ERKAN M. A Taboo: Exclusive Jurisdiction over Immovable Property ［J］. Universitesi Hukuk Fakultesi Dergisi,2012,20 (1).

［30］ ETCHEBERRY ORTHUSTEGUY A. American-Chilean Private International Law［J］. Bilateral Studies in Private International Law, 1960,10.

［31］ FERNANDO CAMPANA FILHO P. The Legal Framework for Cross-border Insolvency in Brazil［J］. Journal of International Law,2009,32 (1).

[32] G. BROWN D. Jurisdiction over a Corporation on the Basis of the Contacts of an Affiliated Corporation: Do You Have to Pierce the Corporate Veil? [J]. University of Cincinnati Law Review,1992,61 (2).

[33] GARDELLA A, G. RADICATI DI BROZOLO L. Civil Law, Common Law and Market Integration: The EC Approach to Conflicts of Jurisdiction[J]. American Journal of Comparative Law,2003,51 (3).

[34] GHEORGHE ZIDARU L. International Jurisdiction Derived from Appearance of the Defendant,According to Brussels Ⅰ Regulation[J]. Analele Universitatii din Bucuresti: Seria Drept,2014,2014 (1).

[35] GONÇALVES DE CASTRO MENDES A,TIBURCIO C. Jurisdiction over Torts with Foreign Elements according to Brazilian Law[J]. International Journal of Procedural Law,2013,3 (2).

[36] GOÑI URRIZA N. Scope of Exclusive Jurisdiction on Regulation 44/2001 on Companies and Legal Persons: Commentary to the ECJ Judgment on 12 May 2011 BVG[J]. Cuadernos DerechoTransnacional ,2012,4 (2).

[37] GORYWODA L. The New Design of the Brussels Ⅰ Regulation: Choice of Court Agreements and Parallel Proceedings[J]. Columbia Journal of European Law Online Supplement,2013,19.

[38] GREGG LEVY J. Lis Pendens and Procedural Due Process: A Closer Look after Connecticut v. Doehr[J]. Maryland Law Review,1992,51 (4).

[39] GRUŠIC U. Jurisdiction in Employment Matters under Brussels I: A Reassessment[J]. International and Comparative Law Quarterly, 2012,61 (1).

[40] H. WEINER M. Shrinking the Bench: Should United States Federal Courts Have Exclusive or Any Jurisdiction to Adjudicate Icara Cases [J]. Journal of Comparative Law,2014,9 (1).

[41] HARRIS G. Foreign Sovereign Immunity—Immovable Property Exception—Immovable Property Exception of Foreign Sovereign

Immunities Act of 1976 Applies Only to Suits Directly Involving Rights or Interests in Real Property, Asociacion de Reclamantes v. United Mexican States[J]. Suffolk Transnational Law Journal,1985,9 (1).

[42] HARRISON HITCHLER W. Equity Acts in Personam[J]. Dickinson Law Review,1925,30 (3).

[43] HÉBRAUD P. Real Actions in France[J]. Tulane Law Review,1954, 29 (4).

[44] I. POLSKY C. Dailey v. National Hockey League: The Impact of ERISA's Exclusive Federal Jurisdiction on the Applicability of the Princess Lida Doctrine in an International Sports Context [J]. Villanova Sports & Entertainment Law Forum,1994,1.

[45] J. FAWCETT J. A New Approach to Jurisdiction over Companies in Private International Law [J]. International and Comparative Law Quarterly,1988,37 (3).

[46] J. WEINTRAUB R. A Map out of the Personal Jurisdiction Labyrinth [J]. U. C. Davis Law Review,1995,28 (3).

[47] JUGASTRU C. International Jurisdiction of Romanian Courts: Wordings of the New Code of Civil Procedure[J]. Romanian Review of Private Law,2015,2015 (2).

[48] JURČYS P. International Jurisdiction in Intellectual Property Disputes [J]. Journal of Intellectual Property, Information Technology and Electronic Commerce Law,2012,3 (3).

[49] KAHN R. English Judgments in Personam and In Rem in Germany [J]. Journal of Comparative Legislation and International Law,1927,9 (1).

[50] KARAYANIDI M. Adjudicative Jurisdiction in Civil and Commercial Matters in Russia: Analysis and Commentary[J]. American Journal of Comparative Law,2016,64 (4).

[51] KENNY D, HENNIGAN R. Choice-of-Court Agreements, the Italian Torpedo, and the Recast of the Brussels I Regulation[J]. International and

Comparative Law Quarterly,2015,64 (1).

[52] KEYES M. Jurisdiction in International Family Litigation: A Critical Analysis [J]. University of New South Wales Law Journal,2004,27 (1).

[53] KILBEY I. Jurisdiction and Choice of Law Clauses in Internet Contracts—Part Two—Split Contract[J]. International Travel Law Journal,2003,2003 (1).

[54] KNEZ R. Torpedo Litigations under Regulation 44/2001[J]. Review of European Law,2005,7 (2).

[55] KÜHN W. How to Avoid Conflict Awards: The Lauder and CME Cases [J]. Journal of World Investment & Trade,2004,5 (1).

[56] L. C. TORREMANS P. Jurisdiction in International Intellectual Property Litigation: The Courts Start Struggling with the Brussels Convention [J]. Edinburgh Law Review,1998,2 (3).

[57] LAFUENTE SÁNCHEZ R. Cross Border Testamentary Trusts and the Conflict of Laws [J]. Cuadernos de Derecho Transnacional,2016,8 (1).

[58] LAZIC V. Procedural Justice for Weaker Parties in Cross-border Litigation under the EU Regulatory Scheme [J]. Utrecht Law Review,2014,10 (4).

[59] LAZIC V. The Revised Lis Pendens-Rule in the Brussels Jurisdiction Regulation [J]. Review of European Law,2013,15 (2).

[60] LEE S. Jurisdiction over Foreign Land: A Reappraisal [J]. Anglo-American Law Review,1997,26 (3).

[61] LEE S. Title to Foreign Real Property in Transnational Money Claims [J]. Columbia Journal of Transnational Law,1995,32 (3).

[62] LENHOFF A. The Parties' Choice of a Forum: Prorogation Agreements [J]. Rutgers Law Review,1961,15 (3).

[63] LIAKOPOULOS D. Recognition and Enforcement of Foreign Judgments in Accordance with Turkish International Private Law [J]. International Comparative Jurisprudence,2018,4 (2).

[64] LIBÓRIO DIAS PEREIRA A. Cases on International Private Law in Matters of Intellectual Property [J]. Boletim da Faculdade de Direito

da Universidade de Coimbra, 2010, 86.

[65] LIBÓRIO DIAS PEREIRA A. Intellectual Property, Jurisdiction and Applicable Law in Portugal: An Overview [J]. Boletim da Faculdade de Direito da Universidade de Coimbra, 2010, 86.

[66] LIPSTEIN K. Intellectual Property: Jurisdiction or Choice of Law [J]. Cambridge Law Journal, 2002, 61 (2).

[67] LOPEZ-TARRUELLA MARTINEZ A. Regulation in Japan of International Jurisdiction in Matter of Intellectual Property: A View from Europe [J]. Anuario Espanol de Derecho Internacional Privado, 2009, 9.

[68] LUNDSTEDT L. International Jurisdiction over Cross-border Private Enforcement Actions under the GDPR [J]. Scandinavian Studies in Law, 2018, 65.

[69] LUTHER WOODWARD D. Reciprocal Recognition and Enforcement of Civil Judgments in the United States, the United Kingdom and the European Economic Community [J]. North Carolina Journal of International Law and Commercial Regulation, 1982, 8 (3).

[70] M. ARONOVITZ A. May Private Claims Be Advanced through the European Court of Human Rights? — A Study of Cross-border Procedural Law Based on a Case of International Child Abduction [J]. Israel Yearbook on Human Rights, 2007, 37.

[71] MEISEL F. Harmonistation of Contracts, Jurisdiction and Conflicts of Laws in the European Community [J]. Holdsworth Law Review, 1988, 13 (1).

[72] M. MILLER T. A Due Process Analysis of the Alabama Lis Pendens Statutes [J]. American Journal of Trial Advocacy, 2002, 26 (1).

[73] TH. MAKRIDOU K. Institutions of Lis Pendens and Related Actions According to Regulation 44/2001 ("Brussels I") [J]. Revue Hellenique de Droit International, 2002, 55 (2).

[74] NISHITANI Y. Intellectual Property in Japanese Private International

Law [J]. Japanese Annual of International Law,2005,48.

[75] NURMELA I. Sanctity of Dispute Resolution Clauses: Strategic Coherence of the Brussels System [J]. Journal of Private International Law,2005,1.

[76] O. NWAFOR A. The Requisite Intention for the Acquisition of Domicile of Choice: Permanent or Indefinite—A Comparative Perspective [J]. African Journal of International and Comparative Law,2013,21 (3).

[77] OJIEGBE C. Choice of Court Agreements and Brussels I Recast—The End of "Torpedo" Actions [J]. Trinity College Law Review,2014,17.

[78] P. COOK J. Pragmatism in the European Union: Recasting the Brussels I Regulation to Ensure the Effectiveness of Exclusive Choice-of-Court Agreements [J]. Aberdeen Student Law Review, 2013,4.

[79] P. DAKNIS W. Home Sweet Home: A Practical Approach to Domicile [J]. Military Law Review,2003,177.

[80] P. GEORGE J. International Parallel Litigation—A Survey of Current Conventions and Model Laws [J]. Texas International Law Journal, 2002,37 (3).

[81] PÅLSSON L. Institute of Lis Pendens in International Civil Procedure [J]. Scandinavian Studies in Law,1970,14.

[82] PĂTRĂUŞ M,MARIA OFRIM I. European Certificate of Succession [J]. AGORA International Journal of Juridical Sciences,2019,13 (2).

[83] PFEIFFER M. Legal Certainty and Predictability in International Succession Law [J]. Journal of Private International Law,2016,12 (3).

[84] R. DELAUME G. Jurisdiction of Courts and International Loans—A Study of Lenders' Practice [J]. American Journal of Comparative Law,1957,6 (2).

[85] RAFFERTY N. Domicile—The Need for Reform [J]. Manitoba Law Journal,1977,7 (3).

[86] RAMMELOO S. Jurisdiction Clauses in Transnational Company Relationships [J]. Maastricht Journal of European and Comparative Law,1994,1 (4).

[87] RATKOVIC T. Private International Law Aspects of Succession— The Croatian Experience [J]. Annals of the Faculty of Law of the University of Zenica,2014,13.

[88] REINISCH A. The Use and Limits of Res Judicata and Lis Pendens as Procedural Tools to Avoid Conflicting Dispute Settlement Outcomes [J]. Law and Practice of International Courts and Tribunals,2004,3 (1).

[89] REQUEJO ISIDRO M. Business and Human Rights Abuses: Claiming Compensation under the Brussels I Recast [J]. Human Rights & International Legal Discourse,2016,10 (1).

[90] ROSE P. EU Company Law Convergence Possibilities after Centros [J]. Transnational Law & Contemporary Problems,2001,11 (1).

[91] SAUMIER G. The Recognition of Foreign Judgments in Quebec—The Mirror Crack'd [J]. Canadian Bar Review,2002,81 (3).

[92] ŞOPTICĂ A-M. The Operation of the Lis Pendens Rule under the Brussels la Regulation's Regime [J]. Revista Romana de Drept al Afacerilor,2015,2.

[93] STĂNESCU-SAS M. The Prorogation of International Jurisdiction When the Defendant "Enters an Appearance" without Contesting the Jurisdiction [J]. Pandectele Romane,2016,2016 (10).

[94] STEINLE J, VASILIADES E. The Enforcement of Jurisdiction Agreements under the Brussels I Regulation: Reconsidering the Principle of Party Autonomy [J]. Journal of Private International Law,2010,6 (3).

[95] STÜCKELBERG M. Lis Pendens and Forum Non Conveniens at the Hague Conference [J]. Brooklyn Journal of International Law,2001, 26 (3).

[96] SUDEROW J. New Standards of Lis Pendens and Related Actions for Europe: The End of the Italian Torpedo Flexibility versus Predictability [J]. Cuadernos Derecho Transnacional,2013,5 (1).

[97] TOMASZEWSKI M. Polish Court Judgements in International Civil Law Cases [J]. Polish Yearbook of International Law,1981,11.

[98] TORREMANS P. International Bankruptcy Jurisdiction: The Belgian Example and the (Draft) European Conventions [J]. International Insolvency Review,1994,3 (2).

[99] UBERTAZZI B. Infringement and Exclusive Jurisdiction in Intellectual Property: A Comparison for the International Law Association [J]. Journal of Intellectual Property,Information Technology and Electronic Commerce Law,2012,3 (3).

[100] UBERTAZZI B. Intellectual Property Rights and Exclusive (Subject Matter) Jurisdiction: Between Private and Public International Law [J]. Marquette Intellectual Property Law Review,2011,15 (2).

[101] UBERTAZZI B. Intellectual Property Rights and Exclusive Jurisdiction (by Reason of Matter): Between Private International Law and Public International Law [J]. Anuario Espanol de Derecho Internacional Privado, 2010,10.

[102] V. GETMAN-PAVLOVA I. , A. FILATOVA M. Lis Pendens Principle in International Civil Procedure: Actions and Parties Identity Issues [J]. Herald of Civil Procedure,2018,2018 (2).

[103] VAN ALSTYNE A. Venue of Mixed Actions in California [J]. California Law Review,1956,44 (4).

[104] VAN DER LINDE K,VAN DER MERWE T. Company Residence and Jurisdiction [J]. South African Law Journal,1994,111 (4).

[105] VAN DER MERWE BA. Residence of a Company—The Meaning of Effective Management [J]. South African Mercantile Law Journal, 2002,14 (1).

[106] VREELING N. Party Autonomy in the Brussels I Recast Regulation and Asymmetric Jurisdiction Clauses [J]. ELTE Law Journal,2019,2019 (2).

[107] W. MAYNE A. Solicitation as a Basis of Jurisdiction over a Foreign Corporation [J]. Kentucky Law Journal,1951,39 (3).

[108] W. VICKERS W. Jurisdiction Founded on Domicil [J]. Canadian Law Times,1900,19 (12).

[109] WALTER G. Lis Alibi Pendens and Forum Non Conveniens: From Confrontation via Co-ordination to Collaboration [J]. European Journal of Law Reform,2002,4 (1).

[110] WASS J. The Court's in Personam Jurisdiction in Cases Involving Foreign Land [J]. International and Comparative Law Quarterly, 2014,63 (1).

[111] WELLER M. Third-party Claims on the Occasion of Cross-border Art Loans in Europe: Brussels I-Regulation-Anti Seizure-Statutes-Human Rights [J]. Art Antiquity and Law,2009,14 (4).

[112] WINSHIP V. Bargaining for Exclusive State Court Jurisdiction [J]. Stanford Journal of Complex Litigation,2012,1 (1).

[113] YAMAGUCHI A. Intellectual Property and Private International Law: Comparative Perspectives [J]. Japanese Yearbook of International Law, 2016,59.

[114] ZAMZAM A-M. Bankruptcy Jurisdiction and Enforcement of Foreign Bankruptcy Judgments in Egypt [J]. Journal of Private International Law,2010,6 (3).

(三)报告

[1] BENNETT A,GRANATA S. When Private International Law Meets Intellectual Property Law: A Guide for Judges[R],2019.

[2] BORRÁS A. Explanatory Report on the Convention,Drawn up on the Basis of Article K. 3 of the Treaty on European Union,on Jurisdiction and the Recognition and Enforcement of Judgments in Matrimonial Matters[R],1998.

[3] CAPPELLINI. Opinion of the European Economic and Social Committee on the Proposal for a Regulation of the European Parliament and of the Council

on Jurisdiction, Applicable Law, Recognition and Enforcement of Decisions and Authentic Instruments in Matters of Succession and the Creation of a European Certificate of Succession[R], 2011.

[4] Commission of the European Communities. Commission Staff Working Document Accompanying the Proposal for a Regulation of the European Parliament and of the Council on Jurisdiction, Applicable Law, Recognition and Enforcement of Decisions and Authentic Instruments in Matters of Successions and on the Introduction of a European Certificate of Inheritance Impact Assessment[R], 2009.

[5] Commission of the European Communities. Proposal for a Council Regulation Amending Regulation (EC) No 2201/2003 As Regards Jurisdiction and Introducing Rules Concerning Applicable Law in Matrimonial Matters[R], 2006.

[6] Commission of the European Communities. Proposal for a Council Regulation on Jurisdiction, Applicable Law, Recognition and Enforcement of Decisions and Cooperation in Matters Relating to Maintenance Obligations (Presented by the Commission)[R], 2005.

[7] Commission of the European Communities. Proposal for a Regulation of the European Parliament and of the Council on Jurisdiction, Applicable Law, Recognition and Enforcement of Decisions and Authentic Instruments in Matters of Succession and the Creation of a European Certificate of Succession[R], 2009.

[8] Commission Services. Practice Guide for the Application of the New Brussels Ⅱ Regulation (Council Regulation (EC) No 2201/2003 of 27 November 2003 Concerning Jurisdiction and the Recognition and Enforcement of Judgments in Matrimonial Matters and the Matters of Parental Responsibility, Repealing Regulation (EC) No 1347/2000)[R], 2005.

[9] Council of the European Union. Amended Proposal for a Council Regulation on Jurisdiction and the Recognition and Enforcement of Judgments in Matrimonial Matters and in Matters of Parental Responsibility for Joint

Children[R],2000.

[10]　Council of the European Union. Commission Proposal for a Council Regulation (EC) on Jurisdiction and the Recognition and Enforcement of Judgments in Civil and Commercial Matters[R],1999.

[11]　Council of the European Union. Commission Proposal for a Council Regulation (EC) on Jurisdiction and the Recognition and Enforcement of Judgments in Matrimonial Matters and in Matters of Parental Responsibility for Joint Children[R],1999.

[12]　Council of the European Union. Proposal for a Council Regulation Concerning Jurisdiction and the Recognition and Enforcement of Judgments in Matrimonial Matters and in Matters of Parental Responsibility Repealing Regulation (EC) No 1347/2000 and Amending Regulation (EC) No 44/2001 in Matters Relating to Maintenance[R],2002.

[13]　Council of the European Union. Proposal for a Council Regulation on Jurisdiction, the Recognition and Enforcement of Decisions in Matrimonial Matters and the Matters of Parental Responsibility, and on International Child Abduction (Recast)—General Approach [R],2018.

[14]　DOGAUCHI M, HARTLEY T C. Preliminary Draft Convention on Exclusive Choice of Court Agreements Explanatory Report[R],2004.

[15]　Economic and Social Committee. Opinion of the Economic and Social Committee on the Proposal for a Council Regulation (EC) on Jurisdiction and the Recognition and Enforcement of Judgments in Civil and Commercial Matters[R],2000.

[16]　European Commission. Commission Implementing Regulation (EU) No 1329/2014 of 9 December 2014 Establishing the Forms Referred to in Regulation (EU) No 650/2012 of the European Parliament and of the Council on Jurisdiction, Applicable Law, Recognition and Enforcement of Decisions and Acceptance and Enforcement of Authentic Instruments in Matters of Succession and on the Creation of

a European Certificate of Succession[R],2014.

[17] European Commission. Commission Staff Working Document Impact Assessment Accompanying the Document Proposal for a Council Regulation on Jurisdiction, the Recognition and Enforcement of Decisions in Matrimonial Matters and the Matters of Parental Responsibility, and on International Child Abduction (Recast) [R],2016.

[18] European Commission. Commission Staff Working Paper Impact Assessment Accompanying Document to the Proposal for a Regulation of the European Parliament and of the Council on Jurisdiction and the Recognition and Enforcement of Judgments in Civil and Commercial Matters (Recast)[R],2010.

[19] European Commission. Cross-border Successions a Citizen's Guide: How EU Rules Simplify International Inheritances[R],2018.

[20] European Commission. Proposal for a Council Regulation on Jurisdiction,Applicable Law and the Recognition and Enforcement of Decisions in Matters of Matrimonial Property Regimes[R],2011.

[21] European Commission. Proposal for a Council Regulation on Jurisdiction, Applicable Law and the Recognition and Enforcement of Decisions Regarding the Property Consequences of Registered Partnerships[R],2011.

[22] European Commission. Proposal for a Council Regulation on Jurisdiction, the Recognition and Enforcement of Decisions in Matrimonial Matters and the Matters of Parental Responsibility,and on International Child Abduction (Recast)[R],2016.

[23] European Commission. Proposal for a Regulation of the European Parliament and of the Council on Jurisdiction and the Recognition and Enforcement of Judgments in Civil and Commercial Matters (Recast) [R],2010.

[24] European Commission. Report from the Commission to the European Parliament, the Council and the European Economic and Social Committee on the Application of Council Regulation (EC) No 2201/

2003 Concerning Jurisdiction and the Recognition and Enforcement of Judgments in Matrimonial Matters and the Matters of Parental Responsibility,Repealing Regulation (EC) No 1347/2000[R],2014.

[25] European Parliament. Jurisdiction in Matrimonial Matters—Reflections for the Review of the Brussels Ⅱa Regulation Study for the JURI Committee [R],2016.

[26] European Parliament. Recasting the Brussels Ⅱa Regulation Workshop 8 November 2016 Compilation of Briefings for the JURI Committee [R],2016.

[27] FERNANDA ESPINOSA M. Report on the First Session of the Open-ended Intergovernmental Working Group on Transnational Corporations and Other Business Enterprises with Respect to Human Rights,with the Mandate of Elaborating an International Legally Binding Instrument [R],2016.

[28] GARCIMARTÍN F,SAUMIER G. Explanatory Report on the Convention of 2 July 2019 on the Recognition and Enforcement of Foreign Judgments in Civil or Commercial Matters[R],2020.

[29] GARCIMARTÍN F. Judgments Convention: Revised Draft Explanatory Report[R],2018.

[30] GERASIMCHUK E. The Relationship between the Judgments Project and Certain Regional Instruments in the Arena of the Commonwealth of Independent States[R],2005.

[31] GRABOWSKA G. Report on the Proposal for a Council Regulation on Jurisdiction, Applicable Law, Recognition and Enforcement of Decisions and Cooperation in Matters Relating to Maintenance Obligations[R],2007.

[32] Hague Conference on Private International Law. Comparative Study of Jurisdictional Gaps and Their Effect on the Judgments Project [R],2015.

[33] Hague Conference on Private International Law. Enforcement of Judgments[R],1992.

[34] Hague Conference on Private International Law. Final Act of the Eighteenth Session[R].

[35] Hague Conference on Private International Law. International Report Special Committee Q 153 on the Envisaged Hague Convention on Jurisdiction and Foreign Judgments in Civil and Commercial Matters [R],2001.

[36] Hague Conference on Private International Law. Preliminary Draft Convention on Jurisdiction and Foreign Judgments in Civil and Commercial Matters Adopted by the Special Commission and Report by Peter Nygh and Fausto Pocar[R],2000.

[37] Hague Conference on Private International Law. Report of the Fifth Meeting of the Working Group on the Judgments Project (26-31 October 2015) and Proposed Draft Text Resulting from the Meeting [R],2015.

[38] Hague Conference on Private International Law. Report of the Fourth Meeting of the Working Group on the Judgments Project (3-6 February 2015) and Preliminary Draft Text Resulting from the Meeting[R],2015.

[39] HARTLEY T,DOGAUCHI M. Convention of 30 June 2005 on Choice of Court Agreements Explanatory Report[R].

[40] KESSEDJIAN C. International Jurisdiction and Foreign Judgments in Civil and Commercial Matters[R],1997.

[41] KESSEDJIAN C. Synthesis of the Work of the Special Commission of June 1997 on International Jurisdiction and the Effects of Foreign Judgments in Civil and Commercial Matters[R],1997.

[42] KESSEDJIAN C. Synthesis of the Work of the Special Commission of March 1998 on International Jurisdiction and the Effects of Foreign Judgments in Civil and Commercial Matters[R],1998.

[43] LECHNER K. Report on the Proposal for a Regulation of the European Parliament and of the Council on Jurisdiction,Applicable Law, Recognition and Enforcement of Decisions and Authentic

Instruments in Matters of Succession and the Creation of a European Certificate of Succession[R],2012.

[44] Legally Binding Instrument to Regulate, in International Human Rights Law, the Activities of Transnational Corporations and Other Business Enterprises Zero Draft[R],2018.

[45] LONG G. Report on the Third Session of the Open-ended Intergovernmental Working Group on Transnational Corporations and Other Business Enterprises with Respect to Human Rights[R],2018.

[46] NYGH P,POCAR F. Report of the Special Commission[R].

[47] Oeigwg Chairmanship. Revised Draft Legally Binding Instrument to Regulate, in International Human Rights Law, the Activities of Transnational Corporations and Other Business Enterprises[R],2019.

[48] Oeigwg Chairmanship. Second Revised Draft Legally Binding Instrument to Regulate, in International Human Rights Law, the Activities of Transnational Corporations and Other Business Enterprises Explanatory Notes (Key Issues and Structure of the Second Revised Draft, Recommendations of the Chair Rapporteur, Paragraph (g),5th Session)[R].

[49] Oeigwg Chairmanship. Second Revised Draft Legally Binding Instrument to Regulate, in International Human Rights Law, the Activities of Transnational Corporations and Other Business Enterprises[R],2020.

[50] Oeigwg Chairmanship. Third Revised Draft Legally Binding Instrument to Regulate, in International Human Rights Law, the Activities of Transnational Corporations and Other Business Enterprises[R],2021.

[51] PB. Report on the Jurisdiction Project[R],2021.

[52] Permanent Bureau and the Co-reporters. Summary of the Outcome of the Discussion in Commission II of the First Part of the Diplomatic Conference 6-20 June 2001 Interim Text[R],2001.

［53］ Permanent Bureau. Annotated Checklist of Issues to Be Discussed by the Working Group on Recognition and Enforcement of Judgments ［R］,2013.

［54］ Permanent Bureau. Background Note［R］,2012.

［55］ Permanent Bureau. Comparative Note on Lis Pendens in the Recognition and Enforcement of Foreign Judgments［R］,2015.

［56］ Permanent Bureau. Comparative Table on Grounds of Jurisdiction ［R］,2015.

［57］ Permanent Bureau. Conclusions of the Working Group Meeting on Enforcement of Judgments［R］,1992.

［58］ Permanent Bureau. Informational Note on the Work of the Informal Meetings Held Since October 1999 to Consider and Develop Drafts on Outstanding Items［R］,2001.

［59］ Permanent Bureau. Issues Paper for the Agenda of the Special Commission of June 1999［R］,1999.

［60］ Permanent Bureau. Issues Paper on Matters of Jurisdiction (Including Parallel Proceedings)［R］,2013.

［61］ Permanent Bureau. Ongoing Work on International Litigation［R］,2013.

［62］ Permanent Bureau. Ongoing Work on Judgments—Choice of Court Convention and the Judgments Project［R］,2015.

［63］ Permanent Bureau. Preliminary Draft Outline to Assist in the Preparation of a Convention on International Jurisdiction and the Effects of Foreign Judgments in Civil and Commercial Matters［R］,1998.

［64］ Permanent Bureau. Report of the Experts Meeting on the Intellectual Property Aspects of the Future Convention on Jurisdiction and Foreign Judgments in Civil and Commercial Matters［R］,2001.

［65］ Permanent Bureau. Report on the Jurisdiction Project［R］,2021.

［66］ RAFAEL IZQUIERDO MIÑO E. Report on the Fifth Session of the Open-ended Intergovernmental Working Group on Transnational Corporations and Other Business Enterprises with Respect to Human Rights［R］,2020.

[67] REGNER E. Opinion of the Committee on Employment and Social Affairs for the Committee on Legal Affairs on the Proposal for a Regulation of the European Parliament and of the Council on Jurisdiction and the Recognition and Enforcement of Judgments in Civil and Commercial Matters (Recast)[R],2011.

[68] SCHULZ A. Reflection Paper to Assist in the Preparation of a Convention on Jurisdiction and Recognition and Enforcement of Foreign Judgments in Civil and Commercial Matters[R],2002.

[69] SCHULZ A. Report on the First Meeting of the Informal Working Group on the Judgments Project-October 22-25,2002[R].

[70] SCHULZ A. Report on the Work of the Informal Working Group on the Judgments Project,in Particular on the Preliminary Text Achieved at Its Third Meeting-25-28 March 2003[R].

[71] Secretariat. Addendum to the Report on the Fourth Session of the Open-ended Intergovernmental Working Group on Transnational Corporations and Other Business Enterprises with Respect to Human Rights[R],2019.

[72] Secretariat. Annex to the Report on the Fifth Session of the Open-ended Intergovernmental Working Group on Transnational Corporations and Other Business Enterprises with Respect to Human Rights (A/HRC/43/55)[R].

[73] Secretariat. Annex to the Report on the Sixth Session of the Open-ended Intergovernmental Working Group on Transnational Corporations and Other Business Enterprises with Respect to Human Rights (A/HRC/46/73)[R].

[74] The Republic of Korea. Comments on the Preliminary Draft of the Convention on Jurisdiction and Foreign Judgments in Civil and Commercial Matters[R].

[75] ZWIEFKA T. Report on the Proposal for a Regulation of the European Parliament and of the Council on Jurisdiction and the Recognition and Enforcement of Judgments in Civil and Commercial Matters (Recast)[R],2012.

后　记

　　此书不是我的博士学位论文,亦不属于任何课题的结项成果。写此书仅为纪念在某大学法政学院艰难度过的三年首聘期。

　　本书的选题源于2020年底至2021年初一次失败的课题申报经历。初入职场,我对课题申报没有丝毫经验,不会预测选题方向,便结合2020年海牙管辖权项目的新发展设计了一份涉外专属管辖权的申报书。虽然课题没有中选,但我不忍心将这些资料荒废,不愿心血白费,因此决定利用这些资料继续完成涉外民商事专属管辖权专著的撰写。

　　自从2020年6月博士毕业后,我身心疲倦,这几年身体和精神状况更是大不如前。自从学院搬迁之后,我每天早上五点四十起床,六点半之前走到站台等校车去上班。幸而现在心态得以逐渐回归平静。不管怎样,感谢学院领导让我有机会在杭州生活三年。另外,感谢国际法教研室秦红嫚副教授、王永杰副教授和郭薇等老师对我的帮助和提醒,使我快速融入新环境,了解学院教学事务相关流程。工作这几年,我为了能抽出时间写国际私法论文,拒绝了学院行政上的一些琐事,成了不干杂务的"叛逆"之人,在此深感抱歉。

　　感谢母校中南财经政法大学副校长刘仁山教授、徐伟功教授、向在胜教授、钟丽副教授和黄志慧副教授在我工作之后对我的关心和支持。自从我正式指导学生后,我更深刻体会到母校国际私法老师们的无私奉献和辛苦付出。我这个老师当得不称职,在教学和写论文之间,我一直把主要精力放在论文上。有时候面对一些目中无人、骄傲自满的学生,我萌生过撒手不管的念头。感谢恩师向在胜教授对我的鼓励和引导。向老师叮嘱我要把讲台站稳,引导我要学会选题,把论文写好,并多次提醒我要劳逸结合。感谢恩师钟丽副教授在我离开武汉前夕向我传授的备课经验。哪个知识点要提问,哪个知识点要做重点讲解,哪里要停顿几分钟,我在国际私法备课过程中都会在讲义旁边用各种符号标注,上课怯场的情形少了很多。在学术和工作上,我愧对向老师和钟老师的嘱托和期望。

当我面临坎坷和两难选择时,感谢同学曹潇潇、丰叶和李茜为我分忧解难,帮助我走出低谷。感谢长江大学讲师王惠慧师姐和常州大学讲师郝泽愚师姐在繁忙的工作之余对我的关心和问候。感谢河南科技学院副教授张淑苹和内蒙古农业大学讲师谢碧青分享心得,使我少走弯路。

感谢家人的耐心劝导,让我一个人在艰难的时刻能有勇气继续撑下去。为了帮我节省生活开支,父母悄悄大包小包把各种菜和食品从荆州老家邮寄到杭州,但吃的速度赶不上坏掉的速度,我只能将之丢弃。感谢妹妹的不厌其烦,我崩溃的时候只能跟她不断诉苦。

感谢《武大国际法评论》《西南政法大学学报》《国际法研究》和《中国海洋大学学报(社会科学版)》等期刊的编辑愿意录用我的论文,让我有机会锻炼和提高自己的学术能力。感谢华中科技大学出版社对本书内容和文字的多次校对。从编辑部和外审专家的审稿意见中,我获得了很多宝贵经验。

与读博期间不同,工作后我没有了大块时间可用于写作。本书撰写断断续续历经十个月。本书观点比较浅薄,错误和不当之处,请各位读者原谅。

写于杭州丽泽南苑

2022 年 5 月 1 日